الى الفاضل علي حازم الشالجي

مع خالص المحبة

عماد العبادي

15/11/2024

العراقيون

من الوطن الى المهجر

حكمت جميل
ميشيغين ـ الولايات المتحدة الأمريكية

العراقيون
من الوطن الى المهجر

Hikmet Jamil
Iraqis From the Homeland to the Diaspora

LONDON
Printing • Publishing
لندن للطباعة والنشر

العراقيون من الوطن الى المهجر
Iraqis From the Homeland to the Diaspora

Author: Hikmet Jamil	تأليف: حكمت جميل
Publisher: London Printing and Publishing	الناشر: لندن للطباعة والنشر
Cover Design: London _ Design: MBG (INT) Limited	تصميم الغلاف: شركة أم بي جي العالمية ـ لندن
Printed in Great Britain: 2024	تاريخ الطبع: 2024م / 1446هـ ـ لندن
© All Rights Reserved	© حقوق الطبع محفوظة

LONDON
Printing • Publishing
لندن للطباعة والنشر

Seconf Edition Published in Great Britain - 2024

© All Rights Reserved
No part of this book may be reproduced, stored in a retrieval system or transmitted in any form or by any means without prior permission in writing of publisher

©حقوق النشر محفوظة
لا يجوز إعادة نشر أي جزء من هذا الكتاب أو تخزينه في نظام استرجاع أو إرساله بأي شكل أو بأية وسيلة دون إذن مسبق كتابياً من الناشر.

محتوى هذا الكتاب يعبّر عن رأي المؤلف.

ISBN: 978 1 835340 51 6

Printed and bound by: London Printing & Publishing Ltd
Headquarters: 282 Harrow Road, Paddington, London W2 5ES, United Kingdom
UAE Branch: Sharjah Publishing City (SPC) Free Zone, Sharjah, United Arab Emirates
Iraq Branch: Baghdad, Al - Mutanabbi Street, Al - Warraqoon Archade, Iraq
Whatsapp: 0044 7709 555 334 **Tel:** 0044 20 7289 9009
londonbookbookuk @londonbookuk londonbookuk

الصفحة	العنوان
5	محتويات الكتاب الرئيسية
7	ملخص السيرة العلمية للمؤلف
8	الاهداء
9	شكر وتقدير
13	الباب الاول
13	الفصل الاول: لماذا اغترب المواطن العراقي عن الوطن؟ بقلم حكمت جميل،
35	الفصل الثاني: الكرد الفيليون بين المطرقة والسندان بقلم زينب خالد الفيلي،
63	الفصل الثالث: المندائيين في العراق والمهجر بقلم خليل إبراهيم الحلي،
79	الفصل الرابع – الجزء الاول: الآشوريون والمسيحيون في الوطن - العراق واغترابهم بقلم الدكتور عوديشو ملكو واخرون،
104	الفصل الرابع - الجزء الثاني: المسيحيون عموما في الوطن واغترابهم/من المراجع
123	الفصل الخامس – الجزء الاول: القومية الشبكية في الوطن، بقلم القاضي أصغر عبد الرزاق الموسوي،
143	الفصل الخامس – الجزء الثاني: القومية الشبكية في في المهجر بقلم عقيل مسلم كاته،
151	الفصل السادس: القوميات والطوائف: في الوطن واغترابهم، بقلم حكمت جميل،
191	الباب الثاني
191	الفصل السابع: العراقيون المغتربون في أمريكا بقلم حكمت جميل،
213	الفصل الثامن: العراقيون والهجرة إلى أستراليا بقلم مهندس طارق بركات الرومي
243	الفصل التاسع: هجرة العراقيين إلى انكلترا بقلم المهندس الإستشاري عماد العبادي
269	الفصل العاشر – الجزء الاول: العراقيين في المهجر/كندا بقلم الدكتور فلاح حافظ،
285	الفصل العاشر- الجزء الثاني: رحلة المهاجر الى كندا بقلم الدكتورة مها الريس،
301	الفص الحادي عشر: خلاصة الباب الأول والثاني بقلم الدكتورة ندى جواد الورد

ملخص السيرة العلمية للمؤلف

مأخوذة من https://www.hikmetjamil.com/

* مواليد بغداد عام 1935، متزوج وله أربعة أبناء، مغترب في أمريكا في آذار 1997.
* بكلوريوس طب من جامعة بغداد 1962، دبلوم الأمراض التناسلية، دبلوم وماجستير ودكتوراه الطب المهني والبيئة (انكلترا). * زميل كلية الطب المهني (إيرلندا)، البريطانية، زميل كلية الصحة العامة البريطانية. * أستاذ متمرس في جامعة وين ستيت الامريكية.، * **التعيينات الرئيسية:** أستاذ في جامعة بغداد، أستاذ في جامعة وين ستيت الأمريكية، أستاذ في جامعة ولاية ميشيغين الامريكية، * **بحوث وكتب:** 216 بحث، إعداد 20 كتاب (8 أكاديمية) في الإختصاص، تاليف 3 كتب عن حياة المؤلف السياسية والعلمية وتم ترجمتها من قبل د. ندى جواد الورد للإنكليزية، فصل في كتاب انكليزي "المنظور البيولوجي النفسي الإجتماعي على الأمريكيين العرب".

* **إنجازات بعد التقاعد:** نشر ستة بحوث، إلقاء بحوث في عشرة مؤتمرات عالمية وعراقية، وأربع من خلال "الزوم" لمؤتمرات بالعراق. * **التكريمات:** رئيس جمهورية العراق، رجل عام 1995 من المعهد الأمريكي للسيرة العلمية، إدراج ملخص السيرة العلمية في قاموس كامبرج 1996 و 1997، 42 تكريم خلال سنوات العمل من وزراء عراقيين ورؤساء جامعات وعمداء كلية الطب، ومنظمات عراقية وعالمية مختلفة، حاكم ولاية ميشيغين مرتين (2011 و 2019)، في العراق تم تسمية قاعة بأسم المؤلف في الجمعية العراقية للصحة والسلامة المهنية عام 2011، وقاعة في كلية الكوت الجامعة عام 2014، * قدم للعراق مشروع وطني "أستحداث بكلوريوس بالصحة العامة" لوزارة الصحة عام 2011 وحصل المشروع على الموافقة المبدئية عام 2014 وتوقف بسبب "غزو داعش الموصل" عاد وحاول المؤلف مجدداً بعد أن أضطر لتغير الاسم إلى "بكلوريوس سلامة وبيئة صحية" وحصلت موافقة وزارة التعليم العالي والبحث العلمي في آذار 2024 وتبنت كلية الكوت الجامعة فتح قسم السلامة والبيئة الصحية.

الإهداء

يحكي الكتاب في الباب الأول مأسي بعض المواطنيين العراقيين بغض النظر عن قومياتهم أو عرقهم أو دينهم أو طائفتهم بشكل عام في أرض الوطن إن لم يكن "الفرد الواحد" مؤيدا للحكام المتعاقبين على السلطة (من الحكم الملكي عام 1921 إلى الغزو الأمريكي للعراق عام 2003 وما بعدها)، والتي دفعته للهجرة، علما أن معارضة المواطنيين لأي سلطة، كانت دائما سلمية ولم تكن غالبا مقرونة بحمل السلاح ضد السلطة، ومع هذا تعرض المواطن لكل أنواع الإضطهاد. إن قراءتي لما كتبه الزملاء المشاركون في كتابة فصول الكتاب، تعطي نفس الإنطباع الذي ذكرته سابقا. أما الباب الثاني من الكتاب فإنه يحكي واقع العراقي في المهجر سواء كان مهاجرا او لاجئا وبغض النظر عن الدولة التي لجأ إليها من أوجه متعددة وفي مقدمتها معاناة الغربة عن الوطن الأم.

لذا أهدي كتابي هذا للمواطن العراقي المؤمن بالمواطنة وحب الوطن وقبول الآخر والعيش بمحبة وسلام مع كل العراقيين أينما كانوا، أي في الوطن العراق أو في الإغتراب.

وهنا لابد من الأشارة إلى أن حكومة العراق وهي تنفذ خطتها لتطوير العراق وجعله في مصاف الدول المتقدمة، يجب أن تنتبه إلى إنتشار الخبراء والعلماء العراقيين في مختلف بلدان المهجر، لأنهم يمكن أن يكونوا خير عون لزملائهم في الحكومة العراقية، لتنفيذ خطتها بأقصر فترة زمنية، خاصة أن معظم، إن لم يكن كل العراقيين في المهجر، سيسارعون إلى العودة للمشاركة في بناء الوطن مع إخوانهم في داخل الوطن، خاصة وأن ما يملكه العراق من موارد في باطن الارض وعلى سطحها، يمكن أن يحقق الأهداف خلال سنوات قليلة، وعندها سنرى كيف سيتسلق العراق سلم الحضارة والتقدم بما فيه الخير لكل العراقيين.. ومن الله التوفيق..

شكر وتقدير للمشاركين في كتابة بعض فصول الكتاب

أتقدم بالشكر والأمتنان لكل زميل استجاب لطلبي في كتابة فصل في الكتاب رغم انشغاله بالعمل أو أمور الحياة اليومية، وذلك لقناعته بأهمية الهدف الذي حدد لهذا الكتاب، مؤكداً شكري وامتناني للجهد والوقت الذي تم صرفه، متمنيا للجميع دوام الصحة والسلامة والمزيد من العطاء للوطن الغالي.

أدرج أدناه أسماء المشاركين وفق تسلسل إستلامها كاملة ممن كتب الفصل، وأذكر ذلك تجنباً لأي التباس في سبب تسلسلها بالشكل المدرج أدناه مؤكدا احترامي وتقديري لكل واحد منهم، وكما يلي: المهندسة زينب خالد الفيلي، الشاعر والصحفي خليل ابراهيم الحلي، الدكتور عوديشو ملكو آشيثا، القاضي أصغر عبد الرزاق الموسوي، السيد عقيل مسلم كاته، المهندس طارق بركات الرومي، المهندس الاستشاري عماد العبادي، الدكتور فلاح حافظ، الدكتورة مها الريس، الدكتورة ندى جواد الورد.

شكر وتقدير لمن ساهم في إخراج الكتاب بشكله الحالي

***شكر وتقدير وأمتنان خاص** للدكتورة ندى جواد الورد لتفضلها بالتبرع بوقتها وجهدها بكل سرور بمراجعة الكتاب بأكمله من الناحية اللغوية، وأيضا إبداء ملاحظاتها حول ما كتبته أنا شخصيا، متمنيا لها دوام الصحة والسلامة والموفقية في حياتها العائلية.

***شكر وامتنان خاص** للفنان فراس البصري مصمم غلاف الكتاب والذي تقبل طوعا واعطى من وقته وجهده لتصميم غلاف الكتاب بفترة قصيرة، فله من كل المشاركين في كتابة الكتاب الشكر والامتنان والصحة والسلامة والموفقية في العمل. *كما اتقدم بالشكر للمهندسة ملك المؤمن التي شاركت في مسابقة تصميم غلاف الكتاب،

*كما أتقدم بالشكر والتقدير لأخي العزيز الدكتور زهير جميل لمراجعته كل ما كتبته أنا شخصيا في هذا الكتاب متمنيا له دوام الصحة والسلامة، كما أشكر وأثمن ما قدمه أخي جمال جميل الذي راجع الكتاب بأكمله باحثا عن الأخطاء المطبعية بشكل أساسي وملاحظاته حول الكثير من الأمور في الفصول التي كتبتها شخصيا.

تمهيد

عزيزي القارئ، ولدت فكرة تأليف كتاب عن العراقيين في بلدان الإغتراب (المهجر)، بسبب شعوري المستمر بالغربة، وأنا خارج وطني الحبيب العراق، رغم مرور أكثر من ربع قرن على هجرتي من العراق، ورغم زياراتي المتكررة للوطن، لأكثر من ستة عشر مرة، (السنوات 1998، 2011، 2012، 2013 ، 2017، 2018، 2021، 2022 حيث كانت أول زيارة لي بعد عام من هجرتي، وبعد الزيارة الاولى تكررت زياراتي لأسباب مختلفة، منها المشاركة في المؤتمرات التي انعقدت في بغداد (مرتين) أو أربيل (مرتين) أو السليمانية (مرتين) أو النجف الاشرف أو كربلاء المقدسة أو الكوت (مرتين) أو وزارة الصحة (ثلاث مرات بخصوص مشروع استحداث كلية الصحة العامة) أو وزارة التعليم العالي والبحث العلمي (بخصوص استحداث كلية الصحة العامة في إحدى الجامعات العراقية الحكومية) أو للمطالبة بشمولي بالقرار الذي صدر عام 2014 والمتضمن تعويض من تعرض للقتل أو الإعدام أو الذي حكم بسبب سياسي أبان حكم العراق من قبل حزب البعث العربي الاشتراكي وإعتبارا من أنقلاب 8 شباط عام 1963 المشؤوم. كان إيماني بأن أبذل وأنا في المهجر، كل ما أستطيع من نشاط علمي للعراق والعراقيين، أينما وجدوا فيما إذا سنحت لي الفرصة بذلك، لأنه الوطن الذي ولدت فيه، وشربت من مياه نهري دجلة والفرات وأكلت من أرضه الخصبة التي تعطي ثمارها للعراقيين أولاً وللعالم ثانياً، لينعموا بطعمها اللذيذ وقيمتها العالية. لقد رعاني الوطن واحتضنني وثقفني ثقافة أعتز وأفتخر بها ما دمت حياً. إن مفهوم حب الوطن والشعور بالمواطنة نبع مما كنت أسمعه وأحس به وأنا في الصف الخامس الإبتدائي من خالي المرحوم (جورج جويدة)، ومن المناقشات التي كانت تدور بينه وبين رفاقه في دارنا.

وباختصار، أقول للقارئ، إن اختياري لتأليف هذا الكتاب "العراقيون **من الوطن الى المهجر**" كان بسبب رغبتي وإمكانيتي في توثيق واقع المغترب العراقي في المهجر أولاً وذلك من خلال اطلاعي عن قرب وعملي في منظمات الجاليات العربية (العراقيين ، اللبنانيين، اليمنيين، المصريين، الفلسطينيين) في الولايات المتحدة إضافة إلى الطائفة الكلدانية وباقي الطوائف المسيحية مثل السريان الأرثوذكس والأرمن والآشوريين وغيرهم. كما إن عملي في جامعة وين ستيت وجامعة ولاية ميشيغين، والإثنتين في ولاية

ميشيغين الأمريكية، لما يقارب من ربع قرن، كل ذلك جعلني أفكر بأن أبين واقع حال المغتربين العراقيين في بلدان الإغتراب. إن هذا الكتاب يختلف كليا عن الكتب الثلاثة التي قمت بتأليفها (1-2)، كوني كتبتها ووثقت أحداثها من خلال معايشتي لها، دون الرجوع إلى أي مرجع، حيث وثقت مراجعي من خلال أراء اكثر من ستين شخصية علمية وجامعية من مختلف دول العالم، بعضها تعايش معي في فترات عملي في وزارة الصحة أو التعليم العالي والبحث العلمي، أو مشاركتهم نشاطي السياسي أو العلمي، وآخرون من معرفتهم الشخصية لي أو متابعتهم لأنشطتي المختلفة إضافة لمن رافقني في رحلة قطار الموت 1963، والموثقة في صفحتي الألكترونية. إن الكتاب الحالي، والذي سيكتب من قبلي ونخبة من المشاركين، حيث وجدت من المفيد لا بل من الضرورة مشاركة زملاء اخرين معي في كتابة بعض فصول الكتاب، لكون معايشتهم للمغترب العراقي في كل ما يعانيه من ظروف الحياة، وبما تحمله من مشاكل اجتماعية واقتصادية وبيئية، وأيضا إبراز الإيجابيات والسلبيات للمغترب العراقي في المهجر، سيعطي للكتاب ميزة لم تطرق سابقاً، حيث لم أجد في مراجع الإنترنت مثل هذا النوع من التوثيق وخاصة بمشاركة أخرين لهم مكانة ونشاط في الجاليات المختلفة في البلدان التي يعيشون فيها، وبالذات الجالية العراقية. إن عرض وتوثيق واقع المغتربين العراقيين في دول المهجر، من خلال مساهمة الزملاء الذين تبرعوا مشكورين بعرض واقع حال المغتربين العراقيين في الدول التي يسكنونها خاصة وإنها الدول التي فيها مجموعات كبيرة من المغتربين العراقيين. إن مشاركة الزملاء جميعا كانت وفق خارطة طريق ذات محاور متشابهة لكتابة فصل كامل في الكتاب ليعطي للقارئ الكريم رؤية واضحة عن المغترب العراقي في بلد الإغتراب. وقد بدأت بالبحث والإتصال بمن يرغب في المشاركة الطوعية وكتابة فصل كامل عن معايشته وتجربته لواقع المغترب العراقي في الدولة التي يعيش فيها، وبحثت عن أشخاص لديهم الإستعداد لكتابة أسباب هجرة بعض الطوائف العراقية من العراق من مختلف القوميات والأعراق والاديان إلى دول العالم المختلفة، حيث حاولت ان أجد شخصا من كل قومية أو طائفة هاجرت من العراق ليكتب عن طائفته، وكان هناك البعض ممن تبرع بالكتابة عن طائفته بشكل مفصل، ولكن من المؤسف لم أجد من يكتب عن اليزيديين والتركمان والكاكائيين، والزردشتيين، مما جعلني أكتب عنهم من خلال المصادر المتوفرة

في الإنترنت، لأنني غير قادر على قراءة الكتب المرجعية بسبب مشكلة بصري التي تمنعني من القراءة أو الكتابة ما لم يكن الحرف بحجم "فونت" 72 بمقياس صفحة "الوورد" على الحاسوب"، كما لا بد من الإشارة إلى أنني صرفت من الوقت ما يزيد عن الشهرين في محاولة الوصول إلى عراقيين يقبلون بالمشاركة في كتابة فصل في الكتاب، حيث وفقت إلى شخص من أستراليا وآخر من إنكلترا واخر من كندا فقط، أما عن أمريكا فسأقوم بكتابة ذلك شخصيا. أما الآخرون، فبعضهم وعد بالكتابة ولكن بعد شهر أو أكثر إعتذر عن المشاركة لأسباب شخصية، معظمها بسبب الإنشغال بالعمل أو الحياة اليومية، وكان هذا الموقف عند الأشخاص في البلدان التالية: ألمانيا، السويد، الدانمارك، نيوزيلندا، وفي العراق نفسه، وبالرغم من هذا فقد واصلت العمل على إكمال الكتاب، ومن الله التوفيق.

إن هذا الكتاب سيغني المكتبة العربية والعراقية بما يخدم من يفكر بترك وطنه والهجرة سواء كلاجئ أو مهاجر، إضافة لقيام آخرين مشكورين بالكتابة عن طوائفهم، وما وقع عليهم في العراق والمهجر، أما المتبقي من الطوائف العراقية فسأقوم بالكتابة عنهم من خلال مصادر الانترنت. أعود لأقول إن كتابتي لهذا الكتاب هي من خلال معايشتي مع واقع المغترب من جهة والرجوع إلى المراجع في الإنترنت من جهة أخرى.

ملاحظة: كما اود ان اشير الى ان بعض الفصول التي كتبت لم تحتوي على تصاوير تعبر عن واقع ما كتب في الفصل، مما جعلني ان ابحث في الانترنت عن صور تصلح درجها في الكتاب، وقد تم اخذ موافقة كاتب الفصل بذلك، كما ان بعض الفصول ادرجت الكثير من المراجع، مما اخذ حيز كبير من الكتاب، وهذا ما جعلني ان اخذ موافقة الكاتب بحذف المراجع أو تقليصها، باعتبار كاتب المقالة او الفصل شخص معروف وله سيرة علمية تشهد على ذلك، للعلم والمعرفة.

وفي الختام، أتمنى أن يستفيد القارئ منه، ليس فقط العراقي الذي يقرر الهجرة من وطنه، لا بل الأشخاص في دول العالم الثالث أو الدول العربية بالذات، ومن الله التوفيق.

الباب الأول / الفصل الأول

لماذا اغترب المواطن العراقي عن الوطن؟

بقلم حكمت جميل

المقدمة

عزيزي القارئ، قبل البدء بكتابة كتابنا المؤسوم "العراقيون من الوطن الى المهجر"، والمتضمن واقع العراقيين في وطنهم العراق، ولماذا هاجر العراقيون من وطنهم إلى دول الإغتراب، وما هو واقع حياتهم في هذه الدول، رأينا من المفيد ان نعطي للقارئ الكريم فكرة مختصرة عن العراق، وعن مكونات الشعب العراقي كقوميات وطوائف، آخذين الفترة التي نعيشها كمقياس، لواقع العراقيين في وطنهم، وهي عام 2023.

العراق منذ القدم إلى يومنا هذا (3-5): يذكر "رائد الحامد / الاناضول" في مقالته بتاريخ 2019/8/18 أن العراق فسيفساء من الديانات والطوائف والقوميات، تلتقي على العيش المشترك على رقعة جغرافية واحدة. إن العراق من أقدم المواقع التي بدأت على أرضها الحضارات، قبل آلاف السنين، حيث استقرت فيه أقوام وشعوب مختلفة قامت ببناء حضارة العراق، وكانت البداية في الحضارة السومرية ثم الأكدية والبابلية الآشورية والكلدانية والساسانية والفارسية والعربية والاسلامية والسلجوقية والعثمانية، وساعدت ظروف ثقافية ودينية على أن يكون العرب منذ قرون وإلى الآن هم أغلبية سكان العراق.

القوميات والطوائف والأديان في العراق: لو عدنا للتاريخ، فسوف نرى أن شعب العراق يتصف بتنوع ثقافي متميز، وهذا التنوع يضيف قيمة جمالية للعراق ولكن في نفس الوقت يعرضه للتهجير من موقع إلى موقع أخر، أو للهجرة خارج الوطن أو للتطهير العرقي. يشير الدستور العراقي لعام 1970 إلى ان 95% من شعب العراق يتكون من قوميتين رئيسيتين، هما العرب (80%) والكرد (15%) إضافة إلى قوميات أخرى مثل التركمان والسريان وآخرين. أما كطوائف فهناك الآتي: الكلدوآشوريون (الكلدانيون والآشوريون)، الفيليون، الصابئة المندائيون، اليزيديون، الشبك، الأرمن، اليهود، لذلك فإن الشعب العراقي يتكون من قوميات وطوائف وديانات متعددة. ويشير سعد سلوم أستاذ العلوم السياسية في الجامعة المستنصرية، إلى أن التركمان يمثلون ثالث الفئات العرقية في العراق بعد العرب والكرد، ويتمثلون بأربعة مقاعد في البرلمان، أما باقي القوميات

والإثنيات فتشكل 5% من الشعب العراقي، وتتمثل هذه الإقليات بتسعة مقاعد في البرلمان العراقي لعام 2018، وعلى الشكل التالي: 5 مقاعد للمكوِّن المسيحي، ومقعد واحد لكل من الصابئة في بغداد، واليزيديين في نينوى، والشبك في نينوى والكرد الفيليين في واسط. وبموجب المادة الثانية من الدستور العراقي لعام 2005 فإنَّ الدين الرسمي لدولة العراق هو الإسلام. وتشير المادة 14 من الدستور إلى أن جميع العراقيين متساوون أمام القانون دون أي تمييز، أما المادة 43 من الدستور فتؤكد أن شعب العراق متعدد الأعراق والأديان، وتعيش جميع هذه المكونات على منطقة جغرافية واحدة،، وأن الحرية مكفولة لكل مذهب لممارسة شعائره الدينية، مع التأكيد على الشعائر الحسينية، وأن الدولة تتكفل بحرية العبادة وحماية أماكنها.

سكان العراق: تشير أحدث إحصائية أجرتها الدولة العراقية من خلال الجهاز المركزي للإحصاء لعام 2017 إلى أن نفوس العراق هي 37 مليونًا و139 ألفاً و519 نسمة، وبذلك يكون النمو السكاني 2.61%، أما نسبة الذكور إلى الإناث عند الولادة فتبلغ 103.9%، في حين تشير إحصائية وزارة التخطيط والتعاون الإنمائي لعام 2015 إلى أن عدد سكان العراق بلغ 36 مليون نسمة، بزيادة سكانية تبلغ 5 ملايين عن 2009، والتي قدرت بحوالي 31.6 مليون نسمة، بينما كان عدد سكان العراق عام 2005 يساوي 27 مليون و962 ألفًا و968 نسمة وفق جهاز الإحصاء، علما أن جميع الإحصاءات التي أجريت بعد 2003 هي إحصائيات تقديرية، بسبب عدم إجراء أي تعداد سكاني في العراق منذ عام 1997. كما لا يوجد إحصاء سكاني رسمي في العراق يبين الإنتماء الديني للطوائف والقوميات.

لماذا اغترب المواطن العراقي عن الوطن؟

عزيزي القارئ قررت أن أكتب الوقائع والأحداث التي عشتها في العراق لأكثر من ستة عقود (1935 – 1996)، والتي منحتني الفرصة لأطلع عن كثب على الأسباب المعلنة التي دفعت الكثير من العراقيين للهجرة. إن الأسباب الأساسية لاغتراب الفرد العراقي متعددة، ويمكن أن نقول، أنها بدأت منذ تأسيس الحكومة العراقية عام 1921، وذلك بسبب الإضطهاد العرقي والقومي والديني والسياسي والإقتصادي والأمني والإنتقام إضافة إلى الحروب، أما الأسباب غير المنظورة، فهي ما يتفق عليه بين حكام العراق من

جهة، ومع من يقف وراء هذه الحكومات من الدول الكبرى التي تبحث عن مصالحها في العراق من جهة اخرى. نعود فنقول، كانت هناك هجرة فردية أو عائلية، وهناك أيضا هجرة كبيرة وواسعة للعراقيين والتي حدثت نتيجة سلوكيات السلطة الحاكمة في كل العهود التي حكمت العراق، وسنتطرق إلى الهجرة الجماعية للعراقيين والتي حدثت إبتداءً من السلطة الحاكمة في العهد الملكي الهاشمي، والعهد الجمهوري وفترة حكم حزب البعث العربي الإشتراكي وبعد الإحتلال الأمريكي للعراق عام 2003 إلى يومنا هذا 2023. ورغم عدم وجود إحصائيات عن عدد المهاجرين في كل فترة من فترات الحكم في العراق، ولكن هناك إحصائية نشرتها مؤسسة القمة المتخصصة بشؤون اللاجئين في إقليم كردستان العراق خلال عام 2020 لعدد اللاجئين العراقيين في 35 دولة في العالم خلال السنوات الخمس الماضية (2015-2019)، فكان المجموع الكلي للمهاجرين العراقيين طيلة الأعوام الخمسة الماضية قد بلغ 562293 شخصاً، توفي منهم 242 والمفقودون 171 شخصا. هذا وسنتطرق باختصار إلى أهم الأسباب التي أدت إلى ذلك من خلال إعطاء بعض الامثلة عن الأحداث التي وقعت، والتي أدت إلى هجرة أكثر من 4-5 ملايين عراقي إلى دول العالم المختلفة. تشير المراجع الرسمية لوزارة الهجرة والمهجرين العراقية إلى أن العراقيين المهاجرين المسجلين لدى السفارات العراقية في الخارج يمكن إدراجها كما يلي: دول أفريقيا (الجزائر، مصر، ليبيا)، الأمريكتين (الولايات المتحدة الأمريكية، كندا)، أوروبا (ألمانيا، بلغاريا، فنلندا، النمسا، فرنسا، اليونان، المجر، آيرلندا، إيطاليا، رومانيا، روسيا، أسبانيا، السويد، سويسرا، المملكة المتحدة)، آسيا (أرمينيا، جورجيا، الكويت، باكستان، الإمارات العربية المتحدة، اليمن). كما لا بد من الإشارة إلى أن مبررات الهجرة من العراق، غير التي تم ذكر أسبابها أعلاه، أي الهجرة الفردية أو العائلية، عديدة ومختلفة، منها البحث عن مكان أفضل للعيش، أو للدراسة والتخصص لضمان حياة أفضل أينما كانت، أو الإلتحاق بأفراد العائلة الذين سبق وأن هاجروا، أو لحدوث زواج بين شخص من دولة الاغتراب وآخر من العراق، أو لإقامة مشروع تجاري في بلد الإغتراب، أو السفر للسياحة ثم قرار للبقاء فيه للعيش هناك، أو المشاركة في مؤتمر علمي ثم البقاء في ذلك البلد، أو الذهاب بمهمة حكومية ثم البقاء. أما الاسباب التي نبحث عنها في هذا الكتاب، فهي الهجرة الجماعية التي حدثت أثر حوادث وقعت في

العراق في مختلف العهود التي حكمت العراق، والتي ورد ذكرها أعلاه، مثل الإضطهاد بأنواعه المختلفة، من قبل السلطة الحاكمة، وهجرة بعض العراقيين الذين تعاونوا مع قوات الإحتلال الأمريكي للعراق، لقاء منحه حق اللجوء عند حدوث ظرف معين يشعر معه العراقي المتعاون مع الإحتلال بوجود خطورة على حياته في حالة البقاء في الوطن، فيهاجر إلى دولة الإحتلال، أو يطلب الهجرة بسبب مؤهلاته العلمية أو المهنية والتي لا يجد المجال لتطبيقها في وطنه، أو بالمشاركة في القرعة التي تجريها أمريكا كل سنة لقبول المهاجرين بغض النظر عن دولة الإنتماء أو القومية أو العرق أو الدين إلى غير ذلك من أسباب الهجرة الشرعية، ووفق أنظمة وقوانين دول الإغتراب. كما أن هناك هروب من العراق بطرق غير شرعية إلى بلدان العالم المختلفة، ولأسباب سياسية أو ما حدث فعلاً أثناء الحروب وخاصة حرب أيران/العراق عام 1980 – 1988 عن طريق البر إلى الدول المجاورة للعراق ثم طلب اللجوء إلى الدول التي تقبل اللجوء بعد قضاء فترة في الدول المجاورة للعراق التي هربوا إليها، وسنأتي إلى تفاصيل ذلك عند التطرق إلى هجرة القوميات والطوائف العراقية من العراق، أو بعد تهجير الكثير منهم من قبل السلطة الحاكمة إلى مناطق خارج مناطق سكناهم الاصلية، وهذا ما يطلق عليه "الهجرة داخل الوطن"، وعليه سيتم تدوين هذه الأمور وبشكل مختصر في هذا الكتاب لأن الموضوع واسع ومتعدد الأسباب والحالات والظروف التي أدت إلى هجرة الكثير من العراقيين.

عزيزي القارئ، عند كتابتي موضوع الفصل الأول "لماذا هاجرا العراقيون من وطنهم"، سأقوم بتوثيق الأحداث التي لازمتني وأنا في وطني العراق، كون ذلك أكبر شاهد على حدوثها، بسبب معرفة تفاصيل ذلك الحدث، سواء ما وقع عليَ، أو لأقرب الأشخاص إلي، أو لمعايشتي الحادث تماما، أو التعرف عليه عن كثب، إضافة لاطلاعي على الكثير مما كتب عن موضوع هجرة العراقيين في الإنترنت، ونقل ما يتعلق بالموضوع بإسلوبي، ولهذا السبب سأضع المراجع في بداية كل فصل لان ما يتم إدراجه في مكان ما، قد يعود إلى مرجع أو أكثر من هذه المراجع. وهناك أمثلة عن الأسباب التي أدت إلى هجرة أعداد كبيرة جداً من كل القوميات والأديان والطوائف العراقية إلى خارج الوطن رغم حبهم وتعلقهم بوطنهم العزيز الذي ظل يعيش في قلوبهم وضمائرهم في

غربتهم إلى الأبد. كما لا بد من ذكر الإختلاف والتشابه في الأسباب التي دفعت وتدفع الاشخاص والعوائل والقوميات والطوائف إلى الهجرة، فهناك عوامل مشتركة بين الجميع، أو قد تتميز بعضها عن البعض الآخر، وقد حدث هذا في مختلف مراحل حكم العراق وبدأ من يوم تأسيس حكومة العراق عام 1921 إلى يومنا هذا أي عام 2023. إن معظم إن لم يكن كل المغتربين (مهاجرين كانوا أو لاجئين) لم تكن هجرتهم إختيارية، بل تحمل في خفاياها أموراً متعددة. سأحاول أن أذكر مثالا أو أكثر لكل مرحلة حكم في العراق، إبتداء من الحكم الملكي، وقبل الدخول بمناقشة هجرة القوميات أو الطوائف من وطنهم العراق بشيء من التفصيل سواء من قبلي أو أخرين،

واقع العراقيين في الوطن واسباب هجرتهم: سأذكر امثلة كمدخل للموضوع وكما يلي:

(أ) السلطة تذبح العراقيين: في عام 1932 حصلت مذبحة الآشوريين، على يد الجيش العراقي، بعد إتهام الحكومة العراقية لهم بالعمالة للجيش البريطاني خلال السنوات التي تلت الحرب العالمية الأولى (6)، فكانت السبب المباشر لهجرتهم من وطنهم العراق إلى بريطانيا وأمريكا وأستراليا، أما باقي أسباب هجرة الآشوريين فسيتم مناقشتها في فصل كامل. إن مذابح السلطة الحاكمة تكررت، منها مذبحة 8 شباط المشؤوم عام 1963 أبان إنقلاب حزب البعث العربي الإشتراكي على حكومة عبد الكريم قاسم، وقيامها بقتله وقتل أنصاره بشكل عام والمناضلين الشيوعيين بشكل خاص لدرجة سالت دماء المقاومة كالنهر الجاري على جانبي شارع الرشيد، إبتداءً من وزارة الدفاع إلى جسر الشهداء من جهة وباب المعظم من جهة أخرى، فالقتلى كانوا بالمئات في الأيام الثلاثة الأولى 8-10 شباط. حدث هذا ليس في بغداد فقط وإنما في معظم المحافظات العراقية، أما المذبحة الثالثة فكانت في فترة حكم صدام حسين، ضد إنتفاضة الشيعة في جنوب العراق والتي سيرد ذكرها لاحقا، والتي أدت جميعها الى هروب جماعي إلى خارج العراق أو الإعتقال والتعذيب حتى الموت، لكثير من المناضلين المعروفين ضد السلطة بشكل خاص.

(ب) السلطة الحاكمة والنشاط السياسي للعراقيين: إن السبب الآخر للهجرة، هو النشاط السياسي الذي يمارسه السياسيون العراقيون كمعارضة للحكم القائم، فمثلا في العراق شاهدنا ذلك إبتداءً من الحكم الملكي (بعد الإستقلال الشكلي، لأن الوصاية البريطانية استمرت بالخفاء في تحقيق أهدافها من خلال الحكومة العراقية، بعد تنصيبها الملك فيصل

الأول على عرش العراق، حتى جاء عام 1932 وحصل العراق على الإستقلال، وأصبح عضوا في عصبة الأمم عام 1932. هناك أمثلة كثيرة عن أسباب هجرة العراقيين من العراق بسبب الإضطهاد السياسي، ويمكنني أن أشير إلى مثال سياسي بسيط جدا، حدث في عهد الملكية وقريب لعائلتي، وذلك عند اعتراض العراقيين بمختلف اتجاهاتهم السياسية وتنوع قومياتهم على معاهدة "بورت سموث"، (صورة رقم 1 معبرة عن مظاهرات الشعب العراقي في بغداد) والتي طلبت بريطانيا من الحكومة العراقية، المصادقة عليها من قبل مجلس النواب العراقي، ولكن بسبب مظاهرات الشعب العراقي الواسعة في معظم إن لم يكن في كل المحافظات العراقية، لم تتمكن الحكومة العراقية من توقيع الإتفاقية، وهنا أذكر المثال الذي أشرت إليه أعلاه، وهو هجرة خالي (جورج حنا جويدة) إلى أمريكا وكان ذلك بسبب إجباره على كتابة براءة من الحزب الشيوعي العراقي في إحدى الصحف العراقية كشرط لإطلاق سراحه من التوقيف، إثر اعتقاله لأكثر من مرة بسبب مشاركته في مظاهرات ضد سلطة الحكم، ابتداءً من مظاهرة ضد معاهدة بورت سموث عام 1948 (7) وإقامة دولة إسرائيل على الأراضي الفلسطينية إلى مظاهرات أخرى، مما إضطره إلى الهجرة عام 1954، رغم تعلقه بوطنه وعائلته وأصدقائه ورفاقه في الحركة الوطنية، فلم يكن أمامه إختيار سوى الهجرة إلى أمريكا، بعد محاولات كثيرة للحصول على فيزا كطالب للدراسة. كما إن هناك الكثير من المناضلين ضد السلطة اضطروا للهروب من العراق إلى الخارج، بسبب ملاحقتهم من قبل جهات الأمن، خاصة بعد صدور حكم الاعدام بحق قادة الحزب الشيوعي العراقي، والأحكام ضد الآخرين. تلا ذلك هجرة جماعية لأنصار الحكم الملكي الهاشمي بعد سقوطه وإعلان الحكم الجمهوري في العراق، وقتل الملك فيصل الثاني والوصي عبد الإله ورئيس الوزراء نوري السعيد وغيرهم ممن قتلوا مع العائلة المالكة الهاشمية. وتكرر ذلك بعد الإنقلاب المشؤوم في 8 شباط، فمن نجا من القتل أو الإعتقال، هرب من العراق، أي أن أنصار الحكم الجمهوري المقربين للسلطة هاجروا من العراق إلى دول مختلفة، ونفس الشيء حدث بعد سقوط حكم صدام حسين، الذي هرب انصاره إلى خارج العراق وسياتي ذكرهم لاحقا.

(ج) السلطة والكفاءات العلمية: السبب الآخر للهجرة هو عدم قدرة الكثير من ذوي

الكفاءة العلمية على مزاولة نشاطهم العلمي لعدم توفر الإمكانيات والمناخ الملائم لكفائتهم في المواقع التي تم تعيينهم فيها من قبل السلطة، أو لعدم تعيينهم في مجال إختصاصهم، وهنا يمكن أن أذكر مثالا يعرفه معظم العراقيين المثقفين، وهي هجرة العالم الفيزيائي "عبد الجبار عبدالله" (8) إلى أمريكا، حيث حصل على شهادة الدكتوراه في العلوم الطبيعية (الفيزياء) من معهد ماساتشوستس للتكنولوجيا MIT، وبعد حصوله على الدكتوراه عاد إلى العراق وعُين أستاذاً ورئيساً لقسم الفيزياء في دار المُعلمين العالية في بغداد من سنة 1948 إلى 1949. وفي هذه الفترة تم ترُشيحه كأستاذ باحث في جامعة نيويورك بين سنتي 1952 و1955، بعدها عمل في أرقى الجامعات العلمية في أمريكا، وقد تم إستدعاءه للعودة إلى العراق بعد ثورة 14 تموز 1958، وقد لبى الدعوة، وعين رئيسا لجامعة بغداد، رغم اعتراض البعض على تعيينه، باعتباره من الطائفة المندائية، ولكن عند وصول الخبر إلى الزعيم عبد الكريم قاسم الذي أصدر أمر تعيينه، وقال لمن اعترضوا (أنا لم أصدر أمر تعيينه ليكون "رئيسا لجامع"، بل رئيسا لجامعة بغداد، كونه عالم عراقي استجاب لدعوتنا وعاد لخدمة العراق، أليسَ هو عراقي أم لا؟؟)، وعليه تم تعيينه، كما أن الكثير من طلبة البعثات للخارج قرروا عدم العودة إلى العراق، لأنهم يعرفون الواقع الذي ينتظرهم في العراق من جهة ولحصولهم على عروض وظيفية مغرية من الجامعات التي تخرجوا منها من جهة أخرى، ففضلوا البقاء في الخارج، والطلب من عوائللهم دفع الكفالة التي التزموا بوجوبها بعودتهم بعد التخرج أو دفع الكفالة المالية. وفعلا الذين لم يعودوا، حصلوا على مراكز علمية في الدول التي احتضنتهم والأمثلة كثيرة، وأفضل مثال هو معظم المنتمين إلى شبكة العلماء العراقيين في الخارج "نيسا" وغيرهم الكثير في شتى أنحاء العالم.

(د) الإنقلاب المشؤوم عام 1963: بعد الإنقلاب المشؤوم في 8 شباط 1963، تعرض آلاف العراقيين إلى

القتل المباشر والتعذيب بأساليب لم نسمع عن مثيلتها في العالم (صورة رقم 2 تعبر عن إنقلاب 8 شباط الأسود 1963) مما اضطر الكثير من أنصار عبد الكريم قاسم والشيوعيين إلى الهروب خارج العراق لأن القتل والتعذيب كان نصيب من يلقى القبض عليه. وهناك المثال المؤلم الذي ارتكبه حزب البعث العربي الإشتراكي بإلقاء القبض على رئيس جامعة

بغداد العالم عبد الجبار عبدالله حيث اعتقل وعذب مع الشيوعيين وأنصار الزعيم عبد الكريم قاسم، رغم كونه إنسان علمي غير سياسي. إن قيام النظام في ذلك الوقت بقتل آلاف السياسيين إضافة إلى ارتكابهم أبشع الجرائم بحق الإنسان وهي محاولة قتل جماعي للشيوعيين وباقي الوطنيين، من خلال نقلهم بقطار الحمل والذي سمي لاحقا ب "قطار الموت"، وقد وثق المؤلف هذه الجريمة بكتابه الموسوم "رحلة قطار الموت 1963" والذي تم نشره في بغداد عام 2022 (المكتبة العصرية بشارع المتنبي) والذي قامت الدكتورة ندى جواد الورد بترجمته إلى اللغة الإنكليزية ونشر في موقع أمازون الألكتروني. أعود لأقول أن الأستاذ الدكتور عبد الجبار عبدالله قد أعتقل بعد صعود حزب البعث إلى السلطة في عام 1963، ثم سُجن لمدة عام تقريباً وأُطلق سراحه فيما بعد، بعد مطالبات من جهات علمية وجامعات رصينة في دول العالم بالسماح له بالسفر إلى خارج العراق، حيث عين في منصب أستاذ في جامعة كولورادو وجامعة نيويورك في أمريكا. إن هجرة الكثير من ذوي الكفاءة إلى دول الإغتراب استمرت، وإلى يومنا هذا (2023)، وهناك أمثلة عديدة لا حصر لها حدثت لكثير من المناضلين العراقيين الذين قاوموا حزب البعث العربي الإشتراكي.

(ه) السلطة تحارب العراقيين في أرزاقهم: لقد هاجر الكثير من المسيحيين العراقيين إبان حكم عبد السلام عارف عام 1968، المعروف بنزعاته القومية والدينية والشوفينية، بسبب تعرضهم لمضايقات في العمل (9)، وهنا يمكنني أن أشير إلى عشرات من أصحاب الفنادق والمحلات والمطاعم التى تقدم المشروبات الكحولية، والذين هاجروا بسبب قطع أرزاقهم من خلال غلق محلاتهم في العراق بشكل عام وبغداد بشكل خاص ومنهم أقارب المؤلف، كما أن هجرة المئات من العراقيين ذوي الكفاءات إلى دول الجوار وخاصة دول الخليج وليبيا واليمن والأردن بشكل خاص للعمل بسبب إنهيار العملة العراقية بعد غزو الكويت من قبل حكم حزب البعث العربي الإشتراكي بقيادة صدام حسين عام 1991 وعدم تمكن العائلة العراقية المتوسطة الدخل بشكل خاص من العيش بسبب الغلاء الفاحش.

(و) الحرب العراقية الإيرانية وحرب غزو الكويت: إن هجرة العراقيين بشكل عام والأقليات بشكل خاص، وذوي الكفاءات العلمية، والتي بدأت أثناء الحرب العراقية الإيرانية (صورة رقم 3) تعبر عن الحرب العراقية الإيرانية ما بين عام 1980 و 1988)

حكمت جميل

حيث كانت هجرة غير شرعية، ولكن الهجرة ازدادت بعد غزو العراق للكويت عام 1991، خاصة بعد إخراجه من الكويت (صورة رقم 4 معبرة عن غزو العراق الكويت عام 1991) من قبل الولايات المتحدة الأمريكية وحلفائها، ووقوع العراق تحت البند السابع وقرار مجلس الأمن بتأمين الغذاء للشعب العراقي مقابل النفط، وبنفس الوقت إنخفاض سعر الدينار العراقي مقابل الدولار الأمريكي مما أدى إلى ازدياد حالة الفقر عند مختلف طبقات المجتمع العراقي، والذي اضاف سببا اساسيا للهجرة لإيجاد عمل لتغطية تكاليف الحياة، وقد سهل ذلك قيام حكومة صدام حسين بغض النظر عن من يرغب بالسفر خارج العراق، حيث قام كل من هو ممنوع من السفر خارج العراق برشوة موظفي دائرة الجوازات لتسهيل إصدار الجواز لمقدم طلب الجواز للسفر خارج العراق، مما سهل هجرة العراقيين بشكل كبير، وقد حدث ذلك من قبل كل القوميات والطوائف العراقية.

(ز) إنتفاضة الشيعة وأهالي الجنوب: هنا لا بد من الإشارة إلى الإنتفاضة الشعبانية (نسبة لحدوثها في شهر شعبان بالتقويم الهجري) (صورة رقم 5 معبرة عن إنتفاضة الشيعة وأهالي الجنوب) والتي بدأت بعد انهيار الجيش العراقي في حرب الخليج العربي الثانية، وذلك في 1 من شهر اذار 1991 (10)، والتي بدأت في البصرة، كمظاهرات ضد الحكم، ولكن تطورت بسرعة وتمكن المتظاهرون من السيطرة على مراكز الشرطة والإستيلاء على كافة المعدات القتالية، وتوسعت وشملت بعض مواقع للجيش. وفي نفس الوقت انضم إلى المنتفضين أفراد من القوات المسلحة وامتدت إلى باقي محافظات جنوب العراق، ثم إلى محافظات شمال العراق، حيث شارك في الإنتفاضة أربعة عشر محافظة من أصل ثمانية عشر محافظة في العراق، ولكن نظام صدام حسين، بعد أيام من الإنتفاضة وخاصة تلك التي حدثت في محافظات الجنوب مثل الناصرية وكربلاء المقدسة والنجف الأشرف وتأييدها من قبل آية الله العظمى السيد محمد محمد صادق الصدر وذلك بقيادة المنتفضين في المدينة، عند القاءه كلمته والتي حث فيها الشعب العراقي على نصرة الثورة الإسلامية ودعمها والمشاركة فيها، إلا إن نظام صدام، إستخدم القوة العسكرية المفرطة وخاصة قوات الحرس الجمهوري، حيث استخدم طائرات الهليوكبتر التي أرسل الامريكان فيها جرحى حرب الخليج الثانية إلى بغداد، والمدافع الثقيلة وصواريخ "أرض أرض" وأيضا الأسلحة الكيمياوية لقتل المتظاهرين، إضافة إلى قتل المئات في كل المحافظات التي

شاركت بالانتفاضة، واعتقل آلاف الأشخاص، واضطر الباقين إلى الإختباء بين الحقول والبساتين إلى حين تمكنهم من الهروب إلى المملكة العربية السعودية، وهناك تم وضعهم في مخيم "رفحآء" (صورة رقم 5 ورقم 6 اللاجئين العراقيين في مخيم رفحاء بالسعودية)، وبعد سنوات تم قبولهم لاجئين في أمريكا وباقي الدول التي تقبل اللجوء.

(ح) الغذاء مقابل النفط والهجرة: لقد كان هناك فعلا ظاهرة هجرة العراقيين عموما عدا البعثيين، بعد حرب الخليج الثانية، وفرض الحصار من قبل مجلس الأمن على العراق، وتعرض الشعب إلى الجوع ونقص الادوية، وانخفاض قيمة الدينار العراقي، حيث كان الدينار العراقي الواحد يعادل 3.3 دولار أمريكي قبل الحصار، لتصبح قيمة الدولار الأمريكي الواحد 2700 دينار عراقي بعد الحصار، وهذا يعني أن راتب الأستاذ الجامعي أصبح يعادل 3 إلى 4 دولار شهرياً، إضافة إلى قيام منظمات الأمم المتحدة بفتح مراكز للهجرة في كثير من الدول المجاورة، كتركيا والأردن ولبنان ومصر ودول اخرى، مما سهل للعراقيين المتضررين ترك الوطن للتوجه إلى هذه الدول والتسجيل في مراكز الأمم المتحدة للهجرة إلى الدول التي تقبل الهجرة أو اللجوء، وهكذا سافر الكثير من ذوي الشهادات العليا، إلى الدول المجاورة وخاصة ليبيا واليمن والأردن ودول الخليج للعمل، لأن هذه الدول كانت تفتقر لكثير من هذه الإختصاصات وخاصة الطبية والتدريسية، وباقي الكفاءات العليا، ومن خلال هذه الدول هاجر الكثير من العراقيين إلى أمريكا وكندا وأستراليا ونيوزلندا وأوربا، إما كلاجئ أو مهاجر أو حسب قوانين الكفاءة العلمية التي يعمل بها في معظم دول العالم المتقدم، طبقا لظروف كل شخص. إستمر الحصار الغاشم على شعب العراق وليس على حكومته، والذي فرضتهُ الأمم المتحدة لمدة ثلاثة عشر عاماً، ولم يُرفع ذلك الحصار إلا بعد الإحتلال الأمريكي للعراق عام 2003 **(9).**

(ط) هجرة المؤلف عام 1996: عزيزي القارئ، رأيت من المناسب أن أسرد واقعة هجرتي من وطني الغالي عام 1996 إلى أمريكا، بأختصار في هذا المكان من الكتاب بالذات وليس قبله وهي: إن هجرتي الشخصية تمثل قصة واحد من مئات العراقيين الذين هاجروا بسبب ما أصابهم أو أصاب أبناءهم من إضطهاد أو سجن أو إعدام والتي سيرد ذكرها في فصول الكتاب الأخرى، وتفاصيل هجرتي موثقة في كتبي المنشورة (1-2).

إن قراري بالسفر خارج العراق جاء بعد تراكم الضغوط النفسية علي أثناء العمل في

السليمانية، وتعرضي لحالة مرضية في العين لم أجد لها علاجا في العراق حينها، فسافرت بعد محاولات عدة لإقناع وزارة الصحة بحالتي المرضية وعدم توفر العلاج في العراق. وقد سافرت للعلاج إلى لندن/ إنكلترا، وبعد شفائي من المرض، لم أعد إلى العراق بل بقيت لدراسة الماجستير على نفقتي الخاصة أولا، تبعها حصولي على بعثة من وزارة الصحة العراقية لتكملة دراسة الدكتوراه. بعد حصولي على شهادة الدكتوراه من جامعة مانجستر (انكلترا) عام 1978، قررت العودة إلى الوطن - العراق (نهاية عام 1978)، رغم علمي أن حزب البعث العربي الإشتراكي، هو الذي يحكم العراق، والذي كان السبب فيما تعرضت له بعد الإنقلاب المشؤوم في 8 شباط، 1963 وهذا ما كنت أشعر به خلال زياراتي للعراق، خلال سنوات الدراسة في الخارج، خاصة وأنني سبق وأن اتخذت قراراً بالإبتعاد عن أي نشاط سياسي منذ عام 1961. كنت أعتقد أن سياسة البعثيين في الحكم بعد استلام صدام حسين السلطة قد تختلف كليا عن حكم البعثيين الذين جاءوا بعد انقلاب 8 شباط المشؤوم عام 1963، أي أن حكام العراق في 1978 سوف لن يقفوا ضد مزاولة نشاطي العلمي، وفق خطة وضعتها قبل عودتي للوطن. عدت إلى العراق وتعينت في جامعة بغداد - كلية الطب - قسم طب المجتمع، شعرت عندها أن الوطن قد أعطاني المجال للعمل في مجال إختصاصي (الطب المهني / الصحة المهنية والبيئة). بدأت بنشاط علمي كبير في مجال إختصاصي، ليس فقط في كلية الطب ببغداد، وإنما شمل نشاطي عدة وزارات منها الصناعة والإعلام والداخلية والعمل والمواصلات، والجامعات الأخرى وفق الخطة التي سبق وأن وضعتها لتحقيق حلمي في إرساء كل أهدافي في الحياة، والمتمثلة في إقامة قاعدة أكاديمية للطب المهني والبيئة للمجموعة الطبية، وأيضا إرساء قاعدة للصحة والسلامة المهنية في وزارتي الصحة والعمل، إضافة إلى المشاركة في إرساء قاعدة أكاديمية للسلامة المهنية من جهة والبيئة من جهة أخرى في معهد التكنولوجيا العالي، ونشر مفهوم "السلامة في العمل" لكل أبناء وطني من خلال برنامج يومي في إذاعة بغداد وأيضا في كثير من المجلات والصحف العراقية، رغم تعرض مسيرتي العلمية أثناء تنفيذ خطة العمل إلى مضايقات واستفزازات متعددة بين الحين والآخر، من قبل البعثيين المتعصبين، داخل جامعة بغداد وخاصة كلية الطب - فرع طب المجتمع، بشكل خاص، بسبب توسع نشاطي خارج الكلية. كانت هذه المضايقات

والإستفزازات تحدث بين الحين والآخر، بسبب عدم ارتياح الآخرين من النجاحات التي بدأت تتحقق في مختلف المؤسسات والوزارات، والتي كانت داعمة لخطة عملي في تحقيق أهدافها. بالرغم من هذا واصلت نشاطي العلمي، كونه يصب في خدمة أبناء وطني العزيز، واستمر أضطهاد البعثيين لي مهددين بنقلي خارج ملاك الجامعة، إن لم ألتحق بحزب البعث العربي الإشتراكي، لكنني قاومت كل أنواع المضايقات خلال ثمانية عشر عاما من عملي في الجامعة، ولم أنتمِ لحزب البعث العربي الإشتراكي أو أي حزب آخر لأنني كنت قد قطعت عهدا على نفسي بالإبتعاد عن العمل السياسي ويشمل ذلك أبنائي أيضا، وكل ذلك موثق في كتابي المنشور (1-2)، ولكن مع الأسف، لم أتمكن من تحمل ما أصابني من حالة مرضية أدت إلى فقداني البصر في مركز الشبكية في كلتا ألعينين، وذلك إثر قيام أحد المتعصبين البعثيين في فرع طب المجتمع بكلية طب بغداد، بكتابة تقرير ضدي، بعد إبلاغي من قبل المعهد الأمريكي للسيرة الشخصية في الولايات المتحدة الأمريكية، بأنني قد منحت لقب "عالم" لعام 1995 من ضمن 500 عالِم في العالَم، وبعد تبليغي رسميا بهذا اللقب، قدمته إلى رئيس جامعة بغداد (الأستاذ الدكتور طه النعيمي)، وقد ثمن التكريم، وتم نشر الخبر في مجلة جامعة بغداد، ونقلته كثير من المجلات والصحف العراقية، وقد اتصلت جريدة الجمهورية بي وطلبت إجراء مقابلة شخصية عن هذا الإنجاز، كما ثمن هذا الإنجاز من قبل الكثير من الأساتذة، ولكن بعد أقل من شهر صدر أمر من وزير التعليم العالي والبحث العلمي (الأستاذ الدكتور همام عبد الخالق العاني) بإيقافي عن العمل ومنعي من السفر خارج العراق، حيث أُبلغت بكل هذه الإجراءات من قبل وزير التعليم العالي والبحث العلمي، كما أُبلغت أن تقريرا كتب عني ويتهمني بالعمالة للمخابرات الأمريكية، وبمفهوم الدولة، فإن مثل هذا الإتهام يعتبر جريمة تقع ضمن جرائم "الخيانة العظمى للوطن"، كما طلب الوزير مني البقاء في منزلي، لحين انتهاء لجنة التحقيق في التقرير المقدم ضدي. عندها أصبحت شديد القلق ومتاثراً نفسياً، وأصبت في الحال بالحالة المرضية التي ورد ذكرها أعلاه، لأن حدوث أي خطأ في التحقيق سيعرضني للعقاب الذي قد يصل للإعدام. وبعد شهر من الإنتظار، إستدعيت، لمقابلة وزير التعليم العالي والبحث العلمي، والذي أخبرني أن المعلومات المقدمة ضدي، لم تثبت صحتها، وعليه أخبرني السيد الوزير بإمكانية العودة للعمل، وكأن شيئا لم يكن،

فقلت للسيد الوزير: وهل سيتم محاسبة من رفع التقرير ضدي وتسبب في فقدان جزء من بصري في مركز الرؤية في كلتا العينين؟ فقال السيد الوزير: مع الأسف لا، لأن من كتب التقرير له حصانة برلمانية وحزبية. عندها قررت ترك العراق نهائيا، وهذا ما فعلته فعلا في تشرين الأول عام 1996. وهنا لابد من الإشارة إلى أن سبب مقاومتي كل الضغوط من المتعصبين البعثيين قبل هذا الحادث، هو أنني كنت ألقى الدعم والتقدير والمكافأة من أصحاب القرار في الدولة العراقية، كما لا بد من الاشارة إلى أن هجرتي هي مثال واحد بسيط، من أمثلة لأشخاص أكثر مني علماً ومعرفة أو إضطهادا مما اضطر هم للهجرة من الوطن. هاجرت إلى أمريكا بعد أن قضيت ما يقارب من ستة أشهر في إستكمال معاملة الهجرة، وخلال هذه الفترة قمت بنشاطات علمية مع معهد السلامة المهنية في الأردن، حيث نظمت دورة مكثفة في الصحة والسلامة المهنية، وبمشاركة مدير المركز قمنا بإعداد كتابين، الاول حوادث الطرق وسلامة السائق والثاني السلامة والصحة المهنية في التكنولوجيا الصناعية.

(ي) هجرة العراقيين بعد الإحتلال الأمريكي والحلفاء للعراق: (صورة رقم 7 معبرة عن سقوط حكم صدام حسين بعد الغزو الأمريكي والحلفاء للعراق في نيسان 2003) أما هجرة العراقيين بعد الإحتلال فيمكن تقسيمها لعدة مراحل وكما يلي:

(ي-1) هجرة العراقيين البعثيين بشكل خاص بعد إحتلال أمريكا للعراق عام 2003: أصدر الحاكم المدني المعين من قبل قوات التحالف في العراق "السيد بول بريمر" بالإتفاق مع القوى السياسية العراقية آنذاك قرارا بتشكيل لجنة "إجتثاث البعث" (11) والتي تغير إسمها فيما بعد إلى "الهيئة الوطنية العليا للمساءلة والعدالة"، وعلى إثرها وحتى قبلها تمكن الكثير من البعثيين من ذوي المناصب الحكومية في عهد صدام حسين، من الهروب إلى دول الجوار وطلب الكثير منهم الهجرة أو اللجوء إلى أمريكا وباقي الدول التي تقبل الهجرة وخاصة كندا وأستراليا، تبعها قيام الكثير من أعضاء الهيئات التدريسية في الجامعات وخاصة من الكادر الطبي في بغداد بنقل خدماتهم إلى كردستان العراق والتي كانت تفتقر لمثل هذه الكوادر، إضافة لانتقال الكثير من البعثيين إلى كردستان العراق والعمل هناك. وانتقل الكثير من العوائل من الطبقة الرأسمالية البعثية أو المؤيدة لها إلى الأردن ودول عربية أخرى واستقروا هناك، إضافة لمن تمكن من الهجرة إلى

أوروبا أو أمريكا أو أستراليا. ولا بد من الإشارة إلى أن الكثير من البعثيين الذين كانوا متنفذين في الحكم قد سجنوا أو قتلوا خلال الفترة الأولى من إحتلال العراق، كما إن نسبة من البعثيين تمكنوا من إقناع حكومات العراق بعد الإحتلال بالعمل معهم وفعلا لبسوا ثياب المرحلة الجديدة، وحاربوا مع السلطة الجديدة كل من يقف بوجهها.

(ط-2) القتل أو الإختطاف على الهوية: في السنة الثانية من الإحتلال، بدأ تشكيل الميلشيات المسلحة خارج سيطرة السلطة، وبدأت هذه المليشيلت بارتكاب أعمال إجرامية مختلفة، مثل اختطاف شخص من فئة معينة وتهديد أهل المختطف بدفع مبلغ من المال كفدية أو قتل المختطف، وأحيانا تدفع الفدية للمختطفين ولكنهم مع ذلك يقومون بقتل المختطف، كما انتشرت عصابات الإستيلاء على ممتلكات وأعمال بعض الطوائف، مثل المسيحيين والصابئة وغيرهم. عندها تضاعف عدد المهاجرين العراقيين وبشكل خاص المسيحيين بعد 2005 بسبب الإضطهاد العلني للمسيحيين حيث تم تفجير ما مجموعه 59 كنيسة ودير، كما تم الإستيلاء على ممتلكات الأقليات الأخرى مثل بيوتهم ومصانعهم وحقولهم وما إلى ذلك من أمور اخرى.

(ط-3) سيطرة الدولة الإسلامية في العراق والشام "داعش" على محافظة الموصل عام_2014: تشير المراجع (11- 19) إلى أن الهجرة الكبرى من العراق، حدثت بعد دخول "داعش" محافظة الموصل وسيطرتها على أماكن كثيرة في الشمال، فبدأت هجرة العراقيين بشكل عام والمسيحيين واليزيديين بشكل خاص من شمال العراق، حيث أعطى داعش مهلة 48 ساعة للمسيحيين لمغادرة الموصل، وفعلا تم ذلك بعد أن تركوا ورائهم كل ما يملكون ونزح بعضهم إلى كردستان والبعض الآخر إلى خارج العراق، حيث يقدر عدد المسيحيين الذين تركوا الموصل بحوال 400 ألف مسيحي، ولم يبقَ من الطائفة المسيحية أحد في الموصل، كما قام داعش بهدم أو تفجير 98 ديراً وكنيسة للمسيحيين في الموصل وبغداد ومحافظات اخرى. ولا بد من الإشارة إلى أن الطائفة اليزيدية (12) قد تعرضت للإضطهاد مرات عديدة بعد 2003، ولكن كان أعنفها مجزرة سنجار عام 2014 والتي راح ضحيتها آلاف اليزيديين على يد تنظيم الدولة الاسلامية "داعش"، أما الطائفة المندائية (13) التي تواجدت بشكل خاص في جنوب العراق (ذي قار وميسان) منذ آلاف السنين، فقد إضطرت للهجرة بعد 2003 بشكل خاص، وذلك لمضايقتهم في

امور حياتهم العملية والمهنية وأيضا في ممارسة طقوسهم الدينية. ويجب أن لا أغفل هجرة الكثير من الأكراد (14) إلى دول العالم المتقدم إبتداءً من دخول زعيمهم "مصطفى البرزاني" العراق إلى يومنا هذا بسبب الإنشقاق الذي حدث بين الأكراد أنفسهم، والذي استمر حتى غزو أمريكا للعراق عام 2003، ومع هذا يشهد إقليم كردستان حاليا موجة هجرة غير مسبوقة إلى أوروبا خاصة بعد 2014 جراء الخلافات السياسية والإقتصادية بين حكومتي المركز والإقليم إضافة إلى الخوف من المستقبل، لأن المنطقة عموما لا تشهد استقرارا سياسيا وخاصة في العراق، والخوف من عودة منظمات إرهابية مثل "داعش" ثانية وتغير الأوضاع الأمنية في المنطقة، كما يشاهد الكثير غياب العدالة في توزيع فرص العمل بين أبناء الإقليم، إضافة إلى مضايقة الأفراد في حرياتهم وخاصة في محافظة دهوك والفساد المنتشر في دوائر الإقليم، كلها أسباب دفعت الشباب بشكل خاص للهجرة بحثا عن حياة أفضل (11). أما عن هجرة الطائفة اليهودية فسوف نتكلم عنها بشيء من التفصيل في الفصل الثاني. ويجب أن أذكر أنه بالرغم من القضاء على ما يسمى "داعش" إلا أن هجرة العراقيين وبمختلف قومياتهم ودياناتهم استمر وبشكل خاص بين المعارضين للحكم القائم وإلى يومنا هذا (2023).

عزيزي القارئ، أود الاشارة إلى أن هجرة العراقيين من وطنهم العراق وبمختلف قومياتهم واعراقهم ودياناتهم، تشابه ما حدث ويحدث في معظم إن لم يكن في كل الدول العربية، لا بل في كل دول العالم الثالث. إن أسباب هجرة مواطني الدول العربية الأعضاء في منظمة الجامعة العربية وعددها 22 دولة (الأردن، الإمارات، البحرين، الجزائر، السعودية، السودان الصومال، العراق، الكويت، المغرب، اليمن، تونس، جزر القمر، جيبوتي، سوريا، عمان، فلسطين، قطر، لبنان، ليبيا، مصر، موريتانيا) إلى دول الغرب المتطورة، قد تختلف من دولة لأخرى، لكنني بعد أن قرأت الكثير من المقالات عن هجرة المواطنين من الدول العربية على صفحات الإنترنت وجدت بعض التشابه بين الأسباب التي دفعت المواطنين العرب للهجرة من اوطانهم، في بعض الدول، ويمكن أن نقسم أنواع الهجرة إلى نوعين رئيسيين، الهجرة بالطرق الرسمية والهجرة غير الشرعية ولكل منها أسبابها، والتي تشمل الإضطهاد من قبل نظام الحكم في مختلف الأنظمة والأوقات، البحث عن ظروف حياة أفضل من تلك التي في وطنه الأم، وهجرة ذوي الكفاءات العلمية لعدم

تمكنهم من العمل في أوطانهم لأسباب متعددة، وهجرة الأقليات العرقية والدينية بسبب عدم تمكنهم من ممارسة طقوسهم الدينية بشكل كامل وذلك لتعرضهم لمضايقات وإضطهاد بين فترة وأخرى من قبل المتعصبين الإسلاميين، والهجرة لغرض التجارة إلى الدول التي فيها خيرات مادية وقلة من الكفاءات أو رؤوس الأموال والعمل التجاري.

عزيزي القارئ، نظرا لكون الكتاب يقتصر على أسباب هجرة العراقيين إلى دول الإغتراب، نعتذر عن الدخول في أسباب هجرة أبناء الوطن العربي إلى خارج أوطانهم للتباين الكبير وتعدد الأسباب، ولكون الموضوع خارج نطاق الكتاب. إن معايشتي كباحث لما يعانيه المغترب العراقي والعربي في المهجر من جهة، ومشاهدتي لكثير من السلبيات والإيجابيات في سلوكية المغترب بشكل عام، وأيضا ملاحظتي للمواقف الإيجابية والسلبية التي تصدر من المهاجرين الأوائل الذين هاجروا منذ سنين طويلة، وقبل قيام دول الغرب بقبول طلبات اللجوء أو الهجرة، وخاصة للعراقيين، فسوف أذكر ذلك بشيء من التفصيل في الفصل السابع الذي يتحدث عن هجرة العراقيين إلى الولايات المتحدة الأمريكية، كما سيكتبه الآخرون عن الدول الأخرى. وبغية التوسع في تبيان أسباب هجرة العراقيين بمختلف طوائفهم وقومياتهم من العراق إلى دول الإغتراب، فسوف نتطرق نحن عن بعض هذه الطوائف والقوميات لأننا لم نجد من يساهم في الكتابة عنها في الفصل الخامس، أما باقي الطوائف والقوميات فسوف يكتب عنها أحد أبنائها في فصل منفرد، كما إننا سوف لن نتطرق إلى هجرة أبناء الديانة الإسلامية الكريمة، وبالتأكيد فإن القارئ الكريم يقدر موقفنا بهذا الخصوص.

في الختام، أقول أنني لم أتطرق إلى كثير من الأحداث التي حدثت في كل الأنظمة التي حَكمت العراق منذ تأسيسه عام 1921، لأن مصير كل من يعارض السلطة القائمة في العراق منذ العهد الملكي لحين الآن 2023، سيكون إما الإعتقال أو التعذيب أو الخطف أو السجن أو القتل، بطرق معظمها غامضة أو مجهولة، ولهذا فإن معارضي السلطة كانوا يفضلون الهجرة بمختلف الطرق، لعدم تحملهم إضطهاد الحكام في مختلف الأزمنة. كما لا بد من الإشارة إلى أن الهجرة إلى دول العالم المختلفة تبدأ من تقديم طلب الى مكاتب الأمم المتحدة للهجرة إلى الدول التي تقبل الهجرة، إما كمهاجر أو لاجئ، ومع هذا كان المهاجر يبقى في دول الإنتظار من سنة إلى سبعة سنوات ليهاجر بسبب الإجراءات التي

حكمت جميل

تحددها دول الإغتراب في قبول اللاجئ أو المهاجر. إن تأخير الأمم المتحدة لطلبات اللآجئين دفع الكثير من العراقيين لسلوك طرق غير شرعية، مثل التهريب عن طريق تركيا إلى اليونان، ومن ثم إلى بقية الدول، سواء كان ذلك عن طريق البر أو البحر، رغم مواجهة الكثير من الصعوبات، مجازفين بأرواحهم وأطفالهم وعوائلهم من أجل الحصول على مستقبل أمن في المهجر، وإن سلوك الطريق غير الشرعي أدى إلى غرق الكثير، كما إن الكثير منهم مات بسبب الجوع والعطش بعد أن تاهوا في الغابات أو مواجهة قوات عسكرية على الحدود اليونانية والتي تبطش بالمهاجرين غير الشرعيين من كل الجنسيات، كما تقوم بإعادتهم إلى تركيا. باختصار، مأساة الهجرة غير الشرعية قد تنتهي بالموت أو الغرق أو الفقدان أو الدفن في مقبرة الغرباء خارج الوطن مثل اليونان وتركيا، كما تشير المراجع إلى أن عدد المهاجرين بالطرق المختلفة كانت بحدود مليوني عراقي قبل 2003 ونحو ثلاثة ملايين بعد 2003 وخاصة بعد 2014 وذلك وفق رئيس لجنة العمل والمهجرين في البرلمان العراقي السيد حسين غرب (4). أما طائفة الأكراد الفيليين والطائفة المندائية والقومية الشبكية فقد تطوع شخص من كل منها للكتابة عن طائفته، أما القومية الأشورية / الكلدانية (المسيحيين بشكل عام) فسيكتب عنهم أحد الأشخاص الملين بأحوال الطائفة المسيحية عموما.

ومن الله التوفيق.

العراقيون من الوطن الى المهجر

صور الفصل الاول

صورة رقم 1: مظاهرات الشعب العراقي في بغداد

صورة رقم 2: الأستاذ الدكتور عبدالجبار عبدالله رئيس جامعة بغداد عام 1959-63

صورة رقم 3: الحرب العراقية الإيرانية بين عام 1980 - 1988

العراقيون من الوطن الى المهجر

صور رقم 4: غزو العراق للكويت وحرب عاصفة الصحراء عام 1991

صورة رقم 6: اللاجئين العراقيين في مخيم رفحاء في السعودية

صورة 5: إنتفاضة الشيعة وأهالي الجنوب 1991

صورة رقم 7: سقوط حكم صدام حسين بعد الغزو الامريكي وقوات التحالف للعراق في نيسان 2003

32

1 حكمت جميل / مسيرة قارب من دجلة إلى ديترويت لعام 2021 / المكتبة العصرية / شارع المتنبي قرب سوق السراي في بغداد – العراق / وباللغة الانكليزية موجود في مكتبة الامازون الألكترونية

2 حكمت جميل / رحلة قطار الموت 1963 لعام 2022/ المكتبة العصرية / شارع المتنبي قرب سوق السراي في بغداد – العراق / وباللغة الانكليزية موجود في مكتبة الامازون الألكترونية

3 رضا زيدان / أعراق وديانات متنوعة في العراق.. كيف تتوزع؟ وما هي خصائصها؟ / المصدر: وكالات / 24 أيلول 2021 23:45

4 أحمد الدباغ: بالأرقام والمناطق.. تعرف إلى خريطة «التنوع الطائفي» في العراق https://www.sasapost.com/introducing-to-ethnic-minorities-in-iraq/

5 رشيد الخيون / الأديان والمذاهب في العراق / 2021/7/13

6 المسيحيون في العراق بين عراقة التاريخ وأزمات الحاضر / 1 نوفمبر/ تشرين الثاني B.B.C. New2010 عربي -

7 معاهدة بورت سموث / ويكيبيديا - الموسوعة الحرة -

8 عبد الجبار عبدالله / ويكيبيديا - الموسوعة الحرة -

9 الحكيم البابلي: المحور: أسباب هجرة مسيحيي العراق، ومن كان روادها الأوائل / الهجرة، العنصرية، حقوق اللاجئين و الجاليات المهاجرة / ؟ / الحوار المتمدن-العدد: 3765 - 2012 / 6 / 21 - 17:23 /

10 الانتفاضة الشعبانية / ويكيبيديا الموسوعة الحرة / (نسبة لحدوثها في شهر شعبان الهجري)

11 قانون اجتثاث البعث يخلق أزمة في الأوساط العراقية.. فهل يُلغى / تي ارت تي / 1/10) 2023

12 ويكيبيديا الموسوعة الحرة / اضطهاد اليزيديين

13 الجزيرة نت: اخبار اليوم / الصابئة المندائيون يهجرون موطنهم ومقدساتهم في جنوب العراق.. تعرف على الأسباب.

14 وليد الخزرجي / لماذا يهاجر أكراد العراق رغم الإستقرار الأمني في كردستان / تقارير من الإنترنت / 13 / تشرين الثاني / 2021

15 عبد الله سلام / العراق يجهل عدد اللاجئين العراقيين في الخارج / 18 /2022/7/

16 الشتات العراقي

17 عبد الحسين شعبان / وماذا عن الشتات العراقي / 2017/2/22

18 طه العاني / في اليوم العالمي للاجئين، 2021/6/20

19 المسيحيون في العراق

السيرة الذاتية العلمية والادبية:

المهندسة زينب خالد الفيلي

، *من مواليد بغداد / العراق ، * أكملت دراسة البكالوريوس في تخصص هندسة الحاسبات 2009 / العراق، - أكملت دراسة الماجستير في تخصص هندسة الحاسبات 2014 / الهند، * أكملت دراسة دبلوم إدارة الجودة الشاملة 2015 / السويد، * أكملت دراسة دبلوم آيزو2015 - 2016 / السويد، * حاليا تدرس الدكتوراه في تخصص هندسة الإتصالات والشبكات / ماليزيا ، * تم ترشيحها من قبل وزارة الموارد المائية العراقية لمنصب مدير العلوم والتكنلوجيا في منظمة التعاون الإسلامي في المملكة العربية السعودية / 2017، * تم ترشيحها من قبل وزارة الموارد المائية العراقية للعمل في إدارة تكنولوجيا المعلومات في جنيف، سويسرا / 2018، * سفيرة النوايا الحسنة في لبنان / مصر عام 2019، * مستشارة في أكاديمية الأعمال الذكية / السويد، *- مدربة دولية معتمدة / أكاديمية الأعمال الذكية / السويد، *- ناشطة في مجال حقوق الإنسان ومنظمات المجتمع المدني، * عملت ضمن فريق عمل مركز البيانات الخاص بمشروع مراقبة المياه الدولية في العراق الممول من قبل الإتحاد الأوربي، *- شاعرة ولها أربعة إصدارات شعرية (مثل: محكمة الهوى، رسائل تأبى الضياع)، وتكتب في صحف ومجلات، * كتبت دراسات نقدية، *- تعمل على مشاريع إنسانية وثقافية، *حاصلة على شهادات دولية في مجال أمن الشبكات السلكية، الجودة واللاسلكية، الدبلوماسية والعلاقات الدولية، *- نالت عدد من الجوائز، الدروع، وكتب الشكر والتقدير، *جائزة العنقاء الذهبية للمرأة المتميزة في 2013 و 2015، جائزة العنقاء الذهبية لأفضل كتاب أدبي 2016، *دروع من قبل وزارة الثقافة ومنظمات حقوق الإنسان والمجتمع المدني، *كتب شكر وتقدير من قبل وزارة الموارد المائية، كتاب شكر وتقدير من قبل مكتب المفتش العام / وزارة الخارجية العراقية، *شهادة تقديرية وميدالية للمرأة العاملة والناجحة في مجال الهندسة والمجالات الأخرى / من قبل كلية الهندسة / جامعة النهرين.

الفصل الثاني

الكرد الفيليون بين المطرقة والسندان

بقلم: المهندسة زينب خالد الفيلي

الملخص

أقف هنا حداداً على المفردات، فلم أجد مفردة تعكس حجم الألم الذي يغمرني حينما أتحدث عن أكبر وأهم قضية اضطهاد وإبادة جماعية بحق شريحتي (أقصد شريحة الكرد الفيليين). كما نعلم جميعنا بأنه لم تبدأ قضية تسفيرات الكرد الفيليين وتهجيرهم إلى إيران على هيئة موجات متتالية منذ عقود كرد فعل على مشاركاتهم في حركة التحرير الكردية بشكل خاص والحركة الوطنية العراقية بشكل عام، لكن في الحقيقة تعود سلسلة أزماتهم إلى تاريخ إقامة الدولة العراقية الحديثة كما سيتم توضيحه بشكل تفصيلي لاحقاً في هذا الفصل. هنا أحاول أن أجرد القضية من السرد الطويل وأسلط الضوء على نقاط مهمة لا بد أن•تسطع للقارئ ليكون على بينة تامة بكل تفاصيل القضية من خلال عدة أسئلة رئيسية مع إجاباتها.

من هم الكرد الفيليون؟ / ما هي قضية الكرد الفيليين؟: إن الإجابة عن السؤال الأول بشكل واضح ومختصر هي أن الكرد الفيليين هم شريحة تنتمي إلى اللور والتي يعود نسبها إلى الكرد، حيث سكنوا في مناطق مختلفة من وسط، شرق، جنوب وشمال العراق (مناطق سكناهم في الجانب العراقي). وقضية إضطهادهم كانت من خلال إبعادهم قسراً من العراق وتهجيرهم إلى إيران بحجة التبعية الإيرانية وإعدامهم وتغييبهم ومصادرة أموالهم المنقولة وغير المنقولة. وهنا لا بد من السؤال عن ما هي المناطق التي سكنها الكرد الفيليون في الجانب الإيراني؟ تتوزع مناطق الكرد الفيليين في الجانب الإيراني في منطقة لورستان في محافظات عدة منها كرمنشاه، إيلام وخوزستان، أما المدن من الشمال إلى الجنوب فهي قصر شيرين وكرمانشاه وإسلام آباد غرب وسربل زهاب ومهران وأنديمشك حيث إنها تحاذي الجنوب العراقي في محافظة ميسان. وهنا لابد من طرح السؤال حول نوع الإضطهاد والإنتهاكات التي تمت ممارستها بحق الكرد الفيليين؟ ويمكن تلخيص الإجابة في النقاط التالية:

*التهجير القسري: ترجع بدايات التهجير القسري لعام 1963 وذلك للأسباب السياسية والإجتماعية والإقتصادية التي سيتم شرحها بشكل تفصيلي في الفصل.

*ممارسة الإعتقال بحق تجار الكرد الفيليين ومصادرة أموالهم 1980: من أهم المجالات التي شارك فيها الكرد الفيليون هي المجال التجاري والصناعي حيث تركزت التجارة والأعمال الحرة بأيديهم في أغلب المدن حيث كان الكرد الفيليون يمثلون العصب التجاري في العراق. لقد تم اعتقال التجار ومصادرة أموالهم المنقولة وغير المنقولة.

*إبادة جماعية للشبيبة من الكرد الفيليين: وذلك بسبب الحادثة المعروفة في الجامعة المستنصرية على يد سمير نور علي فقد تم اعتقال الشبيبة الفيلية وإبادتهم من خلال إعدامهم جميعاً.

*التغييب في السجون والمقابر الجماعية: قام النظام البعثي بحجز أبناء عوائل الكرد الفيليين بين الفئات العمرية (15-40 سنة) في سجونه بعد تهجير عوائلهم إلى ايران، بالإضافة إلى قتل الآخرين ممن كانوا في السجن أيضا، كذلك اختفى عدد كبير في سجون النظام ودفنوا في المقابر الجماعية.

*إسقاط الجنسية العراقية: وذلك من خلال إصدار قانون الجنسية المرقم (43) لسنة 1963 حيث قيد وشدد الشروط الواجب توفرها لمنح الجنسية العراقية وأعطى صلاحيات عديدة لوزير الداخلية ومن ضمنها إسقاط الجنسية لأسباب امنية دونما العودة للقضاء.

*مصادرة الممتلكات والمستمسكات الرسمية: وذلك من خلال شن حملة قاسية على كل ما يمتلكون، حيث قام النظام بسلب ونهب بيوتهم ومحلاتهم التجارية وأسواقهم ومعاملهم ومكاتبهم، كما تم حجز ومصادرة الأموال المنقولة وغير المنقولة، فضلا عن سياراتهم وودائعهم في البنوك وجميع وثائقهم العراقية من شهادات ميلاد وجنسية وشهادات الجنسية وجوازات ودفاتر الخدمة العسكرية وعقود الزواج والوثائق الدراسية ومستندات ملكية العقارات... الخ.

*إجراء التجارب الكيمياوية والجرثومية على الكرد الفيليين: تمت إبادة أكثر من خمسة آلاف شاب كردي فيلي من خلال خضوعهم للتجارب الكيميائية والغازات السامة وأحواض التيزاب (التيزاب هو الاسم التجاري لحمض النيتريك أو ماء النار، وهو مادة شديدة التآكل وسامة وتسبب حروقًا شديدة في الجلد).

***التطليق بالإكراه:** وذلك بعد إصدار القرار المرقم (150) والصادر في 1989/1/28 والذي ينص على حرمان العراقية المتزوجة بأجنبي من الخدمة في المؤسسات الرسمية، بالإضافة إلى القرار المجحف المرقم (474) الصادر في 1981/4/15 والذي بموجبه يُصرف للزوج المتزوج من إمرأة من التبعية الايرانية مبلغ قدره (4000) دينار إذا كان عسكرياً و (2500) دينار إذا كان مدنياً، في حالة طلاقه من زوجته وتهجيرها إلى خارج القطر. ويشترط لمنح المبلغ الذي تمت الإشارة إليه أعلاه ثبوت حالة الطلاق والتهجير بتأييد من الجهات الرسمية المختصة وإجراء عقد زواج ثاني من عراقية.

***فرض سياسة التعريب:** بخصوص الكرد الفيليين الذين لم يتم تسفيرهم، قام النظام بإلغاء إجازات الإستيراد والتصدير العائدة لهم كافة، وألغى الوكالات التجارية الممنوحة من قبل المؤسسات التجارية الإستهلاكية كما تم حرمانهم من إستملاك الأراضي والعقارات، وحرمانهم من القبول في الدراسات العليا والكليات العسكرية. كما تم ترحيلهم من مدنهم من خلال التهجير القسري إلى وسط وجنوب العراق مثل مدينة الرمادي والسماوة والكوت والحلة حيث محيت أسماء مدنهم وقراهم وشطبت أسماؤهم من سجلات النفوس لعام 1957، وإتخذ التعريب صفة رسمية من خلال توزيع إستمارات تصحيح الهوية.

***الحرمان من الدراسة والتعليم والوظيفة:** تم طرد آلاف من الكرد الفيليين من وظائفهم ومن بينهم أطباء ومهندسين وقضاة وضباط وعلماء وأساتذة جامعيين ومدرسين من خيرة أبناء المجتمع الذين قدموا له خدمات جليلة لا ينكرها أحد.

عزيزي القارئ، سأتركك هنا لتتصفح بعض الصور الخاصة بالكرد الفيليين في مرحلة التهجير القسري. فمثلا صورة رقم 1: توضح مكوث عوائل المسفرين في الحجز قبل التسفير، أما صورة رقم 2: توضح أوضاع العوائل خلال التسفيرات. أما حول الأسئلة الواجب طرحها عندما سكن الكرد الفيليون في المناطق الإيرانية، فما هي العقبات التي واجهتهم في الجانب الإيراني؟ شعور الإغتراب الذي يحيط المغترب والأزمات النفسية التي يتعرض لها لكونه يواجه عالم لا يشبه عالمه، ويمارس حياة بعيدة عن تلك التي مارسها أصبح من البديهيات، إلا أن قضية تهجير الكرد الفيليين حملت وجوه عديدة من العقبات. فتبعاً لحملات الإضطهاد التي شنها نظام البعث ضد الكرد الفيليين، تم تهجير نصف مليون كردي فيلي إلى إيران، علما أنه في عام 2003، تم تقدير أن نسبة 65% من

لاجئي العراق إلى إيران البالغ عددهم 20 ألف لاجئ هم من الكرد الفيليين الذين تم تهجيرهم خلال الإبادة الجماعية، وكان هذا التقدير من قبل مفوضية الأمم المتحدة السامية لحقوق الإنسان. كما إن هناك الكثير من عوائل الكرد الفيليين مازالوا في مخيم (ازنا) في لورستان (غربي إيران)أي منذ أكثر من 40 عاما على حملة الإضطهاد التي تعرضوا لها. هنا أحاول تسليط الضوء على أن هذه الشريحة قد حرمت بشكل تام ومتقصد من الوثائق الرسمية سواء كانت وثائق عراقية أم وثائق إيرانية ويعيش أفرادها في ظروف قاسية وحياة صعبة مقاربة لحياة الكهوف، ولم يجد أغلبهم ما يلبي حاجتهم ويسد عوزهم، حيث أنهم يمارسون مهناً بسيطة جدا. هذه حالة يُندى لها الجبين، أكثر من أربعين عاما من الحرمان من حقوق الهوية والعمل في المؤسسات الحكومية والتعليم بشقيه المدرسي والجامعي بالإضافة إلى الزواج الرسمي مع تهميش متعمد من قبل حكام إيران. وفيما يخص الكرد الفيليين الذين وصلوا إلى المناطق الإيرانية وسكنوا فيها فقد عانوا ما عانوا من رفض وعدم تقبل الآخر لهم وكذلك الصعوبات التي تمثلت في إتقان اللغة والتواصل الإنساني مع الآخرين والإستقرار المعيشي حيث إنهم جميعهم بدأوا من نقطة الصفر (إن صح القول) حيث زاولوا مهناً متواضعة لأجل الوصول إلى مستوى معيشي لا بأس به يمكنهم من توفير أبسط الأمور التي يحتاجها الفرد في حياته اليومية. أكمل بعضهم دراساتهم في الجامعات الإيرانية وبصعوبة تامة لأجل نيل الشهادات التي تمكنهم من العمل في المؤسسات الإيرانية، إلا أن محاولاتهم باءت بالفشل فلم يتم تعيين أصحاب الشهادات من الكرد الفيليين وأولادهم في المؤسسات الحكومية الإيرانية، كما إن بعضهم فتحوا مشاريعهم الخاصة والمتمثلة في النجارة أو التجارة والصناعة وغيرها. أما على الصعيد الإجتماعي والعلاقات الإنسانية فقد أصبح الزواج بين الطرفين (العوائل العراقية والإيرانية) شبه مألوف لكنه مدجج بالمشاكل والقضايا التي لم تحسم. وبالتالي يمكن القول بأن العقبات التي واجهت الكرد الفيليين تتمثل بما يلي: عقبات التواصل والمتمثلة باللغة إختلاف الثقافة بين البلدين فعلى الرغم من إن إيران هي بلد مجاور للعراق إلا إن اختلاف لثقافات كان يشكل عقبة حقيقية.

العمل في القطاع الحكومي والخاص: حيث تم إستبعاد الكرد الفيليين ممن أكملوا دراساتهم في الجامعات الإيرانية من التعيين في وظائف الدولة والشركات.

الوثائق الرسمية: لم يحصل الكرد الفيليين على وثائق رسمية من قبل الجانب الإيراني.

الإرتباط الإجتماعي: باتت ظاهرة الزواج بين الأسر العراقية والإيرانية أمرًا شائعًا في الوقت الحالي، ولكن هذه الظاهرة تحمل في طياتها العديد من المشاكل والقضايا التي لم يتم التوصل إلى حل نهائي لها، مما يجعلها تشكل تحديًا كبيرًا يواجه الأفراد والمجتمعات على حد سواء. ما تم تلخيصه في هذه المقدمة هي النقاط المهمة التي سيتم شرحها بشكل مفصل في الفصل لاحقاً، فلمن يرغب بأن يغوص في أحداث قضية الكرد الفيليين فإن الصفحات التالية كفيلة بأن تنقل الوجه الحقيقي للممارسات التي تم ممارستها بحق الكرد الفيليين والأسباب وراء ذلك.

المقدمة: تعددت الحقب والمصطلحات إلا أن مفهوم الإغتراب واحد. لست بصدد كسر النفوس بعد إنكسارات تراكمية، فالإغتراب سواء كان إراديا أم قسريا فهو يحمل سيماء الألم ذاتها. هنا أحاول تسليط الضوء على فئة اساسية ومكوّن رئيسي من فئات ومكونات الشعب العراقي وهو الشعب الكردي (الفيلي) الذي عانى ما عاناه من حالات إضطهاد مختلفة وما ملكت أيمان الأنظمة التي حكمت العراق وذلك لكوني البنت الشرعية لهذا المكون وأحمل ما أحمل من أدوات من شأنها أن تعزز موقفي وتجعلني قادرة على نشر الوعي وتعريف وتذكير العالم بمعاناة هذا الشعب الماضية منها والحالية وذلك كمحاولة حقيقية لتشتيت الضباب المبهم الذي يطوقها لتصبح الأفق المستقبلية أكثر وضوحاً. إضافة إلى ذلك، فقد عشت الإغتراب وإن كان إرادياً بهدف الدراسة والعمل إلا إنني أدرك جيداً ماذا يعني الإغتراب بتفاصيله الإيجابية والسلبية.

بدءاً وبمثابة مقدمة للموضوع، لابد من تذكير من حولنا ومن يشاركنا المكوث تحت سقف الوطن وحتى من اختار بلداً آخر للإقامة فيه، أن الأمة الكردية هي أمة عريقة شأنها شأن الأمم الأخرى إلا إنها واجهت تحديات لا عد ولا حصر لها على مر التاريخ حتى في محاولات حقيقية لتجريدها من سماتها ووضعها بين قوسي الغبن. عزيزي القارئ، يرجع تاريخ الكرد إلى أكثر من (5000) عام حيث سكنوا في أرضهم (وطنهم) المعروف بإسم (أرض الكرد أو كردستان). وعلى هامش الإجابة عن السؤال المتكرر حول إسم الكرد، فمن الجدير بالذكر إن إسم الكرد كان قديماً (الميديون) وقد ورد ذكره في الكتب القديمة ومنها التوراة أو الوصايا القديمة (العهد القديم). إن مناطق سكن الكرد ووجودهم على

أرضهم في غرب إيران وجنوب تركيا حتى سنجار وجبال حمرين هو ثابت في معادلة التأريخ لا فرصة لتغييره مما يعد وجود الكرد في أرض الجبال أو إقليم الجبال (ميديا) هو أسبق من الشعوب الأخرى، وقد انقسمت هذه المنطقة فيما بعد، ولاسيما بعد الحرب العالمية الأولى وتجزأت الأمة الكردية إلى شعوب تسكن في كردستان العراق (كردستان الجنوبية) وفي غرب إيران وفي كردستان الشمالية في تركيا وكذلك في سوريا، هذا بالإضافة إلى هجرة أعداد كثيرة في سبيل البحث عن الأمان إلى الأردن ولبنان وغيرها من البلدان حول العالم. ومن هنا، لا بد من التأكيد على أن الكرد الفيليين، هم جزء لا يتجزأ من هذه الأمة الكردية، كما إنهم الفئة المتبقية من العيلاميين أو الكوتيين في وسط وجنوب العراق حسبما تم ذكره من قبل العديد من المؤرخين. كما إنهم انحدروا من عشائر كردية معروفة سكنت في منطقة خوزستان بالإضافة إلى شرق العراق وبخاصة في شرق دجلة وهي من أقدم المناطق التاريخية في العراق والتي نشأت عليها أقدم الشرائع.

<u>أصل تسمية الكرد الفيليين:</u> النظريات والبحوث العلمية والإثباتات التاريخية بالإضافة إلى الآثار القديمة التي تم تقديمها من قبل المؤرخين والباحثين لأجل البحث في أصل كلمة (فيلي) هي واحدة من الأمور التي أرهقت أفكار المؤرخين لمدة قرون، علما بان البحوث والدراسات مازالت شائكة وشاقة، حيث أنها توسعت بشكل كبير لتشمل البحث في المعنى اللغوي للتسمية وتعيين المناطق التي سكنها الكرد منذ القدم في العراق واللهجة الخاصة بهم. لا بد لنا من الإشارة هنا إلى إن أصل كلمة فيلي لها جذورها التأريخية العميقة التي تعود إلى زمن الميديين وهم أجداد الكرد. إلا إن الرؤى والتوجهات السياسية كانت تثار حول القضية دائما حيث أشيع (ظلما) عن الكرد الفيليين لأجل التشكيك في قوميتهم، بأنهم ليسوا بكرد وإنما نتاج لارتباطات إجتماعية بين المجتمعات المتجاورة بين إيران والعراق. وهذا القول والتأويل بعيد كل البعد عن المنطق والحقيقة، وإنما هو فقاعة من الفقاعات العديدة التي حامت حول الكرد الفيليين والمجتمع العراقي في الوقت الذي كان للكرد الفيليين بصمات حقيقية في بناء مؤسسات الدولة العراقية. فالبحث عن مصطلح (فيلي) وما يعنيه (تفسير) فيقصد به (المقاتل، الشجاع، الفدائي، الثورة، الثائر، المتمرد، والعاصي). هذه الصفات المميزة فيها الكثير من المزايا وأصل التسمية تم استخراجها من إسم الملك العيلامي (بيلي) وقد تحول حرف (الباء) بتقدم الزمن لفظيا إلى حرف (الفاء) فأصبحت

(فيلي) محل (بيلي) كما في تحول حرف الباء في بارسي فأصبحت (فارسي). وأصل الكرد الفيليين من العيلامين القدماء أساسا. وبيلي هذا أسس سلالة بإسمه في عيلام وأنجبت هذه السلالة أكثر من إثني عشر ملكا بدءا بحكم بيلي، وإنتهاء بحكم الملك (پوزور انيشوشيناك)، وأطلق هؤلاء الملوك على سلالتهم ورعيتهم معا إسم بيلي مؤسس هذه السلالة، ولكن المؤرخين أشاروا إليهم في كتبهم تحت عنوان سلالة (أوان) نسبة إلى اسم مدينتهم العيلامية (أوان).

أهمية الجغرافيا الكردية: على مر السنين، سعى الكرد الفيليون لتقديم نظريات سياسية كوسيلة لحل القضية الكردية. إستندت هذه النظريات إلى حقائق تاريخية خاصة بقضيتهم، مع محاولات لإيجاد حلول وتسويات لجميع الأطراف المعنية. ومع ذلك، فإن تعقيد الموضوع والمواقف التأريخية التي قمت بفحصها والغوص فيها ومازلت أبحث في أدق تفاصيلها تشير إلى أن النظريات السياسية وحدها لا تكفي دونما تطبيق حقيقي. يمكن القول أن الكرد الفيليين ومعاصريهم كانوا نتاج أزمات سياسية دولية وإقليمية وداخلية، بينما بقيت الجغرافيا الكردية والشعب الكردي الفيلي بعيدين عن النظريات السياسية والحلول المقترحة لقضيتهم. وبالتالي، بقيت القضية الكردية الفيلية غير مطروحة من قبل أية حركة داخلية أو دولية أو إقليمية. وبالحديث عن الأهمية التي يتمتع بها الكرد، فهم ووطنهم يمكن اعتبارهم جزءاً مهماً من المنطقة، التي تقع في قلب آسيا الصغرى، ووطنهم مهم استراتيجياً للعراق حيث أنه مركز تجاري، ويقدم فرص التجارة، بالإضافة إلى الموارد الطبيعية الوفيرة مثل النفط والمعادن، والمياه، والثروة الزراعية.

فبالحديث عن الأهمية التي يتمتع بها الشعب الكردي، الذي يعتبر هو ووطنه جزء أساسي في المنطقة والتي تقع في قلب آسيا الصغرى، حيث يحمل موطنهم أهمية استراتيجية كبيرة للعراق، وذلك لكونه يعمل كمركز تجاري، ويقدم فرص حقيقية للتجارة، بالإضافة إلى غناه بالموارد الطبيعية كالنفط والمعادن والمياه، فضلاً عن الثروة الزراعية. كما تعتبر المنطقة بمثابة رابط بري مهم بين البحر الأبيض المتوسط ودول الخليج، حيث توفر طريق النقل إلى الهند ودول الخليج. يهدف وجود قواعد عسكرية أمريكية وبريطانية وأوربية في المنطقة لأجل حماية مصالحهم الإقتصادية بالإضافة إلى حماية آبار النفط. وبالتالي فإن هذه الأهمية الإستراتيجية مكنت العراق من أن يكون لاعبا مهما في الشرق الأوسط، حيث

يسيطر على جميع المناطق الممتدة من أفغانستان والقوقاز إلى البحر الأبيض المتوسط والخليج العربي وشبه الجزيرة العربية جنوبا. إن الشعب الكردي فريد بطريقته المميزة، فإن له لغته وتاريخه وهويته الثقافية الخاصة.

عزيزي القارئ، إذا كانت لديك الرغبة بمعرفة لماذا أصبحت القضية الكردية الفيلية ذات أهمية إقليمية وعالمية، فأنت بحاجة إلى فهم درجة تقاطعها مع الوضع الحالي في الشرق الأوسط. في برقية من وكيل الحاكم الملكي البريطاني إلى نظيره الهندي في 10 ديسمبر 1918، قال فيها أن جميع المناطق الإستراتيجية في الشرق الأوسط كانت في بغداد، واحتلال العراق سمح لهم بالإندماج في المنطقة الإسلامية. وهكذا تم إحباط أي تحالفات إسلامية ضد بريطانيا في الشرق الأوسط. كان لابد من الحفاظ على بلاد ما بين النهرين، التي كانت تحت الحكم البريطاني، ككيان منفصل عن العالمين العربي والإسلامي، وتأمين أهميتها الإستراتيجية. العراق ليس البلد الوحيد الذي خضع للحكم الإستعماري، وقد حقق الإستيلاء البريطاني على بغداد عام 1917 طموحاتهم الإستعمارية لمدة قرن. على مدى السنوات القليلة الماضية، شهد العراق هيمنة مختلف الحكام والعديد من الأنظمة، حيث حدثت العديد من التغييرات في الأساليب والأوجه والمظاهر السياسية، إلا إن شيئاً واحداً لم يتغير، حتى خلال المراحل السياسية التي مر بها العراق لم يتغير على الإطلاق وهذا هو الحكم الإستعماري الغربي لحرية الشعب وللثروة النفطية. إن الوجود البريطاني في العراق واسع الإنتشار والتأثير حتى يومنا هذا منذ الحرب العالمية الأولى، حيث إن تاريخ العراق خلال العقود الماضية، بالإضافة إلى مصادرة الحريات للشعب العراقي، ما هو الا تعبير عن نهب ثروات الدولة العراقية، وخاصة النفط ومشتقاته.

ومن الجدير بالذكر أيضا الإنتفاضات والحركات المسلحة التي شهدتها كردستان ولورستان في بداية القرن التاسع عشر، وذلك كردود أفعال على الإضطهاد والحرمان مثل الحرمان من الحقوق الدينية والوطنية والإنسانية، بالإضافة إلى توقيع المعاهدات والإتفاقيات المشؤومة، على سبيل المثال، معاهدة لوزان الموقعة في عام 1923م كبديل عن معادة سيفر القاتلة للكرد. في عام 1049هـ 1639م تم رسم الحدود بين الإمبراطورية العثمانية والدولة الإيرانية في عهد السلطان مراد الرابع والشاه صفي شاه الأول الصفوي، ولم تصل الصيغة النهائية إلى تصحيح الخطوط العريضة للحدود بين الطرفين، كما هو مبين من

إتفاقية قصر شيرين وسربل زهاب، ولمدة ثلاثة قرون تقريبا تمت المصادقة على الإتفاق في رجب 1348هـ 1929م وذلك بعد عدة معاهدات وبروتوكولات أبرمت بين الجانبين دون استشارة الكرد الفيليين حيث إنهم سكان المنطقة الحدودية. ونتيجة لهذا الإتفاق، بقيت أراضي الكرد الفيليين الواقعة بين كركوك في الشمال والبصرة في الجنوب، بين المحافظات العراقية للدولة العراقية الحديثة. وهكذا، انقسم وطن الكرد بين الدولتين دون الأخذ بعين الإعتبار وجهات نظرهم، كما تم تنفيذ سياسة التعريب القسري ضد السكان.
في كتاب (تاريخ العراق بين إحتلالين) وصف المؤرخ (عباس العزاوي) بطريقة غير مباشرة استبدال إسم دوازده الكردية بالإسم الثاني (محافظة العمارة) قائلاً: العمارة هذه البلدة التي بنيت في عام 1278هـ 1864م وكانت تسكنها عشيرة دوازده الكردية الفيلية في العراق. بالإضافة إلى ذلك، فان ما مثل السبب الجغرافي لتقسيم منطقة الكرد الفيليين هو مرتفعات زاكروس (القسم المعروف بكوركوه) ضمن حدود لورستان إيران، حيث وقع القسم الأول من السكان في غرب الجبل والقسم الثاني منهم في شرق الجبل، وفي العهد المغولي أطلق عليه بلاد الأعاجم وعلى (پشتكوه) إسم (اللور الكبير) وسميت منطقة (پيشكوه) بإسم (اللور الصغير) وفي عهد الدولة الصفوية تغير إسمها، وفي عهد القاجار تم استعادة التسميات الاصلية، وفي زمن الشاه (رضا خان البهلوي) تم تجزئة منطقة الكرد الفيليين من لرستان إلى ثلاث مقاطعات (لرستان، پشتكوه وإيلام).
ظلت المناطق التي ضمن حدود العراق في أيدي الحكومة العثمانية والحكومات المتعاقبة.
الكرد هم مواطنون عراقيون بالولادة والأب والجد، وجزء صغير منهم بالتجنس، ومعظمهم، كما يشير البروفيسور عز الدين مصطفى رسول، عاشوا في بغداد منذ مئات السنين، وبشكل أكثر دقة قبل أربعة قرون ونصف. من بين الأعمال التي كتبت عن تاريخ الكرد وجغرافيا كردستان، كتاب (شرفنامة) وهو أول كتاب يعالج هذا الموضوع، حيث يذكر المؤلف الأمير شرف خان البدليسي، مسألة استقرار الكرد الفيليين في بغداد وبشكل دائم. كما يشير البروفيسور جرجيس فتح الله إلى أن الكرد الفيليين فتحوا بغداد والمدن العراقية الأخرى من شمال سامراء حتى البصرة وحكموا العراق من عام 1523م حتى عام 1529م. وإن الإشارة إلى الكرد الفيليين في الكتب الإنكليزية تعود إلى عام 1744م في كتاب (تاريخ نادر شاه) لجيمس فريزر الصادر في لندن. وذكر الرحالة الإنكليزي (فيج)

في عام ١٥٨٣م أن البصرة كانت تحت الحكم التركي ولكن الآن هي تحكم من قبل الأخرين والمقصود بهم الكرد الفيليين. من أهم المصادر لتاريخ البصرة خلال حكم (آل آفراسياب الفيلي، إحتلت رحلة (دي لافال) هذه الأهمية، حيث ذكر أن قبولها وتحملها من قبل باب العالي لأنها تمكنت من إنشاء حكومة مستقرة في البصرة بالإضافة إلى إخضاعها لقوى المعارضة تلك والمتمثلة في القبائل العربية المجاورة والتي فشل الحكام العثمانيون السابقون في تحقيقها ووقد أرسل الباب العالي (وشاح الشرف) لهم، والرسل لتأكيد ولايتهم.

عزيزي القارئ، هنا أيضا صورة تعبر عن حياة الفيليين في العراق، أما صورة رقم 3 توضح مقهى للكرد الفيليين في إحدى مناطقهم قبل حملة التسفيرات.

<u>لمحة عن نضال الكرد الفيليين:</u> يذكر كتاب (الإعتبار) الذي يحتوي على لقطات حية لحياة الكرد خلال الحروب الفرنجية، ويدور حول بطولة المحاربين ويؤكد على روحهم الفروسية، حيث يأخذ الكرد مساحة كبيرة من صفحات الكتاب، يكتب الأمير أسامة بن منقذ ببعض الإعجاب عن شجاعة الكرد وبطولاتهم كما يخبرنا بأسماء العديد من الفرسان الكرد وروى للقارئ قصصا عن الكرد. لذا لا بد لنا من تسليط الضوء والتأكيد على نضال الكرد الفيليين ودورهم الكبير في إطار الحركة التحررية الكردية (خلال دولة العراق الحديثة)، فلا أحد يمكنه إنكار دورهم فقد كانوا بمثابة الخط الدفاعي الأول في نضالهم لأجل حرية الشعب الكردي وإسترداد حقوقه المشروعة ومن ضمنها حقه المشروع في تقرير المصير، وفي هذا الصدد يذكر الزعيم الكردي السيد مسعود البارزاني في كتابه (البارزاني والحركة التحررية الكردية - ج 3): لقد كان إقبال الكرد الفيليين شديدا على الإنضواء في عضوية البارتي بدوافع وطنية خالصة وكان بينهم من ارتقى إلى مناصب قيادية في الحزب. وفي هذا الصدد، لا بد لنا من إستذكار عدد من الشخصيات المعروفة من الكرد الفيليين في الحركة الوطنية العراقية سواء في حركة التحرر الكردية أم في غيرها وهم: الدكتور جعفر محمد كريم وحبيب محمد كريم والملا حكيم خانقيني وجليل فيلي وزكية إسماعيل حقي والشهيدة ليلي قاسم وعزيز الحاج والصديق العزيز المرحوم الدكتور علي باباخان وعبد الرزاق فيلي وسعدون فيلي والمرحوم حميد شفي ويد الله فيلي وغيرهم كثير من خيرة أبناء العراق. ولكوننا في صلب الحديث عن تلك الشخصيات الكردية الفيلية نشير إلى قول السيد مسعود البارزاني: (إن قلمي يقف عاجزا عن تسجيل بطولات وتضحيات هذا القطاع

المجاهد وأولها إستشهاد المناضلة ليلى قاسم ورفاقها). ولذلك كان للكرد الفيلية الدور المتميز والإستثنائي في الحركة الوطنية العراقية عامة وفي صفوف الحركة التحررية الكردية خاصة. لاحظ صورة رقم 4 مقاتلين من الكرد الفيليين في صفوف البيشمركَة.

<u>العوامل التي يتمتع بها الكرد الفيليون:</u> في الإشارة إلى العوامل والمزايا التي يتميز بها الكرد الفيليون والتي جعلت الأنظمة الحاكمة في العراق تقسو عليهم وتضطهدهم يمكن تلخيصها كما يلي:

1- **العامل القومي:** حيث إن النظام الدكتاتوري البائد كان يمثل نموذجا للفكر النازي العربي الذي إضطهد (الكرد الفيليين) وصادر أملاكهم خلافا للدستور والقانون وفي المقابل قام بإسكان العرب من فلسطين وعشائر عربية أخرى ومنحهم الإمتيازات او الجنسية العراقية.

2- **العامل الإقتصادي:** الحقيقة التي تسطع كالشمس هي أن مفاتيح العمل التجاري كانت بيد العديد من الكرد الفيليين وبخاصة ممن إستقر في بغداد، ولإثبات ذلك نذكر ما قام به النظام البائد في قضية غرفة تجارة بغداد حيث نفذ إجراء تسفير التجار الكرد الفيلية بدون اي وازع أخلاقي أو ديني أو حجة قانونية.

3- **العامل السياسي:** من أهداف النظام البائد كان تغيير البناء الديمغرافي ومحاولات مستمرة لتغيير نسبة السكان الكرد وبخاصة بعد اتفاقية آذار عام 1970. خصوصا وإن العديد من الكرد الفيليين أصبحوا من القادة المتقدمين في صفوف حركة التحرر الكردية. وكذلك محاولة الضغط على إيران من خلال عملية التهجير للبشر ومحاولة خلق مشكلة للنظام في إيران.

4- **العامل الديني:** أن غالبية الكرد الفيليين يدينون بالإسلام، وبنسبة حوالي 98٪ منهم مما يشير إلى أن الإسلام يلعب دورًا مهمًا في حياة وثقافة هذه الجماعة ويشكل جزءًا كبيرًا من هويتهم الدينية.

5- **العامل الجغرافي:** المتمثل بمناطق سكناهم، حيث يسكن الكرد الفيليون في وسط العراق وجنوبه، فهم يمثلون حلقة وصل بين شمال الوطن وجنوبه. وبالتالي، فان معادلة الكردي الفيلي التي لا يمكن التغافل عنها وتجاهلها هي كالتالي:
أ-إن الكردي الفيلي جزء من الكرد من الناحية القومية.
ب-إن الكردي الفيلي هو جزء لا يتجزأ من الأمة الإسلامية من الناحية الدينية.

إن هذه العوامل جعلت الكرد الفيليين يتميزون بمزايا فريدة، خولتهم بأن يكونوا جزءا أساسيا في التكوين والبناء الثقافي للبلد، وذلك نتيجة لما تعكسه حياتهم الإجتماعية، السياسية، والدينية حيث أن هناك العديد من الأمثلة الحية الواقعية في الساحة المدنية، والمتمثلة بحالات الزواج والإنتماء إلى الأحزاب السياسية والشروع بالإنضمام للمنظمات الإجتماعية، بالإضافة إلى الأعمال التجارية، ويتم التعامل من خلال هذه الحالات بمرونة وسلاسة تحت سقوف الجور والإضطهاد الموضوع من قبل الأنظمة التي حكمت العراق وعلى مدى عهود مختلفة منذ تشكيل الدولة العراقية (1923م)، حيث أن ردود الأفعال لتلك الإنتهاكات الفظيعة، والمخالفة الجهورية لمبادئ الإعلان العالمي لحقوق الإنسان بالنسبة للشريحة كانت إيجابية أكثر من قبل، وتم تمثيلها في مبدأين مهمين، وهما كالتالي:

أ: وفق الشريعة الإسلامية والقوانين الدولية تتم المطالبة بالحقوق الشرعية وبعيداً عن العنف أثناء الممارسات، ووجوب الردّ بالمثل.

ب: وجوب التكوين الذاتي للشخص (مادياً ومعنوياً) في بلاد المهجر، بالإضافة إلى مدّ يد العون لكل مغترب عراقي عانى من جور النظام البائد وانتهاكاته الفظيعة لحقوق الإنسان.

وكما ذكرنا سابقاً، ينتمي الكرد الفيليون إلى شريحة من اللور التي تنسب إلى القومية الكردية القاطنة في مناطق كثيرة من العراق وأُطلق عليهم إسم الكرد الفيليون، رغم إن هناك آراء متضاربة ومتناقضة بشأن هذه التسمية (المصطلح) والتي تتفاوت بين الرافضة والمؤيدة له، إلا إنه أصبح أمرا واقعا لكثرة تداوله في الهيئات الدولية، وبالتالي أصبحت هذه التسمية توحد الكرد الفيليين في المطالبة بإيجاد الحلول الحقيقية لمعاناتهم المزمنة. وكتأكيد لما سبق، فان الكرد الفيليين سكنوا في بغداد، وكانوا يزاولون المعاملات التجارية كنشاط أساسي، حتى تم إقصاء وإبعاد أغلبهم من العراق قسراً أبان حكم الرئيس الأسبق أحمد حسن البكر في 1970م وحكم النظام السابق لصدام حسين في 1980م بحجة التبعية لإيران وكونهم من أصول إيرانية. حسب الأرقام الواردة من وزارة الشؤون الإجتماعية عام 1947 كان يبلغ تعداد الكرد الفيليين بـ 30 ألف نسمة، حيث شكلوا 0.6% من سكان العراق آنذاك حيث كان يسكن منهم حوالي 14 ألف نسمة في المدن في حين يسكن 16 ألف نسمة آخرين في الريف. عزيزي القارئ، نتركك مع صورة رقم 5: والتي تظهر صورة

لرواد الكرد الفيليين في بغداد قبل التسفيرات، أما صورة رقم 5: فهي صورة معبرة عن طلاب الكرد الفيليين في المدرسة الفيلية في بغداد قبل التسفيرات.

قضية الكرد الفيليين خلال التاريخ السياسي المعاصر للدولة العراقية: إضافة إلى ما سبق لا بد من الإشارة إلى بعض الحقائق التي وردت في التاريخ السياسي المعاصر للدولة العراقية بخصوص هذه القضية، والتي تعتبر من أهم القضايا والأكثر تعقيداً التي شهدها التاريخ السياسي الحديث لمنطقة الدول المطلة على الخليج، خاصة بعد سقوط الإمبراطورية العثمانية، لما لهذه المنطقة من أهمية ستراتيجية بسبب موقعها المهم الذي تحتله ضمن الرقعة الجغرافية لمنطقة الصراع العالمي من أجل الذهب الأسود، كما ذكرنا سابقاً، وقد أدى ذلك بصورة حتمية لظهور هذه القضية المهمة والتي يصعب إيجاد حلول دائمية لها وبسبب كون مطلق الحلول سواء المتبعة منها أم المطروحة، كانت جميعها تهدف إلى تحقيق أكبر المصالح على حساب هوية شعب بالتغاضي عن حقوقه مما أدى إلى فشل كل المحاولات والتي تسمى حسب وجهة نظر القيادات السياسية حلولاً لإغلاق ملف هذه القضية حيث كانت تطفو على السطح دوماً وخصوصا مع التطورات التي يشهدها الملف الكردي بصورة عامة والتغيرات في علاقات العراق وإيران، البلدين المتجاورين. أما أسباب تعقد هذه القضية فلها جذورها التاريخية بدءاً بالخلافات التي كانت تعصف بين الحين والآخر بالعلاقات بين الدولتين الجارتين العثمانية والإيرانية، وبين الدولة العراقية والإيرانية فيما بعد، اذ بقيت هذه الخلافات تعكر صفو العلاقات بين الدولتين على مدى أكثر من أربعة قرون ونصف. يعود سبب الخلاف في الأصل إلى الصراع المستمر بين البلدين على السيادة على الأراضي المحاذية للمنطقة الحدودية بين العراق وإيران، وخلال فترات مختلفة حاول البلدان إنهاء الصراع من خلال إتفاقيات الصلح والمعاهدات والعديد من البروتوكولات المبرمة بينهما لهذا الغرض، لكن هذه الإتفاقيات ما لبثت أن انهارت بسبب الإنتهاكات والإعتداءات التي تحدث بين فترة وأخرى والتي كانت تشتعل بين الطرفين في تلك المناطق لكونها نقاط التماس الحيوية بين الدولتين لاسيما في مناطق مندلي وبدرة وخانقين. أما الإتفاقيات المعقودة بين الدولتين العثمانية والإيرانية فقد بلغت ثماني اتفاقيات، بدأت باتفاقية قسطنطينية في عام 1555م، وانتهت باتفاقية إسطنبول 1931م، والتي عرفت ببروتوكول الأستانة ومما يلاحظ في تلك الإتفاقيات أنَّ بنودها كانت تتغير تبعاً لتغير الظروف السياسية

حينها، والتي تفرض نفسها في حسم الصراع بصورة (مؤقتة) بين الدولتين اللتين لم تكونا على وفاق تبعاً لطبيعة المصالح والإمتيازات التي يسعى لتحقيقها الطرفان بشتى السبل والوسائل المتاحة والتي دعت في كثير من الأوقات إلى إستخدام القوة وفرض السيادة بما ينتج عنه الموقف بينهما فكانت كل إتفاقية تحمل بين طياتها أوراق المنتصر حيث في كل اتفاق جديد كان يعقد بين الدولتين لم يكن يعبر عن تغيير السيادة للمناطق التي تم تقسيمها أصلاً في إتفاقيات سابقة ودون مراعاة لما لهذا التقسيم من آثار سلبية على سكان تلك المناطق، حيث من الطبيعي أن نجد مثلا جزءا من أفراد عشيرة معينة يوجدون في مناطق تعود تبعيتها ـ حسب الإتفاقيات المعقودة ـ إلى إيران والجزء الآخر من العشيرة نفسها يقطنون في مناطق تعود بتبعيتها إلى الدولة العثمانية أو إلى العراق فيها بعد. سبب هذا التقسيم حدوث الكثير من المشاكل الإجتماعية لدى أبناء العشائر القاطنة في تلك المناطق - موضع النزاع. أضف إلى ذلك تأثيرات نفسية ومشاكل قانونية تخص حقوق الملكية والتبعية والجنسية وغيرها كما حدث في العراق مطلع السبعينات والثمانينات من القرن العشرين، الأهم من ذلك كله ما لهذه الإتفاقيات من دور واضح في الإعتداء على حقوق المواطنة لسكان تلك المناطق مما يعد خرقاً للأعراف والإتفاقيات الدولية وبتعبير أدق إن تلك الإتفاقيات والبروتوكولات لم تأخذ بنظر الإعتبار الجوانب والإعتبارات الإنسانية، لاسيما مجالات حقوق الإنسان التي يجب مراعاتها فيما يخص سكان المناطق (الفيلية) محور الصراع. التداعيات السياسية التي حصلت بعد الحرب العالمية الأولى كانت لها إنعكاساتها على شريحة الكرد الفيليين، فبعد إنهيار الدولة العثمانية إثر هزيمتها في الحرب العالمية الأولى وسيطرة دول الحلفاء على معظم المناطق التي كانت خاضعة لنفوذ الدولة العثمانية، حيث استطاع الإنكليز الإستيلاء على العديد من المناطق في العراق بدءاً من شط العرب الذي كان بداية لتلك الحملة، والتي بدأت في تشرين الثاني 1914م ، واستمرت حتى تم إعلان الهدنة في 28 نيسان 1918م، ومن ثم توقيع إتفاقية سيفر بين تركيا والحلفاء في 10 آب 1920م، حيث أصبح العراق تحت السيطرة البريطانية بموجب الإنتداب الذي خول بريطانيا تشكيل حكومة عراقية وانتخاب ملك للعراق حسب إستفتاء تجريه لهذا الغرض، ومما يذكر بهذا الشأن أن والي (بشتيكوه) غلام رضا خان، وهو والي مستقل من أمراء لورستان كان من ضمن المرشحين لتولي عرش العراق، حيث كان من مصلحة الإنكليز

تأمين علاقاتها في مناطق لورستان الفيلية، والحفاظ على علاقات طيبة مع الوالي. ورغم التطورات التي شهدتها المنطقة بعد الحرب العالمية الأولى إلا إن الخلاف بين الدولتين الإيرانية والعراقية (الحديثة آنذاك) ما لبث أن ظهر على المسرح السياسي حيث لم يكن قد حسم بعد وبلغت هذه الخلافات أشدها عام 1932م حيث كان التوتر بين البلدين قد بلغ منحى كبيراً بسبب التجاوزات والإعتداءات المستمرة على القرى والمخافر الحدودية واتجه الخلاف إلى اتخاذ مسار جديد بعد أن تقدمت الحكومة العراقية بالعديد من المذكرات إلى الخارجية الإيرانية والتي لم تسفر عن شيء ليعرض العراق المشكلة على عصبة الأمم في 25 تشرين الأول 1934 بين فيها قلقه من تصرفات الحكومة الإيرانية المخلة بالإتفاقيات المعقودة بين البلدين، ففي عام 1934 قدم نوري السعيد وزير الخارجية العراقي آنذاك مذكرتين إلى عصبة الأمم احتوتا على حقائق تاريخية استند إليها السعيد في معرض بيان عائدية المناطق المتنازع عليها واستند أيضا إلى الإتفاقيات التي أصبحت ملزمة للبلدين قبل الحرب العالمية الأولى بما في ذلك بروتوكول تعيين الحدود الموقع عليه في إستانبول في الرابع من تشرين الثاني 1913 ورغم هذه المذكرة المقدمة من الجانب العراقي إلا إن مجلس عصبة الأمم كان قد سحب موضوع الخلاف من جدول أعماله بعد أن تعهد وزير الخارجية الإيراني بتقديم مقترحات في هذا الموضوع ترضي الحكومة العراقية كما أوصى مجلس العصبة بحل الخلاف عن طريق التفاوض المباشر بين العراق وإيران. وتجددت المفاوضات بين البلدين بدءاً من عام 1935 وانتهت بعقد معاهدة بينهما في 4 تموز 1937 التي أعطى فيها العراق بعض التنازلات لإيران في شط العرب مقابل الإحتفاظ ببعض المناطق المتنازع عليها تحت سيادة العراق. وربما لم يكن الأمر مصادفة حين صدر قانون الجنسية العراقية في العام نفسه أي عام 1937 حيث كانت الكثير من العوائل الكردية الفيلية مازالت تحتفظ بجنسيتها الإيرانية فكما ذكرنا سابقاً كانت مناطقهم معرضة على الدوام للتنقل بين سيادة الدولتين الإيرانية والعراقية إثر كل اتفاقية أو معاهدة وبقيت هذه العوائل محتفظة بجنسيتها الإيرانية لضمان عدم شمول أبنائها بقانون الخدمة العسكرية الإجبارية. ومن مقارنة للأحداث بين صدور قانون الجنسية العراقية رقم (42) لسنة 1924، وصدور القانون الجديد للجنسية عام 1937 نجد أن الأسباب التي صدر من أجلها القانون عام 1924 كانت لغرض سحب الجنسية عن الكثير من الأرمن والآثوريين غير المرغوب بوجودهم

العراقيون من الوطن الى المهجر

آنذاك لتتضح لنا أبعاد وأهداف قانون الجنسية العراقية الذي صدر عام 1937 بعد أن وقع برتوكولا مع إيران حول تقسيم الحدود فيتضح لنا المشروع الذي يهدف إلى تصفية الوجود الكردي (الفيلي) من مناطق التخصر الحدودية بين العراق وإيران فهي خطة مدروسة ولكن لربما لم تكن بالشكل الذي تم تنفيذه منها مطلع السبعينيات والثمانينيات، فقد كان قانون الجنسية العراقية منذ بداية صدوره يعتمد على التبعية العثمانية كأساس لحقوق المواطنة في الوطن العراقي الحديث وقسمت الجنسية العراقية المواطنين العراقيين إلى فئات ودرجات خلافاً لما هو متعارف عليه في معظم دول العالم معتمدين بذلك على التعدد القومي والطائفي في العراق وتمرير المخططات الرامية لمواجهة الأكثرية بالأقلية الحاكمة حيث يمكن تجريد أية طائفة من جنسيتها إذا ما ظهر منها أي تهديد معين، وعلى ضوء ذلك تم استبعاد الكثير من أبناء الشعب العراقي عموماً بإسقاط جنسيتهم ومن بينهم الكرد الفيليين. كان للكرد الفيليين دور مهم كما ذكرنا سابقاً، ويتجلّى هذا الدور في بناء تاريخ العراق وحضارته الأصيلة، وتركوا طابعاً متميزاً في مسيرة هذا التاريخ العظيم، ولهم دور مهم ومتميز في حل كثير من المشكلات والأزمات، فمثلاً في سنة 1996 عندما حدثت أزمة في كردستان العراق بين الأخوة الكرد فكان للفيليين دورٌ مهم في حل الأزمة لأنهم كانوا ضمن الوسطاء الموثوق بهم من جميع الأطراف، وبالأمس القريب كان لهم الدور الإيجابي في إخماد الفتنة الطائفية التي كادت تعصف بالبلاد وتحرق الأخضر واليابس لعلاقة الفيليين الطيبة مع جميع المذاهب الإسلامية، فالكرد الفيليون لهم الدور الريادي في نشر التعايش السلمي في وسط المجتمع العراقي وأسباب ذلك كثيرة منها:

-1تواجد الفيليين في أكثر مناطق العراق وتعايشهم السلمي مع المجتمع وبالتالي أصبحت لديهم علاقات تاريخية وتجارية ومصاهرة وغيرها مع العرب ومع التركمان ومع أخوانهم الآخرين من الكرد وهذا واضح جداً في عدة مدن عراقية، حتى أمسى البيت الكردي الفيلي رمزاً للتآخي والوئام.

2-إن التركيب النفسي للكرد الفيليين واضح، ويتميزون بالطيبة والتسامح حتى أصبحوا معروفين عند العراقيين بطيبة قلوبهم.

3-دورهم البارز في احتضان العراقيين في المهجر وبدون تمييز طائفي أو قومي ولأنهم ظُلموا قبل غيرهم في الجريمة المعروفة (بالتسفيرات)، فقاسموا بقية العراقيين في مسكنهم

ومشربهم وملبسهم.

4- بسبب حب الكرد الفيليين لوطنهم وشعبهم تراهم يحرصون دائما على أن يعيش العراق في أمان وسلام وكرامة، وبالتالي يبذلون الغالي والنفيس في سبيل تقدم، ورفعة العراق. وهناك شواهد كثيرة في هذا المضمار، ولكنهم عوقبوا على هذه السجايا الحميدة بأعمال عنيفة يندى لها جبين البشر، بل أصابتهم مظالم بلا حدود. إن عمليات التهجير التي طالت الفيليين بدأت في وقت مبكر، ولكن بشكل متقطع تبعا لنوعية العلاقات العراقية الإيرانية حتى وصلت أوجها عام 1980 عندما أقدمت سلطات بغداد آنذاك على تهجير حوالي نصف مليون كردي فيلي وحجز وتغييب أكثر من 22 ألف شاب من الذين كانوا يؤدون الخدمة العسكرية.

وعن أسباب التهجير تم إعلان السبب وفقا لقرار التسفيرات هو تسفير كل من تثبت خيانته وعدم ولائه للعراق في وقت لم تثبت خيانة وعدم ولاء الفيليين بقرار من أية محكمة أو جهة قانونية، بل كان جميع شبابهم يؤدون الخدمة العسكرية في جميع صنوف الجيش العراقي، إضافة إلى ذلك فقد إستشهد العديد منهم في المعارك الوطنية والقومية. إلا أن الأسباب الحقيقية وراء التسفيرات القسرية للكرد الفيليين كانت لها أبعاد سياسية وإقتصادية، وهنا نتركك مع صورة رقم 6: معبرة عن عائلة كردية فيلية في مخيم التسفير.

<u>تداعيات عمليات تهجير الكرد الفيليين:</u> بالحديث عن المآسي الإنسانية التي تخللت عمليات تهجير الفيليين والتي تمت بأساليب بعيدة كل البعد عن لوائح حقوق الإنسان التي أقرتها المنظمات الدولية، فهي لم تكن وفق آلية معينة أو وفقا لأوامر قضائية، بل كانت أشبه بعاصفة هوجاء لم يسلم منها أحد، فقد تمت وفق مزاج الدوائر الأمنية والمسؤولين عنها، ففي بعض العائلات تم تسفير جميع أفرادها واستثنوا الشباب الذين تم حجزهم، وعائلات أخرى تم تسفير رب الأسرة فقط وترك العائلة في العراق. إضافة إلى تعرض الفيليين إلى مآسٍ إنسانية بعد وصولهم إلى إيران من حيث المسكن والملبس والمأكل، حيث تم إسكانهم في معسكرات خاصة بعد أن كانوا يعيشون في العراق في بحبوحة من العيش. كما أن العديد من العائلات الفيلية اضطرت لمغادرة إيران إلى أميركا والدول الأوربية حيث يشكل الفيليون جالية كبيرة في السويد وبعض الدول الأخرى، كما لم تعترف الحكومة الإيرانية بالكرد الفيليين الذين لم تثبت أسماؤهم في السجلات الإيرانية. ولا بد من الإشارة إلى أن

طهران منحت الجنسية الإيرانية للبعض من الذين ثبتت أسماء أجدادهم في السجلات الإيرانية، وإلى الآن وبعد مرور أكثر من اربعة عقود على عمليات التهجير لازالت عدد من العوائل الفيلية تسكن في معسكرات مثل معسكر "إزنة" الإيراني وليست لهم أية حقوق في مجالات العمل والنشاطات الأخرى، ويعاني من لا يملك وثائق إيرانية من البطالة والتهميش الإجتماعي. لذا، يمكننا القول بأن محنة الكرد الفيليين تعد من أكبر المآسي في العالم. حيث أن إضطهاد الفيليين يعود لكونهم كانوا من المتحكمين في الإقتصاد العراقي، واستخدموا قدراتهم المالية العالية في دعم الحركة التحررية الكردية في كردستان العراق. إضافة إلى ذلك، إن نشاط الفيليين الإقتصادي جعل السلطات تنتبه إلى خطورة مقدرتهم المالية، وتشير الوثائق عام 1965 إلى أن الكرد الفيليين كانوا يشكلون عماد الإقتصاد في الحياة الإقتصادية العراقية. صورة رقم 7: تظهر مجموعة من شباب الكرد الفيليين في سجن نقرة السلمان.

عزيزي القارئ، هناك الكثير ممن شاهد وأصبح شاهداً للتاريخ على مأساة تهجير عشرات العائلات الفيلية بدون أن تحمل معها حتى وثائقها الرسمية، تاركة وراءها كل ممتلكاتها. إلا إن الحقيقة الأكثر وجعا التي تجعلنا نشعر بالأسف الشديد، فبعد ما يقرب من عقدين على سقوط نظام الرئيس صدام حسين الذي هجّرهم، لم يتلقَ غالبيتهم التعويض، بل إن الكثير منهم ما يزال يخضع لتلك القوانين التي تم تهجيرهم بموجبها ولم يتم إلغاؤها أو تعديلها، ويعاني معظمهم من إحباط كبير خاصة الذين يعيشون في بغداد أو محافظات الوسط والجنوب. إن الإجراءات التعسفية زادت من معاناة الفيليين حتى بعد عام 2003، ففقدان الوثائق الرسمية التي تثبت إنتماءهم العراقي، وكذلك تجاهل الأحزاب والقوى العراقية التي تسلمت السلطة بعد سقوط النظام السابق، زادا كثيرا من المعاناة الأصلية لهؤلاء. ولا بد من الكشف عن وجود إقصاء متعمد من قبل السلطات الحاكمة اليوم في العراق للفيليين في شغل المناصب المهمة. حيث تم تجاهل مهجري الكرد الفيليين وخاصة ذوي المغيبين في المقابر الجماعية وأولئك الذين ما زالوا يعيشون في خيام بائسة في إيران، وإن القوانين والقرارات التي تخص رد الإعتبار لهم بقيت دون تنفيذ كامل إلى اليوم. إضافة إلى ذلك فإن هناك أسبابا خاصة، لعدم إستعجال عودة العديد من الكرد الفيليين وغيرهم من العراقيين المهجرين إلى العراق، ومن أهم تلك الأسباب هو الشعور بالأمان والإستقرار المعيشي الأفضل من العودة

حكمت جميل

والعيش في العراق، حيث إن العائلات توالدت ونشأت أجيال عديدة وارتبطت بمهن وأعمال تجارية، وعاد آخرون لمتابعة معاملات إعادة حقوقهم المسلوبة من وثائق وعقارات وأموال في البنوك، وزيارة أقاربهم أو أصدقاء الطفولة أو زيارة الأماكن المقدسة.

بعد كل ما ورد ذكره سابقا، يمكن القول بأن جريمة التطهير العرقي تمثل إحدى أشكال الجريمة الدولية، ويقصد بالجريمة الدولية أن تكون عملا غير قانوني منصوص عليه في قواعد القانون الجنائي أو المعاهدات الدولية أو القانون الدولي، وله تأثير خطير على المجتمع الدولي بأسره، وتعتبر هذه الجريمة جريمة متعمدة ترتكب عمدا وتؤثر على سلامة وأمن المجتمع الدولي، لا يعفى مرتكبوها من المسؤولية، ولا يمنحون حق اللجوء، ولا يتمتعون بالحصانة الدستورية أو القانونية وما إلى ذلك. يمكننا القول بان الجريمة لا تسقط بمرور الزمن. إذا ارتكبت الجريمة أثناء الحرب، فإنها تعتبر جريمة حرب، أما إذا ارتكبت أثناء السلام فإنها تعتبر جريمة ضد الإنسانية. هذه الجريمة من أنواع جرائم الإبادة الجماعية، وهي من الجرائم القديمة في التاريخ حيث إنها تعني التدمير المتعمد لجماعات دينية أو قومية أو عرقية أو أثنية وارتبطت بالحكم النازي وبنظام صدام حسين. وعند الإشارة إلى المادة الثانية من إتفاقية منع الإبادة الجماعية للبشرية لعام 1948، فإنها تشير إلى أن قتل أو إحدات إعاقة جسدية أو عقلية أو إخضاع المجموعة عمدا لظروف قاسية والتعقيم (منع الإنجاب) أو نقل اطفال من المجموعة وفصلهم عن ذويهم يعد تدمير كلي او جزئي للجماعات القومية أو الإثنية أو العنصرية أو الدينية وبالتالي فهي جريمة إبادة جنس بشري وهو ما تعرض له الشعب الكردي من نظام صدام وخاصة الكرد الفيليين وهذا ما اعتبرته المحكمة الجنائية العراقية العليا من خلال الحكم الذي صدر بتاريخ 2010/11/29 بإعتبار الجريمة التي تعرض لها الكرد الفيليين جينوسايد الكرد أو الإبادة الجماعية للكرد الفيليين.

حملة التهجير الاولى التي جرت ضد الكرد الفيليين، كما أوضحنا، وقعت ضد الكرد الفيليين من أوائل الرواد النازيين العرب بقيادة رشيد علي الكيلاني، حيث تم تهجير عشرات الآلاف منهم بحجة أنهم من التبعية الإيرانية. بعد ذلك تصاعدت موجات التهجير بعد ثورة تموز 1958 بسبب التوترات بين النظامين في بغداد وطهران وكان الضحايا من المدنيين. في عام 1963، وصل النازيون العرب إلى السلطة في بغداد، وارتكب الحرس القومي جرائم

شنيعة ضد الكرد، وخاصة المعروفة بجرائم حي الأكراد في بغداد والسبب أن حي الأكراد كان معقلا للحركة الوطنية للحزب الديمقراطي الكردستاني وللحزب الشيوعي العراقي إضافة إلى أن العديد من التجار الكرد سكنوا في هذا الحي فقد شكل مصدر خطر على نظام حكم الحرس القومي – النازي في بغداد. إلا أن الفترة المظلمة في تاريخ الكرد الفيليين كانت منذ توقيع اتفاقية آذار عام 1970 وحتى عام 1988، حيث مارس نظام البعث والنازية العربية بقيادة صدام أبشع أصناف الإضطهاد والجرائم الدولية ضد الشعب الكردي الفيلي، فقد هجرت السلطات وأخفت مئات الآلاف من البشر حيث بلغ عددهم ما يقارب مليون إنسان دون أي ذنب حقيقي سوى أنهم من خيرة أبناء العراق وأنهم يمسكون عصب الحياة التجارية في العراق كما أن لهم دورا كبيرا في الحركة الوطنية العراقية. وما يزال أكثر من 10 آلاف إنسان مختفي في سجون النظام حيث أصبح الكثير منهم حقولا لتجارب الأسلحة البايولوجية والكيمياوية وفقا لتلك الوثائق التي عُثر عليها. ويقول الدكتور كمال قيتولي في رسالته عن أزمة الكرد الفيلية ما يلي: بدأت عمليات تهجير هؤلاء المواطنين بتاريخ 1980/4/4 حيث تم تهجير العوائل بعد مصادرة كل ممتلكاتهم ووثائقهم الشخصية (الجنسية العراقية، هوية الأحوال المدنية، شهادة الجنسية العراقية، دفتر الخدمة العسكرية، رخصة القيادة، هوية غرفة التجارة بالنسبة للتجار، هوية إتحاد الصناعات العراقي بالنسبة لأصحاب المشاريع الصناعية، وثائق الممتلكات، الشهادات المدرسية والجامعية، والخ). ثم يقول: إن القيادة العراقية العليا وبأمر من صدام حسين اتخذت هذا القرار السري واعتبرت شرائح معينة من المجتمع العراقي (الكرد الفيليين والفرس وبعض العرب) تبعية إيرانية أو ذوي أصول إيرانية وذلك بالرغم من أن هؤلاء مولودون هم وآباؤهم وأجدادهم على أرض العراق والبعض منهم تمتد أصولهم إلى فترة ما قبل ظهور الإسلام. وكان الغرض من هذه السياسة هو التحضير للحرب العراقية - الإيرانية التي بدأت في أيلول من عام 1980. لقد بلغ مجموع العراقيين المهجرين إلى إيران خلال الفترة من 1980/4/4 لغاية 1990/5/19 حوالي مليون فرد حسب إحصائيات

الصليب الأحمر الدولي والهلال الأحمر بعد إتهامهم بالتبعية لإيران.

ومن الجدير بالذكر أن السيد مسعود البارزاني تنبه لجريمة النظام ضد الكرد الفيلية حيث يقول (ما إن غربت الشمس عام 1971 حتى بدأت السلطات بإبعاد جماعات منهم إلى خارج

الحدود، كان إجراء ظاهره قانوني وباطنه طعنة في خاصرة الثورة الكردية). ثم يشير البارزاني إلى أنه: (كانت الغاية السوداء مزدوجة ترمي إلى: إضعاف الثورة والإستيلاء على أموال هذه الشريحة وخلق مشاكل للحكومة الإيرانية). ولذلك فإن مشروع القيادة الكردية لدستور الدولة الفيدرالية العراقية تضمن دخول مناطق يسكنها الكرد الفيلية مثل بدرة وجصان ومندلي وخانقين وغيرها لكي تكون ضمن إقليم كردستان ونحن من المؤيدين لموقف القيادة الكردية هذا ونتفهم أسبابه.

جاء في المادة الأولى من إتفاقية وضع الأشخاص عديمي الجنسية لعام 1960 (لا يجوز أن يكون الشخص عديم الجنسية أو أن تقوم الدولة بسحب الجنسية وعدم اعتباره مواطنا). ويعتبر العراق من الدول التي وقعت على هذه الإتفاقية إلا أن نظام صدام لم يحترم بنودها، إذ أن الإستثناءات الواردة على الإتفاقية وبالتالي يمكن أن يكون الشخص بدون جنسية هم:

1. المجرم الدولي ممن ارتكب جرائم ضد الإنسانية وجرائم حرب وجرائم ضد السلم.
2. المجرم العادي قبل منحة حق الحماية الدولية.
3. المجرمون المتهمون بجرائم ضد مقاصد الأمم المتحدة.

إن الإجراءات التي اتخذها نظام صدام بحق الكرد الفيليين هي انتهاك حقيقي للدستور وللقوانين وللإلتزامات الدولية وللإعلان العالمي لحقوق الإنسان، وهي مبنية على باطل فلهذا هي باطلة ويجب معالجة هذا الوضع من قبل الحكومة العراقية في المستقبل، أولاً وقبل كل شيء الإعتذار لهم والتعويض عن حقوقهم المالية والشخصية وإعادتهم إلى العراق وتعزيزهم وتكريمهم ومنحهم الجنسية العراقية.

بما أن الكرد الفيليين جزء من الشعب الكردي وأن خيرة أبناء الكرد الفيليين كانوا ومازالوا ضمن الحركة التحررية الكردية، فلا يجوز فصل قضيتهم عن قضية الشعب الكردي بشكل عام. ولهذا فان إنشاء الكيانات أو التجمعات للكرد الفيليين بعيدة عن ذلك وقد لا يخدم الكرد الفيليين، وفصل قضيتهم عن القضية الكردية بشكل عام ليست في مصلحتهم.

يمكن الخروج بخلاصة القول كما يلي:

1. هناك مسؤولية قانونية تترتب على نظام صدام عن هذه الجرائم التي تم ارتكابها ضد الكرد الفيليين وهي جريمة إبادة للجنس البشري وجريمة مخالفة إتفاقية عديمي الجنسية وجريمة ضد الإنسانية وجرائم الحرب. وإن الجزاء على ذلك معاقبة المسؤولين عنها

العراقيون من الوطن الى المهجر

وتعويض المتضررين وإعادة الكرد الفيليين إلى وطنهم العراق وإعادة ممتلكاتهم والإفراج عن المحتجزين منهم.

2. لابد من تشكيل مركز دولي للكرد الفيليين لتقديم الإستشارات القانونية وحصر المعلومات الخاصة بهم وتوثيقها مثل أسمائهم وممتلكاتهم وحقوقهم ودعم قضيتهم العادلة.

3. ضرورة غرس بذور المحبة والتسامح بين القوميات المختلفة وبين أتباع الديانات والمذاهب والأفكار السياسية في العراق، لان التعصب يقود إلى الكراهية والبغضاء.

وفي الختام أستذكر قضية الكرد الفيليين (أبناء جلدتي) بقصيدة من ديواني (ما وراء القصيدة)، وأعطي بعض الصورة المعبرة عن القصيدة وهي صور رقم 9

أمسى الكردي قصيدة ينشدها..

ما ان يجس محمود وريده	فيكسر اغلال الفودكا
لينجي الخيال من الحياد	انا العائد للجبال
انا من ضم اخوة حمقى	بين سفوح عشب
بين سطور هوية	
بين زوايا الظلال	انا لغتي ....
ولغتي منفية في قلب درويش	ومنحنيات الجدال

....

التقط هوامش قصيدة	بسنارة من على راحتي الخريف
فمكوثي عليل	والهنيهة هي سيدتي المفضلة
منزلي سقيم	فارقته خيمة سيد الصيف
فتبعثر القوم ظلما	بين مخارم ضروسي
ومعجمي المتآكل انقض علي	فقد اذله الجوع
وكتبي استباح كساءها على عجل	ومخدات فضوا عفتها
وسكاكين نخرت	لكن لم تفقد بلاغة شهوتها

....

الموتى ايقظهم غسق الحقيقة الخجول	عندما نثر رماد فراشة	على
جماجم الكرد	وعلى كفوف مسدت بها	
	لقرع طبول الرحال	

56

تصاوير الفصل الثاني

صورة رقم 1: توضح مكوث عوائل المسفرين في الحجز قبل التسفير

صورة رقم 2: توضح أوضاع العوائل خلال التسفيرات

صورة رقم 3 توضح مقهى للكرد الفيليين في احدى مناطقهم قبل حملة التسفيرات

صورة رقم 4: مقاتلين من الكرد الفيليين في صفوف البيشمركَة

صورة رقم 5: طلاب الكرد الفيليين في المدرسة الفيلية في بغداد قبل التسفيرات

صورة رقم 6: عائلة كردية فيلية في مخيم التسفير

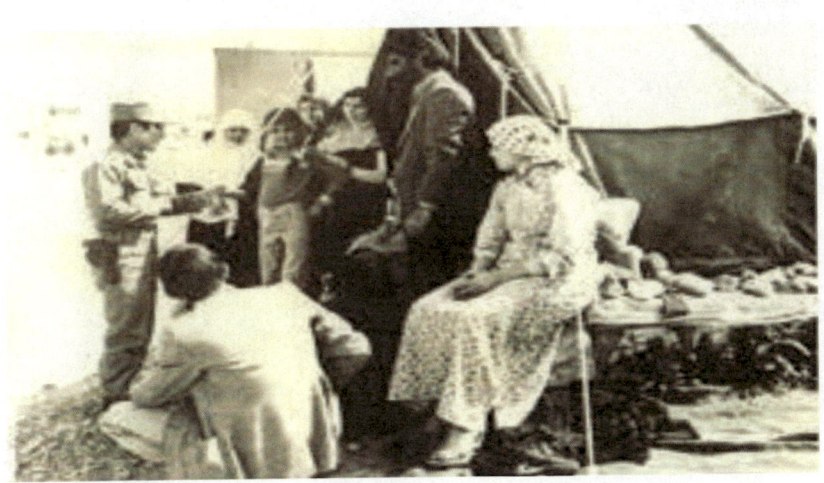

صورة رقم 7: تظهر مجموعة من شباب الكرد الفيليين في سجن نقرة السلمان

صورة رقم 8 لعدد من الكرد الفيليين في السجون العراقية

صورة رقم 9 لعدد من الشهداء الكرد الفيليين

السيرة الذاتية / خليل ابراهيم الحلي – شاعر وصحفي

- مواليد 1951 مدينة العمارة، العراق
- مارس مهنة التدريس خمسة وعشرون عاما في إعدادية صناعة العمارة،
- رئيس قسم البرادة /الميكانيك، ومعاون مدير الاعدادية،
- حاصل على شهادة الدكتوراه الفخرية في الاعلام من المؤسسة العالمية للابداع والعلوم الانسانية التابعة لليونسكو،
- عضو نقابة الصحفيين الاسترالية، وعضو رابطة الصحفيين العالمية،
- عضو الهيئة الإدارية لنادي التعارف بغداد عام 2000،
- أشرف مع زملائه في الهيئة الإدارية لنادي التعارف المندائي وعمل على إنتاج الفلم الوثائقي "أعاصير الغربة والحنين" عن العالم العراقي المندائي الكبيرعبد الجبار عبد الله الذي يعتبر أهم وثيقة عن تاريخ حياة هذا العالم،
- رئيس جمعية الصابئة المندائيين في استراليا سابقا لمدة سنتين،
- كرئيس سابق للجمعية تم شراء وتشييد المجمع المندائي في ليفربول مندي الشيخ دخيل، K- أديب واعلامي وناشط مدني،
- شغل منصب رئيس تحرير صحيفة العهد المندائية الصادرة في سدني مدة ثمانية عشر عاما ولحد الآن (2023)،
- محرر في مجلة النجوم اللبنانية الصادرة في سدني،
- محرر صحيفة المثقف الالكترونية، - له العشرات من القصائد والمقالات في مختلف الصحف والمواقع ممكن متابعتها على كوكل بعد كتابة خليل الحلي،
- صدر له ديون شعري بعنوان "مسافات الحنين" وحاليا يعد لإصدار كتاب آخر يحمل مجموعة مقالات وقصائد.

الفصل الثالث

المندائيون في العراق والمهجر

بقلم خليل إبراهيم الحلي – شاعر وصحفي

نبذة تاريخية عن الصابئة المندائيين : الطائفة المندائية هي مجموعة عرقية دينية موطنها السهل الرسوبي في جنوب بلاد ما بين النهرين وفلسطين (صورة رقم 1: معبرة عن الطائفة وهي تحتفل بعيد الرخاء بطقوس على نهر دجلة). إنها طائفة قديمة وعريقة وتعد من أولى الأقوام التي آمنت بالله ووجوده، فهم يعبدون الله الواحد الكبير وقبلتهم الشمال. إن ديانتهم تعتبر من أقدم الديانات الموحدة، لهم أنبياء كثر، أولهم أدم عليه السلام، وآخرهم النبي الملاك يحيى بن زكريا، لهم طقوس وتقاليد حافظوا عليها منذ الأزل، كما تعد الطائفة المندائية إحدى المكونات الأساسية في العراق منذ الأزل، كون العراق هو الموطن الأصلي لهم، وقد أشارت الآثار المكتشفة والتي تم العثور عليها إلى ذلك، وإلى قدم هذه الديانة في العراق، كما يذكر "الشيخ ستار جبار الحلو" زعيم الطائفة المندائية في العراق والعالم، (صورة رقم 2: تظهر رئاسة طائفة الصابئة المندائيين في بغداد)، أن العراق كان من أوائل الأماكن التي داستها أقدام الطائفة المندائية، وسكنوا بالأساس على ضفاف نهري دجلة والفرات بجنوب العراق وأيضا في بغداد حي الدورة وبالأخص مدينتي أور (كهوب) وميسان (شق) والناصرية وقلعة صالح وفي محافظة البصرة، كما يوجد تواجد للطائفة المندائية في المدن الحدودية حصراً في إيران / الأهواز والمحمرة إمتدادا لتواجدهم في العراق إلى الأن، كما إن ديانتهم كانت منتشرة في بلاد الرافدين وفلسطين ما قبل الديانة المسيحية، ولا يزال معتنقوها موجودين في مختلف محافظات العراق مثل بغداد والمحافظات الجنوبية، كما أن هناك تواجدا للمندائيين في إقليم الأهواز في إيران إلى الآن ويطلق عليهم في اللهجة العراقية (الصبة)، كما يسمون بالمندائيين أو الصابئة المندائيين، أو المتعمدين العارفين لدين الحق أو العارفين بوجود الخالق الأوحد الأزلي. إن الديانة المندائية كتبت منذ البداية وعلى مر العصور باللغة الآرامية القديمة.

لغة الطائفة المندائية: يتكلم أفراد الطائفة المندائية اللغة الآرامية والتي صنفها اليونسكو حديثا بأنها من أقدم اللغات المنطوقة، ويمكن للقارئ الكريم التعرف على اللغة الآرامية

من ما هو مكتوب على بعض الأواني والمصوغات الذهبية. إضافة إلى ذلك يتكلمون اللغة العربية التي يتكلمها الجميع، كما تعزى حضارة الطائفة المندائية إلى نشأة اللغة الآرامية. ولنتكلم قليلا عن اللغة التي كان يمارسها قدماء المندائيين، كيف تطورت، فيقول "خليل ابراهيم الحلي" المقيم في سدني بمقالته "في أواخر 2013"، لقد كانت اللغة المندائية – والمندائية بالمناسبة تعني العرفانية - لغة العلم والمعرفة ولغة التداول اليومي جنبا إلى جنب مع اللهجات الأخرى مثل النبطية والبابلية والكلدانية (القريبتان جداً من المندائية)، إلى أن أخذت بالضعف والأنكماش التدريجي أمام اللغة العربية التي هيمنت على العراق بعد الفتح العربي الإسلامي في القرن السابع الميلادي، فتخلى عنها المندائيون في العراق تماما لصالح اللغة العربية لأسباب عديدة ومن أهمها الإضطهادات الدينية والعرقية، وأصبحت تقتصر حاليا على رجال الدين المندائيين الذين يؤدون بها الطقوس الدينية أي أنها لغة طقسية. وتنتمي اللغة المندائية إلى نفس المجموعة من اللغات السامية التي تنتمي إليها الأكدية والعبرية والعربية والآرامية والفينيقية والكنعانية. والمندائية هي اللهجة الآرامية الوحيدة التي حافظت على نقاوتها اللغوية من الألفاظ والتعابير الخارجية خاصة من الألفاظ العربية، وتمتاز بسهولة تعلمها وبمرونة أصواتها وعذوبة الفاظها، وما زالت اللغة المندائية لغة الأدب ولغة الطقوس لدى المندائيين في العراق والعالم، بالإضافة إلى أنها لغة التخاطب لدى صابئة إيران. وتشترك المندائية في كثير من مفرداتها مع اللغة العربية ويمكن تمييز ذلك بدون صعوبة تذكر، كما أنها تحتوي على الكثير من المكونات السومرية مثل ملاشا (الأسم الفلكي) وأشكندا (مساعد) وكذلك المئات من المفردات الأكدية مثل (ديمتو) دمعة ودالو (ارتفع) وهبالو (خوف) وهشالو (صائغ). إن اللغة المندائية ذات إنسيابية شعرية خاصة تعبر عن الأفكار الثيوصوفية التي يمتاز بها الأدب الديني المندائي.

عزيزي القارئ، يتميز المندائيون بكونهم جماعة تؤمن بالسلام والمحبة وتطبقه على نفسها وغيرها، وتحرم القتل والنهب والسلب والربا، لذلك أطلق على الطائفة المندائية من قبل الحكومات العراقية المتعاقبة بالطائفة الذهبية، كما كان للطائفة المندائية بصمة مميزة وعلامات فارقة، كونها عاشت متآخية مع جميع الطوائف والأديان بشكل سلمي، وشارك أبنائها في خدمة الوطن بكل حالاته ومجالاته.

<u>الثقافة ومهن طائفة المندائيين:</u> تميز العديد من العلماء والمثقفين والأطباء والمهندسين والمعلمين من الطائفة المندائية على مر العصور والسنوات لخدمة الوطن بكل محبة وأخلاص، منهم "إبراهيم بن سنان بن ثابت بن قرة حران" كان طبيبا وفيلسوفاً بارعا في علم الرياضيات والفلك، ولد في بغداد عام 908م وتوفي عام 946م أي في القرن العاشر الميلادي، "محمد بن جابر بن سنان بن ثابت بن قرة" كان رئيس الأطباء في بغداد في زمن الخلافة العباسية واشتهر بعلم الفلك والرياضيات، ولد في حران عام 854م لكنه توفي في سامراء عام 918م، "ثابت بن قرة حران" الذي ولد في الشامية - العراق، ونزح إلى تركيا عام 1836، ثم عاد إلى العراق وتوفي في بغداد عام 1901، والذي اشتهر بعمله في الفلك والرياضيات والهندسة والموسيقى، "سنان بن ثابت بن قرة" وهو طبيب وعالم فيزياء ورياضيات وفلكي، ولد في بغداد عام 1880، وتوفي عام 1943، الأستاذ الدكتور "عبد الجبار عبد الله "عالم الفيزياء وهو أحد العباقرة الذين يعتز بهم العالم أينشتاين، والذي عين كأول رئيس لجامعة بغداد في عهد عبد الكريم قاسم بعد إعلان الجمهورية العراقية، "عبد العظيم السبتي"، عالم الفلك ومدير المرصد الفلكي في لندن وقد سمي النجم الذي اكتشفه بأسمه، "البناني" وهو عالم رياضيات وفلكي وله كتابات مهمة في علم الفلك، "أبو أسحق الصابي" صاحب ديوان الرسائل، "سنيجر" شاعر تنبؤي، وشاعر القرنين "عبد الرزاق عبد الواحد" وهو أول من صاغ الكتاب المقدس للطائفة "الكنزاربا" صياغة لغوية إلى العربية، "الأديبة الشاعرة لميعة عباس"، والفنانين المبدعين أمثال "مكي البدري"، "عماد بدن"، "سهام السبتي"، الفنان "زيدون تريكو"، المطربة "أنوار عبد الوهاب"، النائب في مجلس النواب العراقي "حارث شنشل طليع سنيد الحارثي"، وأساتذة أكفاء ومعلمين ومهندسيين وأطباء ساهموا بشكل فعال في بناء النسيج الإجتماعي للمجتمع العراقي. كما اشتهر أعضاء الطائفة المندائية في ممارسة المهن الحرفية رغم التحصيل الدراسي والثقافي الذي امتازوا به كمهنة متوارثة من الأجداد وكموهبة إبداعية راقية تضيف رقيّا لرقي أبناء الشعب العراقي مثل صياغة الفضة والذهب وتميزوا بالنحت بماء الذهب على الخشب وأعدوا الكثير من الهدايا التي قدمت بإسم العراق للزائرين وأصحاب المقام الرفيع من القادة والرؤساء كنوع من التمييز والتباهي بالحرف اليدوية العراقية والمتكونة من الفضة والذهب، كما منحتهم رئاسة

جمهورية العراق في عام 2001 إسم طائفة العراق الذهبية وذلك لدورهم العلمي والمعرفي والفني الفاعل في بناء الدولة العراقية الحديثة، ومنهم حسني زهرون وياسر صكَر الحيدر وغيرهم الكثير والكثير. كما إنهم يمتهنون مهنا أخرى مثل الحدادة والنجارة وصناعة الزوارق وطلائها بمادة القار (الزفت) وأدوات الفلاحة كالمنجل وأدوات الحفر والحرث وفي صناعة الأدوات وخاصة الأدوات الزراعية في المناطق الريفية.

<u>أعداد الطائفة المندائية:</u> إن عدد أتباع الطائفة المندائية في العراق كان يبلغ حوالي 75 ألف شخص قبل الغزو الأمريكي للعراق عام 2003، ، إلا أن الرقم انخفض إلى نحو 20 ألف صابئي في بغداد والمحافظات الجنوبية والذين يتكلمون الآرامية إضافة إلى العربية، وذلك بسبب عمليات التهجير، علما إن الأرقام قد تكون غير دقيقة وذلك لعدم توفر إحصائية دقيقة عن أعداد الصابئة، أما أعدادهم خارج العراق، فتشير بعض المراجع إلى أن أعدادهم قد تزيد عن ستين ألف شخص موزعين في كل بقاع العالم وبشكل خاص في إنكلترا والسويد والنرويج والدنمارك وألمانيا وكندا وأستراليا ونيوزيلندا وأمريكا وغيرها من دول العالم، ونتيجة لذلك فإن الطائفة المندائية تواجه خطر الإندثار في العراق، رغم أن دستور العراق قد صنف الصابئة المندائيين عام 2015 ضمن الأقليات.

<u>هجرة الصابئة المندائيين:</u> تشير المراجع إلى أن المندائيين الأوائل قد تعرضوا للإضطهاد من قبل اليهود الأرثودوكس، على وجه الخصوص فتركوا سورية وفلسطين لاحقاً وتوجهوا عبر تلال الجزء الشمالي من وادي الرافدين إلى الجزء الجنوبي منه، (صورة رقم 3 وايضا صورة رقم 4: معبرة عن رحلة المندائيين من منطقة لأخرى)، ربما في رحلة استغرقت نحو مائة عام وبدأت في القرن الأول الميلادي قبل أن يصلوا إلى جنوب وادي الرافدين في القرن الثاني. بالتأكيد قد يكون هناك أفراد من بابل أو جنوب وادي الرافدين ممن اعتنقوا المندائية، لكن لا بد أنه كان هناك أشخاص آخرون على معرفة بالطقوس والتعميد قدموا من الغرب، وأعتقد بأننا لا نستطيع تفسير كل ما يتعلق بالمندائيين من ميثولوجيا وثيولوجيا وأيديولوجيا وغيرها استناداً إلى الرقوق والأواني والعملات التي عثر عليها في مناطق مختلفة من إيران وسوريا وحدها، ولكن أحد أشهر النصوص المندائية الذي يتحدث عن هذه الهجرة هو "هران جويثا" (حران الداخلية الجوانية). الصابئة المندائيون هم أناس يمتازون بالطيبة والتسامح والخلق السمح ولطافة المعشر،

عانوا من ظلم الحكومات المتعاقبة على حكم العراق وموروست بحقهم شتى أنواع الإضطهاد والإهمال والإنكار لحقوقهم القومية والدينية بشكل مميز. أما أعدادهم، فيذكر رئيس الصابئة المندائيين في العراق والعالم "ستار جبّلر لبخبة" أن الطائفة المندائية واجهت ممارسات تمييز قائمة على أساس المذهب والعرق في كافة المؤسسات الحكومية العراقية، وكان ذلك في جميع مراحل الحكم في العراق، وبشكل خاص في تسعينيات القرن الماضي، أي في زمن حكم البعث العربي الإشتراكي، حيث تضاعفت هجرة العديد منهم إلى الدول الأوربية طلبا للحرية الدينية والرفاه القومي تحررا من الضغط المستمر في العراق وخاصة على العديد من الشعراء الذين تميزوا بالأصالة والأبداع، كما برز منهم من أثرى التراث والثقافة والعلم. نلمس في هذه الايام ومع الأسف خنقا لهذه الطائفة الأصيلة والمتجذرة أصولها في تربة وماء العراق، نلمس ممارسات تؤدي إلى تشريدهم وإبادتهم وتعمل على انقراضهم من خارطة الوطن العراقي. إن البلدان الراقية تحاول حماية الحيوانات النادرة والأصلية في أراضيها ونحن مع الأسف لم نستطع أن نحافظ على هذه الأمة التي علمتنا فن النقش على الذهب والفضة وعلمتنا كيف يكون التعايش مع الأخرين، لا نريد أن نفقدهم مثلما فقدنا قبلهم الآخوة من الديانة اليهودية. إن تعاليم ديانتهم كلها تعاليم سمحاء تدلل على القيم الأصيلة والروح الهادئة في تعاملاتهم وعلاقاتهم. (صورة رقم 5: تظهر مقر الطائفة المندائية في محافظة الناصرية، التي سكنها المندائيون من قدم الزمان). نعود لنقول، تعرض الصابئة لحملة غريبة من التهميش والقتل والإختطاف مقابل الفدية المالية والسلب التي طالتهم في جميع الحكومات في العراق وإيران، فقبلها تعرضوا للإبادة الجماعية في "مجزرة شوشتر" في إيران، راح ضحيتها المئات من المندائيين، بعدها شاركوا في الحرب العراقية الإيرانية وقدموا شهداء كثر لا تتناسب أعدادهم مع حجمهم كأقلية، فكانوا ضحية الموت والإبتزاز والخطف والقتل المؤدي بشراسة لطريق الغياب القسري. وكما نعلم، يسكن المندائيون دائما بالقرب من ضفاف الأنهار لأن طقوسهم الدينية تتطلب ذلك، وهو الإرتماس بماء النهر للتطهير، فعمل أجدادنا المندائيون في مهن صناعة الزوارق وصناعة أدوات الزراعة البسيطة التي يستخدمها الفلاحون في تلك الحقبة الزمنية، بعدها بدأ نزوح المندائيين من الأقضية والنواحي إلى مراكز المدن مثل مدينة العمارة والناصرية والبصرة للبحث عن حياة أفضل

والتخلص من تهميش وإذلال الإقطاع ورؤساء العشائر في تلك المناطق. وفي العصر الحديث وبعد تشكيل الحكم الوطني في العراق عام 1921 زاد اندفاع المندائيين من الجنسين وبقوة نحو الإلتحاق بالمدارس وطلب التحصيل العلمي، وهذا دليل على حبهم لنور العلم، وعلى مدى وعي آبائهم لدفع أبنائهم في طريق المعرفة، وقد جاهدوا رغم التمييز المقيت والضغوط الرجعية لكسر حصار قبولهم في المعاهد والكليات، فثابروا ودرسوا ثم واصلوا طلب العلم خارج الوطن وحازوا أرفع الشهادات العلمية والكفاءات النادرة، ولم يجد من ناصبهم العداء سوى الإذعان والإستفادة من كفاءاتهم ونبوغهم وإخلاصهم وبروزهم في ميادين المعرفة، فجرى تعيينهم في مراكز حساسة مؤثرة في مفاصل الدولة، والتي تتطلب الدقة في العمل والإخلاص في الأداء. وبدا أبناء العوائل المندائية بالدخول إلى المدارس في مراكز المحافظات في بدايات الثلاثينات من القرن المنصرم وتبوأوا المراكز الأولى في المدارس الإبتدائية والثانوية. تحول أغلب المندائيين ليمتهنوا صناعة الفضة لكونهم يمتلكون الحنكة والذكاء في تلك المهنة التي تتطلب مهارات فنية، فهي مهنة الأجداد، وأخذ شبابهم يشقون طريقهم في التعليم، فتخرج الرعيل الاول من المعلمين والمعلمات وبدأ المتعلمون يشكلون ثقلاً إجتماعيا داخل المحافظات واستمرت تلك النهضة العلمية، فتخرج من شبابهم أوائل الأطباء والمهندسين والشعراء ليضيفوا في بداية الخمسينات رصيدا آخر من السمعة العلمية الطيبة للطائفة وبقى الجميع ملتزمين بالثوابت المندائية التي تجمع المندائيين في طقوسهم في الأفراح والأتراح. وفي بداية الخمسينات بدا نزوح الكثير من المندائيين من المحافظات الجنوبية إلى مدينة بغداد للبحث عن حياة أفضل وأكثر مدنية وتحضرا لمتطلبات العيش أولاً ودراسة أبنائهم في المعاهد والجامعات ثانياً، وبرز لفيف اخر من الشباب بتبوء مراكز مهنية في الطب والهندسة والصيدلة والتعليم وازدهرت مهنة الصياغة، فأبدع صانعوها في صياغة الذهب والمجوهرات وتمركزوا في قلب مدينة بغداد ومراكز المحافظات. بقى طموح أبناء الطائفة دائما للحصول على حياة أكثر تحضرا ومدنية وكسر طوق الإذلال والتهميش والقتل، فكان التفكير في بداية التسعينيات بالهجرة خارج الوطن لعدة أسباب وأهمها الوضع السياسي الذي ضاق المندائيون ذرعاً به وتحملت كثير من العوائل تبعاته وزج خيرة شبابهم في المعتقلات والسجون أبان حكم حزب البعث العربي الاشتراكي عام

حكمت جميل

1963 وهنا يمكن أن نعطي مثالا لما حدث مع الأستاذ الدكتور عبد الجبار عبد الله بعد الإنقلاب المشؤوم في 8 شباط 1963 كمثال لمعاملة حزب البعث العربي الإشتراكي لهذا العالم الذي كان رئيس جامعة بغداد لكون عبد الكريم قاسم رئيس وزراء العراق استدعاه للمجيء من أمريكا لخدمة وطنه العراق بعد ثورة 14 تموز 1958، وقد لبى الدعوة في حينها. لقد قام جلاوزة حزب البعث العربي الإشتراكي باعتقال الأستاذ الدكتور عبد الجبار عبد الله رئيس جامعة بغداد حال استلامهم السلطة، وفي المعتقل تم تعذيبه بشتى الطرق الدنيئة مع المعتقلين الآخرين من الشيوعيين بشكل عام والمندائيين بشكل خاص لأن الكثير منهم كانوا شيوعيين أيضا، إضافة لأنصار الزعيم عبد الكريم قاسم. حدث ذلك رغم كون الدكتور إنسان علمي غير سياسي، ومع هذا تم سجنه لمدة عام تقريبا، ولكن أطلق سراحه فيما بعد، بعد مطالبات جهات علمية من جامعات رصينة من دول العالم والسماح له بالسفر إلى خارج العراق، فسافر إلى أمريكا وعين في منصب أستاذ في جامعة كولورادو وجامعة نيويورك. كما تعرض المندائيون كباقي أبناء الشعب العراقي الى التجنيد أثناء الحرب العراقية الإيرانية والتي استمرت ثمانية أعوام أحرقت الأخضر واليابس والتي راح ضحيتها خيرة شباب الطائفة المندائية. يؤمن المندائيون بالسلم ونبذ العنف والحروب والعدوان، ويدعون للإخاء بين البشر، فخلال تاريخهم الطويل لم يبدأوا بعدوان أو حرب على أي شخص أو جهة، وكثيرا ما اضطروا إلى الهجرات المستمرة فرارا من الظلم والتعسف والعدوان بدلا من مواجهته والتصدي له، فهم لم يحملوا سلاحا أو يغزوا بلدانا أو يستعبدوا شعبا، ولم ينشروا تعاليمهم الدينية بالعنف والقوة. كل تلك الأسباب التي ذكرتها اجتمعت سوية لإنضاج فكرة الهجرة من العراق إلى خارجه، وبدأت هجرة بعض العوائل إلى أمريكا والسويد وأستراليا في التسعينات، وكلما تمر سنة كلما تزداد أعداد المهاجرين المندائيين بسبب إزدياد معاناتهم إلى الدول الأوربية حيث تمركز العدد الأكبر منهم في دولة السويد وأستراليا وباقي الدول، وكانت الهجرة الأكبر بعد عام 2003 عند دخول القوات الأمريكية وقوات التحالف إلى بغداد، وبدأ الوضع السياسي بالتدهور والسوء الذي طال المندائيين وباقي الأقليات من خطف وقتل للصاغة في بغداد والمحافظات، كل تلك الأسباب دفعتهم للنزوح إلى مناطق مثل كركوك وأربيل ودهوك والسليمانية، كونها أكثر أمنا، في حين لجا القسم الآخر للخروج من العراق إلى بلدان الإنتظار مثل سوريا والأردن

وتركيا وأندنوسيا، وكان هدفهم الأول هو حصولهم على الهجرة الإنسانية للإستقرار في أوربا وأستراليا وفعلا أصبح أبناء العائلة الواحدة موزعين في الشتات، كل شخص في دولة أو قارة ما دام عمره أكثر من 18 سنة فمعاملته تكون منفردة عن عائلته حسب قانون الهجرة الإنساني. هذا جزء بسيط من معاناة أحد مكونات الشعب العراقي الأصيلة والذين عاشوا وترعرعوا قروناً طوال بين ضفاف دجلة والفرات وامتدت جذورهم مع إمتداد جذور نخيل العراق في تربة بلدهم الأم.

يمكن تحديد أسباب الهجرة بالآتي: ظهرت بوادر الهجرة إلى الخارج في أوائل السبعينات من القرن الماضي، خصوصا بعد النهضة الصناعية لتحقيق أهداف منها:

1- **الحصول على المراتب العلمية العالية في التعليم والتخصص الدقيق:** إذ يعد أبناء الطائفة المندائية شغوفين بالعلم والتعلم كوسيلة مهمة للوجود والتميز والبقاء إذ أنهم يشجعون أولادهم على أهمية العلم وفوائده لبقائهم ووجودهم، فبالإضافة إلى أنه مهم للحصول على مكانة مهمة وإلى أنه وسيلة دفاعية فالتسلح بالعلم غاية لكل فرد يفكر بمستقبل آمن إقتصاديا واجتماعيا وثقافيا وحتى سياسيا، فالمعرفة تفتح آفاق للتفكير والإدراك والحماية للوجود والإستمرار باعتباره وسيلة لحل كل المشكلات التي قد يتعرضون لها، إضافة إلى أن الوضع الإجتماعي للمجتمع الراقي آنذاك يعطي للخريجين أولوية في التعيين وإعطاء القروض العقارية لبناء دور جديدة دفعت أغلب أبناء الطائفة المندائية إلى الحصول على أعلى المراتب العلمية لغرض بناء أسرة مؤمنة ماديا وثقافيا. ومن ناحية أخرى كان النظام المهني في العراق لا يسمح لأي شخص غير مسلم بتبوء مناصب إدارية عليا وفق مفهوم الشريعة الإسلامية التي لا تسمح بذلك (لا تولوا أولياء عليكم من غير دينكم)، لذلك تحدد أغلب المندائيين بمناصب أقصاها مدير عام رغم امتلاكه لكفاءة أعلى من زملائه غير المندائيين.

2- **الحصول على الأمن الإجتماعي:** كان هدف أغلب الأفراد والعوائل التي غادرت العراق آنذاك هو تحقيق الطموحات والتقدم بحرية إذ إن التطور الإجتماعي للدول الغربية ساهم بإغراءات لأغلب الطلبة والمبتعثين لأغراض الدراسة للإستقرار في الغرب وتحقيق الأمنيات في التميز والتقدم والتقدير. وشجع ذلك الفرص الممنوحة لهم بالبقاء من خلال توفر فرص عمل مغرية لتحقيق الذات، ولأن فقرة الدين غير مهمة كشرط للتقدم

للعمل وإنما شغفك وطموحك وقدرتك على المناقسة والإنجاز هو الذي يحدد ما تكونه، لذلك سعى عدد منهم إلى المجازفة والسفر لتحقيق ما لم يتم تحقيقه في البلد الأم.

3- التوجهات السياسية في العراق: العراق بلد المثقفين من مختلف الأديان والطوائف والمعتقدات، وبالأخص الجانب السياسي، فالغالبية من المندائيين كانوا أعضاء منتمين إلى الأحزاب التي تنادي بالإنفتاح الحضاري والإجتماعي والثقافي مع الآخر ومنها الحزب الشيوعي، لذلك انتمى له أغلب الأفراد المتعلمين والمثقفين لما يتناسب مع طموحاتهم الوطنية ورغباتهم في التغيير لواقع أفضل، إلا أن تغير الأنظمة وحكم الحزب الواحد متمثلًا بحزب البعث العربي الإشتراكي كحزب منفرد بالسلطة، لا يقبل بالآخر أو مشاركته واستخدامه لأساليب سياسية تعسفية وجائرة متعددة كالفصل من الجامعة والطرد من العمل أو الملاحقة والتخويف والتعذيب والإعدامات أدى إلى فتح باب جديد للهجرة خارج البلاد خوفا على الأرواح، فبدأ أغلب الأفراد المنتمين إلى الحزب الشيوعي بالهرب والهجرة خارج العراق بشكل سري .

4- التعرض للمضايقات الدينية: خاصة في بعض المحافظات العراقية ومجالات العمل، وإن كانت فردية إلا أنها كانت ملحوظة إذ تعرض الكثير من أبناء المندائيين إلى المحاربة من قبل الآخرين وكانت الديانة السبب الأول في ذلك، إذ منعوا من اعتلاء مناصب قيادية كبيرة وتعرضوا إلى مضايقات من الغالبية المسلمة إذ وفق الشريعة الإسلامية لا يمكن تولية أحد لمنصب حساس إلا إذا كان مسلما. ظهرت وازدادت هذه التوجهات بعد الحرب العراقية الإيرانية متمثلة بالحملة الإيمانية التي تولدت عنها هذه الظاهرة بعد سقوط النظام عام 2003، حيث ظهر التطرف الديني كوسيلة للمحاربة والإستيلاء على السلطة في الدولة، مما أدى إلى ظهور جماعات دينية متطرفة طائفيا تسعى إلى إرهاب الناس وتفكيك المجتمع المدني لأغراض سياسية بحتة وليست دينية، ألا أنهم استخدموا الدين كوسيلة للتعدي والمضايقة والتخويف، إذ قامت هذه العصابات باختطاف المندائيين وأبنائهم وتهديدهم بالقتل والإستيلاء على ممتلكاتهم وطردهم وأخذ مدخراتهم وتهجيرهم وهذا ما حدث مع كل الأقليات العراقية كنوع من التخويف للتخلص منهم، مما أدى إلى هجرتهم.

أهم الإيجابيات التي أفادت المندائيين في هجرتهم إلى الخارج:

1- المحافظة على أرواح أبناء الطائفة خاصة أنهم أناس مسالمين لا يؤمنون بالعنف والقتل

في معتقداتهم وإيمانهم وسلوكهم، حيث وجدوا في الغرب وطنا آمنا لوجودهم ولأبنائهم، لذلك استقروا وشكلوا مجتمعات جديدة والبدء بحياة مخطط لها كلها أمان وأستقرار.

2- السعي إلى حياة اجتماعية مستقرة خالية من التهديد والتخويف والبحث عن حياة الاستقرار والأمن والإطمئنان من خلال العمل والإجتهاد وبناء الأسرة.

3- تحقيق الذات وإيجاد فرص المساواة للإبداع والعمل خاصة أن أغلب أبنائها من حملة الشهادات العليا، فوجدوا في الإستقرار في الخارج فرصة لتحقيق هذا الطموح.

4- إن لظروف العراق السياسية وكثرة الحروب والتوترات الدولية التي مرت بالبلد وخسارة الأسر المندائية لأبنائها بين شهيد وأسير ومعاق جراء الحروب أدى إلى تعزيز قرار المغادرة والبحث عن البلد الآمن إذ بذل المندائيون كل ما يملكون من أموال ومدخرات لإيجاد فرص وطريق للخروج وبدء حياة جديدة. واليوم وبعد أكثر من عشرين سنة توزع المندائيون على دول العالم كبلدان بديلة للوطن الأم. ورغم صعوبة الفراق والحنين إلى الوطن إلا أنهم وجدوا في بلدانهم البديلة كرم الإحتواء والعناية والإحترام وتبددت مخاوف الوجود، ووجدوا مساحة في حرية العبادة وممارسة الطقوس ونشر الدين والتعريف به وبمعتقداته أمام الاخرين بكل حرية وفخر.

<u>التحديات التي تواجه المجتمعات المندائية في بلد المهجر</u>: تعد الهجرة الخارجية ولاسيما للعناصر الشابة والأسر ظاهرة خطيرة باتت تقلق المندائيين في بلاد الإغتراب، بل أخذت تطال حياة المجتمع ككل، فللهجرة آثارها السلبية على النواحي الإجتماعية والثقافية والإقتصادية، وهي تعد من أهم التحديات التي تواجه المجتمع المندائي في الوقت الراهن حيث أخذت أبعادا خطيرة وتركت آثاراً نفسية واجتماعية على الأسر المندائية وأواصر العلاقات الإجتماعية داخل الأسرة نتيجة للقوانين الجديدة داخل المجتمعات والتي منحت المرأة موارد مالية واستقلالية في اتخاذ القرارات مما سبب كثرة حوادث الطلاق وتفكك الأسر ناهيك عن قلة متابعة الأسرة لأبنائها أيضاً بسبب قوانين الحرية الشخصية. كذلك أدى إلى ذوبان الشباب في المجتع الجديد وتعاطي الممنوعات والسهر خارج البيت وترك عاداتنا وتقاليدنا التي تربينا عليها في بلدنا الأم من إحترام العلاقات الاسرية والعادات والتقاليد. لكن بالمقابل هناك الكثير من الإيجابيات في تلك البلدان من تحضر ومدنية ومستقبل للشباب والأجيال القادمة وما تقدمه تلك البلدان من خدمات إلى المواطن في

جميع مناحي الحياة، فالواجب إحترام الأنظمة في تلك البلدان.

<u>في الختام،</u> نقول أن الطائفة المندائية في العراق تعرضت إلى مختلف أنواع الإضطهاد والقتل والإختطاف والسطو المسلح على أبناء الطائفة، وقد نشر موقع "منظمة محام" إتحاد الجمعيات المندائية في المهجر، ما لديه من بيانات بأسماء الأشخاص الذين تعرضوا لمختلف أنواع الإضطهاد في العراق وكما يلي:-

قائمة المندائيين المقتولين

جدول يبين عدد القتلى من المندائيين الصابئة في العراق خلال السنوات 2003 - 2009 والتي نقلت من المصدر الذي يذكر اسم الشخص ونوع القتل (مثل اختطاف ثم قتل) والمنطقة التي قتل فيها ومعلومات اكثر عن العائلة والمأساة التي تعرضوا اليها								
محافظة	03	04	05	06	07	08	09	المجمو
بغداد	13	13	21	25	20	3	1	96
مجهول		1	5	18	8	11	2	45
الرمادي	1		2	1	3	1		8
ميسان	1	1			2			4
البصرة	1		1		1			3
الناصرية			1		1			2
ديالى				2				2
كركوك				1	1			2
المحمودية				1				1
اسكندرية					1			1
الكوت					1			1
المجموع	16	15	30	48	38	15	3	165

العراقيون من الوطن الى المهجر

Reference
Violent Deaths of Iraqi Civilians, 2003–2008
https://journals.plos.org/plosmedicine/article?id=10.1371/journal.pmed.1000415

صور الفصل الثالث

صورة رقم 1 الطائفة وهي تحتفل بعيد الرخاء بطقوس على نهر دجلة

صورة رقم 2 تظهر رئاسة طائفة الصابئة المندائيين في بغداد

74

صورة رقم 3 معبرة عن رحلة المندائيين من منطقة لاخرى

صورة رقم 4 واقع العائلة المندائية المهجرة لمنطقة غير سكنها الاصلي

صورة رقم 5: تظهر مقر الطائفة المندائية في محافظة الناصرية

	مراجع الفصل الثالث
1	ستار حسن /الصابئة المندائيون العراقيون على حافة الأنقراض / نيسان 2021
2	المندائيون في العراق / ويكيبيديا الموسوعة الحرة
3	المندائية
4	أتحاد الجمعيات المندائية في المهجر / الصفحة الالكترونية
5	الصابئة المندائيون يهجرون موطنهم ومقدساتهم في جنوب العراق /الجزيرة
6	كاظم حبيب / الكوارث الماسوية الواقعة على الصابئة المندائيين في ظل الدولة الطائفية في العراق
7	قراءة على الصابئة المندائية في العراق / مارس 2016/15
8	تصاوير للطائفة المندائية في العراق والمهجر

حكمت جميل

المسيحيون والآشوريون
في الوطن - العراق وإغترابهم

تمهيد

لقد حاولت (المؤلف) كثيرا إيجاد من يكتب عن هذا الموضوع، ولكنني لم أفلح في ذلك. ولكوني كلداني الأصل، ولست مؤرخا، كان لابد من إيجاد من يقوم بذلك، فاتصلت بالأستاذ الدكتور ليث شاكر، والذي نصحني بالإتصال بالدكتور عوديشو ملكو، وفعلا تم الإتصال به وعرضت الموضوع عليه، ولكن لإنشغاله، إقترح أن يرسل مقالتين تفيان بالغرض الاولى بعنوان "الآشوريون قبل وأثناء نكبة سميل"، التي إقتصرت على المجازر التي تعرض لها الآشوريون في العهد الملكي في العراق، أما الثانية فكانت بعنوان "عشرون عاما من تلاشي الآمال الآشورية في العراق ما بعد 2003"، وتشمل ما تعرض له الآشوريون والمسيحيون عموماً بعد 2003، وسيجد القارئ الكريم المقالتين أدناه. لكنني شعرت بوجود فراغ حول ما تعرض اليه المسيحيون إبتداءً من الحكم الملكي لحين غزو العراق من قبل أمريكا وحلفائها وما بعده، وقد إقترحت الدكتورة ندى جواد الورد التي تقوم بمراجعة الكتاب لغوياً، أن يتضمن الفصل، أجزاء أو مقاطع من عدة مقالات لها علاقة بالموضوع، فبحثت عن المراجع التي زودتني بها، إضافة لقيامي بالبحث عن مقالات اخرى في الإنترنت، وفعلا وجدت بعض المقالات التي يمكن الإستفادة منها في تعريف القارئ عن واقع المسيحيين في الوطن قبل عام 2003، وبعد دخول داعش محافظة نينوى عام 2014، حيث سأقوم بعرض ما ورد في هذه المقالات، كي يعرض هذا الفصل ويلخص ما ورد فيها من آراء، وبذلك أكون أنا (الباحث) ناقلاً لما كتب ولست مسؤولاً عنه، ومن الله التوفيق

سيرة حياة: الدكتور عوديشو ملكو كوركيس آشيثا

- مواليد حزيران 1948 / العراق - العمادية
- التحصيل العلمي بكالوريوس هندسة مدنية / بغداد 1976
- بكالوريوس علم الآثار كلية الآداب / بغداد 2004
- ماجستير في الدراسات اللغوية الآشورية القديمة والمعاصرة - دراسة مقارنة / بغداد 2009 ، - دكتوراه في التاريخ الحديث (مذبحة سميل 1933) / دهوك 2013
- كان عضواً في إتحاد الأدباء والكتّاب العراقي العام
- عضو إتحاد الأدباء العرب، عضو إتحاد الآثاريين العرب (القاهرة)
- كان عضو المجمع العلمي العراقي - كعضو لجنة اللغة السريانية - في 2005
- هو من مؤسسي رابطة الكتاب والأدباء الآشوريين
- يرأس رابطة الكتاب والأدباء الآشوريين منذ 2007
- هو صاحب الإمتياز لمجلة (معلتا) منذ 2007
- له مشاركات في العديد من المؤتمرات الثقافية واللغوية والتاريخية والآثارية في العراق والخارج.
- صدر له (18) كتاب باللغة الآشورية (بين تأليف وترجمة) في مجال اللغة والتاريخ والفكر.
- صدر له (8) كتاب باللغة العربية (بين تأليف وترجمة) في مجال الفكر واللغة والتاريخ. له العديد من المقالات والبحوث العلمية والثقافية التي نشرت في مجلات ثقافية مُحكَّمة تصدر في العراق وخارجه.

حكمت جميل

الفصل الرابع – الجزء الاول
الآشوريون والمسيحيون في الوطن – العراق – وإغترابهم

المقالة الأولى
الآشوريون قبل وأثناء نكبة سميل
بقلم الدكتور عوديشو ملكو آشيثا

أورد الدكتور سرجون جورج دونابيد هذه المقولة عن وليم بيل بخصوص الآشوريين ومحنتهم القاسية: "وصل هذا الشعب الباسل النبيل العنود إلى نهاية تاريخية عاصفة بصفتهم ضحايا الكراهية المتولدة عن الصراع بين الإمبريالية الغربية والقومية المتصاعدة لدى شعوب الشرق الأدنى" () طبعاً المقصود بنهاية تاريخية هنا هي: بداية القرن العشرين. وضحايا الكراهية هم الآشوريون (صورة رقم 1)، وأطراف الصراع خلال تلك الفترة معروفون جيداً، سواء في الغرب أو في الشرق الأدنى، حيث كانت آشور بحضارتها وعلى أرضها تؤسس لسمو هذا الشرق في شتى الميادين.

عن مصير سهول آشور وحتى أعالي النهرين الخالدين وسكانها من الآشوريين (صورة رقم 2)، تمت حياكة الدسائس بحنكة بين المتصارعين، وانبعثت الريح الصفراء من بين أنيابهم والنتيجة كانت التهميش والإنكار للوجود الآشوري، أي سحب هوية إنتماء هذا الشعب إلى تلك الارض الوحيدة التي يعرفها منذ البدء ـ (صورة رقم 3) ـ هذا من جهة. ومن الجهة الاخرى نفي عراقية الآشوريين كلياً!! وعندما حانت ساعة التنفيذ هبّ الجيش والشرطة والبدو الجياع أعداء التمدن، ودوائر التسجيل العقاري والمراكز الأكاديمية للدولة وأحزابها السياسية ورجالات الحكم الفاسدة. كلها صارت تتعامل مع الأصلاء على أساس أنهم غرباء ودخلاء مشاكسون.

هذا وفق نظرية الآخر، أي الغريب الذي يستوجب عليه القلع والنفي والإبعاد وأن يخضع إلى مقياس المحو عن الذاكرة. للوصول إلى ذلك الهدف الأسود كانت البداية مع حلول القرن العشرين في هكاري حيث العشائر الآشورية المستقلة، وليس في أي مكان آخر من بلاد آشور إلى الشمال من خط كركوك ونينوى وسنجار صعوداً نحو قمم الجبال الآشورية، لأن

هؤلاء كانت إرادتهم قد سلبت ووعيهم قد غيّب! إلى أن وصلت الإبادة ذروتها مع أقسى المجازر عنفاً بحق الشعب الآشوري في سميل 1933، والتي لا بد وأن يحسم أمرها بإحدى النقطتين: فهي تعدّ إما عملاً جباراً لتنقية البلاد من فلول شعب ذي خصوصية أخرى لا تلتقي مع رغبات الحاكم، أو جريمة بشعة نكراء إرتكبها نظام متطرف لا يعرف معنى للإنسانية والحوار والقبول بالآخر. نظام يفرض رغباته العنصرية على الآخرين بموجب نظرية الغاب (الحق تابع ذليل للقوة الغاشمة الحاكمة).

دخل الآشوريون إلى المسيحية، ولكن دون أن يتنازلوا عن شيء من خصوصيتهم الحضارية والإجتماعية وحتى الثقافية. أرسوا أسس ونواة مؤسساتهم الدينية الجديدة في عاصمتهم الوحيدة الباقية أو الناجية من بربرية المحتل الفارسي والكلدي ألا وهي أربيل - العاصمة الدينية للآشوريين - والتي لم تلتهمها نيران البداوة والتخلف في 612 ق.م. لم يغير الآشوريون حتى هندسة أو ريازة الطراز المعماري لمعابدهم أيام نينوى وبابل، عندما بادروا الى بناء الكنائس الجديدة في طول البلاد الآشورية وعرضها إذ إحتفظوا بالمدخل الرئيسي لصحن الصلاة في الضلع الجنوبي من البناء. فيكون قدس الأقداس إلى يمين الداخل إلى المعبد أو الكنيسة بعد ذلك. حيث كانت تقدّس وتعبد الآلهة العظام لديهم في محاربها. وحيث الهيكل المقدس والإنجيل وشارة الصليب، المكان الذي لا يدخله إلا الكاهن، بموجب الطقوس المتبعة منذ فجر المسيحية الآشورية ولحد الساعة! الآشوريون لم ولن ينسوا أو يهملوا أو يبدلوا ربهم الأزلي آشور العظيم حتى في مسيحيتهم، وانما أعطوا لإسمه المبجل توضيحاً يتعلق بأزليته وربوبيته وميزته، هو الوحيد دون غيره. وهي خلق الكون وما فيه من المرئيات وغير المرئيات، كل ذلك عندما أصبحوا يمجدونه بلفظة براشيث (Brashith) الذي يعني (في البدء) طبقاً لنواميس التطور اللغوي ومماحكة اللهجات مع تقادم الايام.. بدلاً من آشور (Ashur) والتي تعني هي الأخرى الأول، (الأول الرئيسي، الذي لا يفوقه أو يسبقه غيره). والآشوريون في كتاب صلواتهم الدورية على عدد أيام السنة الشمسية، قد أدخلوا أكثر من (200) صفحة في سرد مآثر نينوى وشعبها وملوكها ونظامها الإجتماعي بأدق التفاصيل.

وفي الأيام الأولى بعد أن خمدت نيران الحرب العالمية الأولى، وقبل أن يتم الإقرار بصنع العراق الحالي، أراد الآشوريون بل تمنوا وتأملوا بأن يكونوا عراقيين، قبل جميع الذين

أنكروا ومازالوا ينكرون على الآشوري عراقيته مع الاسف: "كان الأشوريون (الهكاريون) يأملون أن تضمّ معاهدة الصلح() منطقتهم إلى العراق، ولكن المعاهدة إستثنت منطقتهم من العراق وأعطت العمادية لتركيا".() قائل أو ناقل هذه المعلومة دكتور عراقي عربي وليس غيره للعلم. وقد أثبت بها أن الآشوريين كانوا عراقيين قبل جلالة الملك فيصل الأول وجلّ حكومته وحاشيته المستوردة من قبل بريطانيا كما هو معروف جلياً! قام الآشوريون بطرد القوات التركية وميلشياتها وفلولها من منطقة العمادية وصولاً إلى شمال زاخو بدافع الخوف على سلامة حياة عوائلهم المنتشرة في المنطقة، بعد أن كانوا قد طردوا من هكاري مع بداية 1915 أولاً، وحباً بالعراق وطنهم العريق من عبث الأتراك ومَن لف لفهم ثانياً. حدث كل ذلك والملك وحكومته وأعوانه من القوميين والعنصريين في بغداد لم يكن لهم أي شأن وربما حتى عِلم بما يحصل!. ومع بداية عام 1921 عاد قسم من الآشوريين المهجرين الى مناطق هكاري مستغلين فرصة إنشغال السلطات التركية بحروب وقمع حركات مسلحة في مناطق أخرى من تركيا الحالية. إستمر وجود هؤلاء الآشوريين لغاية أيلول 1924 هناك في بلادهم العراق، وقد استطاعوا تكوين منطقة تم تسميتها (منطقة محرمة) لأن تركيا ومرتزقتها في المنطقة لم تتمكن من بسط نفوذها عليها، ولأن العراق (حكومة) كان يغض النظر عن كل ما يزعج جلالته والحاشية في بغداد. وبعد توقيع اتفاقية لوزان في تموز عام 1923 بأكثر من سنة أي في ايلول 1924 قامت القوات التركية باحتلال القسم الباقي من هكاري بيد أهله (الآشوريون) أي المنطقة المحرمة مرة اخرى، وأكملت زحفها نحو العمادية. وهنا لم يصد ذلك الزحف الأجنبي أيضاً داخل العمق العراقي إلا الشباب الآشوري المسلح المؤمن بقدسية أرض الوطن وعدم التفريط بها مهما كانت التضحيات والأسباب. () في خضم تلك الأحداث الساخنة على الحدود العراقية التركية (غير المتفق عليها) ولا هي مثبتة دولياً، كانت حكومة جلالته في بغداد تعيش وتطبق المثل العراقي المشهور (زيادة الخير خيرين) وذلك من دون الإكتراث لا بالأرض ولا بالناس (الآشوريون وحدهم) الذين كانوا يقدمون التضحيات وينزفون الدم من أجل أرضهم، وطنهم العراق!، "في أوائل نيسان 1924 أخبرت الحكومة البريطانية حكومة العراق عن نيتها في المطالبة في مؤتمر (القسطنطينية) إلحاق جزء من ولاية هكاري التركية بالعراق وكان الآشوريون قد احتلوه (حرروه).() وفي 30 نيسان أكدت الحكومة العراقية للحكومة

البريطانية أنها مستعدة لمنح الآشوريين الحكم الذاتي نفسه الذي كان لهم تحت الحكم التركي قبل الحرب".() وعلى إثر رغبة العراق الشديدة في ضمّ منطقة هكاري اليها، وتعهدها بمنح الآشوريين القاطنين هناك حكماً ذاتياً كما في سابق عهدهم مع العثمانيين، اندفع السير برسي كوكس إلى المطالبة وبشدة بضم هكاري وآشورييها إلى المملكة العراقية، قائلاً أنه يظن أن المنطقة الآشورية سبب إحراج دائم للحكومة التركية ومصدر إحتكاك مع الدول المسيحية. وإن مطالبته بإنضمام تلك المنطقة إلى العراق تمثل الحد الأدنى من مطاليب بريطانيا. كل ذلك كان إلى حين ظهور النفط في كركوك وبالمستوى التجاري!! بعيداً عن هكاري والقسطنطينية وبغداد والإنتداب جغرافياً، ولكن بالقرب منها جميعاً بل في الصميم، في جنيف هذه المرة كان القائدان مالك قمبر وآغا بطرس بالقرب من مقر عصبة الأمم بانتظار القرار الحاسم الذي سوف يصدر في آب 1925 حول مشكلة الموصل ومسألة ضمها إلى العراق أو تركيا. في تلك الأجواء من الترقب وتوتر الأعصاب لدى جميع الأطراف، تلقى مالك قمبر والآغا بطرس رسالة تدعوهما لمقابلة رئيس الوفد البريطاني إلى مؤتمر جنيف السيد جاكسون. تمت المقابلة، أبلغهم بوضوح وترجي ووعدهم وعداً غليظاً بأنهم (بريطانيا العظمى) سوف تمنح الآشوريين الإستقلال الذاتي في حال إصرارهم على طلبهم بضّم لواء الموصل إلى العراق. وبالمقابل وبعد أيام قلائل دعاهم الوفد التركي في جنيف راجياً إياهم سحب مطالبتهم حول الموصل بأن تكون جزءاً من العراق. وأنهم إن قبلوا بذلك سوف يرسلون (آغا وقمبر) إلى أنقرة للقاء الجنرال العظيم مصطفى كمال باشا، مؤسس الجمهورية التركية وهو رجل نبيل إذا وعد نفذ.() لكن الآشوريين حباً بالعراق لأنه يشكل ما تبقى من بلادهم آشور الغابرة، لم تغرِهم وعود تركيا.. وبالمقابل لم ينصفهم العراق الملكي تقديراً لمواقفهم، وإحتراماً للحقائق التاريخية! لم تُجدِهم نفعاً وعود بريطانيا لاحقاً، بريطانيا التي ساندوها في الحروب والمؤتمرات، والتي سلمتهم بأيدي ملك غريب عن العراق، وسلطة أو حكومة فاشية وولي عهد عنصري متهور بشهادة العديد من الباحثين الأكاديميين. وأخيراً وقبيل إنزال العقاب الوحشي بحق الآشوريين بأقل من سنة ناشدوا من خلال وثيقتهم القومية بتاريخ 16/ 6/ 1932 حكومتهم في بغداد والبريطانيين من خلال الإنتداب، بعد ان يئسوا من عدم الإستقرار والإقرار بعراقيتهم وسوء معاملتهم من لدن جميع الأطراف، ناشدوهم:

"1- الإعتراف بالآشوريين شعباً يسكن العراق وليس أقلية عنصرية أو طائفة دينية.
2- وجوب إعادة مقاطعة هكاري إلى العراق ليسكنها أصحابها الآشوريين".()

بإمكان الباحث أن يطلع على بقية بنود الوثيقة القومية الآشورية التي يمكن اعتبارها سبقاً في الدعوة إلى تطبيق النظام الفيدرالي في المملكة العراقية.. يوم لم تكن هذه الفكرة معروفة ليس في العراق فقط بل على النطاق العالمي عموماً!! وبالإمكان ايضاً الوقوف عند الروح الوطنية العالية وحب الوطن وحماية حدوده ووحدته لدى الإنسان الآشوري منذ ذلك الوقت المبكر!، ومن أجل توضيح بعض الأمور فيما يخص المسألة الآشورية في العراق، وتقريبها إلى ذهن الباحث المعاصر، وعموم العراقيين، خدمة لسلامة الوطن وسلامة الشعب لابد من ذكر شيء عن:

أ- **أوضاع الآشوريين الهكاريين قبل نكبة سميل:** بعد أن قامت القوات العثمانية والقبائل الكردية المساندة لها بإكتساح مناطق الآشوريين في جنوب شرق تركيا الحالية (هكاري وما جاورها من الغرب والشمال والجنوب. ونفذت الإبادة الجماعية المسماة Saipa/Sifo بحق الآشوريين والأرمن بشكل كامل (صور من 4 – 8). فكان الموت جماعياً، والهروب جماعياً لمنْ تمكن من الهروب. بعد ذلك نزح أهل مقاطعة دياربكر غرب هكاري إلى شمال سوريا الحالية والجزيرة الفراتية ومن هناك إلى الشام والأردن.. إلخ.. ونزح آخرون إلى منطقة زاخو وما جاورها في العراق الحالي. أما الآشوريون الهكاريون فاتجهوا نحو أورميا / أورمي الواقعة إلى الشرق بالقرب منهم في إيران. ومن منطقة أورمي بعد مقتل الزعيم الروحي للآشوريين البطريرك الشهيد مار بنيامين شمعون على يد الكردي سمكو الشكاكي، وقبل إنتهاء الحرب العالمية الأولى بأشهر قليلة، دخل ما تبقى من المجموعة الهكارية إلى منطقة بعقوبة الواقعة تحت الإحتلال البريطاني [وليس العراق] لأن العراق الحديث نفسه لم يكن قد تأسس، بل إن معظم مناطقه كانت قد تحررت من قبضة العثمانيين وصارت بإمرة الإحتلال البريطاني الذي صنع منها لاحقاً دولة العراق. إنطلاقاً من هذا الواقع الجغرافي والديموغرافي الجليّ للجميع.. فإن جموع الآشوريين من هكاري لم يكونوا وافدين (غير عراقيين) لانهم كالكرد والعرب والأرمن والجركس والتركمان وغيرهم كانوا رعايا عثمانيين ثم تحولوا إلى رعايا (إحتلال) البريطانيين والفرنسيين سواء في العراق أو سوريا. وآشوريو هكاري/ بعقوبة لم يكونوا

كل الآشوريين في المنطقة ـ العراق، سوريا، إيران، لبنان، تركيا.

إن عدم التعامل العلمي والمهني المقصود، مع هذه النقطة الحساسة عرقياً وحضارياً ودينياً، وحتى جغرافياً وسياسياً شكلت النواة الاولى لكافة مصائب الآشوريين في العراق الحالي (وطنهم آشور) وبنفس القدر لمصائب بقية مكونات العراق وللعراق نفسه كوطن وشعب! إذ يلاحظ أن العربي والكردي واليزيدي والتركماني والشركسي الخ.. القاطن في ولاية العراق العثمانية وما جاورها، أصبح مواطناً عراقياً لاحقاً لا لبس في عراقيته وهويته الوطنية العراقية. وكذلك العربي والكردي والتركي والجورجي والهندي والفارسي الوافد أثناء الحرب العالمية الأولى وبعدها بعشرات السنين الى العراق، وهم مئات الآلاف قد أصبحوا عراقيين أقحاح. وكذلك الحال مع جميع الوافدين إلى سوريا وفلسطين ولبنان والأردن.. الخ. خلال تلك الفترة.

أما ذلك القسم الجبلي من الآشوريين الذين تم سحقهم بالجملة وطرد الأحياء منهم من مقاطعة هكاري العثمانية، ومن ثم دخولهم هرباً من محرقة الموت، إلى مقاطعة عثمانية أخرى (العراق) لكونها قد تحررت من قبضة الإحتلال العثماني وصارت في قبضة المحتل البريطاني، داخل وطنهم آشور (بلاد الرافدين) فهم قد أصبحوا من حيث لا يدرون وافدين، دخلاء على العراق، ونازحين ليس لهم حق المواطنة إسوة بأبناء جنسهم الآشوريين الساكنين في ولايات الموصل وبغداد...الخ. وبقية النازحين غير الآشوريين كما ذكرنا أعلاه.

دخلت طلائع الآشوريين الناجين من البطش العثماني/الكردي، ومن ثم الفارسي/ الكردي إلى بلاد الرافدين (آشور) وليس العراق، العراق لم يكن بعد قد أوجد في تلك الأيام. بلغ عدد الداخلين إلى المخيم هناك في بعقوبة خمسون ألف شخصاً، كان (15000) منهم من الأرمن والباقي من الآشوريين من مقاطعة هكاري وأورمي. توفي منهم في بعقوبة أكثر من (7000) إنسان خلال سنة واحدة بسبب الجوع والخوف والمرض والتعب والمشقة أثناء هروبهم من هكاري وصولاً إلى بعقوبة ليعيشوا تحت رحمة المحتل البريطاني. وليستغلهم أبشع استغلال في العراق لغاية 3 أيار عام 1955 يوم إنزال العلم البريطاني في الحبانية وتسريح ما تبقى من جنود قوات الليفي العراقي (1400) رجل من الآشوريين و(400) من الكرد و(400) من العرب. بعد مرور سنة وبضعة أشهر، تفرق آشوريو ذلك المعسكر

(معسكر بعقوبة)، بعد إغلاقه وإقامة حكومة ملكية في بغداد في صيف عام 1921م، وتوزعوا بين المدن العراقية الكبيرة والقرى النائية في شمال العراق على أمل أن تتمكن قياداتهم وبالتعاون مع الحكومة العراقية وسلطة الإحتلال البريطاني الوصول إلى صيغة معقولة بإسكانهم جماعياً وحلّ بعض مشاكلهم الداخلية. ولكن الذي حصل كان العكس تماماً، حيث تدخلت كل من الحكومة العراقية والبريطانيين وبشكل سافر ومعيب في الشؤون الخاصة بالبيت الآشوري ووسعوا رقعة الخلاف بين الكنيسة والقيادات الكلاسيكية للأمة وإستغلوا ذلك بشكل جيد، لتحقيق الغايات للطرفين (لا مجال لذكرها هنا وعن قوات الليفي العراقي تلك، يمكن القول باختصار، بداية قام الضابط البريطاني من الجيش الهندي (Eadie Major) بتجنيد (40) فارساً من أبناء القبائل العربية في منطقة الناصرية عام (1915) وأطلق عليهم تسمية خيالة المنتفك نسبة إلى منطقة المنتفك (جنوب العراق). نمت وتوسعت تلك القوة العشائرية العربية إلى أن وصل تعدادها إلى (6199) رجلاً في تموز 1922. وأطلق على تلك القوة عدة تسميات على مرّ الايام، فكانت خيالة المنتفك في بداية الأمر، ثم الحراس العرب وقوات الشبانة وميليشيا، ومن ثم الليفي العربي، وكانت معظم أماكن خدمتها إلى الجنوب من بغداد. بعد ذلك دخل الكرد الى الليفي (Levies) وسميت في 12/ آب/ 1919 بالليفي العربي والكردي. وبعد ذلك دخل إليها التركمان والآشوريين واليزيدية وغُير إسمها إلى الليفي العراقي (صورة رقم 4)، ذلك في آذار 1921 نتيجة أحد قرارات مؤتمر القاهرة. وتقتضي الإشارة إلى أن مالك خوشابا وآغا بطرس من أبرز زعماء الآشوريين في تلك الفترة كانا يعارضان وبشدة إنتماء الآشوريين إلى تلك القوات.

لقد وردت شهادات تثمين تأريخية بحق الشخصية الآشورية ودورها في الإلتزام وإحترام الواجب، وشعورها الوطني الذي لا غبار عليه، بالإضافة إلى كفاءة وإنضباط الجندي الآشوري في وحدات الليفي. إذ كتب ويكرام: "أيّ ضابط في الجيش الإنكليزي ومن أي رتبة خدم في وحدات المجندين الآشوريين يقسم أنهم يعادلون أي جيش كامل في آسيا". فالآشوريون ومن خلال الليفي العراقي الرسمي قدموا التضحيات الجسام دفاعاً عن الوطن ووحدة أراضيه. إذ قال أحد أحقد الحاقدين على الآشوريين: "وقد أبدى التياريون () في الجيش الليفي خدمات ممتازة في محاربة القوات التركية.. فقدموا بذلك خدمة عظيمة

للحكومة العراقية وهي في أيامها الاولى".0 ان دور الآشوريين من خلال حسم قضية الموصل لصالح العراق كان مهماً بل مهماً جداً من جانبين أو أكثر كما مرّ ذكره. فهم كجيش مقتدر استخدمتهم السلطات البريطانية: "لصد غارات الفصائل التركية في وقت كان الجيش العراقي حديث التكوين". 0ومن الجانب الآخر فهم (الآشوريون) كشعب خاض الحرب الكونية لصالح الحلفاء وقدم التضحيات الجسام، واضطر لترك دياره في هكاري بسبب تلك الحرب، فإن مطالباته المستمرة بضم منطقة هكاري إلى العراق، رغم عدم تحقيق ذلك، كانت قد أثرت "تأثيراً كبيراً على قرار عصبة الأمم النهائي الذي صدر لصالح العراق في قضية الموصل".0

هذا المختصر بل المختصر جداً عن الجيش الليفي المسمى من قبل المتعصبين دينياً وعرقياً من مكونات العراق بالليفي الآشوري! يظهر وبجلاء دور تلكم الرجال في الحفاظ على وحدة الوطن وقدسية ترابه. الوطن الذي كافأهم بالذبح والإبادة الجماعية والإغتصاب بأنواعه وتشويه سمعتهم بإطلاق شتى التهم عليهم وعلى قادتهم المدنيين والروحانيين في غضون بضعة سنين بين ترسيم الحدود مع تركيا عام 1926 وإقامة الإبادة الجماعية في سميل 1933 بحق الآشوريين (صورة رقم 5-7).

مع تشكيل رشيد عالي الكيلاني وزارته ونتيجة المعارضة الشعبية الواسعة لها، أراد تغطية مشاكله مع المعارضة بإيجاد مشكلة أو موضوع آخر في مكان آخر لتوجيه الرأي العام نحوه. إستغل الإعلام العراقي الرسمي والموجه من قبل الحكومة في التمهيد لتنفيذ أبشع مذبحة وإبادة جماعية في تاريخ العراق المعاصر، إذ تم نشر أكثر من (230) مقالة تحريضية، ومهينة للرموز الآشورية ومثيرة للنعرات الدينية العنصرية، ومفسدة للرأي العام ضد الشعب الآشوري، وتطالب بإعلان الجهاد ضد الآشوريين الكفرة. وكان من بين ما نُشر في الصحف العراقية في النصف الأول من شهر تموز 1933، فقط أكثر من (80) مقالاً افتتاحياً يدعو إلى القضاء على الآشوريين وإبادتهم مع زعيمهم مار شمعون. هكذا أصبح الجو محتقناً ومشحوناً بالعداء للآشوريين، جميع الآشوريين المؤيدين لمار شمعون والمختلفين معه والقادمين من منطقة هكاري والساكنين في العراق اصلاً. كما صدرت أوامر بالتطوع وتم توزيع السلاح عليهم. كل ذلك خلال أقل من شهرين قبل المذبحة في آب 1933. وشكرت الحكومة التجار وزعماء بعض العشائر البدوية العربية والكردية على

جهودهم في حماية الوطن من الآشوريين المرتزقة والجواسيس وعملاء الإستعمار والإمبريالية!! إستمر الحال على هذا المنوال إلى أن تقرر رفع الإنتداب عن العراق وقبوله كدولة مستقلة ذات سيادة في عصبة الأمم في 3 تشرين الأول عام 1932 على أن يتقيد ببعض الشروط أمام المجتمع الدولي المتعلقة بالحريات الدينية والمساواة أمام القانون ورعاية الأقليات خصوصاً... ولكن لم يحصل شيء من ذلك طبعاً، على الأقل في ما يتعلق بالآشوريين.

إزاء هذا الوضع المخيف بالنسبة للآشوريين وتسليم رقبتهم لحكومة عربية مسلمة سنية، وتركهم بين جيران أقل ما يقال عنهم أنهم أعداء طبيعيين للآشوريين المسيحيين منذ مئات السنين. تجاوز الآشوريون بعض الخلافات الداخلية، واجتمعوا في مصيف سرّ عمادية/ دهوك في 1932/6/16 وتباحثوا لايجاد وسيلة للتخلص من المخاطر التي حشرتهم فيها بريطانيا، وأصدروا الميثاق القومي الآشوري المتكون من تسعة نقاط فيها تنازلات كبيرة لصالح السلطة الملكية العراقية في بغداد. ومن أهم ما ورد في النقاط التسعة عدا النقطتين الواردتين اعلاه هو :

3- إسكان جميع الآشوريين الموجودين في العراق وخارجه في المناطق دهوك وزاخو والعمادية وعقرة. وتكون دهوك مركز المنطقة يديرها متصرف عربي ويعاونه مستشار بريطاني.

4- أن يمثل الاشوريين نائب في البرلمان.

5- تدريس اللغة الآشورية إلى جانب العربية في مناطق وجود الآشوريين.

6- دعم لجنة إسكان الآشوريين وتسجيل مناطق (أراضي) سكناهم بأسمائهم رسمياً. مع فتح مستشفى وتعيين بعض الإداريين من الآشوريين في مناطق وجودهم.

لقد وصف السيد عبد الغني الملاح هذه المطالب بأنها: "مطالب بسيطة تدل على قلّة الخبرة السياسية". ووصفها غيره بأنها خطيرة تؤدي إلى تقسيم العراق. أما نحن فنقول إنها حقاً مطالب بسيطة لشعب بسيط لا يريد إلا العيش في وطنه بسلام بعد أن شاهد المصائب والويلات بأم عينيه. ولكن هيهات للفاشية أن تنصف الآخر! ولو قُدر للعراق وبريطانيا (القادة طبعاً) آنذاك أن يقبلوا بشروط الآشوريين حتى بعد مناقشتها وتعديلها، لكانوا أنقذوا الوطن من سلسلة الحروب الأهلية والإنقلابات الدموية التي بدأت مع نكبة سميل بحق

العراقيون من الوطن الى المهجر

الآشوريين ولم تنته لحد الساعة!!

تفاجأ الآشوريون برفض تلك المطالب البسيطة من قبل الطرفين العراقي والبريطاني معاً كل لأسبابه الخاصة به، رفضوها من دون النظر فيها أو مناقشتها معهم. فقد قالت بغداد عنها بأنها شروط تعجيزية، وقالت بريطانيا عنها بالإستناد إلى وصية فرانسيس همفريز بأن القبول بها سوف يؤدي إلى زوال السلطة المركزية في بغداد (زوال النفط والإتفاقيات الإستراتيجية). وبالمقابل قال غيرهم بأنها كانت تافهة لشدة بساطتها: على سبيل المثال: "أن يسكنوا بصورة جماعية وليس متفرقة وأن تفتح لهم مدارس تدرس لغتهم بالإضافة إلى العربية، وأن يحكم منطقتهم قائم مقام عربي ومساعد له بريطاني وأن يؤسس من الآشوريين فوج في الجيش العراقي". هذه كانت أتفه المطالب في نظر البعض، وأخطر المطالب من وجهة النظر البريطانية والعراقية. هكذا أصبح الآشوريون الهكاريون بعد أن فقدوا الأمل بحكومتهم دون صديق أو حليف يزيل الخوف والتردد عن نفوسهم!! تم إعتقال البطريرك إيشاي شمعون في بغداد وجرت محاولة إغتياله مسموماً، بعد أن وافق على طلب اللقاء مع الوزير حكمت سليمان والميجور تومبسون خبير التوطين الجديد وذلك في 22 أيار 1933 بسبب إنهيار المحادثات بين الطرفين حول الإسكان، وفي الشمال تمت ملاحقة أنصاره (مؤيديه) بشكل سافر، وفي مدينة الموصل تحديداً حيث الوجود الآشوري الكثيف آنذاك، تصاعدت حملة التضييق عليهم بشكل فضيع ووضعت المراقبة الشديدة على عائلة البطريرك وبعض الوجهاء هناك.

يمكن القول أن كل ذلك الهيجان والتصرف غير المقبول من لدن أية حكومة فتية تريد الإستقرار والخير لشعبها، كان ولا ريب حصيلة تفاعل أو تبلور الفكر القومي العربي المتشدد تجاه كل ما هو غير عربي في البلاد، وذلك التشدد جاء بدرجة أعلى تجاه الآشوريين لأن ساسة بغداد بمعظمهم كانوا قد شربوا كأس الدكتاتورية العثمانية من الناحيتين (الدينية والعرقية) وتكريساً لتفعيل هذا النفس الطائفي والعنصري في آن واحد من أجل القضاء المبرم على كل آشوري في العراق. تم إعلان الجهاد من قبل الحكومة "إذ يتفق خلدون الحصري وستافورد بأن الحكومة أعلنت الجهاد الإسلامي ضد المجتمع الآشوري المسيحي الصغير"() خصوصاً وأن تلك الساسة كانوا تلاميذاً أو أشخاصاً فاعلين إبان السلطة العثمانية قبل سقوطها وقد تشبعوا بالأفكار الطورانية التركية وتمكنوا في بغداد من

تدوير تلك الأفكار لتخدم التعصب الديني والقومي العروبي الحديث، بشكل لا مثيل له، والقائم على أساس إلغاء الجميع أمام الواحد. بمعنى آخر: الإنكار على الآخرين قوميتهم وخصوصيتهم الحضارية، أياً كانت ومهما كانت. ولدينا أمثلة على ذلك:

السيد وزير الداخلية حكمت سليمان الذي كان قد تخرج من جامعة إسطنبول، وأصبح عضواً بارزاً في حزب "تركيا الفتاة"، وهو الأخ غير الشقيق لمحمود شوكت سليمان كان رئيساً لذلك الحزب عندما قاد انقلاباً في 1909 ضد السلطان عبد الحميد، وأجبره على التنازل عن العرش العثماني. وفي موقعه الجديد في بغداد كان يلقّب بالذراع الأتاتوركي الضارب. ولا بد من ذكر زميل حكمت سليمان، الفريق الركن صائب صالح الجبوري رئيس أركان الجيش العراقي، الذي كان قد تخرج من المدارس العسكرية العثمانية، وقد شارك في مطاردة وقمع الآشوريين والأرمن أيام الحرب العالمية الأولى في منطقة أورميا، ونال أوسمة الشرف عن تلك المشاركة، والقومي العنصري رستم حيدر من بعلبك الذي كان فيصل قد أتى به وجعله من أركان حكومته في بغداد، فقد صرح لإحدى الصحف في بغداد أواخر عام 1932: "إن القضاء التام على الأقليات المسيحية والأكراد معاً في لواء الموصل واقعة لا محالة. يجب تضحية الأقليات على مذبح العروبة..."(). أما الباحث حسن العلوي فقد قال عن الساسة العراقيين في تلك الفترة: "لدى ظهور الدكتاتوريات في الثلاثينيات لم يكن واحد من الساسة العراقيين إلا مندهشاً بواحد منها..... دكتاتورية هتلر في ألمانيا، وموسوليني في إيطاليا ورضا بهلوي في إيران وكمال أتاتورك في تركيا.." () ويؤكد المؤرخ العراقي د. كمال مظهر بأن مسألة الفاشية كانت مطروحة وعلى أعلى المستويات في العراق خلال تلك الفترة حيث كان من دعاتها القادة السياسيين والعسكريين في آن واحد. وكانوا لا يترددون من إعلان إعجابهم الشديد بالدكتاتور موسوليني وهتلر وأتاتورك....الخ. وقد استشهد لإسناد رأيه بمقال أوردته جريدة العراق الرسمية في 8 أيار 1933 أي قبل ثلاثة أشهر من تنفيذ نكبة سميل الذي جاء فيه: "نحن بحاجة إلى موسوليني عراقي عربي، وإلى حزب فاشستي عراقي عربي من دمنا ولحمنا... نحن بحاجة إلى هذا المصنع، إلى هذا المعمل الذي يخرج رجالاً كرجال موسوليني... فالقلوب ولهانة إلى رؤية

ذلك اليوم الذي ترى فيه أكثرية مجلسها النيابي من حزبها الفاشستي أصحاب الأقمصة السوداء وعلى رأسه موسوليني عراقي". ()

وعلى الباحث ألا يستغرب عندما يعثر على ملاحظات ومواقف مبطنة صادرة من بعض الكتاب والصحفيين البريطانيين والفرنسيين والألمان وهي تحاول أن تبرر المواقف العنصرية لقادة العراق تجاه مكوناته غير العربية في تلك الحقبة والحقبات اللاحقة. ولسنا نغالي لو قلنا أن بعض من تلك المواقف الشوفينية الدينية والقومية المتطرفة لازالت قائمة لحد الآن، وأن المسيحيين وبضمنهم الآشوريين لازالوا يعانون منها في أوطانهم في العراق وبقية دول الجوار. ومن أمثال أولئك الصحفيين غير الأمناء مع مهنتهم كان إرنست مين البريطاني عندما قال في تبرير إراقة دم الأبرياء في نكبة سميل: "إن إسكان الآشوريين كتلة واحدة وبينهم عشرة آلاف رجل شاكي السلاح مدرب تدريباً عالياً ورئيس روحاني يطالب بسلطة زمنية، فأن الخطوة نحو الإستقلال التام ستكون خطوة قصيرة.." () لكن سرعان ما يقع هذا الصحفي الذي إستخف برسالته الإنسانية، في تناقض واضح وفاضح عندما يعترف ويحمّل حكومته البريطانية كامل تبعات ما لقيه الآشوريون قبل وأثناء وبعد نكبة سميل عندما قال: "إن بريطانيا، وبريطانيا وحدها هي المسؤولة عن المأزق الذي يجد الآشوريون أنفسهم فيه اليوم". ()

ب- الوضع الآشوري أثناء نكبة سميل: على إثر كل ما مرّ باختصار، وخصوصاً إحتجاز البطريرك في بغداد، قام بعض القادة والوجهاء من الآشوريين بعبور نهر دجلة واللجوء إلى سوريا حيث الإنتداب الفرنسي، وكان عددهم لا يزيد عن (1350) رجل مسلح وغير مسلح، وكان على رأسهم مالك ياقو مالك إسماعيل من تياري العليا ومالك لوكو بداوي من تخوما، وعدد قليل من القساوسة. على الضفة الغربية لدجلة (سوريا) قام جيش الإنتداب الفرنسي بتجريدهم من السلاح. بعدها حصلت مداولات عاجلة بشأنهم بين السلطات الفرنسية والبريطانية والجانب العراقي. وتقرر إعادتهم إلى الجانب العراقي من الحدود. وعلى إثر ذلك باشروا بالعودة مرغمين مقهورين. وكانت القوات العراقية من الجيش والشرطة والقوات الشعبية المسلحة من الكرد والعرب في استقبالهم. فحصل صدام مسلح بين الطرفين عند نقطة العبور، سقط عدد من القتلى والجرحى من الطرفين. وغرق عدد من الآشوريين في النهر قبل العبور إلى الضفة الشرقية (العراق).

قتل عدد من الآشوريين وعاد قسم آخر إلى سوريا مرة أخرى. وهرب وانتشر القسم الثالث منهم في الجبال والوديان الممتدة من فيشخابور على دجلة وصولاً إلى جبال العمادية وجبل كارا وجبل بيخير شمال دهوك. كانت الشرطة والميليشيا الكردية تصطادهم كالأرانب في تلك الوديان وهم يبحثون عن مصدر (عين) ماء لأن الصيف هناك كان شديد الحرارة.

لو توقفنا قليلاً عند نقطة حصول مداولات عاجلة بين الأطراف الثلاث وقيام فرنسا بنزع السلاح الشخصي للآشوريين ومن ثم إعادتهم إلى الجانب العراقي في عجالة، ليواجهوا مصيرهم المحتوم على يد جيش وشرطة متخندقة على الضفاف الشرقية لدجلة، ومؤدجلة بشكل كامل حول حتمية نصرة الإسلام والتخلص من تلكم الكفرة الساعين إلى إبادة العرب وتقسيم البلاد! ألا يثير ذلك المزيد من الشّك والعديد من الأسئلة عن الموقف الفرنسي الغريب هذا، الخالي كلياً من الحسّ السياسي والروح الإنسانية التي تميزت بها فرنسا منذ زمن بعيد؟ ذلك الموقف الذي تلخص بعملية تسليم مجموعة بشرية من الناجين من الموت المحتم، إلى جلاديهم ليتم نحرهم بدم بارد في وضح النهار وعلى مرأى ومسمع العالم كله! بالإمكان القول هنا: إن فرنسا وقفت هذا الموقف المعيب للأسباب الآتية:

1- إنتقاماً من الآشوريين أولاً، لأن جميع محاولاتها في إستمالة الآشوريين إلى الكثلكة ووضعهم تحت إمرة آغا بطرس ومالك قمبر الزعيمين الآشوريين الكاثوليكيين، والذين كانت الكنيسة الكلدانية بدورها قد زكتهم مسبقاً لدى السلطات الفرنسية، باءت بالفشل، رغم وعودها بمنح منطقة ماردين والجزيرة الشمالية في سوريا للآشوريين لإقامة دولتهم عليها، وهي في الأصل جزء من البلاد الآشورية وسوف يسكنها شعب آشوري لكي يكون ذلك حصة فرنسا من الآشوريين وبلاد الآشوريين 0 مقابل ما كانت تدعي أن تفعله بريطانيا معهم في العراق. من خلال وعودها المتكررة.

2- إنتقاماً من بريطانيا ثانياً، من خلال إشعال حرب دينية أو طائفية أو عنصرية بين مكونات الشعب في العراق، بحيث تقلق بريطانيا وتجعلها في مأزق وعدم الإمكانية لإدارة البلاد (العراق) التي وضعت تحت إنتدابها رسمياً. وقد تحقق ذلك الى حد ما حيث توالت الإنتفاضات والثورات والإنقلابات في العراق طوال فترة الإنتداب البريطاني عليه.

هذا ما يسمح به الموضوع لأن يتم ذكره هنا، لكنه يكفي لإظهار الوجه الحقيقي لكلا المستعمرين البريطاني والفرنسي للمنطقة، ويظهر أسلوب تعاملهم مع قوانين عصبة الأمم

بخصوص الأقليات القومية والدينية وكيفية وجوب رعايتها وحمايتها بصورة مرضية وإنسانية وحضارية!

وبالعودة إلى موقع المعركة غير المتكافئة بين آشوريين عزل وهم يعبرون نهر دجلة إلى الضفة الشرقية حيث تواجد الجيش والشرطة والقوة الجوية والجواسيس والعملاء المأجورين..... بانتظارهم. بعد إنتهاء المعركة في ديرابون شرق دجلة، بتصفية كل من وقع بأيدي الجيش العراقي وشرطته وميليشياته، هذا الجيش العقائدي وغير الوطني، كان ضباطه وعموم أفراده يكرهون الآشوريين ويسعون إلى إبادتهم، وبالأخص: "بكر صدقي" الذي كانت المنطقة الشمالية تحت إمرته، لقد كان يصرح علناً بما سوف يفعله بالآشوريين حين تتاح له الفرصة. أوصى المسؤولون والإستشاريون البريطانيون مراراً وتكراراً بنقل هذا الضابط. وفعلاً تعهد الملك فيصل في شهر أيار بأن هذه التوصية سيتم العمل بها فوراً. لكن على الرغم من ذلك، بقى بكر صدقي، وترافقت معه النتائج المأساوية".(.) وعند عودة الجيش من منطقة ديرآبون وبطريقة مدبر لها مسبقا دخلت سرية الرشاشات بلدة سميل إلى الغرب من دهوك حيث الوجود الآشوري الكثير بسبب إخلاء قراهم المحيطة بسميل بعد أن بثت أبواق السلطة خبراً مفاده بأن كل من يكون تحت راية العراق في مركز شرطة سميل فهو آمن. لكن حقيقة الأمر كانت عكس ذلك فهي مؤامرة طبقت من أجل جمعهم هناك لنزع سلاحهم الشخصي للفتك بهم بسهولة ويسر. وهو الذي حصل فعلاً. ففي صبيحة 11/آب/1933 كان يسكن في سميل أكثر من مائة عائلة آشورية وعشرة عوائل من العرب ولم يكن فيها من الأكراد ما يذكر، بالإضافة إلى عدة مئات من الآشوريين من سكنة القرى المحيطة كما مرّ أعلاه. وقد غادر العرب البلدة عشية ذلك اليوم وكأنهم كانوا على علم بما سيحدث في الصباح. بعد أن دخل الضابط الموصلي إسماعيل عباوي توحله آمر سرية الرشاشات القتالية مع مقاتليه، فتكوا بالاشوريين "من خلال مجزرة وحشية.. كانت والحق يقال جريمة نكراء مقرونة بالغدر الاسود والقسوة العمياء وسوف تبقى واحدة من أشنع أحداث الشرق الأوسط الدامية".(.) وبعد أن قضوا على كل شيء.. غادروا البلدة بفخر وليس بحياء لما اقترفوه بحق اناس (عوائل) عُزَّلْ. وعادوا في اليوم الثاني لجمع الجثث من الطرقات والبيوت والأكواخ والمخابئ ورميها في أخدود قريب قليل العمق تفادياً لإنتشار الأوبئة والأمراض لأن الجو كان شديد الحرارة يساعد على

التفسخ السريع. حسب تقرير وزير الداخلية العراقي حكمت سليمان في 22/آب/1933 مستنداً على تقرير عريف الشرطة في سميل تم دفن (305) جثة للذكور وأربع نساء وستة أطفال. والسؤال هنا: ماذا جرى للنساء والأطفال في هذه النكبة حيث أن عددهم كان يفوق الذكور بكثير؟ لأن العديد من الرجال كانوا قد اختفوا في أماكن خارج سميل. مع دخول سرية إسماعيل عباوي الدموية إلى سميل بقمصانهم الزرقاء الغامقة، خيّم الرعب على السكان. قامت بتطويق مركز الشرطة أولاً حيث تواجد الكثير من الآشوريين حوله في أمل أن تصان حرمة علم الوطن من قبل أفراد الجيش الذي كان هدفه الفتك بأبناء شعبه! سارت عملية الذبح حسب المنهج المخطط، لأن سلاح الآشوريين في سميل كان قد نزع عنهم بحجة أنهم تحت راية العراق المرفوعة على بناية المركز ولا خوف عليهم:-

"1- في البداية كان الإعدام من نصيب الرجال البالغين.

2- ذبح كل الذكور الذين في سنّ العاشرة وما فوق.

3- تفتيش البيوت والأكواخ بهمجية ووحشية وسوق الرجال الذين يعثر عليهم الى ساحة الإعدام لتصفيتهم جسدياً.

4- أي معارضة من لدن النسوة كان جزاءها القتل الفوري بعد الإغتصاب.

5- جميع الآشوريين كانوا هدفاً للقتل والتصفية دون التمييز بين المؤيد للبطريرك والمعارض له" () ناهيك عن السلب والنهب وحرق البيوت والمزارع في سميل ومعظم القرى الآشورية.

والدليل الدامغ على تطبيق منهج القتل هذا بحق كافة الآشوريين، كان ما جرى في دار الشماس كوريال البازي في سميل - حسب الفقرة الخامسة من فقرات المنهج أعلاه - ()

وفي خضم ممارسة العنف وإستجابة لغريزة الإنتقام التي تزرع في النفوس البريئة لغايات راديكالية دنيئة "قاموا بتعذيب القساوسة وذبحهم كالنعاج والتمثيل بجثثهم. والذين أظهروا جنسيتهم العراقية كانوا أول من تم قتلهم. وإغتصبت النساء والفتيات وقامت العجلات العسكرية بدهس الاطفال. وطعنت النساء الحوامل. وفي القرى خارج سميل كان الآشوريون يتعرضون لغارات في الليل والنهار وإلى أعمال عنف متنوعة وذلك لإجبارهم على إعتناق الاسلام. ومًن رفض منهم فكان مصيره الموت". () وحسب السيد عوديشو يوسف من برزانا (قرية قرب سرسبيذون إلى الشرق منها) في تياري العليا ومن المشاركين

في أحداث نكبة سميل. تبين "أن مجموع القتلى في بلدة سميل تجاوز (750) قتيل وكانت حصة عشيرة باز في عدد الضحايا هي الأكبر حيث تم تصفية (95) بازياً في سميل ذاتها".()، إن عمليات الملاحقة والقتل والتصفية والإغتيال وخطف النساء والأطفال وإجبارهم على دخول الإسلام، بالإضافة إلى أخذ الأولاد والبنات أسرى ونقلهم إلى مناطق بعيدة وحتى إلى ما وراء الحدود العراقية وبيعهم هناك بصفة عبيد، قد استمرت لأكثر من ثلاثة أشهر.

بعد النكبة: أما الآشوريون الذين سلموا من هذه أو تلك الممارسات اللاإنسانية فقد تم جمعهم من مناطق مختلفة في أقضية دهوك والعمادية وزاخو وعقرة وهم في حالات المرض والجوع والخوف والرعب، ومن ثم نقلوا إلى مخيم يفتقر إلى كل ما يلزم البشر للعيش فيه، خصوصاً في شهر آب حيث يلتهب جو الموصل من الحرّ والجفاف. المخيم كان قرب محطة قطار الموصل، ومن هناك تم نقلهم على وجبات بالسيارات الى سوريا، رافقت عملية النقل معاملة خشنة وظروف قاسية. وكمثال حي لأسلوب النقل ومعاملة هؤلاء المسفرّين (المبعدين عن العراق) نشرت جريدة فتى العراق، العدد 55، السبت 8/ ايلول/ 1934 مقالاً أو خبراً بعنوان (الآشوريون في سوريا) جاء فيه: "..... فوجئنا بقدوم ستة وعشرين سيارة واسعة وكبيرة تحمل 526 شخصاً من الآثوريين... والغريب أن العوام من أهالي دير الزور عند دخول السيارات البلدة ووصولها إلى الساحة التي يجتمع فيها عوام الناس إندهشوا من ذلك المنظر الغريب، فظنوا القادمين من يهود فلسطين الصهيونيين لذلك أخذوا يقذفونهم بالحجارة وغير ذلك مما وجد في تلك الساحة مع ولولة الصبية الصغار، فكسروا زجاج بعض السيارات. ولما علموا أنهم من الآثوريين النازحين من العراق إزداد غضبهم عليهم وودعوهم بخير ما يكرّم به مثل هؤلاء الضيوف". () إن ما أوردته هذه الجريدة غيض من فيض. والمهم في الأمر أنه في 31 آب عام 1938 وصل إجمالي الآشوريين المهجرين عن العراق والمستقرين على ضفاف الخابور السوري في (16) قرية أو مجمع إلى (8838) نسمة.()، وأخيراً لا بد من القول بأن إجمالي عدد القتلى في هذه المجزرة تراوح ما بين (5000-6000) إنسان معظمهم نساء وأطفال والعجزة بسبب العمر والعلل الجسدية وحتى رجال الدين حيث تم قتل 16 كاهناً بين دهوك وديرابون وأبيحت حرمة (65-95) قرية وتم تدميرها وحرقها وقتل أهاليها ونهب ممتلكاتهم، بالإضافة إلى الآشوريين القاطنين

في بلدة سميل ومدن دهوك/ زاخو/ عمادية/ عقرة/ قضاء شيخان/ وسهل نينوى.. الخ، فكان لهم ذات المصير!، وبعد إفتضاح أمر المجزرة صار الإعلام العراقي الرسمي يبث أنباء وعلى مختلف المستويات تفيد بأن قتل المدنيين وسلب الممتلكات وحرق المساكن كان من عمل الأكراد والعرب وليس من قبل الجيش العراقي الحريص على أمن وسلامة المواطنين. ولتحقيق ذلك طلبت السلطات في الموصل إلى القس يوسف قليتا والقس كينا البازي إضافة إلى مالك خمو عقد لقاءات مع النساء والأطفال الناجين من المذبحة. كان الغرض من ذلك محاولة إقناع النسوة الناجيات للقول (التصريح) بأن الذين نفذوا تلك الفضائع بحق الآشوريين لم يكونوا ضباطاً أو جنوداً نظاميين، بل كانوا مجاميع السلب والنهب من الأكراد والعرب، وأن الجيش دخل بلدة سميل لحماية الآشوريين. ()

وحول موقف معظم آغاوات الكرد (ليس رجال الدين منهم والكرد المنخرطين في الميليشيات مع السلطة) تجاه الآشوريين في نكبة سميل يمكن القول: إنهم لم يتعرضوا للقرويين الآشوريين، بل إن بعضهم قام بحمايتهم خلال تلك المأساة، كما إن عموم أكراد أربيل لم يتعرضوا للآشوريين بسوء. أما بالنسبة للعرب عموماً وعشائر الشمّر تحديداً فهم هبوا إلى السلب والنهب وحرق القرى الآشورية الواقعة إلى جنوب دهوك. حتى وصلوا إلى قرى منطقة القوش، وانضم إليهم رجال قبيلة طّي والأكراد واليزيدية. وكان تصرف اليزيدية معيباً إذ أنهم سبق وأن عاشوا طويلاً مع الآشوريين في قرى واحدة بانسجام ووئام.. وقد كتب المبشر الأمريكي كمبر لاند عن السرقة والنهب الذي تعرض له الآشوريون: "إن السرقة والنهب إجمالاً قام بهما الكرد والبدو العرب، في حين قام الجيش العراقي بأغلب حوادث القتل والإبادة". ()

وفي الختام فإن كل ذلك القتل والخوف والذل والمعاناة الجسدية والنفسية بالنسبة لمن بقي على قيد الحياة، كان كفيلاً بخلق شعور جديد لدى عموم الآشوريين شعباً وقيادات منذ ذلك الوقت وإلى الآن، حول مجمل المسائل السياسية التي أحاطت بهم. "كما فتح الآشوريون عقب تلك المذابح أعينهم على خيانة بريطانيا لهم وتضحيتها بهم على مذبح المصالح الإقتصادية والإستراتيجية". ()

المقالة الثانية

عشرون عاما من تلاشي الآمال الآشورية في العراق ما بعد 2003

بقلم: الدكتور عوديشو ملكو آشيثا

قبل عشرون سنة وفي أوائل نيسان - شهر الأعياد والخير والعطاء، شهر عشتار وتموز ونوروز - حدث ما حدث في ما كان بقي من بلاد الله - بلاد الرافدين، عراق اليوم. كان كل الشعب المسيحي، الآشوري وغير الآشوري بجميع أطيافه يرجو خيراً، مؤملا نفسه بأن أحلامه وأحلام أبناء وطنه سوف تترجم إلى حقيقة واقعة.

الأحلام الآشورية كانت، كالمعتاد، متواضعة في طبيعتها بالمقارنة مع ما يمليه المناخ الإنساني والبشري الحالي. بسيطة في تحقيقها عند توفر النيّة الصادقة، بعد معاناة وحروب وحصارات طويلة وثقيلة على صدور أبناء العراق عموماً. كانت تلك الأحلام والآمال تنحصر في ثلاث (الديمقراطية في البلاد، العدالة والمساواة في الحقوق والواجبات، بالإضافة الى الحريات الفردية). هذا ما كان ينتظره الآشوريون ومكونات صغيرة أخرى في العراق، وهو على جانب كبير من الحق والمنطق لمجاميع عانت من نظام شمولي الكثير والكثير. أما في الجانب الآخر، فإن المخطط لم يكن يسير بهذا الإتجاه إطلاقاً، ولم يقف عنده الكبار (في العراق وخارجه) ولو خلال فترة إستراحة المحارب - الأشجار تعرف من ثمارها - فان ثمار أفعال، ونتائج عملية إسقاط النظام في نيسان 2003 والإتيان بنظام آخر مخالف ومغاير له بالكامل، أثبتت وجود مخططات مسبقة حول كيفية التعامل مع الآخر (المكونات المسيحية)، وأثبتت أيضاً أن قوات الإحتلال كانت قد باركت للكبار مخططهم حول العراق ومستقبله المنظور على الأقل، إذ وردت تسريبات خطيرة عن مسؤولين أمريكيين ذوي شأن في كل ما جرى في العراق بعد 2003. مفادها بأن لم يكن لديهم أو لم يخطر ببالهم أي تصور حول كيفية التعامل مع الآشوريين والمسيحيين، وحتى مع بقية المكونات الصغيرة في العراق، في حال تدهور الأوضاع الإنسانية ومصادرة الحقوق والحريات الشخصية والدينية وحتى القومية والحضارية لهذه المجاميع، مع أن هذه المكونات كانت ولا زالت مهمة بل مهمة جداً في الحفاظ على وحدة العراق وشدّ لحمته والسير به نحو الأفضل من نواح عديدة، كالثقافية والحضارية، وخاصية الإخلاص للوطن

والتفاني من أجله، والعمل لتحقيق النهضة العلمية لأبنائه. أزاء هذه الحالة غير المتوقعة من قبل المسيحيين الآشوريين على الأقل، فإن صدمتهم كانت كبيرة بل كبيرة جداً! ثم تم إفتتاح مسرح المعاناة في فترة قصيرة بل خلال الأشهر الأولى بعد تغيير النظام وإعلان فرض الإحتلال على العراق رسمياً. فانطلقت الممارسات الإستبدادبة تجاه الآشوريين والمسيحيين عموماً وصارت محاربتهم وإبتزازهم وخطف وقتل شبابهم من الذكور والإناث من المسلّمات اليومية، ترافقها تهم وأباطيل شتى لا يقبلها كل من في نفسه بذرة من الإنسانية ومثقال حبة من الوطنية. منها:-

1-كون الآشوريين والمسيحيين العراقيين من أتباع النظام السابق، وعملاء للأجنبي المحتل لأنهم على دينه!!

2- كون جميع المسيحيين من أهل الذمة فعليهم إما دخول الإسلام أو دفع الجزية أو ترك بلاد المسلمين فوراً.

3- كون أموال ومقتنيات المسيحيين حلال للحكام الجدد ومن يجول في حاشيتهم، وذلك بموجب فتاوى أو تعليمات أقل ما يقال عنها انها جاءت كغطاء لممارسة السلب والنهب وتشريد الآشوريين وجميع المسيحيين من العراق ومن المنطقة وديار الإسلام ان أمكن.

4 - إبعاد الآشوريين عن الوظائف والمراكز المرموقة في هياكل الدولة والإستغناء عنهم بكل الوسائل.

5- حرمان الآشوريين من ممارسة أعمال التجارة والصناعة والتسهيلات المصرفية التي هي العمود الفقري لإقتصاد أي بلد أو مجتمع، وحصرها بأيدي مجموعات نخبوية محددة لا يجوز ولا يمكن محاكاتها أو التعامل والعمل معها.

6 - حصر الإنخراط في مجال البحث العلمي والدراسات العليا بيد مجموعات محددة وحرمان المسيحيين الآشوريين من أي فرصة تؤدي إلى تطورهم علمياً.

7 - إن ممارسة الضغط على الآشوريين وباقي المسيحيين وخلق الإتهامات ضدهم، صار بعد 2003 من أبسط الامور لتحقيق الغايات في الإستيلاء على أملاكهم وبيوت سكناهم، بعد أن ترك الكثير منهم الوطن خوفاً على سلامة حياتهم وسلامة وسمعة أفراد عوائلهم. ومن ثم إنطلقت عمليات تزوير الأوراق الرسمية في دوائر العقارات لصالح الأقوياء وأحياناً حتى العصابات. هذا بالإضافة إلى غلق أو حرق محلاتهم ومصادر رزقهم لمنعهم من

مزاولة أعمالهم، كالفنادق ومحلات ومخازن بيع المشروبات الروحية بالجملة والمفرد بحجة مخالفة هذه الأعمال للشريعة الإسلامية التي سنّها الدستور العراقي الجديد الذي صاغه الكبار بالتعاون مع المحتل. ومن ناقلة القول أن تصنيع وإستيراد المشروبات الروحية لم تمنعه السلطات بل سحبت يد المسيحيين واليزيدية منه، وصارت جهات أخرى تقوم بإستيراده وتوزيعه لكي تستفيد هي من واردات هذه الأنشطة، فالمشروب مازال يضخ إلى الاسواق العراقية من الشمال إلى الجنوب، وهو متوفر أكثر من ذي قبل!

8 ـ تكريساً لما ورد أعلاه وإمعاناً في التصفيات الجسدية، وسحقاً لذات الانسان الآشوري والمسيحي في العراق وجعله يفقد الأمل كلياً بإمكانية البقاء والعيش في وطنه بأمن وسلام، تم تطبيق خطة جهنمية لم يفعلها فاعل من المتسلطين الطغاة طيلة التاريخ الإسلامي في المنطقة، وهي اللجوء إلى تفجير الكنائس ودور العبادة، حيث تم الهدم والتفجير والإعتداء على (114) كنيسة ودير وكاتدرائية ومطرانية ودور الأيتام للفترة بين (2003-2014). كما أعدم أو تم إغتيال (14) رجل دين بين مطران وقس وراهب وشماس، بالإضافة الى قتل وتغييب (1107) شخص مسيحي وآشوري للفترة ذاتها.[1] كل هذا شاهدته عيون وسمعته آذان الإحتلال الامريكي!!

9 ـ ولي أنا كاتب هذا المقال المتواضع تجربة شخصية في مجال الترهيب والإختطاف حيث تم إختطاف إبني الوحيد من أمام داري في منطقة الدورة ـ بغداد في أواخر (2005) ولم أتمكن من إطلاقه من قبضة الإرهاب والظلم إلا بعد ثلاثة أيام بعد أن أرغمت على دفع فدية مقدارها (35000) دولار أمريكي مع سيارته الشخصية نوع مرسيدس، لأنه كان في المرحلة الجامعية. وقد ظل إبني يعاني من ذلك الكابوس، حتى بعد أن تركنا بغداد وتوجهنا إلى دهوك في أقصى الشمال، تاركين مصالحنا وأملاكنا إلى المصير المجهول. وفي دهوك أعاد الكرة والتحق بالجامعة وتخرج بعد أربع سنوات وتزوج، وإذا بدخول داعش إلى العراق. ولما كان كابوس الإختطاف والتعذيب يدور في رأسه! فقد قرر الهجرة بمعية زوجته وطفليه في أواخر 2014.

---

[1] الجمعية العراقية لحقوق الانسان في الولايات المتحدة الامريكية، والمجلس الشعبي الكلداني السرياني الآشوري، ضحايا الارهاب من المسيحيين في العراق من (2003 ـ 2014)، اربيل 20015، ص 8-52
Christian Victims of Terrorism, Chaldeans Syriacs Assyrians and Armenians of Iraq from 2003 through 2014

كما أود أن أذكر للسامع والقارئ حالة أخرى أكثر مأساوية حصلت في مدينة البصرة مع عائلة من أقاربي. إذ تم قتل أو تصفية فتاتين أختين من تلك العائلة في صبيحة أحد الأيام وهن في طريقهن إلى محل عملهن، علماً أن هذه العائلة المفجوعة أصولها من سهل نينوى وكانت قد غادرت إلى البصرة منذ عقدين أو أكثر بسبب القلاقل والصراعات في هذه المنطقة. وبعد أن إستقرت هناك، دخل أولادها المدارس، وبعد تخرجهم صاروا يعملون من أجل كسب قوتهم الكريم، غير متوقعين أن تحل بهم المصيبة هناك في البصرة أيضاً. بعد ذلك هاجرت هذه العائلة تاركة مقابر الفتاتين في سهل نينوى، وصفى بهم الدهر في أستراليا وهم الآن يتقززون من سماع أي شيء عن (أرض، وطن) إسمه العراق.

إن مثل هذه الحالات قد تكررت قبل فترة داعش وأثنائها وبعدها مع عشرات الآلاف من الشباب والشابات الآشوريين والمسيحيين. ناهيك عمن فقدوا حياتهم بعد الخطف أو القتل في الطرقات ومحلات العمل. وهناك الكثير ممن دفع الفدية مرغماً، ولكن مع ذلك تم قتلهم أو طردهم بعد مصادرة أملاكهم، لكونهم مسيحيين كفرة من وجهة نظر المتطرفين المتمكنين من أمور العراق وأمنه. بسبب هذه الأحداث والقتولات والممارسات العنصرية (الدينية والقومية والحضارية) بحق كافة المسيحيين العراقيين التي ذكرنا قلة قليلة منها، وبسبب إستمرار الوضع على ذات الحال منذ عقدين من الزمن - والعقدين من السنين في القرن الحادي والعشرين، تعادل قرنين من أيام ما قبل الحرب العالمية الأولى - فإن مثل هذه المعاناة لا يمكن أن يصبر عليها حتى من كان قلبه من الحديد أو الفولاذ. وما توّج هذه المآسي، وبثّ روح الفرقة والشقاق بين صفوف الشعب الآشوري المغلوب على أمره، هو تأجيج نار الإنقسام والتشظي من خلال الترويج للمذهبيات والدعوات الطائفية من قبل بعض المراتب الكنسية العليا بعد أن تم إغوائهم بإمتيازات غير كنسية! بالإضافة إلى تهافت الكبار في الإدارة والنفوذ للإستحواذ على بيوتات وجماعات صغيرة تهوى الإنتفاع والتعالي على رقاب أخوتهم من الآشوريين وأتباع الكنائس المتعددة المنكوبين أصلاً. بعد أن حطم (الكبار) بمعية سلطات الإحتلال الشعور الوطني في ذات الإنسان العراقي بكليته. وجعلوا من جغرافية الوطن الواحد أوصالاً ومقاطعات سياسية أو مذهبية أو قبلية أو عرقية، تضيع بين ممارسات ميليشياتها النخب الوطنية المحبة للسلم والحريصة على وحدة الوطن وعراقة حضارته. تأسست بعد عام 2003 العديد من الأحزاب بين صفوف المسيحيين بأنواعهم

(مذهبياً) في الوطن والمهجر، ظلت تمارس أعمالها وتتدخل في الشأن السياسي للآشوريين والمسيحيين عموماً لكون بعضها مدعوم من الرئاسات الكنسية (حزب مذهبي يتسمى بإسم مذهب أو كنيسة) وأخرى مدعومة علناً من جهات سياسية كبيرة غير مسيحية أو آشورية. والصنف الثالث يتلقى الدعم الكنسي والسياسي (غير آشوري وغير مسيحي) في آن واحد. وهذا أيضاً أدى إلى إحباط شديد في نفوس الشعب الآشوري، إضافة إلى همومه ومصائبه الجسيمة، المذكور قسم منها باختصار في هذه الدراسة. هذا بدوره أدى إلى فقدان الأمل وتبخر الحلم كلياً في الوصول إلى حياة كريمة آمنة، تحت راية الديموقراطية والحرية والسلام. من هنا لم يبق أمام كل من له نفس في الحياة ويخطط للمستقبل من الشباب إلا أن يتحزم ويسلك طريق الإغتراب، وهذا بدوره أدى إلى تناقص عدد المسيحيين في العراق إلى مستويات مخيفة بل مخيفة جداً لمن يؤمن بالإنسانية كمبدأ والمساواة كهدف والعدالة في العيش المحترم كغاية.

وعند الوقوف أمام مسألة العدد الحالي/ 2023 للمسيحيين في العراق يبدأ مجال الإجتهاد وتشعب الأجوبة إنطلاقاً من الميول والأهواء ويأتي ذلك لأسباب وجيهة لدى كل من يعنيه الأمر. فالجهات الرسمية في الدولة لم ولن تعلن يوماً عن العدد الحقيقي للآشوريين وعموم المسيحيين في هذا البلد (العراق). والجانب المسيحي (أعني الرئاسات الكنسية) هي الأخرى لا يستهويها الموضوع ولا تبوح بما لديها من الأرقام. وهذا لسببين: إما خوفاً من العواقب كالرغبة في عدم تحسيس المحيط بنمو عدد المسيحيين مما يثير الحفيظة لديه، أو بسبب عدم إمكانية الكنائس نفسها من الوقوف على الأرقام الحقيقية لأتباعها. وغالباً ما يتم إستغلال حتى هذه الإشكالية، عندما تنطرح المسألة الآشورية والمسيحية بكلتا صيغتيها الحضارية/ الثقافية، القومية/ العرقية. إذ سرعان ما يأتي الجواب من الجهات القائمة على زمام الأمور على سبيل المثال بأن هذا الموضوع لا يستوجب النقاش أصلاً، فالمسيحيون الآشوريون هم من القلّة في العدد والتأثير في المحيط إلى درجة لا يعقل معها القيام بشيء يخدم أو يميز أو يراعي هذا المكّون الصغير. فهم مجرد أفراد عراقيون لهم الحق في العيش والعمل وممارسة طقوسهم الدينية في العراق العربي والكردي المسلم بكامل الحرية!! نعم هكذا يتم ببساطة تقزيم المسألة وإذلال وإهانة المعنيين بها من قبل أصحاب القرار! لأن هؤلاء (أصحاب القرار)! لا يرون إلا النتائج، ولا يتعاملون إلا مع الوضع والدرك والكم (العدد)

الذي وصل إليه المسيحيون الآشوريون تحت شعارات الحرية والديموقراطية التي جلبها لهم المحتل بعد 2003. ولا يرغبون أو يجهدون أنفسهم بمعرفة الحقيقة القائلة بأن لكل نتيجة هناك أسباب هامة بل هامة جداً. نعم لا يتطرقون إلى الأسباب لأنهم هم كانوا السبب في إيصال الوضع المسيحي الآشوري في وطنه بلاد الرافدين إلى هذه النتيجة المأساوية من حيث نقصان عددهم، وإستمرار الهجرة والتشرد في جميع بقاع العالم، وما لحق بهم من تفكك إجتماعي وضرر إقتصادي وثقافي وإنحطاط نفسي مخيف إلى درجة فقدان الأمل في الحياة. والحق يقال أن الوضع الآشوري المأساوي يكاد أن يصل إلى درجة الإبادة الجماعية من عدة أوجه أو نقاط مثل:-

1- القتل المستمر منذ عام 1933 ولغاية اليوم (قتل أفراد مجموعة محددة).
2- تسبب ضرر جسماني أو عقلي (نفسي) لأفراد مجموعة محددة.
3- توجيه ضربة متعمدة على مسببات الحياة للمجموعة بحيث تؤدي إلى تدمير هيكل (وجود) المجموعة كلياً أو جزئياً. (هذا ما حصل تماماً) بعد 2003.
4- الهجرة أو التهجير إذا ما تسبب بعدم / تأخير الزواج والإنجاب بين أفراد المجموعة.
5- النقل القسري لأبناء المجموعة إلى مجموعة أخرى أو مكان آخر.

هذه النقاط وغيرها التي إعتمدتها الأمم المتحدة لتحديد معالم الإبادة الجماعية، في عالمنا المعاصر جميعها قد تحققت مع الآشوريين والمسيحيين العراقيين خلال الفترة ما بعد 2003. عليه فإن الآشوريين وعموم المسيحيين يسألون أين وضعهم من هذا كله، يا قادة العراق الجديد، ويا أركان الإحتلال الهدام لبلد الحضارة والبناء. ولسان حالهم يقول متى يتم الإقرار بأن الإنسان الآشوري المسيحي عاش في بلده منذ 1933 ولحد الساعة تحت وضع وممارسات الإبادة الجماعية من قبل (الأنظمة المتعاقبة)!

تصاوير الفصل الرابع / الجزء الأول

صورة رقم 1 / تاريخ الآشوريين في العراق

صورة رقم 2 / آشوريون في أورميا، أواخر القرن التاسع عشر

صورة رقم 3 / آشوريون في سوريا ينزحون إلى قرية على ضفاف الخابور

صورة رقم 4- الجيش الليفي العراقي

صورة رقم 5 / في يوم السابع من أغسطس عام 1933 قامت حكومة رشيد عالي الكيلاني بتنفيذ مذبحة بحق أبناء الأقلية الآشورية في شمال العراق، عُرفت تلك المذبحة بإسم مذبحة سميل وكانت عبارة عن عمليات تصفية منظمة للآشوريين

صورة رقم 6/ مذبحة سميل

صورة7 / مجزرة سميل 1933 التي راح ضحيتها أكثر من 5000 شهيد وتدمير عشرات القرى الآشورية وتشريد عشرات الآلاف منهم

الجزء الثاني

الآشوريون والمسيحيون في الوطن – العراق - واغترابهم

مقالات كتبت عن الموضوع – (1-7)

يقول "السيد المسيح عليه السلام: كل بيت ينقسم على نفسه يسقط. الهجرة بمفهومها العام هي هروب من واقع يُشَكِلُ عِبئاً على صاحبه. إن هجرة الإنسان من المكان الجغرافي الذي وُلد فيه كانت معروفة منذ أقدم العصور التي وعى فيها البشر على الوجود قبل آلاف السنين. لم يتوصل العلماء بعد بصورة قاطعة إلى الموطن الأول للإنسان، لكن الباحثين والعلماء والإختصاصيين يقولون إن حركة الهجرة بدأت منذ أقدم العصور إلى أن وصل الإنسان إلى كل القارات المعروفة اليوم. ولا زالت هذه الظاهرة موجودة وخاصةً بعد تطور وسائل النقل تكنلوجياً وقطع المسافات الجغرافية عبر القارة الواحدة أو بين القارات بمدد زمنية كانت خيالاً وحلماً للإنسان في السابق!.(1)

مسيحيو العراق عبر التاريخ: كان المسيحيون يعيشون في المنطقة العربية قبل ظهور الإسلام، حيث ولد السيد المسيح عليه السلام في بيت لحم، وبميلاده إبتدأ التقويم الميلادي، ومن المنطقة إنتشرت المسيحية إلى أصقاع المعمورة. وقد ظلّ الوجود المسيحي مواكباً للوجود الإسلامي بعد مجيء الإسلام، حيث شعر المسيحيون أن المسلمين يمكن أن يكونوا معينين لهم من الإضطهاد الروماني، قبل أن تتنصّر الإمبراطورية الرومانية، وبعد تنصّرها إضطهدت من لم تتمكن من إلحاقه بخدمتها. إذن، ليس المسيحيون العرب أغراباً، بل هم أبناء هذه المنطقة، قبل وبعد مجيء الإسلام إليها، لأنهم في بلادهم، وقد إشتركوا مع المسلمين في تاريخها وأسهموا بقسطهم الوافر في حضارتها دون إنقطاع، فقد كانوا منذ بدء الدعوة والحضور الإسلامي، ولا يزالون إلى اليوم، جزءًا فاعلاً في النسيج الإجتماعي العربي، على الرغم مما تعرّضوا له تاريخياً من أذى وما لحق بهم من غبن. لكن ما يقع عليهم هذه الأيام، فاق كلّ الاضطهاد الذي واجهوه سابقاً، فوجدوا أنفسهم بعد قرون من العيش المشترك والتفاعل الحضاري والتواصل الثقافي، حتى وإن كان بمنغّصات وشعور بالتمييز أحياناً، وجدوا أنفسهم على حين غرّة وكأنهم طارئون أو ضيوف غير مرحّب بهم أو حتى غير مرغوب في وجودهم. (7) منذ فجر المسيحية، ظلت كنائس

المسيحيين وأديرتهم في النجف وكربلاء (صورة رقم 1) وتكريت (صورة رقم 2) ونينوى وأربيل والبصرة، شاهد إثبات على أنهم ملح الأرض، حيث يعود تاريخ كثير منها لألفي عام، يوم كانت "الحيرة" اللصيقة بالكوفة عاصمة مسيحية قبل الكوفة والبصرة. بقي وضع المسيحيين ميسراً في العراق، ولم يتأثر في العهدين الملكي والجمهوري (1921-2003)، بل حافظوا على مكانتهم كمكون وطائفة شريكة وأساسية في البلاد، وكان لهم حق التصرف بممتلكات الكنيسة باستقلالية تامة، مع إمتياز إرتباطهم دينياً بالفاتيكان كمرجعية عقائدية، كون أغلبهم يوالونه روحياً وينتمون إلى مرجعيته دينياً.

بعد الغزو الأميركي للعراق، حظى المسيحيون أيضاً بحماية دستورية عند كتابة الدستور الجديد في عام 2005 حيث أكدت ثلاث مواد دستورية وجودهم ككيان مكون للمجتمع، ونصت المادة (14) من الدستور على أن "العراقيون متساوون أمام القانون من دون تمييز بسبب الدين أو الجنس أو العرق أو القومية أو الأصل أو اللون أو المذهب أو المعتقد أو الرأي أو الوضع الإقتصادي أو الإجتماعي". كما نصت المادة (41) على أن "العراقيون أحرار في الإلتزام بأحوالهم الشخصية، بحسب دياناتهم أو مذاهبهم أو معتقداتهم أو إختياراتهم، وينظم ذلك بقانون". في حين أكدت المادة (43) من الدستور أن "أتباع كل دين أو مذهب أحرار في "أ" ممارسة الشعائر الدينية بما فيها الشعائر الحسينية و"ب" إدارة الأوقاف وشؤونها ومؤسساتها وينظم ذلك بقانون". (5)

بدأ إستهداف الأقليات في العراق، مع بداية سقوط النظام العراقي في 9 نيسان/ أبريل 2003، وارتفعت وتيرته فيما يعرف في نينوى بيوم السقوط الثاني، وكان ذلك في عام 2014، عندما سيطر مسلحون من تنظيم القاعدة على مقار مؤسسات الدولة، ومنها مراكز الشرطة، وأقام نقاط تفتيش في شوارع مدينة الموصل في ظل تواجد القوات الأمريكية التي كانت تحتل البلاد وانكفأت في ذلك اليوم داخل قواعدها. وشاعت وبنحو شبه يومي عمليات تفجير السيارات والعبوات الناسفة في الشوارع الرئيسية والفرعية داخل مدينة الموصل وكذلك في الأقضية والنواحي المرتبطة بها، فضلا عن إغتيال منتسبي الأجهزة الأمنية، وخطف وتهديد وقتل المدنيين بتهم الكفر والردة عن الإسلام والعمالة للمحتل أو عدم دفع الأتاوات. بدأت الجماعات المسلحة وآخرون بالترويج في الجوامع بأن غزو الولايات المتحدة للعراق هو "غزو صليبي" هدفه تدمير المسلمين في كل مكان وتحديداً في العراق

"لذلك فان المسيحيين كانوا من بين أوائل الأقليات التي تم استهدافها." ويضرب على ذلك مثالاً، هو القرص المدمج الذي وزعته القاعدة في الموصل بعد 2004 وتضمن مقطع فيديو يظهر عناصر تابعين له وهم يقطعون رأسي مسيحيين ويضعونهما في دلوين معدنيين، وقال عنصر ملثم بأن تهمتهما هي التعاون مع القوات الأمريكية في منطقة القصور الرئاسية داخل الموصل. (4)

في صيف 2014، خلت مدينة الموصل/ محافظة نينوى العراقية من المسيحيين لأول مرة في تاريخ البلاد، بعد اجتياحها من تنظيم "داعش" الإرهابي. والموصل هي ثاني أكبر المدن العراقية بعد العاصمة بغداد، وقد خير مسلحو "داعش" سكانها المسيحيين بين الدخول في الإسلام، أو دفع الجزية، أو مواجهة حد السيف، ما دفعهم جميعا للنزوح. وترك مسيحيو الموصل كنائسهم ومنازلهم وممتلكاتهم، إلى جانب ذكرياتهم وتاريخهم في المدينة العريقة، لعدم قدرة مؤسسات الدولة على حمايتهم من بطش التنظيم الإرهابي آنذاك. لكن العراق استعاد بدعم من التحالف الدولي، كافة أراضيه من قبضة "داعش" عام 2017، عقب معارك طاحنة خلفت دمارا في دور العبادة والممتلكات العامة والخاصة بمحافظة نينوى. عاد القليل من الأسر المسيحية إلى الموصل وسهل نينوى، فيما نزحت معظم الأسر إلى مناطق أكثر أمناً وخاصة إقليم كردستان (شمالي العراق). (2)

<u>أعداد المسيحيين في العراق</u>: كان المسيحيون قبل تأسيس المملكة العراقية في 1921 وخلالها وخلال العهد الجمهوري مندمجين في مجتمعهم العراقي ويمارسون طقوسهم الإجتماعية والكنسية بكل حرية، وشغل كثير منهم مواقع مميزة في الدولة، وإنتمى بعضهم إلى الأحزاب العراقية العلمانية والقومية، شأنهم شأن الآخرين ممن تتوزع إهتماماتهم على ظروف شتى في الحياة، يجمعهم الوطن الواحد، ويوصفون بأنهم ملح الأرض العراقية وأقدم الساكنين المتوطنين فيها. (5)

ومنذ سقوط نظام صدام، تنامت معدلات هجرة المسيحيين من العراق إلى دول أوروبا والولايات المتحدة وكندا وأستراليا، وسط مخاوف من خلو البلاد من سكانها المسيحيين. بدأت موجة هجرة المسيحيين الجديدة عام 2003 باجتياح عناصر تنظيم القاعدة الإرهابي ثم الاقتتال الطائفي بين السنة والشيعة عام 2006، ومن بعدها دخول تنظيم داعش الإرهابي إلى البلاد عام 2014. وباتت عودة المسيحيين المهاجرين إلى العراق صعبة للغاية، نظراً

حكمت جميل

لمعاناتهم المريرة في البلاد على مدى سنوات طويلة. وفق تقرير لمفوضية حقوق الإنسان العراقية في مارس/ آذار 2021، فإن 250 ألف مسيحي فحسب لا يزالوا يقطنون العراق من أصل 1.5 مليون كانوا متواجدين قبل 2003. وخلال السنوات القليلة الماضية، باتت كنائس المسيحيين في العراق، باستثناء إقليم كردستان، إما خاوية أو مغلقة أو مدمرة، وقامت السلطات بمساعدة منظمات دولية بإعادة ترميم عدد منها في عموم البلاد. (2) بسبب عدم إجراء إحصاء رسمي في العراق منذ 1988، فأن الإحصائيات المتعلقة بأعداد المسيحيين وغيرهم تقديرية، وحسب التقديرات لأعداد السكان، فإن مليون ونصف المليون مسيحي كانوا متواجدين في العراق حتى نيسان/أبريل 2003، وقد تقلصت أعدادهم لتبلغ حالياً نحو 400 ألف شخص فقط. ومن خلال التواصل مع ممثلي كنائس ومنظمات معنية، ومع جمع أعداد المسيحيين الباقين في العراق بمختلف طوائفهم (أشوريين، سريان، كلدان) ظهر أن العدد أقل بكثير من التقديرات السابقة، وهو في الواقع بين 250 و 260 ألف نسمة فقط. ويعني ذلك أن أكثر من 80% من المسيحيين هجروا البلاد. يقول الكاتب المتخصص في شؤون الأقليات جرجيس توما: وزع تنظيم الدولة الإسلامية منشورات ورقية في 12 تموز/ يوليو 2014، خير فيها المسيحيين بين البقاء ودفع الجزية للتنظيم أو المغادرة أو القتل. وهكذا فضل المسيحيون المغادرة، وصادر التنظيم كل ممتلكاتهم، وكتب عناصره حرف (ن) باللون الأحمر على جدران منازلهم، وهو الحرف الأول من كلمة "نصراني"، في إشارة إلى أن المنزل مصادر. طوال سنوات نزح المسيحيون صوب إقليم كردستان، ومن هناك شق كثيرون منهم طريقهم نحو المهجر، وبالنسبة للمسيحيين النازحين داخل العراق، كانت عودتهم خجولة جداً إلى مناطقهم في سهل نينوى وغيرها من المناطق التي تركوها بعد إكمال طرد داعش منها في تموز/ يوليو2017، حيث أن 45% فقط من المسيحيين الذين نزحوا في 2014 عادوا لمناطقهم بينما ترك 55% البلاد وبقي 3-5% في المناطق التي نزحوا إليها داخل إقليم كردستان. (4)

يخشى المسيحيون العراقيون، إضطرارهم إلى الهجرة الثالثة في تاريخهم، بعد أن إنقلبت حياتهم كلياً متأثرة بالتغيير القسري الذي شهدته البلاد عام 2003، وتناقصت أعدادهم بعد أن كانوا يزيدون على مليون عراقي يتوزعون على 14 طائفة مسيحية متآخية يشكل الكلدان

بينهم الغالبية بما يقارب 80%، جلهم يقطنون سهل نينوى وبغداد وأربيل وفي مناطق متعددة من العراق من الموصل حتى البصرة. (5)

<u>أعداد ضحايا العنف من المسيحيين في العراق</u>: أشار تقرير لمفوضية حقوق الإنسان العراقية في مارس/ آذار 2021 إلى أن "1315 مسيحيا قتلوا في العراق بين عامي 2003-2014، إضافة إلى نزوح 130 ألفا وإختطاف 161 آخرين خلال فترة سيطرة تنظيم "داعش" على مدينة الموصل بين عامي 2014-2017. لم يبدأ الإستهداف الطائفي في العراق خلال حقبة "داعش"، بل يعود إلى عام 2003، عند سقوط نظام صدام حسين، إذ بات المسيحيون هدفا لهجمات متكررة شنتها جماعات إرهابية أبرزها تنظيم "القاعدة." وفي أكتوبر/ تشرين الأول 2010، احتجز مسلحو "القاعدة" عشرات المسيحيين كرهائن داخل كنيسة "سيدة النجاة" وسط بغداد، قبل إطلاق الرصاص عليهم، ما أسفر عن مقتل 60 شخصا وإصابة عشرات آخرين، في واحدة من أعنف الهجمات التي طالت أتباع الديانة في العراق (صورة رقم 3) (2) بينما تقدر مصادر غير رسمية، أعداد ضحايا المسيحيين في عموم العراق جراء استهداف الجماعات المسلحة من سنة 2003 لغاية 2014 بنحو 1000 شخص، كان من بينهم قساوسة كالمطران بولص رحو رئيس أساقفة الكنيسة الكلدانية في نينوى (صورة رقم 4)، الذي قتل في الموصل يوم 2008/3/13. والقس يوسف عادل عبودي راعي الكنيسة السريانية في بغداد، الذي قتل في منزله وأمام أفراد أسرته في نيسان/أبريل 2008 (صورة رقم 5) (4)

<u>أسباب هجرة المسيحيين من العراق</u>: حتماً أن لهجرة المسيحيين من وطنهم العراق أسباب عديدة ومختلفة سنتطرق لها لاحقاً، لكن يبقى السبب الرئيسي والأول والأكثر خطورة هو العامل الديني والقومي. إن بعض عرب العراق في يومنا هذا كانوا من المهاجرين إلى بلاد ما بين النهرين والشام وغيرهما منذ عصور قديمة تسبق الإسلام، كهجرة قبائل (بكر ومضر وربيعة وسليم وطيء وأياد وتغلب.. الخ)، ثم لحقت بهم القبائل الأخرى الكثيرة وبحركة شبه شاملة في صدر الإسلام. يعتبر نزوح العرب من جزيرتهم هجرة جماعية أيضاً من أجل حياة أفضل من الحياة في الجزيرة العربية المتصحرة. وقد تكون الهجرة طوعية أو قسرية، ومن أهم أسبابها: العامل الديني والقومي، العامل الإقتصادي، العامل السياسي، العامل الثقافي، الطموح وحب المغامرة والتغيير، والسعي خلف الحريات الشخصية

المتوفرة في الغرب. (1)

إن مسلسل الإعتداء على المسيحيين في العراق له تاريخ طويل ممتد منذ عام 1930. (2) ولم يكن للمسيحيين الشرقيين من يُدافع عنهم إلا بصورة صورية وللإستهلاك السياسي الدولي فقط، فالغرب المسيحي معروف بحرصه على مصالحه من خلال سياساته، ولا يهمه أمر مسيحيي العراق أو مسيحيي أية دولة أخرى، وما حدث لمسيحيي العراق من عدم إكتراث غربي بعد الإحتلال الأميركي أكبر شاهد على ذلك. في السابق ولحد المئة سنة المنصرمة -تقريباً- لم يكن بإمكان المسيحيين الهجرة على شكل جماعات من العراق إلى بعض الدول المسيحية الغربية، ولكن بتطور التكنلوجيا والعلوم وطرق المواصلات وإختراع أدوات النقل السريعة، بدأت هجرة المسيحيين تأخذ الطابع الجماعي والعائلي بعد أن كانت فردية أو مقتصرة على الرجال وبعض المغامرين، لهذا نرى أن الهجرة الجماعية والتي يغلب عليها طابع العائلة بدأت تقريباً مع بداية القرن العشرين. ويمكن أن نلاحظ نشاط هجرة المسيحيين منذ بداية الستينيات في العراق، أي بعد مقتل الزعيم عبد الكريم قاسم وإستلام القوميين والبعثيين -بصورة متداخلة ومتعاقبة وفوضوية- مقاليد السلطة، ليبقى المسيحي العراقي يتأرجح بين هؤلاء الحكام. فأصبح خيار (الهجرة) سلاحاً ذو حدين لمن عشق الوطن العراقي ولكنه أُرغم على تركه حفاظاً على كيانه كإنسان. تزايدت الهجرة أثناء الحرب العراقية الإيرانية (1980 – 1988)، وإشتدت أيام الحصار الإقتصادي الغاشم على شعب العراق (1990 – 2003) وليس على حكومته، والذي فرضتهُ الأمم المتحدة لمدة (13) عاماً مات خلالها آلاف الأطفال والكبار من العراقيين الأبرياء، ولم يُرفع ذلك الحصار اللئيم إلا بعد الإحتلال الأميركي للعراق عام (2003). (1)

يقول رئيس أساقفة الكنيسة الكلدانية في كركوك والسليمانية يوسف توما، إن تناقص أعداد المسيحيين كان وراء إغلاق الكنائس في البلاد. وأوضح أن التطرف الديني في البلاد يعد أبرز الأسباب التي تقف وراء هجرة أبناء الديانة المسيحية من العراق. (2) غادر بعضهم خلال الإجتياح الأميركي للعراق، وآخرون خلال الحروب الطائفية التي احتلّ خلالها الجهاديون قراهم، وغيرهم بسبب الأزمة المعيشية الحالية، وبتوالي موجات الهجرة، يتقلّص عدد المسيحيين في العراق، فيما يحلم الباقون منهم في البلاد، بالمغادرة. وتعيش عائلات مسيحية عراقية كثيرة في كردستان العراق، أو في الأردن أو أستراليا أو غيرها من الدول،

حنينا الى وطن ترفض في الوقت ذاته فكرة العودة إليه. (3)

إن إستهداف المسيحيين خلق حالة من الرعب ودفع آلاف المسيحيين سواءً في الموصل أو غيرها من المدن العراقية إلى النزوح صوب بلدات المسيحيين في قضائي الحمدانية وتلكيف بسهل نينوى وأيضاً إلى إقليم كردستان حيث لم يظهر نشاط للجماعات التكفيرية المسلحة هناك. وأصبح إستهداف الأقليات ظاهرة رغم إنها ليست طرفا في الصراع الطائفي "الشيعي ـ السني" ولا تحمل للسلاح، وبدا كأنه حملات لتفريغ مدن كاملة منه. وفي كل مرة كان يتم إستهداف أقلية بعينها، فمرة يقتل أو يختطف مسيحيون، ومرة أخرى يحدث ذلك لليزيديين أو للشبك أو الكرد وهكذا. (4)

يصف الناشط في مجال الدفاع عن حقوق المسيحيين غازي إبراهيم رحو حال المسيحيين اليوم بقوله إن "الهجرة القسرية لمسيحيي العراق لها أسباب في بلادنا وفي شرقنا العربي، ويظل التصدي لها واجباً وطنياً وإنسانياً، فهي تحكي مظلومية شعب أصيل في أرض العراق. عاش المسيحيون في بلاد الرافدين منذ أكثر من ألفي عام، ويعانون اليوم من التهجير وفرض الهجرة القسرية المدفوعة من قبل قوىً وأيادٍ ظلامية خططت لذلك وبدأت تنفذ مخططاتها". إن هجرة مسيحيي العراق منذ عام 2003 وبعده سببها التهديدات والقتل والترويع التي طالتهم في بغداد والبصرة والموصل والناصرية والحلة، والتهديدات والتفجيرات لعدد من الكنائس (صورة رقم 6) وإمتدت إلى عامي 2005 و2006. تلت ذلك الهجرة أثناء الحرب الطائفية، وتحديداً عام 2008، حين قتل أكثر من رجل دين مسيحي وعشرات بل مئات من الأطباء والمهندسين والتجار المسيحيين، وأخذت العصابات الإجرامية تنفذ عمليات خطف لهم والمساومة مع ذويهم بهدف الحصول على أموالهم بسبب ضعف القانون وقوات الأمن وعدم وجود حماية للمكون المسيحي". وبعد إختطاف وقتل المطران رحو في الموصل، وسقوط عدد من الشمامسة والرهبان غارقين في دمائهم، بدأ نزيف الهجرة يكبر ويتسع لمسيحيي العراق بشكل عام، إلى أن جاء عام 2014 عام النكبة الكبرى التي دخل بها تنظيم "داعش" الإرهابي إلى الموصل وقرى سهل نينوى، وإستولى على الكنائس وهدمها وصادر أملاك المسيحيين، وخيروهم بين الإسلام أو الجزية أو ترك بيوتهم وأملاكهم والخروج من مناطقهم (صورة رقم 7) حدثت جرائم تقشعر لها الأبدان، فبدأت أكبر هجرة عرفها العراق لهذا المكون، التي قضت بشكل شبه نهائي على الوجود

المسيحي في الموصل مدينة الكنائس والأديرة (صورة رقم 8-9) وتبعتها هجرة المسيحيين من بغداد والبصرة، وأصبحت كنائس العراق تخلو من مؤمنيها. وأخيراً جاء الرئيس العراقي عبداللطيف رشيد بقراره بسحب صلاحيات المرجع الديني المسيحي الأكبر في العراق، الذي جعل المتبقي من المسيحيين العراقيين يبدأون بالتفكير في الهجرة ليبقى العراق بلون واحد. (5)

<u>أمثلة من واقع المسيحيين في العراق</u>: يعيش المسيحيون حالة من الإحباط بسبب قوانين الأحوال الشخصية المُجحِفة كأسلمة القاصرين، وأسلمة أشخاص أكرهوا على الإسلام من قبل القاعدة أو تنظيم داعش تحت التهديد بالقتل. فمن يحمي المسيحيين المسالمين الموالين لوطنهم، إذا كانت الدولة لا تحميهم؟ هذه إنتهاكات موجعة، ولها تداعيات على سمعة العراق. فإن كانت الدولة لا ترغب في بقاء المسيحيين مواطنين متساوين في بلدهم العراق، فلتقولها صراحةً، ليتدبّروا الأمر قبل فوات الأوان. كان في الموصل 35 كنيسة ودير، وقد تم تدميرها جميعاً كليا او جزئيا خلال فترة سيطرة داعش أو في حرب التحرير منه، وتم إعادة إعمار العديد منها (صورة رقم 10)، وأخرى قيد الإعمار حالياً، والآن تفتح كنائس (البشارة ومار توما ومار بولص) أبوابها وتستقبل المسيحيين القادمين من خارج الموصل وداخلها لتأدية طقوسهم فيها. ويقول فادي صباح، وهو موظف حكومي في الأربعينات من عمره، ويتابع باهتمام تراجع أعداد المسيحيين في البلاد: "إذا كان إندثار الوجود المسيحي غير قابل للملاحظة في بغداد أو حتى الموصل، رغم أن أحياءهم فرغت وكنائسهم باتت بلا مصلين، فإن الأمر واضح تماما في بلداتهم التاريخية بسهل نينوى." ويشير على خارطة إنتشارهم عبر جهاز الحاسوب، ويتابع: "حين تزورها تجدها شبه فارغة، بيوت مغلقة الأبواب وأسواق مهجورة، وأحياء كاملة بلا أمهات يفترشن عتبات المنازل كما كانت تجري العادة ولا أطفال يلعبون في الأزقة." ويتابع: "أنظر إلى هذه الصور لأحياء مسيحية في دهوك وزاخو، لقد فرغت بدورها، رغم الإستقرار الأمني ونوعا ما الإقتصادي. كل يوم هناك مسيحيون يهاجرون ولا أحد يعود.. لن يكون لنا وجود هنا بعد سنوات". (4) وحين نتحدث عما جرى بعد سقوط النظام في 2003 يجب أن لا ننسى عامي 1984-85 وجريمة توقيف القيادات السياسية المسيحية أمثال الشهداء يوسف ويوبرت ويوخنا وروفائيل وغيرهم من الذين أعدموا شنقا حتى الموت في سجن أبوغريب ومنع ذويهم من

إقامة صلاة الجناز على أرواحهم ليتواصل القتل والتهجير والهدم الجماعي ويصل إلى ذروته في عمليات الأنفال لسنة 1988 التي بالإضافة إلى إستهداف القرى الكوردية، هدمت أيضا 120 قرية مسيحية بما فيها الأديرة والكنائس القديمة وقتل أكثر من 155 شخصا وإختفاء العشرات ومطاردة الآلاف في عملية أنفال شاملة إلى دول الجوار مثل تركيا وإيران وسوريا حيث خلال هذا "الخروج" المتوحش والدامي مات أعداد منهم في الطرق الوعرة هربا من البطش والإستبداد الصدامي، بالإضافة إلى ضحايا أحداث إنتفاضة 1991. هذه التضحيات المسيحية تم التعتيم عليها إذ لم يرد ذكرها حتى خلال محاكمة رموز النظام من المنفذين لعمليات الأنفال في المناطق المسيحية بالرغم من الملفات والشهادات الحية التي قدمت للمحكمة بغرض تدوينها في المطالعات القانونية المستوجب محاسبة منفذي الجريمة عليها. لا يمكن أن ننسى أن المنطقة الشمالية وبعض القرى المجاورة لسهل نينوى قد أفرغت من سكانها الأصليين جراء التهجير المتكرر وحرق وهدم القرى بأكملها ومصادرة الأملاك بغرض خلق منطقة عسكرية في خدمة القصور الرئاسية على قمم الجبال العالية. تلك القصور تم هدمها من قبل الأهالي المجاورين بعد إقامة المنطقة الآمنة أي خط عرض 36 سنة 1991 من قبل الأمريكان، فالغبن واللاإستقرار المزمن هو أساس هروب العراقيين عامة والمسيحيين خاصة. وجدير بالذكر أن مسيحيي العراق ضحوا في حربي الخليج الأولى والثانية بأكثر من 60000 ألف رجل من الذين استشهدوا في حرب القادسية بالإضافة إلى الآلاف من الجرحى، والتي لم يكن لهم صلة بها كونها حرب طائفية. (4).

ومؤخراً دفع الرئيس العراقي عبداللطيف رشيد بسحب المرسوم الجمهوري رقم (147) لسنة 2013، القاضي بتولية الكاردينال مار لويس ساكو كرئيس للطائفة المسيحية في العراق (صورة رقم 11)، الذي أصدره الرئيس الأسبق جلال طالباني، مما أدى إلى إثارة حفيظة وإستغراب الغالبية المسيحية التي تجد في بطريرك الكلدان الممثل الشرعي للطائفة في البلاد والعالم، وهو واحد من أكبر المراجع في العالم بين 15 مرجعاً منتخباً في مجمع الإكليروس ومصادق عليه من الفاتيكان، وقد فسر ذلك "بسحب صلاحياته التي منحها له القانون والموقع من رئيس الجمهورية الأسبق الذي كان يشغل الرئيس الحالي موقع كبير المستشارين لديه آنذاك". أثار هذا الإجراء جدلاً واسعاً، لأسباب عدة من بينها توقيت هذا الإجراء الذي فسر إستهداف رئيس أكبر الطوائف غير المسلمة دون غيره من رؤساء

الطوائف الأخرى الذين وردت أسماؤهم بنفس مرسوم (147) كالصابئة واليزيديين، الموقع من الرئيس طالباني، مما دفع أبناء الطائفة للوقوف على الدوافع وراء هذا القرار. وتزايد التساؤل الواسع عن الدور الذي لعبه تشكيل "بابليون" المسيحي المسلح التابع للحشد الشعبي، الذي تأسس إبان اجتياح تنظيم "داعش" الإرهابي المدن العراقية، واضطرار كثيرين لحمل السلاح في نينوى وسواها من المناطق، ومن بينهم "بابليون". (5)

إن تجريد المرجع الديني الأكبر لمسيحيي العراق من صلاحياته، التي منحها له القانون الكنسي والبابوي يعد مثيراً للجدل وغير دستوري، إذ تم رفع اسمه وقتها إلى قداسة بابا الفاتيكان الذي أصدر مرسوماً بدوره بجعل البطريرك ساكو رئيساً قائماً على أملاك الكنيسة وعقاراتها وهو المنتخب بطريقة قانونية ونظامية على الوقف المسيحي والمخول بإدارته. لكن قرار رئيس الجمهورية الحالي قد أخرج غبطة البطريرك ساكو من صلاحياته القانونية والكنسية، وهو خروج على العرف والقانون. إن قرار سحب التولية عن المرجع الأعلى للمسيحيين العراقيين، أضحى صاعق تفجير يعيد للذاكرة ما عاناه هذا المكون الأصيل في المجتمع من صراعات سياسية بين الأحزاب ومحاولات الكتل الكبيرة الإستحواذ على حقوق ومكانة ومواقع المسيحيين، سواء في إدارة الدولة أو في الحقوق والممتلكات المهدورة والمنهوبة، التي تم الإستحواذ عليها. واليوم تزداد خشية المسيحيين العراقيين وشعورهم بالخطر، بعد صدور المرسوم بحق مرجعيتهم الكنسية، على الرغم من أن التولية معمول بها عرفاً منذ الدولة العباسية والعثمانية والملوك والرؤساء العراقيين. لقد أدخل هذا القرار المكون المسيحي في صراع جديد من داخل المكون هذه المرة، وسبب الإنقسام بين 14 طائفة مسيحية، وغضب كثير من الكلدان في الداخل والخارج على ما وصفوه بالتدخل في المرجعية المسيحية العليا التي يعدونها مقدسة ووريثة المجد الكنسي في العراق والعالم، وهو تحد جديد للطائفة، حيث إعلن كثير من أبنائها بيان هجرة جديد يهدد بقاء الـ 250 ألف مسيحي في العراق الذين كانوا يعولون على مكابدة البقاء تحت الشرعية البابوية التي يمثلها بطريرك الكلدان في العراق والعالم الكاردينال المنتخب لويس روفائيل ساكو. (5)

<u>**حادث حريق قضاء الحمدانية / نينوى:**</u> ولابد أن نشير هنا إلى الحريق الذي إلتهم حفلة زفاف في قضاء الحمدانية في نينوى يوم 26 أيلول/ سبتمبر 2023 والتي هزت ضمائر كل الناس الطيبين ومن مختلف الأجناس والقوميات والأديان والتي ترجع أيضا إلى أحد أسباب

تهجير المسيحيين من العراق (صورة رقم 12-15)، وقد كشف اللواء كاظم بوهان، **المشرف على تحقيقات حادثة حريق نينوى، أن صاحب صالة الأفراح في الحمدانية والتي حدث فيها حريق كبير وأودى بحياة العشرات، لا يمتلك إجازة ممارسة المهنة منذ 10 سنوات.** وقال اللواء بوهان أن سبب الحريق هو الإهمال والتقصير من قبل صاحب الصالة، وإستخدام مواد غير مسموحة وغير مرخصة في المنشآت السياحية المغلقة، والتي تمثلت باستخدام مادة الإيكوبوند سريعة الاشتعال، وهذا مخالف لتعليمات السلامة حسب قانون الدفاع المدني رقم 44 لسنة 2013. وكشف اللواء بوهان أن بناء الصالة منشأ منذ العام 2013، وتم بناؤه على أرض زراعية غير صالحة للبناء على الإطلاق، ولا يملك صاحب الصالة إجازة بناء. ويقول اللواء بوهان أن الوحدات الإدارية المسؤولة عن متابعة هذا الأمر لم تتابع الموضوع بجدية، وكان من المفروض التيقظ لمثل هذه الحالات المخالفة في وقتها وقال أنه ليس من صلاحياته أو صلاحيات مديريته التدخل في محاسبة هؤلاء المخالفين، وإنما توجد جهات لمراقبة المخالفات ومراعاة معايير الجودة، هي من عليها متابعة هذه المشاريع المخالفة ومحاسبتها على التقصير وإزالتها في حال كانت تشكل خطرا على المواطنين. أودى الحريق بحياة نحو 100 شخص، بالإضافة إلى إصابة ما يزيد عن 230 آخرين، كانوا ضحية الإهمال والتقصير وجشع أصحاب الصالة الذين لم يرغبوا بدفع قليل من النقود لتأهيل الصالة كما يجب. وقامت وزارة الدفاع العراقية بإلقاء القبض على صاحب الصالة وفتح تحقيقات مباشرة معه، بالإضافة إلى إصدار أمر قبض بحق 4 من المستثمرين مع صاحب الصالة، و 9 من العمال الذين كانوا في الصالة لاستجوابهم حول تفاصيل الحادثة، ومعرفة أسباب التقصير واتخاذ الإجراء وفق القانون لزوماً. (6)

الحلول المقترحة: إن إعادة بناء الدولة الوطنية وإقامة حكم القانون يتطلّب إحترام مبادئ المواطنة كاملة ودون أي تمييز لأي سبب كان، ويعني ذلك قبول التعدّدية والإقرار بالتنوّع، الذي سيكون سداه ولحمته الإنسان، بعيداً عن التمييز لأسباب دينية أو قومية أو جنسية أو لغوية أو ما له علاقة بالأصول الإجتماعية والرأي السياسي، كما تذهب إلى ذلك الشرعية الدولية لحقوق الإنسان. يقصد بهذا المفهوم المواطنة المتساوية والمتكافئة بأركانها المعروفة: الحريّة والمساواة والعدالة والشراكة والمشاركة واحترام الهوّيات الفرعية تعبيراً عن الخصوصية. (7). إن عودة المسيحيين إلى العراق مجددا مرتبطة بعدة أمور أبرزها

الدور الحكومي الجاد بهذا الشأن من خلال إقرار تشريعات تجرم الإستهداف والتمييز الطائفي وسياسات تعمل على رفع الوعي المجتمعي. وتُشكل المسيحية في العراق ثاني أكبر الديانات فيها من حيث عدد الأتباع بعد الإسلام، معظمهم من الآشوريين الأصليين، وهناك أيضاً مجموعات صغيرة من الأرمن والتركمان والأكراد والعرب. (2)

والسؤال هو: هل ستتغير النظرة الى المسيحيين؟ هل سيتم الاعتراف بهم كمواطنين متساوين، وهم يشكّلون ثاني ديانة سماوية في العراق؟ هل سيُنصَفون بعد كل هذه المضايقات والإنتهاكات؟ هل أن مشروع الإصلاحات السياسية والتشريعية والمؤسساتية التي دعت إليه بعض الكتل وحكومة إقليم كردستان، ستتشمل المسيحيين واليزيديين الصابئة المندائيين، سكان البلاد الأصليين الذين ولاؤهم للعراق، حتى الذين تركوه مرغمين. (4).

تصاوير الفصل الرابع / الجزء الثاني

صورة رقم 1 : آثار كنيسة الأقيصر قرب مدينة كربلاء عمرها أكثر من 1500 سنة

صورة رقم 2 لكنيسة الخضراء كنيسة المشرق الاشورية في تكريت عمرها اكثر من الف عام

صورة رقم 3 في تشرين الاول 2010 احتجز مسلحو القاعدة" عشرات المسيحيين كرهائن داخل كنيسة سيدة النجاة وسط وبغداد ، ثم اطلق الرصاص عليهم وقتل 60 شخصا وإصابة عشرات اخرين

صورة رقم 3 في 4 اذار 2008 أغتيل المطران بولص رحو رئيس أساقفة الكنيسة الكلدانية في نينوى

صورة رقم 5 اغتيل القس يوسف عادل عبودي راعي الكنيسة السريانية في بغداد في منزله وأمام افراد أسرته

صورة رقم 6 كنيسة حوش البيعة قبل إعادة اعمارها

صورة رقم 7 معبرة عن إجتياح داعش للموصل الذي أدى إلى موجة نزوح جديدة من العراق

.صورة رقم 8 مركبات مدرعة اثناء عملية ضد تنظيم الدولة الاسلامية بالقرب من الموصل يوم الاحد. تصوير: ازاد لاشكاري – رويترز

صورة رقم 9 ما خلفته مليشيات داعش في محافظة نينوى على كنائس واديرة المسيحيين بعد دخولها محافظة نينوى

صورة رقم 10 القس رائد عادل بعد اعادة ترميم كنيستة في نينوى

صورة رقم 11 في اول تصريح له حول سحب المرسوم.. الكاردينال لويس ساكو لروداو: أنا لست موظفاً عند رئيس الجمهورية

صورة رقم 12 فاجعة الحمدانية/حريق قاعة افراح بحضور الف شخص

صورة رقم 13 حريق الحمدانية، شهود عيان يصفون لبي بي سي لحظة اندلاع الحريق

صورة رقم 14 التي تشير الى مقتل 114 شخص ومئات الجرحى بحريق حفل زفاف في قضاء الحمدانية بشمال العراق

صورة رقم 15 حريق نينوى: صالة الحمدانية بعد الحريق

مراجع الفصل الرابع – الجزء الثاني	
. أسباب هجرة مسيحيي العراق، ومن كان روادها الأوائل؟. الحكيم البابلي الحوار المتمدن-العدد: 3765 - 2012 / 6 / 21 - 17:23	1
مسيحيو العراق.. هجرة إجبارية وعودة صعبة (تقرير) إبراهيم صالح / الأناضول 07.04.2022	2
الوجود المسيحي في العراق يتلاشى على وقع موجات الهجرة المتتالية.. بغداد (أ ف ب)– فرنسا 24 22/02/2021	3
. محنة الاقليات في العراق .. بين العنف والتمييز والاندثار في ظل الهجرة المستمرة.. نوزت شمدين/ كانون الثاني 2023:	4
الهجرة الخامسة لمسيحيي العراق... ملح الأرض يذوب.. صباح ناهي.. الجمعة 14 يوليو 2023	5
فاجعة الحمدانية	6
لماذا يُستهدف مسيحيو الشرق؟ Why are Christians in the East targeted.. عبد الحسين شعبان د: 7851 - 2024 / 1 / 9 - 21:12	7

السيرة الذاتية القاضي أصغر عبد الرزاق الموسوي

*أصغر عبد الرزاق حسن الموسوي

*شبكي من مواليد قضاء الحمدانية عام 1963

*بكالوريوس في القانون جامعة الموصل / 1990،

وماجستير في القانون العام / جامعة الموصل / 2000،

*شهادات أخرى عديدة من جامعة أوكسفورد والمعهد الدولي للقانون الدولي الإنساني في سان ريمو في قضايا الهجرة واللجوء،

*مارست المحاماة منذ 1990 ومن ثم التدريس في كلية القانون – جامعة دهوك 2001،

*عملت مديرا لهيئة دعاوى الملكية العراقية في الموصل عام 2005،

*قاضيا في محكمة إستئناف نينوى عام 2007،

*وكيل أقدم وزارة الهجرة والمهجرين العراقية من 2008 لغاية 2017،

*رئيسا لهيئة رعاية ذوي الإعاقة والإحتياجات الخاصة،

*تقاعدت بناء على طلبي في 2021،

*أعمل حاليا تدريسي في كلية القانون في جامعة النور الأهلية في محافظة نينوى،

*خبير متخصص في قضايا الهجرة واللجوء،

*بحوث عديدة في النزوح والهجرة،

*مثلت العراق في العديد من المحافل الدولية في المسائل المتعلقة بالهجرة والنزوح منها مناقشة التقرير الدوري الشامل الخاص بالعراق،

*عضو مفاوض في إتفاقية الشراكة والتعاون مع الإتحاد الأوروبي،

*حائز على عشرات الشهادات التقديرية وكتب الشكر،

*عشرات المؤتمرات واللقاءات الدولية.

الفصل الخامس – الجزء الاول

القومية الشبكية في الوطن

بقلم القاضي أصغر عبد الرزاق الموسوي

نبذة تاريخية

وجود الشبك كأقلية قومية عراقية ومكون ضمن مكونات الشعب العراقي له جذور تاريخية ضاربة في القدم، مع وجود خلاف بين الباحثين في تاريخ قدومهم إلى نينوى، إذ يرى البعض أنهم كانوا قد قدموا إلى هذه المناطق من شرق بحر قزوين وسكنوا فيها بعد حصول فراغ فيها إثر سقوط الدولة الآشورية عام 612 ق.م، وهناك من يرجعهم إلى الأصول التركية وآخرون إلى الأصول الكوردية. ويمكنني أن أجزم بأن نواة الشبك هم من المستوطنين الأوائل للأقوام القادمة من المشرق وخاصة الساسانيين في منطقة سهل نينوى ومدينة الموصل الحالية. أما بالنسبة للتركيبة الحالية للشبك، فلابد من الإقرار بأن المجتمع الحالي للشبك هو خليط من عدة أعراق جمعتهم الظروف السياسية والإقتصادية والإجتماعية وكونت لها هوية ثقافية ولغوية وعادات وتقاليد تميزهم عن أقرانهم من القوميات الأخرى (صورة رقم 1 تظهر أمرأة شبكية والرئيس الشبكي المغفور له رشيد أغا ورجل شبكي). بل حتى إن تسمية هذه المجموعة البشرية بالشبك جاءت كتسمية لاحقة لتكوينها ومن تشابك تلك القوميات والاعراق، ففي الشبك ترى من هم من أصول كوردية وعربية وتركية وحتى آشورية وأرمنية ويزيدية وكاكائية ويؤيد الكاتب زهير كاظم عبود هذا الرأي بوصفه للشبك على أنهم خليط من عشائر كوردية وعربية وتركمانية إمتزجت ونتاج ذلك كان الشبك بهويتهم المتميزة، والسبب هو أن هذه المناطق كانت مفترق طرق العالم القديم ومعبرا للحضارات وحركة الأقوام المختلفة والتي أثرت بشكل كبير على تركيبتها السكانية. كما إن هناك تبايناً في الرأي عن أصلهم وعقائدهم أيضا، إذ تراوحت تلك الآراء بين إبعادهم عن الدين الإسلامي باعتبار أن لهم كتابا خاصا (البيروق) وعادات وعبادات لا تمت إلى الإسلام بشيء، واعتبرهم البعض الآخر بأنهم من الفرق الضالة. ولكن حقيقة الأمر، أن هذه الطروحات لا تمت إلى الحقيقة بصلة إذ أن الشبك هم من المسلمين، غالبيتهم من الشيعة الجعفرية وقسم منهم من المسلمين السنة، وربما المسألة التي أثارت اللغط عند بعض الكتاب والباحثين هي أن الكثير من الشبك كانوا من متبعي الطريقة الصوفية البكتاشية، حالهم حال

غيرهم لانتشار هذه الطريقة بشكل واسع في حواضر ومدن كثيرة خاصة تلك التي كانت تحت الحكم العثماني كما أنها كانت في السابق عقيدة الجيش الإنكشاري العثماني الرسمية، ولا يزال البعض من الشبك لحد الآن من متبعي هذه الطريقة، ولكنهم قلة مقارنة بمتبعي المذهب الشيعي الجعفري. أما بالنسبة إلى لغة الشبك فهي لغة خاصة يتكلم بها أبناءه فيما بينهم ولا يمكن لأي متكلم بلغة أخرى فَهم كلامهم إلا إذا كان متقنا لهذه اللغة، وبالتالي من غير الممكن اعتبارها لهجة من لغة أخرى بل هي لغة قائمة بحد ذاتها رغم وجود الكثير من المفردات من اللغات الأخرى لاسيما العربية والفارسية والتركية والكوردية وذلك بحكم الإختلاط وتأثير اللغات على بعضها البعض. أما إقتصاد الشبك فقد كان قائما على الزراعة وتربية المواشي بشكل أساس، وخاصة الزراعة الديمية حيث أن مناطقهم تقع ضمن الخط المطري وأراضيهم تعد من الأراضي السهلية الخصبة في محافظة نينوى. أما في الوقت الحاضر فقد تنوعت مصادر الدخل لديهم فقد انخرط الكثيرون منهم في الوظائف المدنية إضافة إلى إمتلاكهم للعديد من المعامل والشركات التجارية والصناعية، ومعروف عنهم حبهم للعمل وإخلاصهم وقدرتهم على التكيف مع محيطهم الإجتماعي، فقد سكن الكثير منهم في مدينة الموصل وخاصة في الساحل الأيسر من نهر دجلة لاسيما وأن العديد من أحياءها كانت في الأصل قرى شبكية مثل الأربجية وأولمش وقرى السادة وبعويزة وجليوخان وغيرها. أما بالنسبة إلى الوضع السياسي والإجتماعي للشبك عبر الحكومات المتعاقبة بعد نشوء الدولة العراقية الحديثة وأثر ذلك على هجرة العراقيين بشكل عام والشبك بشكل خاص، فهذا ما سنتناوله في الفقرات التالية.

العهد الملكي: بعد انتهاء الحرب العالمية الأولى وانسحاب الجيش العثماني من الموصل بعد معاناة طويلة من الحكم العثماني والذي بالغ كثيرا في نهايات حكمه في فرض الضرائب والأتاوات على الشعب ضمن المناطق التي كانت تحت سيطرتهم ومن ضمنها مدينة الموصل وكان آخرها التجنيد الإجباري (سفر برلك) والذي شارك فيه العديد من أبناء الشبك والموصل مكرهين على ذلك واستشهد وفقد وأسر العديد منهم ومن ضمنهم جدي المرحوم (حسن عباس مولود، والذي كان قد أسر في الحرب من قبل القوات البريطانية وأطلق سراحه بعد انتهاء الحرب). وبعد تقسيم المنطقة واستقرار الأوضاع تم إقرار أول دستور للعراق عام 1925 وقيام المملكة العراقية بموجبه وانتظام الحكم النيابي البرلماني الذي فيه

محاكاة للنظام البريطاني من حيث شكل الحكم إضافة إلى إقراره للنظام الطبقي والإقطاعي في محاولة لتقليد العلاقات الإقتصادية التي كانت سائدة حينها في الغرب الأمر الذي أدى إلى نشوء فوارق طبقية واجتماعية بين أبناء الريف والمدن بشكل عام. وفيما يتعلق بالشبك فقد شهدت تلك الفترة إهمالاً واضحاً من قبل الحكومات لتلك المناطق ولم يكن هناك تمثيل أو دور للشبك في الحياة السياسية، وكانت الكتابات عنهم وعن وضعهم الإجتماعي تتضمن العديد من الإتهامات بأنهم طائفة مغالية تارة وأنهم يعتنقون ديناً خاصاً بهم تارة أخرى، وكانت الغاية الأساسية من تلك الإتهامات هي التضييق على الشبك ومحاولة السيطرة على الأراضي الخصبة في المناطق التي كانوا يسكنون فيها (سهل نينوى)، وهذا ما حدث بالفعل لاحقاً حيث فقد الشبك الكثير من قراهم ومناطقهم مثل قرى (الأربجية وأولمش وحسن شامي وغيرها). ولعل من الأمثلة الواضحة على تلك الممارسات، ما حدث من خلاف بين الشبك من جهة ممثلين بالمرحوم رشيد أغا وكان أحد أغوات الشبك والساكن في قرية خرابة سلطان الشبكية وبين المرحوم الحاج محمد النجيفي (جد رئيس مجلس النواب السابق السيد أسامة النجيفي) والذي كان من نواب البرلمان الملكي وأحد كبار الإقطاعيين في المنطقة وكان له نفوذ واسع واستولى على أراضٍ كثيرة في منطقة جنوب وشرق قصبة قرة قوش بالترهيب والترغيب وكان يروم الإستيلاء على أراضي قرية (قرقشة) والتي كانت مشغولة من قبل أولاد عمومة المرحوم رشيد أغا وبعد عدة صدامات مسلحة بين أتباع النجيفي والشبك وامام إصرار الشبك على عدم التنازل عن تلك الأراضي إستقر الرأي على إجراء مزايدة علنية وإستطاع المرحوم رشيد أغا شراء الأرض وبمبلغ كبير كان قد جمعه من قرى الشبك، رغم محاولات النجيفي للحيلولة دون وصوله إلى مكان المزايدة. ولعل هذا المثال يوضح أيضا طبيعة العلاقة بين أبناء الشبك في تلك الفترة من تفاهم وتكاتف في القضايا المصيرية. أما بالنسبة للتعليم فقد بنيت أول مدرسة في قرى الشبك نهاية أربعينات القرن الماضي وكانت الأمية منتشرة بشكل كبير

وكان الإعتماد في القراءة والكتابة وتعليم القران الكريم يتم عن طريق الملالي حالهم حال القرى والأرياف العراقية بشكل عام.

أما بصدد الهجرة، بشكل عام، يرى الكثيرون أن العراق لم يكن ليصنف ضمن الدول المصدرة للمهاجرين لولا ظروف عدم الإستقرار السياسي والأمني خلال الخمسين سنة

الماضية. وقد برزت ملامح هذه الظاهرة بشكل واضح في نهاية ستينات القرن الماضي، إذا ما استثنينا هجرة اليهود من العراق خلال 1948 - 1951 حيث كان عدد العراقيين في الخارج عام 1957 (43363 شخصا) منهم (31000) عامل عراقي في الكويت، وتقلص عدد العراقيين في الخارج عام 1965 إلى 35897 شخصا ثم ازداد الرقم ليصبح 142280 عام 1975 بسبب الحملات العسكرية للنظام الحاكم بقمع الحركة الكوردية، (المصدر بحث قدمته إلى جامعة الدول العربية بعنوان الكفاءات العراقية المهاجرة عام 2010 في المؤتمر الأول للمغتربين العرب تحت شعار جسر التواصل). وكذلك كان حال الشبك فلم يكن فيهم من هاجر خارج العراق في تلك الفترة، سواء بقصد العمل أو لأسباب سياسية. أما الهجرة من القرى إلى المدن وخاصة مدينة الموصل فكانت محدودة واقتصرت على عدد من العوائل والغاية كانت إقتصادية بحتة.

الفترة بين 1958 - 1980: عانى الشبك في العهد الملكي من الطبقية والإضطهاد الطائفي بسبب إنتماء أغلبيتهم للمذهب الجعفري، وبسبب وجودهم في منطقة أغلبيتها سنية. ولعل الكتابات التي وصفت الشبك حينها عكست طبيعة النظرة إليهم من خلال إتهامهم بالغلو تارة وباعتناقهم لدين خاص بهم تارة أخرى، إلا أن التعصب المذهبي أخذ يضمحل في منتصف القرن الماضي نتيجة التعامل التجاري والإقتصادي، وأصبحت هناك شراكات بين العوائل الموصلية وبين الشبك وذلك لأمانتهم وصدقهم في التعامل وإخلاصهم في العمل خاصة في مجال تربية المواشي حيث أصبحت قرية كوكجلي الشبكية من أهم مصادر اللحوم في محافظة نينوى وبدأت وتيرة هجرة الشبك من الريف إلى مدينة الموصل تزداد خاصة في منطقة الفيصلية في الساحل الأيسر وبدأوا بالسكن في مناطق عديدة في الساحل الأيسر وخاصة في أحياء النصر والنبي يونس وحي الجزائر ثم بعد ذلك نشأت مناطق وأحياء ذات أغلبية شبكية مثل منطقة العطشانة وحي التأميم. في تلك الفترة بدأت الحكومات المتعاقبة تهتم بمناطق الشبك شيئا فشيئا. واعترفت الحكومة، في حينها بأقليات محافظة نينوى ومن بينهم الشبك، كما أخذ الشبك يمارسون بعض شعائرهم وبنيت أول حسينية في داخل مدينة الموصل عام 1969 في منطقة الفيصلية كما وانتشرت المدارس في العديد من قرى الشبك وأصبح فيهم التدريسيين والضباط والموظفين ولعل أول منصب إداري أسند إلى شخص شبكي وهو المرحوم علي سليمان البهار حيث شغل منصب قائم مقام قضاء كويسنجق في

نهاية ستينيات القرن الماضي، إضافة إلى إنتماء العديد من أبناء الشبك إلى الأحزاب التي كانت فاعلة في تلك الفترة ومنها الحزب الشيوعي والحزب الديمقراطي الكوردستاني والأحزاب القومية والإسلامية وتعرض العديد منهم إلى الملاحقة والتوقيف.

وبعد مجيء حكم حزب البعث تعرض الشبك إلى إضطهاد كبير، فقد لعبت سياسة التعريب دوراً كبيراً في فقدان الشبك للكثير من عناصر ثقافتهم وخصوصياتهم كمكون عراقي أصيل بعد فرض الهوية العربية عليهم وفقدوا المزيد من أراضيهم. إن سياسات التعريب التي مارسها النظام السابق لا تزال آثارها وإنعكاساتها على المجتمع الشبكي ماثلة لحد الآن خاصة بعد سيطرة هذا الحزب على مقاليد الحكم بشكل مطلق وتغلغله في كافة مفاصل الحكومة والمجتمع بفكره الشمولي وحكمه الديكتاتوري في بداية ثمانينيات القرن الماضي وهذا ما سنتناوله في الفقرة اللاحقة.

الحرب العراقية الإيرانية: ذكرنا في الفقرة السابقة أن الحالة الإقتصادية والإجتماعية قد تحسنت بشكل كبير بعد عام 1958 خاصة بعد صدور القوانين الزراعية التي دعت إلى إنهاء الإقطاع وتوجه الشبك إلى تنويع مصادر الدخل وزيادة نسبة المتعلمين والمثقفين بين أوساطهم وإنتماء العديد منهم إلى التنظيمات والحركات السياسية. وفي بداية ثمانينيات القرن الماضي كشر النظام السابق عن أنيابه وظهر على حقيقته خاصة في مجال الحقوق والحريات بشكل عام، وبدأت سياسة التعريب تظهر بشكل واضح خاصة خلال الحرب العراقية الإيرانية، وإتهم عدد كبير من الشبك بالولاء لإيران زوراً وبهتاناً، وأعدم آخرون لإنتمائهم إلى حزب الدعوة ومنع الكثيرون من أبناء الشبك من إكمال دراساتهم أو التعيين في المناصب المهمة أو حتى الصغيرة في دوائر الدولة، فقد كانوا دائما محل شك وإتهام بعدم الولاء، بل حتى البعثيين منهم لم يُعطوا ما يستحقونه من مناصب في الدولة، للتشكيك الدائم بولائهم. ولم تكتفِ الحكومة السابقة بهذه الإجراءات بل تمادت في إجراءاتها بطمس هويتهم من خلال سياسة تعريب المنطقة وفرض الهوية العربية عليهم قسرا، وعلى هذا الأساس قامت الحكومة بترحيل أكثر من ألف وثمنمائة عائلة شبكية إلى مناطق حرير وبازيان في محافظة أربيل ومنطقة جمجمال في محافظة كركوك ممن سجلوا قومية أخرى غير العربية في إحصاء عام 1987 وهدمت دورهم في 22 قرية من قرى الشبك وصادرت عقاراتهم بموجب الوثيقة المرقمة (1741) والصادرة من مديرية الشؤون الداخلية بتاريخ

1990/4/10 والموجهة إلى قائمقامية قضائي الموصل والحمدانية تحت عنوان (ترحيل الشبك)، حيث ان إحصاء عام 1987 كان قد حدد القوميات في العراق بقوميتين رئيسيتين وكان الشبكي حينها مجبرا على إختيار أحد خيارين لا ثالث لهما، إما التسجيل في حقل القومية (عربي) او (كوردي)، ومن سجل حينها قوميته (عربي) فقد سلم من الترحيل القسري الذي طال جميع من سجل في ذلك الإحصاء على أنه (كوردي القومية)، وقد صدرت تعليمات لاحقة من قبل وزارة الداخلية سمحت للمرحلين بالعودة بشرط إجراء معاملة تصحيح القومية وتسجيلها تحت عنوان القومية العربية. ومن نتائج تلك السياسات، أيضا، أن العديد من أبناء الشبك بدأوا بالتفكير بالهجرة إلى خارج العراق. في بداية ثمانينيات القرن الماضي غادر العراق العديد من شباب الشبك واستقروا في الدول الأوروبية وإيران ودول أخرى، حيث شهدت تلك الفترة بدايات الهجرة من العراق بسبب الإضطهاد السياسي.

<u>الفترة بين 1990 - 2003</u>: لا شك أن القرارات الدولية التي أعقبت حرب الخليج الثانية والحصار الإقتصادي الذي فرض على العراق كان لها الأثر الكبير على عموم المجتمع العراقي وبضمنهم أبناء الأقليات وكانت لها إنعكاساتها على الوضع الإقتصادي للعائلة العراقية إضافة إلى الإنخفاض الواضح في مستوى التعليم والصحة والخدمات الأخرى والمعاناة الواضحة لرب الأسرة في توفير الحد الأدنى لمعيشة عائلته، وتم إقرار البطاقة التموينية وأصبحت الوظيفة عبئا على الموظف لإنخفاض قيمة العملة العراقية مقابل زيادة كبيرة في أسعار السلع والخدمات حيث أن راتب بعض الموظفين لم يكن يكفي لتغطية كلفة عشاء عائلي في مطعم راقي. في تلك الفترة ترك الكثير من الموظفين وظائفهم ولجأوا إلى العمل في القطاع الخاص، وقد لاحظت أن العديد من المعلمين والموظفين يعملون في أكشاك بيع السكائر والمرطبات، وانتشر التسرب من المدارس وإحجام رب العائلة عن تعليم وإرسال أولاده إلى المدارس لعدم جدوى وقيمة الشهادة حينها، حسب اعتقادهم، ودفعهم للعمل في المعامل والورش للمساعدة في تغطية مصاريف العائلة، وانتشرت عمالة الأطفال بشكل واسع وزادت أعداد الأميين بين الأطفال والمراهقين. كان الطابع الغالب للخروج من العراق في تلك الفترة هو الهجرة لأسباب إقتصادية وإستقبال الدول الغربية بشكل عام للمهاجرين العراقيين تحت عنوان اللجوء الإنساني إلى حد أصبح إدعاء لاجئين من دول أخرى بأنهم عراقيون بهدف قبول لجوءهم في الدول الأوروبية وخاصة من المصريين

الذين كانوا قد عاشوا في العراق ويجيدون اللهجة العراقية. وقد رأيت عدة حالات في مركز من مراكز اللجوء في لندن مثل مواطن سوري إدعى بأنه عراقي من قضاء تلكيف وعندما سألته عن بعض المناطق لمعرفتي الجيدة بتلك المناطق وتكلمت معه بلغة الأخوة المسيحيين إرتبك، لكنني طمأنته بعدم تدخلي في وضعه أمام السلطات البريطانية. هجرة الأقليات في هذه الفترة كانت واضحة وخاصة الأخوة من المكون المسيحي حيث هاجر الكثير من أبناء هذا المكون وبدا تأثير هذه الهجرة واضحا على العديد من القصبات المسيحية مثل قصبة تلكيف، وكذلك الحال بالنسبة إلى الشبك حيث زادت وتيرة هجرة الشباب ومن هم في سن العمل إلى خارج العراق وأصبحت أعدادهم تتزايد يوما بعد يوم وخاصة في الدول الأوروبية. والملفت للنظر أن نسبة الكفاءات وأصحاب الشهادات والذين يجيدون لغات أخرى كانت أقل بكثير من نسبة غير المتعلمين من المهاجرين مما إضطر هؤلاء إلى العمل في اعمال خدمية وإنجرف البعض منهم إلى المعاملات غير القانونية وعانوا كثيرا في الإندماج في تلك المجتمعات، عكس الجيل السابق للمهاجرين الذين أرسوا أسس سمعة راقية وجيدة للمهاجر العراقي وكانوا مؤثرين وفاعلين في المجتمعات التي استقروا فيها، مثال ذلك الجالية العراقية في بريطانيا إذ كان عدد الأطباء العاملين في مدينة لندن فقط عام 2012 بحدود ثلاثة آلاف طبيب عراقي.

الفترة بين 2003 - 2006: شهدت مرحلة ما بعد 2003 تطورا ملحوظا في الفكر السياسي والتنظيمي لدى الشبك، خاصة بعد تشكيل مجلس محافظة نينوى من قبل سلطة الإئتلاف الموحدة بتاريخ 2003/5/23 والتي كانت قد وجهت دعوة إلى عدد كبير من الشخصيات الموصلية ومن بينهم ستة شخصيات من الشبك وكنت أحدهم وتم إختيار الدكتور حنين القدو عضوا في مجلس محافظة نينوى ممثلا للشبك في وإختيار السيد غانم سلطان البصو محافظا من قبل المجلس المذكور. ثم قمنا بعد ذلك بتأسيس أول تنظيم سياسي للشبك بمبادرة من مجموعة من المثقفين والفاعلين في المجتمع الشبكي وبإمكانيات ذاتية بحتة تحت مسمى (تجمع الشبك الديموقراطي)، وقد قمت حينها بوضع نظام داخلي لهذا التجمع وتم إجراء إنتخابات شارك فيها عدد كبير من وجهاء ومثقفي الشبك ومختاري قرى الشبك وتم إنتخاب أعضاء المكتب السياسي وإختيار المرحوم الدكتور حنين محمود القدو وبذلك أصبح تجمع الشبك الديموقراطي الواجهة السياسية للشبك وتمخض التجمع لاحقاً عن العديد من

التنظيمات الأخرى مثل رابطة مثقفي الشبك ورابطة نساء الشبك كما أصدر التجمع جريدة ناطقة بإسمه (جريدة اليقين) وكنت رئيساً لتحريرها في تلك الفترة. كان لتجمع الشبك الدور البارز في تأسيس كيان مستقل للشبك وأصبح هناك تمثيل حقيقي وحسب النسبة السكانية لهم في المجالس البلدية المحلية تحت قيادة التجمع وتعيين مدير ناحية من أبناء الشبك في ناحية برطلة وأخر لناحية بعشيقة بعد إجراء تفاهمات مع مكونات تلك المناطق، وكان لهذا التجمع دور واضح في تعريف الشبك كأقلية قومية عراقية في المحافل الوطنية والدولية وبيان معاناتهم خلال الفترات الماضية والعمل على تمثيلهم في المجالس النيابية والمشاركة في المؤتمرات واللقاءات التي كانت ترسم خارطة المستقبل السياسي للعراق، حيث لم يتم تمثيل الشبك في مجلس الحكم العراقي المشكل في 2003/7/13، كذلك لم يتم ذكرهم كأقلية ومكون عراقي. وبعد إقرار قانون الدولة للمرحلة الإنتقالية وعقد مؤتمر وطني ضم 1320 شخصية من العراق في شهر آب من عام 2004 شارك أمين عام تجمع الشبك فيه ولكن لم يتم إختياره ضمن (100) شخصية من المكونات العراقية من الذين تم إختيارهم إنما ظهر إسم شخص (سامي شبك) ضمن القائمة الكوردية على أساس أنه يمثل الشبك، ولكن الحقيقة أنه تركماني يسكن محافظة أربيل ولا يمت بصلة للشبك إنما جاء برغبة من الأحزاب الكوردية ووفق رؤيتهم لفرض الهوية الكوردية على الشبك. لذلك قام تجمع الشبك الديمقراطي بتنظيم مظاهرة في وسط بغداد أمام وزارة الخارجية في شهر تموز عام 2004 حضره حشد كبير من أبناء الشبك وكانت شعاراتهم تدعو إلى تمثيل الشبك كقومية مستقلة، وأثمرت تلك المظاهرات والمطالبات الكثيرة بتمثيل الشبك في الجمعية الوطنية العراقية ولجنة كتابة الدستور ومثل الشبك فيها المرحوم الدكتور حنين القدو (صورة رقم 3). وكان للشبك، أيضا، الدور البارز في إقرار الدستور العراقي لعام 2005 بعد أن توقف إقراره على تصويت محافظة نينوى لصالح إقرار الدستور، حيث كان الشبك من الداعمين لإقراره والمصوتين لذلك، وقد تمكن أيضا من ضمان تمثيل الشبك من خلال الكوتا المقررة للأقليات في الإنتخابات النيابية على مستوى مجالس المحافظات أو مجلس النواب العراقي، واستطاع التجمع أيضا ضم اغلبية الشبك تحت لواءه من خلال طروحاته الواضحة والجامعة لأبناء الشبك دون تفريق بينهم، ونهجه في التعامل مع القضايا والتحديات بموضوعية لاسيما القضايا المصيرية مثل خصوصية الشبك وإعتبارهم من مكونات الشعب العراقي وحقهم

في التعبير عن أراءهم وتوجهاتهم والدفاع عن الحدود الإدارية لمحافظة نينوى وإحترام خصوصيات منطقة سهل نينوى بإعتبارها منطقة سكنى الأقليات. وقد كان هناك نوع من التوافق للتجمع مع القوى الرافضة لهيمنة الأحزاب الكوردية على محافظة نينوى، ولعل موقف الحزب الديموقراطي الكوردستاني في هذه الفترة، ورغبته في فرض وصايته على الشبك وإعتبارهم جزءاً من القومية الكوردية كان من أصعب التحديات التي واجهها الشبك لما لهذا الحزب من تاريخ وإمكانيات مادية وتنظيمية ونفوذ واسع سواء في بغداد أو في محافظة نينوى إلى حد سيطرتهم الواضحة على قرارات ومقدرات هذه المحافظة، وهذا الأمر كان السبب الذي دعا المحافظ غانم البصو إلى تقديم إستقالته، وأعقب ذلك إغتيال المحافظ البديل المرحوم أسامة يوسف كشمولة. وبعد إجراء إنتخابات مجلس النواب ومجالس المحافظات عام 2005 ونتيجة الوضع العام في محافظة نينوى فازت قائمة التحالف الكوردستاني وإستمرت لمدة أكثر من أربع سنوات. في هذه الفترة ظهرت بدايات الإستهداف المنظم ضد الشبك وقُتل وهُجر العديد منهم، ولعل من أوائل الشبك الذين إستهدفوا في الموصل هو الصحفي والكاتب المرحوم أحمد شوكت وصاحب جريدة بلا اتجاه والذي اغتيل في مكتبه في شارع خالد بن الوليد بتاريخ 2003/10/28 من قبل مجهولين، ثم أعقب ذلك عمليات إستهداف وإغتيال العديد من أبناء الشبك في مدينة الموصل، خاصة بعد إنشاء مخيم للنازحين من تلعفر في منطقة (داملماجة) قرب باب شمس، هذه المنطقة كانت تتوسط أحياء عديدة يسكنها أبناء الشبك مثل نينوى الشرقية وحي الماء وحي التأميم الذي حصل فيه تفجير دامي في شهر آذار عام 2005 راح ضحيته 48 شهيداً وبحدود 100 جريح بعد أن قام إنتحاري يرتدي حزام ناسف بتفجير نفسه في مجلس عزاء المرحوم السيد هاشم الأعرجي في مسجد الشهيدين الصدرين في حي التأميم وكان تلك أول عملية إنتحارية تستهدف الشبك وأماكن عبادتهم في مدينة الموصل، وبعد ذلك تم أيضا إستهداف حسينية روضة الوادي في منطقة الفيصلية من قبل العصابات الإرهابية بتاريخ 2005/9/15 وإستشهد إثر ذلك رجل الدين الشيعي المرحوم الشيخ حكمت المولى.

<u>وضع الشبك بين عام 2006 - 2014:</u> تصاعدت وتيرة إستهداف الشبك في مدينة الموصل بعد عام 2006، خاصة بعد تفجير مرقد الإمامين العسكريين في سامراء وبدأت عمليات تهجير العوائل من أحياء الموصل من خلال الإستهداف المباشر للشبك الشيعة خاصة وفي

حينها كان للحزب الإسلامي العراقي جمهور جيد في الموصل. ذهبت حينها إلى مقر هذا الحزب وكان معي المرحوم فارس سعيد الباجلاني عضو المكتب السياسي لتجمع الشبك وطلبت من مسؤول الحزب حينها الدكتور محمد شاكر الغنام مساعدتنا في توجيه أئمة الجوامع والذين كانوا يتبعون واقعيا هذا الحزب في خطب الجمعة لوقف إستهداف الشبك والحفاظ على النسيج الإجتماعي لهذه المدينة ولم نلقَ منهم آذاناً صاغية، إذ أن الجو العام في هذه المدينة كان مشحونا بالطائفية حينها، وخارج عن السيطرة بسبب إنعكاسات الوضع في عموم العراق، كما كان هناك تحريض واضح من قبل البعض ضد الشيعة والشبك، ومثال ذلك حادثة إغتصاب فتاة قاصرة في شهر كانون الأول من عام 2012 وقد كان محافظ نينوى حينها قد وجه الإتهام إلى أحد أفراد الجيش من أبناء مدينة العمارة، وقد بينت التحقيقات اللاحقة أن مرتكب هذا الفعل هو منتسب من أهالي الموصل. لقد بلغ عدد الشهداء الشبك أكثر من 1450 كما بلغ عدد العوائل الشبكية المهجرة من مساكنها أكثر من ثمانية آلاف عائلة. أغلب هذه العوائل سكنت في منطقة سهل نينوى ومنهم من غادر العراق حينها بحثا عن الأمان، وقد وصفت بعض التقارير الحكومية والدولية حالة الشبك في تلك الفترة وما صاحبتها من عمليات قتل وتهجير منظم بأنها ترقى إلى إعتبارها جريمة إبادة جماعية (جينوسايد). كما طال الإستهداف أيضا مجموعة من الشخصيات الشبكية منهم عضو مجلس النواب العراقي فارس ناصر وعضو مجلس محافظة نينوى عارف يوسف الشبكي والقيادي في تجمع الشبك الملا عباس كاظم الشبكي ومدير دائرة الهجرة في الحمدانية علي شاكر وعميد المرور عبد المحسن حسن محمد وغيرهم الكثير من الأطباء والكفاءات العلمية والإدارية من الشبك. وبعد أن فرغت الموصل من الشبك تقريبا توجهت الإستهدافات إلى مناطق سكنى الشبك في سهل نينوى حيث تم تفجير شاحنتين كبيرتين في قرية خزنة تبة بتاريخ 2009/8/10 وسقط عشرات الشهداء ومئات الجرحى وتهدمت أعداد كبيرة من الدور على ساكنيها (صورة رقم 4 إنفجاران يستهدفان اقلية الشبك بالموصل 2009) وتبعتها تفجيرات أخرى عديدة مثلا تفجير سيارات مفخخة في مسجد قرية السادة التابعة لقضاء تلكيف وتفجير مزدوج بسيارتين مفخختين في قرية الموفقية وإستهداف جامع فيها وقرية تيس خراب وتفجير إنتحاري في مجلس عزاء في قرية أورطة خراب وإستهداف مجمع الغدير ومجمع النور للمهجرين ومناطق أخرى عديدة سواء بسيارات مفخخة أو

حكمت جميل

عبوات ناسفة (صورة رقم 5 و 6 قيام داعش بتفجير جامع النوري في الموصل). يتلخص وضع الفرد الشبكي في تلك الفترة بحالة الخوف ومناظر الدم والقتل والتهجير التي كانت مهيمنة على تفكيره وهمه الأول كان كيفية الحفاظ على نفسه وأهله من القتل والتهجير. أما على الصعيد السياسي فقد كانت هناك هيمنة واضحة للأحزاب الكوردية على مناطق سهل نينوى وكانت الإدارة الفعلية بيدهم وأصبح لهم نفوذ واضح وجمهور بين أبناء الشبك ومقرات في مناطقهم إضافة إلى مقراتهم في الموصل، والحقيقة أن علاقة الشبك بالكورد علاقة طيبة وعلاقات جوار ومصاهرة وعمل وشراكة في العديد من المناطق إضافة إلى أن العديد من الشبك هم من أصول كوردية، إلا أن نقطة الخلاف الأساسية كانت حول فرض الهوية الكوردية على الشبك وهذا ما رفضته غالبية أبناء الشبك. حاولنا التفاهم معهم على بعض المشتركات وإدارة المنطقة ورفع الضغط عن عمل تجمع الشبك الديموقراطي وعقدنا معهم لقاءات عديدة، مع ممثلهم في مدينة الموصل السيد خسرو كوران ولقاء آخر مع المكتب السياسي للحزب الديموقراطي الكوردستاني في أربيل ولقاءات أخرى مع شخصيات كوردية، إلا إن إصرارهم على كوردية هوية الشبك كان قد حال دون الإتفاق معهم على صيغة معينة للتفاهم. وخلال هذه الفترة أيضا كان هناك توجه في مدينة الموصل مناهض للوجود الكوردي وسيطرته على مقاليد الأمور في هذه المحافظة، وخاصة (تجمع الحدباء المستقل) والذي كان يقوده السيد أثيل النجيفي، وحصلت مظاهرات عديدة مناهضة للكورد في الموصل وبسبب ذلك كان لتجمع الشبك علاقة جيدة مع تجمع الحدباء المستقل، وأذكر حينها حضوري ممثلا عن تجمع الشبك مع أربع شخصيات أخرى ومنهم أثيل النجيفي للإحتجاج على ممارساتهم وقطع جسر الحرية، وقد بلغ ذروة الرفض حينما إتهم السيد أسامة النجيفي في بيان له القوات الكوردية صراحة بضلوعها في تفجيرات منطقة الزنجيلي التي حدثت في شهر أيار عام 2008 وراح ضحيتها 205 شخص بين قتيل وجريح. وفي إنتخابات مجلس محافظة نينوى عام 2009 فازت قائمة الحدباء الوطنية بأغلبية الأصوات وشكلت الحكومة المحلية وأصبح السيد أثيل النجيفي محافظا لنينوى ومثل الشبك في هذا المجلس السيد قصي عباس والذي حقق فارقا واضحا في الأصوات على منافسه من قائمة نينوى المتآخية الكوردية، والتي قاطعت الحكومة المحلية في نينوى حينها، ثم إنتهت تلك المقاطعة في عام 2011 بعد لقاء السيد أثيل النجيفي برئيس إقليم كوردستان

133

السيد مسعود البارزاني في محافظة دهوك وإعلانهما عن التفاهم بخصوص إدارة محافظة نينوى إثر خلافات حصلت بين أعضاء مجلس المحافظة والإتهامات المتبادلة بين الحكومة المركزية برئاسة المالكي وبين الحكومة المحلية في الموصل وكانت لتلك التفاهمات تأثيرات على الوضع الأمني والإداري في مناطق سهل نينوى. بعد خسارة الأحزاب الكوردية في إنتخابات مجلس المحافظة عام 2009 أعاد الحزب الديمقراطي الكوردستاني نشاطه بشكل أكثر تنظيما وقوة في الإنتخابات النيابية لعام 2010، وأثناء التصويت في تلك الإنتخابات تعرض ممثل الشبك في مجلس النواب السيد قصي عباس إلى إستهداف من قبل القوات الكوردية قرب المركز الإنتخابي في قرية خزنة تبة الشبكية وأصيب بطلق ناري نافذ في صدره نجا منه بعناية ربانية بعد عدة عمليات جراحية، ولم يتمكن أمين عام تجمع الشبك الديموقراطي من الفوز بمقعد كوتا الشبك رغم فوزه في إنتخابات مجلس النواب العراقي في الدورة 2006-2010 والتي كان قد حقق الشبك فيها العديد من المنجزات، منها حصول الشبك لأول مرة في تاريخهم على مناصب تنفيذية وأهمها منصب وكيل وزارة عام 2007 في حكومة السيد نوري المالكي الأولى، حصل على مقعد كوتا الشبك في الدورة النيابية 2010 – 2014 النائب المرحوم محمد جمشيد الشبكي. وفي إنتخابات مجلس محافظة نينوى عام 2013 لم يتمكن من الفوز، في حين تمكن السيد غزوان حامد الداوودي من الحصول على مقعد كوتا الشبك في مجلس محافظة نينوى بدعم من الحزب الديموقراطي الكوردستاني الذي حصل على 9 مقاعد ومناصب رئيس مجلس المحافظة ونائب المحافظ وعدد من المدراء العامين في المحافظة بعد تحالفه مع السيد أثيل النجيفي وقائمته لتشكيل الحكومة المحلية.

إستمرت وتيرة هجرة ونزوح الشبك بسبب الأوضاع في تلك الفترة، خاصة بعد التحول الذي حصل في موقف مدينة الموصل من الحفاظ على الحدود الإدارية لمحافظة نينوى بمكوناتها إلى النهج الطائفي تماشيا مع الوضع العام في العراق حينها ومن ثم تحالف محافظ نينوى (السيد أثيل النجيفي) مع التحالف الكوردستاني، والموقف العدائي الذي إتخذه هذا التحالف الكوردستاني حينها من تجمع الشبك. ومن جهة أخرى إزداد حجم الإستهداف الذي تعرض له الشبك بعد عام 2006 في مدينة الموصل من قبل الإرهاب وتنظيم القاعدة وإضطرت آلاف العوائل إلى ترك بيوتها ومصادر رزقها والإنتقال إلى منطقة سهل نينوى

باعتبارها مناطقهم الأصلية وولدت تداعيات هذا الأمر نوعاً من الحساسية من قبل المكون المسيحي في المنطقة، وموقفهم الرافض للتملك والبناء في القصبات المسيحية ومنها قصبة قرة قوش، الأمر الذي دعا تلك العوائل النازحة إلى بناء مجمعات سكنية على أراضي زراعية في مناطق عديدة، ونتج عن ذلك شحة واضحة في الخدمات البلدية المقدمة في هذه المناطق لاسيما الماء والكهرباء والمدارس وغيرها. هذه الحوادث وغيرها وضعت الشبك أمام تحدي خطير وخيارات صعبة، أما التحالف مع الأحزاب الشيعية ومحدودية إمكانياتها ونفوذها في محافظة نينوى أو التفاهم مع الحزب الديموقراطي الفاعل السياسي الأول في نينوى حينها كما ذكرت. وبناء على ذلك، تم عقد عدة إجتماعات للمكتب السياسي لتجمع الشبك في بيتي في بغداد وتم الإتفاق على تشكيل قائمة موحدة للشبك والتفاهم مع الحزب الديموقراطي الكوردستاني على عدم منافستهم لهذه القائمة في مناطقنا مقابل ترك مقعد كوتا الشبك لمرشحهم في إنتخابات عام 2014 وفعلا وافق الحزب الديموقراطي على هذا الحل مبدئيا، إلا أن الذي حصل بعد ذلك هو إتفاق الأمين العام للتجمع وبشكل شخصي مع تحالف دولة القانون حينها برئاسة السيد نوري المالكي دون علم وموافقة أعضاء المكتب السياسي للتجمع. وهذا الأمر خلق إنشقاقا وخلافا في المكتب السياسي نتج عنه خروجي مع السيد قصي عباس من التجمع، ووصول المرحوم الدكتور حنين القدو إلى مجلس النواب من خلال تحالف دولة القانون إضافة إلى ممثل الحزب الديمقراطي السيد سالم جمعة عن كوتا الشبك، ونشأ عن هذا الوضع عدم تفاهم بين العضوين المذكورين، ولم يكن همهما في مجلس النواب إلا كيل التهم بعضهم ضد بعض دون وجود أي إنجاز للشبك في تلك الفترة.

دخول داعش الموصل في حزيران 2014: دخلت عصابات داعش الإرهابية في 10 حزيران عام 2014 وإجتاحت مدينة الموصل ونتج عن ذلك نزوح الكثير من العوائل إلى منطقة سهل نينوى وإلى مناطق أخرى في إقليم كوردستان ومحافظات العراق الأخرى (صورة رقم 7 نازحون شبك من أطراف الموصل في 20 حزيران/ 2014.) وخاصة عوائل الأقليات المسيحية بعد أن أصدرت عصابات دعاش الإرهابية بيانا في 15 حزيران من عام 2014 تضمن وجوب إعتناقهم الإسلام او دفعهم الجزية. أما المتبقون وبقايا عوائل الشبك والتركمان الشيعة واليزيدية فقد كانت دماؤهم مهدرة ومباح سبي نسائهم والإستيلاء على أموالهم. وفي شهر آب من ذات العام إجتاحت تلك العصابات الإرهابية مناطق سهل

نينوى وسنجار ونتج عن ذلك كارثة إنسانية ونزوح هائل لمعظم ساكني هذه المنطقة من الأقليات ومنهم من كان أصلا نازحا إلى هذه المناطق هاربا إليها من بطش الإرهاب (صورة رقم 8 تظهر خلو مناطق سكن الشبك بسبب ارهاب وقتل من قبل داعش)، إذ بلغت أعداد النازحين خلال أيام معدودة أكثر من 800 ألف نازح توزعوا على العديد من محافظات العراق، كان إتجاه نزوح الشبك بالدرجة الأساس إلى بغداد ومحافظات الفرات الأوسط إضافة إلى محافظتي أربيل ودهوك في إقليم كوردستان. وبعد صدور فتوى الجهاد الكفائي إنضم الكثير من أبناء الشبك إلى تلك التنظيمات أملا بتحرير مناطقهم وتم تشكيل لواء منهم لهذا الغرض وشارك في عمليات التحرير (صورة رقم 9 تحرير برطلة وقره قوش من قبل الفرقة اذهبية (فرقة من أبناء الشبك)، وبعد القضاء على داعش في عام 2017 عادت الكثير من العوائل النازحة إلى مناطقهم وبأت حملة إعمار كبيرة وبإمكانياتهم الذاتية منها إعادة بناء الدور المهدمة والمتضررة مع جهد حكومي متواضع في إعادة الخدمات للمنطقة. ومع الوضع الجديد في محافظة نينوى بعد التحرير وإنتهاء سيطرة الأحزاب الكوردية وإدارتها لمناطق سهل نينوى برز دور الأحزاب الشيعية بشكل واضح في هذه المناطق والذين إعتمدوا بشكل كبير على أبناء الشبك في دعم تنظيماتهم خاصة بعد إضمحلال دور تجمع الشبك الديمقراطي في المبادرة وإعتمادها على القرارات الفردية غير المدروسة وغلبة الطابع المصلحي الشخصي في قيادته بدلا من أخذ زمام المبادرة في قيادة المنطقة والنهوض بواقعها الإجتماعي والسياسي والخدمي. فاقمت كل هذه التداعيات التشتت وعدم الإتفاق بين قياديي الشبك بسبب تبعيتهم للأحزاب وفوتت تلك الفرصة على الشبك وأدت إلى هيمنة واضحة للأحزاب الشيعية على القرار الشبكي رغم وصول نائبين إلى مجلس النواب وهما السيد قصي عباس والمرحوم الدكتور حنين القدو في إنتخابات مجلس النواب في عام 2018. في الإنتخابات الأخيرة لمجلس النواب حصل النائب وعد القدو على مقعد كوتا الشبك بدعم من الأحزاب الشيعية في محافظة نينوى بعد منافسته للسيد قصي عباس وهدر أصوات أكثر من 40 الف ناخب شبكي للحصول على مقعد يتيم في مجلس النواب.

صور الفصل الخامس الجزء الأول

صورة رقم 1 تظهر أمرأة شبكية والرئيس الشبكي المغفور له رشيد أغا ورجل شبكي

صورة رقم 2 ربيع سهل نينوى ومقام الامام زين العابدين قي قرية علي رش قبل تفجيره عام 2014

صورة رقم 3 مظاهرات الشبك في بغداد والبصرة وبرطلة إحتجاجا على عدم ذكر الشبك في الدستور

صورة رقم 4 إنفجاران يستهدفان اقلية الشبك بالموصل 2009

صورة رقم 5 قيام داعش بتفجير جامع النوري في الموصل

صورة رقم 6 إنفجاران يستهدفان اقلية الشبك بالموصل عام 2009

صورة رقم 7 نازحون شبك من أطراف الموصل في 20 حزيران/ يونيو 2014

صورة رقم 8 تظهر خلو مناطق سكن الشبك بسبب ارهاب وقتل من قبل داعش

صورة رقم 9 تحرير برطلة وقره قوش من قبل الفرقة الذهبية (فرقة من أبناء الشبك

السيرة الذاتية والعلمية

عقيل مسلم محمد كاته (البو صافو

*ولد في قرية علي راش/محافظة الموصل/العراق/1993، *سافر إلى بريطانيا بعمر 14 سنة لتكملة دراسته عام 1977، *الحالة الإجتماعية، متزوج من سكينة كاتا (ولدت في الموصل-العراق)، لدينا أربعة أطفال (هاني، أحمد، محاسن وندى)،

*شهادة التعليم العالي في التربية الجامعية جامعة كارديف، بريطانيا 2003،

*دبلوم ما بعد الدراسات العليا في الذكاء الإصطناعي، جامعة كارديف، بريطانيا،

*بكالوريوس في تكنولوجيا المعلومات / غلامورغان، بونتيبريد، بريطانيا، 1991-95، *بكلوريوس علوم حاسبات / جامعة كارديف / بريطانيا عام 1999

* مهارات إدارية: خبرة طويلة في إدارة المرافق لمختلف الشركات منذ عام 1997 حتى الآن. تشمل المهام تشغيل العديد من المكاتب/ الفروع يوميًا مع التعامل مع الموظفين/ العملاء ومتابعة تقدم الأعمال وتغطية (أي أل تي) بأستخدام تكنولوجيا التعلم والمعلومات (اي تي) وتشغيلهما جنبا إلى جنب، كنت واحدا من المدربين الرائدين في الكلية في استخدام تكنولوجيا التعلم والمعلومات، خاصة في إستخدام مؤتمرات الفيديو في التدريس مع مؤسسات أخرى، *مخطط جيد: إعداد المهام بشكل جيد لتنفيذها بفعالية، *حضور المؤتمرات المهنية لتطوير المهارات الشخصية وإقتناء أفكار جديدة،

*سجل العمل: أسس العديد من الشركات وأنشأ مكاتب في مجال العقارات في أجزاء مختلفة من كارديف، ومؤسس ومدير شركة كاتا إيستيتس المحدودة 2019 لحد الآن، *محاضر في كلية مورغانوغ / بونتيبريد / بريطانيا /2003-05، *مدرس دورة في جامعة كارديف، بريطانيا، 04 ذ، *مدير في سي تي إس، كارديف، بريطانيا، 1997/ 99، *مرشح مستقل للبرلمان البريطاني عام 2019،

*مرشح للجمعية الويلزية في بروبل ويلز/ حزب عام 2021، *مستشار التمويل العقاري، *إهتماماته: في عام 2023 تمويل العقارات، والتطوير والإستثمار

حكمت جميل

الفصل الخامس – الجزء الثاني

القومية الشبكية في المهجر (كارديف / بريطانيا)
بقلم عقيل مسلم محمد كاته (البو صافو)
(عراقي شبكي)

قصة حياة عراقي شبكي في المهجر / كارديف – ويلز – بريطانيا

منذ أربعين عاما، أي منذ بداية شبابي، كنت قد قررت أنني إن لم أحصل على معدل يدخلني كلية الهندسة المعمارية في العراق، فسوف أسافر خارج العراق للدراسة. وُلدت في قرية علي راش في سهل نينوى، / محافظة الموصل (صورة رقم 1)، وعشت أحلى أيام الشباب في الموصل / نينوى الشرقية، حيث ذهبت إلى الإبتدائية (مدرسة نينوى الشرقية في نهاية الستينات). لكوني من القومية الشبكية، أذكر تماماً أن اللغة العربية كانت تعتبر في بيتنا اللغة الثانية، لكون العائلة كانت تتكلم اللغة الشبكية في البيت (أذكر أن والدتي رحمها الله "نيو" كانت لا تتكلم العربية ولكنها تفهمها بعض الشي). مع هذا تعلمنا اللغة العربية بشكل جيد، كونها اللغة الرسمية في الدراسة والدولة، وكنت في الحقيقة من المتفوقين في الدراسة في مرحلة الدراسة المتوسطة وأيضا في المرحلة الثانوية، حيث تخرجت عام 1977 من الثانوية، ولكن مع الأسف لم أحصل على المعدل الذي يدخلني كلية الهندسة. في نفس السنة (1977) أجرت الحكومة العراقية تعدادا لسكان العراق، ومن الصدف أن مدرس اللغة العربية في المدرسة التي درست فيها، كان قد أعطي المسؤلية عن التسجيل للعوائل في المنطقة التي كنا نعيش فيها. وفي يوم التعداد جاء إلى بيتنا وجلس مع والدتي وطلب منها بيانات العائلة بالتفصيل، وعندما سألها عن القومية، قالت له والدتي، إننا من "القومية الشبكية"، عندها قال الأستاذ يحيى الذي يجري تسجيل البيانات (الله يحفظه إن كان حياً ويرحمه إن كان ميتاً) لوالدتي "عمي" أنا مخول فقط ان أكتب قومية أي شخص، "عربي" أو "كردي"، لان لا يوجد غيرها في الإستبيان، فقالت والدتي له، أنا لا أفهم مغزى هذا الشيء، ورد عليه والدي أيضا، وقال له أكتب القومية العربية لأن ثقافتنا هي ثقافة عربية، بالرغم من أننا نتمي للقومية الشبكية. مرت الأيام والسنين وسافرت إلى الخارج للدراسة،

وخلال إكمال معاملاتي أشهد أنني لم أشعر بأي شيء أقل من العراقيين الاخرين، وعند وصولي إلى كارديف، بريطانيا ولقائي بالأخوة العراقيين، وعندما طلبوا مني تعريفهم عن نفسي، قلت لهم أنا عراقي الأصل، وقوميتي هي القومية الشبكية، فإستغرب البعض من وجود قومية تسمى القومية الشبكية في العراق، ولكن كان هنالك إحترام من قبل الجميع، كما لم يسأل أي واحد منهم عن الديانة التي نتبعها أو ماهية ديانة القومية الشبكية، مما أعطاني إرتياحاً نفسياً لي وإحترام للإنسان. كان أحد الأخوة الذي ساعدني كثيرا بعد وصولي كارديف والذي سبقني بالهجرة هو الأخ حميد حامد القدو من قريتنا في العراق، وهو كان أيضا قد سافر إلى خارج العراق للدراسة. وخلال بقائي في كارديف لسنوات طويلة جداً، وتعرفي على الكثير من أفراد القومية الشبكية، يمكن أن أقول أن عدد أفراد القومية الشبكية في عموم دول المهجر يمكن أن يقدر بأعداد محدودة، ومن أوائلهم المرحوم الدكتور حنين محمود القدو، حيث كان من الأوائل على كلية الإدارة والإقتصاد في الموصل لذلك حصل على بعثة دراسية.

عزيزي القارئ، تعتبر القومية الشبكية من القوميات التي كانت تؤمن بالتعليم، كونه السند الأساسي للحصول على الوظيفة والإحترام من الآخرين، حيث أن كثيرين من أفراد القومية الشبكية وصلوا إلى مراحل متقدمة في التعليم، ولكن بقت أعدادنا في الخارج محدودة. أما بعد حرب الخليج الثانية أي عندما قام صدام حسين بغزو دولة الكويت عام 1990 هاجر كثير من العراقيين ومنهم أبناء القومية الشبكية بسبب الحصار الذي فرضته الأمم المتحدة على العراق بعد غزو العراق لدولة وإستمر الحصار والغلاء الفاحش وإنخفاض قيمة العملة العراقية مما إضطر الكثير من العراقيين للسفر إلى الدول المجاورة لتغطية نفقات معيشتهم، وإستمر الحال كذلك حتى قيام أمريكا وحلفائها بغزو العراق عام 2003، وسقوط حكم حزب البعث العربي الإشتراكي بقيادة صدام حسين. بعدها بدأنا نرى موجة أخرى من أفراد القومية الشبكية يتركون العراق إلى دول العالم المختلفة ومنها بريطانيا على سبيل المثال، ويمكن أن يعزى سبب هجرتهم مع الكثير من العراقيين بمختلف قومياتهم وطوائفهم من العراق إلى أسباب متعددة، وخاصة بعد الأحداث التي وقعت في العراق عام 2005 (صورة رقم 2)، وأصبح قتل الشخص على الهوية الشخصية وبمزاج من يقوم بالقتل لقاء فدية أحيانا، وأحيانا أخرى يحصلون على الفدية ومع ذلك يقومون بقتل الشخص ايضا أو يطلقون

سراحه. كل ذلك يحدث لأن الأمن كان معدوماً في العراق، وكانت المليشيات المختلفة هي التي تتحكم بالعراقيين وبأمور الدولة. إزداد الإضطهاد والعنف والقتل بعد عام 2014 عند دخول "داعش" محافظة الموصل، وتشريد كل الطوائف والقوميات التي لا تخضع لهم. بعد الهجرة التي سببتها حروب الخليج وتلك التي تبعت غزو العراق من قبل أمريكا والحلفاء يمكن أن نقول أن أعداد أفراد القومية الشبكية أصبحت كثيرة ومنتشرة في معظم الدول الأوربية خاصة ألمانيا وبريطانيا، أما في بريطانيا / كارديف يمكن أن أقول أن هناك العشرات من العوائل الشبكية التي وصلت خلال الهجرات الكبيرة التي حدثت في العراق كما أسلفنا سابقا. يعيش أبناء القومية الشبكية بكل حرية ويمارسون طقوسهم الدينية وباقي عاداتهم وتقاليدهم بكل حرية وبكل أمان (صورة رقم 3-6). نعم، هنالك تقصير من الحكومات العراقية لأنها لا تهتم بالقوميات، ولكن بشكل عام يمكن أن يقال أن ظروف الاقليات بشكل عام قد تحسنت مؤخرا، حسب معلوماتي.

مشاكل الشبك في المهجر / كارديف – ويلز – بريطانيا.

من مشاكل أفراد القومية الشبكية في المهجر بين الذين خرجوا من العراق بعد الغزو الأمريكي وقوات التحالف للعراق عام 2003، وخاصة الذين طلبوا اللجوء بعد هروبهم بسبب الخوف من القتل والدمار الذي تعرضت له محافظة نينوى بشكل خاص بعد دخول "داعش" الموصل، والترحيل القسري لقسم منهم من العراق وخاصة من شمال العراق / كردستان، حيث أن دائرة الهجرة في بريطانيا، كانت تقيم الأوضاع في العراق دوريا، ربما أكثر من مرة في السنة، وكانت تعتبر أن منطقة كردستان آمنة، لذلك رحلوا عدداً من اللاجئين من القومية الشبكية مباشرة إلى كردستان. وقد تكون دائرة الهجرة البريطانية أيضاً غير مقتنعة بطلباتهم لكون البعض من الذين يطلبون اللجوء لا يقدمون المعلومات الحقيقية عن اوضاعهم، أي إنهم لا يقولون الصدق أثناء ملئهم إستمارة اللجوء وربما عن غير عمد لأن اللاجئ في بعض الأحيان يلقن من قبل الآخرين أو المهربين، عن الذي يجب أن يقوله أو يكتبه لضمان قبوله كلاجئ، وهذا شيء خاطئ بالتأكيد. يجب على كل لاجئ أن يطرح قضيته بكل صدق وحقائق مظلوميته التي جعلته يتقدم ليكون لأجئاً وأن يقول الصدق حول موقفه المالي، وهل سيواجه الظلم من جديد إذا رجع إلى العراق. إن نسبة العراقيين من القومية الشبكية الذين يصلون بريطانيا حالياً تقريبا معدومة بسبب تحسن الأوضاع الأمنية

في العراق. تبقى الأوضاع الإقتصادية بشكل عام لأفراد القومية الشبكية غير جيدة ولكنها أفضل مما كانت عليه بعد الغزو الأمريكي للعراق.

أخيراً، نستطيع القول أن أفراد القومية الشبكية في المهجر يعتزون بعراقيتهم دائما، حيث إن جزءاً من المجتمعات العراقية في الدول الأوربية والتي أعطتهم مختلف أنواع الفرص ليعيشوا حياة أفضل خاصة لأبنائهم أي الجيل الثاني من حيث تأمين كل مستلزمات التعليم المجاني من رياض الأطفال حتى الثانوية مع توفير باصات لنقل الطلبة، كما سهلت أمور إلتحاقهم بعوائلهم أو أن يأتوا معهم، حيث أنهم الآن يدرسون في كليات الطب والهندسة وبقية العلوم ويعملون في كافة قطاعات المجتمع، ونخص بذلك مدينة كارديف، حيث أنني تزوجت من إبنة عمي (وعمي أيضاً من القومية الشبكية) عام 1999 في الموصل، وإلتحقت بنا إلي كارديف ونحن نستمتع بحياتنا العائلية، ونرى أطفالنا وهم يكبرون، ثلاثة منهم تجاوزوا 18 عامًا، وواحد لا يزال بعمر 12 عامًا.

أعزائي القراء، إن القضية الرئيسية التي تفكر فيها كل عائلة في المهجر، هي موضوع الجيل الثاني من شباب قوميتنا اليوم، وكيف ومتى سيتزوج أبنائنا وكيف سيختارون شريكة حياتهم، حيث إن الموضوع سيكون حسب إختيارهم بالأساس رغم إن الآباء يحبون أن يكون لهم رأيهم أيضًا ولكن قد يكون هذا صعباً، لأن تاثير المجتمع والمدرسة على الجيل الثاني قد يكون أقوى من سماعهم لرأي الوالدين، حيث الإختلاف الثقافي بين جيل الوالدين وجيل أبنائهم، كما يجب ان نفكر ونحاول قدر الإمكان أن نكون لأبنائنا قدوة حسنة. كما إن هناك مشكلة تعلم الجيل الجديد لغة القومية الشبكية، وهذا ليس سهلا على الإطلاق، ولكن سيبقى الجيل الأول يعمل ما في وسعه للحفاظ على اللغة الام، رغم أننا لا نتحدث لغة الشبك كثيرًا في المنزل، إلا إننا نرغب في أن يتزوج أبنائنا من خلفيات مماثلة، بالإضافة إلى الأسباب الدينية جزئيًا، فمن الواضح أنه على الرغم من كوننا مسلمًين، فمن المهم إختيار شخص من نفس القومية حتى لا يكون هناك صراعات لاحقًا في الأسرة، والتي قد تؤدي إلى العديد من المشاكل وهذا ما نلاحظه عند العوائل التي تتزوج من غير قوميتها، كما يجب أن لا ننسى أن بعض الشباب من قوميتنا يجدون صعوبة كبيرة في إيجاد فتاة يمكن أن يرتاحوا إليها من قوميتهم، وهذه مشكلة موجودة عند الكثير من العوائل الشبكية، حيث يحاول البعض القيام بترتيب الأمر لإتاحة فرصة اللقاء للشاب والفتاة بحضور الأقارب،

حكمت جميل

ورغم قيام البعض بإستخدام الفيس بوك للتعارف إلا إن الصفحة الألكترونية للفيس بوك تركز أنشطتها على الأمور الإجتماعية والثقافية أكثر من أي شيء آخر، لأن الناس محافظون جدًا لدرجة أنهم لا يستطيعون التقدم لطلبات الزواج، ومع ذلك، فإننا نسأل الأشخاص على إنفراد عما إذا كان هناك أفراد غير متزوجين من كلا الجنسين يرغبون في الزواج، وحرصنا على تقديم أية نصيحة لشبابنا وشاباتنا رغم كونها قد لا تنجح، ولكن مع هذا تبقى العوائل تكافح للعثور على أفضل شخص لأحبائهم.

إننا في كارديف نجتمع معًا كعائلات / أصدقاء في بعض المناسبات مثل الاعياد ونزور بعضنا البعض ونحتفل بالأعياد المقدسة، ونحاول أن نشرك أبنائنا في كل المناسبات كونها تساهم في الحفاظ على الهوية الشبكية رغم تشتتها في دول العالم المختلفة.

ملاحظة: كل التصاوير الشخصية تم اخذ موافقة اصحابها شخصيا من قبل كاتب الفصل الخامس القسم الثاني السيد **عقيل مسلم محمد كاته**، ولهذا وثقت بالكتاب.

العراقيون من الوطن الى المهجر

صور الفصل الخامس الجزء الثاني

صورة رقم 1: أكبر معمر من القومية الشبكية (والد عقيل مسلم) في كارديف

صورة رقم 2: شباب في ويلز / جلسة اجتماعية معظمهم من الشبك المقيمين في ويلز

حكمت جميل

صورة رقم 3: حفلة زفاف محمود انور القدو (شبكي) في كارديف. تزوج من سيدة "منو" باكستانية. وهذا نموذج من الزواج المختلط بين الجاليات.

صورة رقم 4: شباب من الشبك المقيمين في ويلز بالازياء التقليدية

صورة رقم 5: تخرج عقيل مسلم من جامعة كلاموركن بدرجة بكلوريوس

صورة رقم 6: أولاد عقيل هاني (مهندس طيران) وأحمد (هندسة ميكانيك)

الفصل السادس

القوميات والطوائف: في الوطن والمهجر

بقلم حكمت جميل

ملاحظة بالنظر لعدم تمكني (المؤلف) من إيجاد شخص ينتمي لكل من الطوائف **او القوميات التالية: اليزيدية، التركمانية، الكاكائية، اليهود، البهائية والزرداشتية** ليكتب عن طائفته، وبغية أن يكون الكتاب متكاملا من حيث شمول معظم الطوائف والقوميات، فقد قررت التطرق إلى كل طائفة معتمداً على مراجع الإنترنت والكتابة بشكل مختصر عن كل طائفة، رغم التباين في الإختصار، وأن تجمع في فصل واحد، في حين أن الجهود أثمرت مع باقي الطوائف العراقية (الآشوريين والمسيحيين والفيليين والمندائيين والشبك)، حيث وافق الأخوة مشكورين على الكتابة عن طوائفهم حيث سيكون لكل طائفة فصل في الكتاب.

عزيزي القارئ، لم أتوصل لمعرفة كيفية وضع تسلسل الطوائف في الكتاب، وبعد سؤال بعض الأخوة الكتاب والمؤرخين، إقترحوا على الإعتماد على أول إحصاء أجري في العراق باعتبار أن الكتاب يغطي الفترة من العهد الملكي إلى يومنا هذا (2024)، وتسلسل الطوائف حسب عدد نفوسها. وبعد الرجوع إلى الإحصاءات السكانية (1-2) إعتبارا من العهد الملكي إلى 2023، لم أجد ما يمكن الإعتماد عليه لسببين رئيسيين، الأول عدم ذكر معظم الأقليات من الطوائف في كل الإحصاءات التي أجريت لسكان العراق، وأحيانا مزج بعض الأقليات ببعضها أو مزج كل الأقليات باستثناء اليهودية المسيحية. أما السبب الثاني فهناك تناقص في الأعداد خلال الفترة الواقعة من العهد الملكي ليومنا هذا (2024).

أعود لأقول، لقد إستغرق الوقت لإيجاد من يرغب بالكتابة سواء عن طائفته أو قوميته أو عن واقع العراقيين في بلدان الإغتراب ما يقارب من عشرة أشهر (تشرين الأول 2022 ولغاية أب 2023) من خلال الإتصالات الهاتفية والإيميل والفيس بوك وتكليف بعض الزملاء بإعلامي إن كانوا يعرفون من يرغب بذلك لأقوم بالإتصال بهم حول المشاركة

بكتابة فصول من الكتاب. في النهاية توصلت إلى ما تم ذكره. كما لا بد من إعلام القارئ الكريم، عما قد يلاحظه أثناء قراءة ما تمت كتابته عن كل طائفة أو قومية، في وجود تباين بعدد الصفحات التي تمت كتابتها عن كل طائفة، والسبب قد يعود لكثرة المراجع في الإنترنت عن بعض الطوائف دون غيرها، وأيضا قد يكون إحساسي (المؤلف) بمعاناة بعض الطوائف أكثر من الأخرى من حيث الإضطهاد العنصري والديني والإجتماعي. ومع هذا، فأنا لم أقصد قبل البدء بالكتابة أن يكون هناك أي تباين بين الطوائف أو القوميات في كتابة الموضوع، ولكن ما حصل فعلا هو وجود مثل هذا التباين، ومن الله التوفيق

أدرج أدناه الطوائف والقوميات التي سأكتب عنها وكما يلي:

(1) الجزء الاول: الطائفة اليزيدية،

(2) الجزء الثاني: القومية التركمانية،

(3) الجزء الثالث: الطائفة الكاكائية،

(4) الجزء الرابع: الطائفة اليهودية

(5) الجزء الخامس: الطائفة البهائية،

(6) الجزء السادس: الطائفة الزرادشتية. أما الطوائف الأخرى وألتي لم أشير اليها، هي بسبب عدم وجود أفرادها حاليا في العراق أو بأعداد أقل من القليل.

أما القوميات أو الطوائف التي كتبت من قبل أهلها فهي:

(1) القومية الآشوريين والمسيحيين،

(2) القومية الفيلية،

(3) الطائفة المندائية،

(4) القومية الشبكية، حيث كتب عنهم من قبل اخرين في فصل بجزئين

- الفصل السادس – الجزء الأول

الطائفة اليزيدية في الوطن - العراق وإغترابهم

عزيزي القارئ، تشير المراجع (6-3)، إلى أن الطائفة اليزيدية تعتبر جزءاً من القومية الكردية، ولها ديانتها وطقوسها الدينية الخاصة، وقد تعرض اليزيديون إلى قتل وتهجير عندما رفضوا الإنخراط في الجيش العثماني، مما اضطر الكثير منهم للهجرة إلى دول اخرى، كما إن قسما آخر أعلنوا إعتناقهم إلى الديانة الإسلامية، ولجأ قسم أخر إلى الكنائس المسيحية في الموصل واعتنقوا المسيحية، للتخلص من نظام التجنيد. يعيش اليزيديون في مرتفعات جبال سنجار في العراق، الذي يبلغ ارتفاعه عن سطح البحر حوالي 300 متر، وبطول 18 كيلومتراً وعرض 6 كيلومترات، وأيضا في بعشيقة والمناطق الحدودية المحصورة بين محافظتي نينوى ودهوك. يتكلم اليزيديون اللغة الكردية القديمة، والتي تختلف عن اللغة التي يتكلم بها أكراد العراق وسوريا وتركيا وإيران، رغم وجود بعض التشابه بين البعض منها. تقدر أعداد اليزيديين في العراق خاصة قبل غزو أمريكا للعراق عام 2003 بحوالي 500-700 ألف شخص (حسب المراجع)، ولكن أعدادهم بدأت تتناقص بسبب هجرة جماعية لكثير منهم إلى دول أوروبا وشرق آسيا، إضافة لمقتل الآلاف منهم، كما إن قسما كبيرا منهم إعتنق المسيحية أوالإسلام، خاصة الشباب منهم وذلك للتخلص من الضغوط الأجتماعية، مما يفسر سبب تناقص أعدادهم بشكل كبير بمرور الزمن، حيث وصل عددهم إلى 190 ألف شخص في جميع القرى والمدن العراقية التي كانوا يسكنونها وفق ما نشره الشيخ اليزيدي "حرير". في نفس الوقت يذكر الشيخ حرير، كيف قام الأمريكان عند غزوهم العراق "بسرقة مخطوطاتهم ووثائقهم وكتب التاريخ القديمة من مكتباتهم بدعوى الحفاظ عليها، ودراستها، ولكن مع الأسف لم يعاد شيء لهم فيما بعد، كما كان اليزيديون يتوقعون أن الأمريكان سيقومون بتوضيح معالم ديانتهم للعالم ولكن لم يفعلوا ذلك". كما يذكر الشيخ حرير أن أبناء الديانة اليزيدية بعد غزو العراق من قبل أمريكا، أصبحوا بين فكي كماشة لا ترحم، بين الميليشيات الشيعية والجماعات السنية المتطرفة من جهة، والإهمال الأمريكي ثم الحكومي العراقي من جهة أخرى، مما جعل أبناء الطائفة اليزيدية يميلون إلى التحالف مع والتقرب من حكومة إقليم كردستان، ونتيجة لهذا التقارب

العراقيون من الوطن الى المهجر

قامت حكومة كردستان بشمول القرى والمدن التي سكنها اليزيديون بحملة إعمار وتنمية واسعة أسوة بباقي مناطق كردستان. إن تقرب إقليم كردستان من اليزيديين لم يمنع بعض من أصحاب القرار في أقليم كردستان، من التعامل مع اليزيديين بنظرة قومية، فمثلا تم إقتصار القانون الكردي على الإشارة إلى أن الديانات الرئيسية في إقليم كردستان هي الإسلامية والمسيحية، وأغفل باقي الاديان، ولهذا ذكرت رئيسة "منظمة حماية الأقليات العراقية" السيدة "بشرى خليل" للعربي الجديد، أن اليزيديين هم عراقيون قبل كل شيء، وهم أهل الأرض الأصليون، وقد تعرضوا سابقاً وحاضراً لشتى أنواع الظلم والإضطهاد على أسس دينية وعرقية، كل ذلك حدث بسبب الجهل التام بمجتمع ومعتقدات اليزيديين، رغم كونهم يتميزون عن الآخرين بالطيبة والتسامح، لكن الحكومات العراقية منذ الحكم الملكي لم يرق لها هذا التميز وليومنا هذا، وتذكر "السيدة خليل" أن عمليات التهجير والقتل التي أصابت الطائفة اليزيدية، على أيدي داعش (صورة رقم 1 تعبر عن هروب اليزيديين من "بطش داعش" عام 2014 وإحتلالهم سنجار بعد إحتلالهم محافظة الموصل) هي نتيجة الفهم الخاطئ للديانة اليزيدية، فمثلاً وقع المسيحيون تحت رحمة داعش لكن داعش إكتفى بتهجيرهم، في حين وجد داعش في اليزيديين عجينة ممتازة لإفراغ شحنات جنونهم عليهم. للأسف لم تبين السيدة خليل إستخدام حكومة نوري المالكي اليزيديين كورقة ضاغطة على الدول الكبرى لتسليح الجيش العراقي، كما يذكر "السيد بدر خلف" لمجلة "العربي الجديد" أن آخر تقرير أعد عن اليزيديين بين أن أكثر من 500 شخص يزيدي قتلوا بشكل مباشر على أيدي داعش، ومن بين الوفيات 110 أطفال وعدد من النساء ويؤكد "بدر خلف" أن الرقم أعلى من ذلك لأن أعداد النازحين كان كبيراً، ومن الصعب إجراء إحصاء دقيق بعدد الوفيات التي كان قسم منها نتيجة الجوع والعطش وتناول طعام غير صالح للإستهلاك البشري مثل أوراق الأشجار والنباتات البرية أو الاصابة بالأمراض، لكونهم كانوا محاصرين من قبل داعش في أعلى جبال سنجار. عندها بدأت طائرات أمريكية ومروحيات تابعة لإقليم كردستان بإسقاط أغذية ومياه شرب على آلاف النازحين الموجودين في جبل سنجار. كما تفيد شهادة بعض الفارين من مدينة سنجار، والذين حالفهم الحظ في سلوك الطرق المتصلة بإقليم كردستان، لأنهم لم يصعدوا إلى الجبل، ولكن أهلهم يعيشون في وضع سيء. ويقول السيد سلمان سنجاري وهو أحد الناجين من مدينة سنجار أن "معظم الأهالي

هربوا من بيوتهم قبل أن يروا قوات داعش، لكنهم شاهدوا بشمركة إقليم كردستان تنسحب من أماكنها والإنفجارات تتوإلى داخل المدينة، مما جعل الكثير من اليزيديين يهربون بمشهد لا تراه حتى في الأفلام السينمائية، كما تشير المراجع إلى أن اليزيديين كانوا متأكدين أن داعش سيدخل مدنهم للفتك بهم، لأن داعش تحمل صورة سوداء عن اليزيديين، ويذكر أيضاً إختفاء العشرات من نساء ورجال وأطفال اليزيديين ولم تعرف أماكنهم أبداً والأغلب أنه تم سبيهم من قبل داعش، حيث أكدت الحكومة العراقية الإتحادية في بغداد أن داعش أخذت سبايا من "اليزيديين العراقيين. أعود لأذكر أن رئيس منظمة "سموكي" المكلفة في مجال إغاثة اليزيديين وتقديم المساعدات لهم، يذكر أن المنظمة متواجدة في إقليم كردستان، وهنا أشير إلى ما ذكره أحد أتباع الديانة اليزيدية، لصحيفة "العربي الجديد" وهو "الشيخ اليزيدي عبد الملك حرير" أن نظرة العالم إلينا تقول أن اليزيديين هم قوم غريبي الأطوار ومنغلقين عن العالم، أو ربما مشعوذين، ثم يعود الشيخ ليقول "في الحقيقة أننا نرى أنفسنا متميزين عن الآخرين، ومن الخطأ الجسيم أن يلصقوا مثل هذه التهمة (عبادة الشيطان) بنا، ثم يذكر الشيخ حرير أن اليزيديين يؤمنون بأن الله تعإلى وحده لا شريك له، متميز الصفات والعلا، كما إن نبي اليزيديين هو إبراهيم أبو الأنبياء، ويكرر قوله بأن اليزيديين لا يعبدون الشيطان إطلاقاً، وإن اليزيدية، ترفض اللعنة لأن اللعن ليس في دينهم، كما يقول الشيخ حرير، نحن نرفض لعن أي شيء آخر، حتى لو كان ذلك للحجر أو الحيوان، كما يذكر "الشيخ حرير" أن أليزيديين لديهم عبارات ووصايا سماوية غير مدونة لأن اليزيدية، تحرّم كتابة كلمات الله في ألواح أو أوراق ولكن اليزيديين يحفظونها في صدورهم، وبهذه الطريقة تتناقلها الأجيال.

<u>إضطهاد اليزيديين:</u> يذكر الشيخ اليزيدي "حرير" أن الأنظمة العراقية السابقة بشكل عام، عندما كانت تريد التنكيل أو قتل اليزيديين، تقوم باستغلال ما كان يشاع من أن اليزيديين يعبدون الشيطان، وليس الله، وبهذه الطريقة كان يسهل على حكام العراق، القيام بإتفاق مع القوى الإسلامية والمسيحية واليهودية باعتبارهم يؤمنون جميعا بالله، وبهذه الطريقة، كان حكام أنظمة العراق يحصلون على تأييد معظم أفراد الشعب العراقي للقيام بإضطهاد أو قتل اليزيديين، وبذلك الأسلوب قامت كل الأنظمة العراقية بعزلنا ونبذنا سياسيا واجتماعيا كما

يقول الشيخ حرير، ونفس الشيء حدث عند غزو الولايات المتحدة الأمريكية العراق عام 2003، لا بل أسوأ بسبب ظهور التنظيمات المتطرفة الإسلامية والسنية والشيعية التي إستلمت السلطة في العراق بشكل خاص. ومن الإيجابيات التي وردت في بعض التقارير أن "المناضلة اليزيدية، أم عماد" والبالغة من العمر 25 عاماً كانت تدير مطعم "مذاق الموصل" لتجهيز المأكولات المميزة الخاصة بمدينة الموصل، وبعد تحرير الموصل من داعش في عام 2017، جلبت أم عماد أكثر من 30 سيدة لتعمل كعاملة في المطعم وهن من الأرامل والمطلقات، كي تنشئ لهم بوابة للحصول على الرزق ولقمة العيش، خصوصا اللواتي فقدن أزواجهن بسبب الحرب ضد داعش، ولم يقتصر هدف "أم عماد" على مساعدة النساء في كسب المال، بل ساهمت في تشغيلهن لرفع حالتهن النفسية والمعنوية، وجعلهن عناصر فعالة في المجتمع، لأن بالنتيجة سيكون لهن القدرة على كسب لقمة العيش أينما كانوا. وهنا يمكننا أن نشير إلى بعض الإحصائيات التي عثرنا عليها في الإنترنت التي تقدر أعداد الأرامل والمطلقات في الموصل بحوالي 45 ألفاً، ويشير المصدر أيضا إلى أن 23 الفاً منهن يستلمن رواتب تقاعدية، في حين تبقى 22 الفاً بدون أي معونة حكومية، مما يجعلهن يعيشن أوضاعا إقتصادية وإجتماعية صعبة.

وقبل أن أختم هذا الجزء لا بد من الإشارة إلى ما ذكره اليزيدي "عثمان" أن اليزيديين تعرضوا قبل تعرضهم إلى داعش إلى عمليتين مماثلتين في الإضطهاد، الأولى في الحقبة العثمانية وذلك في القرن التاسع عشر (1872) عندما رفضوا الإنضمام في صفوف الجيش العثماني، والثانية خلال فترة حكم حزب البعث العربي الإشتراكي في العراق.

<u>اليزيديون في الخارج:</u> تشير إحصائيات مديرية شؤون اليزيديين في العراق إلى هجرة أكثر من مائة ألف يزيدي منذ عام 2014، في حين يقول المدير القطري لمنظمة يزدا "السيد جميل غانم" أن هذا الرقم يمثل تراجعاً مخيفاً في أعداد اليزيديين الذين كانوا يعيشون في العراق، قبل غزو داعش لمناطقهم في سهل نينوى، وفي نفس الوقت يبدي تخوفه من أن ياتي يوم يفقد العراق "ما يقارب من ربع عدد اليزيديين في المهجر ليصل العدد إلى أكثر من 500 ألف (حسب المرجع، إذا ما استمر الوضع المعيشي والأمني بالتراجع في العراق).

أعود لأقول إن هجرة اليزيديين إلى خارج العراق بهذه النسبة الكبيرة حدثت نتيجة

الإنتهاكات التي تعرضوا لها على أيدي مسلحي تنظيم داعش بدءاً من الثالث من أيلول عام 2014، حيث شرد التنظيم المتطرف نحو 250 ألف من اليزيديين (حسب المراجع)، كانوا يعيشون في القرى والبلدات التي تحيط بجبل سنجار، كما تشير المصادر إلى أن داعش قتل خلال الأيام الأولى من الهجوم 1293 يزيدي، حسب ما جاء في وثائق مديرية شؤون اليزيديين في حكومة إقليم كردستان العراق، وإن معظم القتلى كانوا من الرجال الذين لم يتمكنوا من الإفلات من مقاتلي داعش والوصول إلى سفوح جبل سنجار. كما تشير التقارير إلى أن القتلى اليزيديين قد دفنوا في مقابر جماعية، تجاوز عددها 80 مقبرة، ومع هذا العدد تركت أجساد بعض القتلى في العراء، فيما تعرض أكثر من ستة آلاف من النساء والأطفال للأسر على يد داعش، وتشير نفس المصادر إلى عدم معرفة مصير أكثر من نصفهم ليومنا هذا .

<u>اليزيديون في رحلة البحث عن وطن:</u> إن ما تعرض إليه اليزيديين من قتل وإضطهاد في العراق، جعلهم يبحثون عن دولة تقبلهم من جهة وتحميهم من القتل والإضطهاد، وهنا يروي اليزيدي المهاجر إلى أستراليا، "السيد خلف سنجاري"، ما جرى له ولعائلته من ظلم وإضطهاد جعله حتى بعد مرور أكثر من ثمانية سنوات على هجرته إلى أستراليا، يشعر بكوابيس تلاحقه ليل نهار، ويقول هربنا في اليوم الثالث من أيلول الأسود، حيث استيقظت عائلتي وهي مفزوعة على صوت إطلاق نار كثيف، حيث لم يكن هناك أي قوات أمنية لحمايتنا، وفي تلك اللحظة وجدنا أنفسنا فجاة في مواجهة مع مسلحي داعش, ويستمر سنجاري بالقول "لحسن الحظ تمكنت من الفرار مع زوجتي وأطفالي الستة باتجاه جبل سنجار. ثم يصف سنجاري رحلته على جبل سنجار، فيقول لقد كانت درجات الحرارة قد تجاوزت الخمسين مئوية في الجبل المقفر، عندها شعرت بالعجز المطلق، ولم أتمكن من توفير ماء للشرب لعائلتي وخاصة الأطفال منهم، ثم يستمر سنجاري في رواية قصته ليقول شاهدت آلاف العوائل اليزيدية، تصعد الجبل هاربة من داعش، لأن وعورة الجبل كانت العائق الكبير لإختراقه من قبل تنظيم داعش، الذي طوقت عناصره الجبل، وفرضوا حصارا قاتلا على العوائل اليزيدية، لعدة أيام، وطبعا أدى هذا إلى وفاة الكثير من الأطفال وكبار السن، ويستمر سنجاري حديثه بالقول، بعد عدة أيام من سيرنا في جبل سنجار جاءتنا

مساعدة، حيث شاهدنا طائرات قوات التحالف، إضافة لوحدات حماية الشعب الكردي وحزب العمال الكردستاني التي تمكنت من فتح ممر آمن لإجلاء المحاصرين عبر الحدود السورية ومنها إلى تركيا وإقليم كردستان، حيث استقر أغلبهم في هياكل منازل غير مكتملة البناء، ثم انتقلوا إلى مخيمات حول مدينة دهوك. وأخيرا يذكر سنجاري أن الهجرة بالنسبه له ولعائلته تمثل الأمان من القتل والخطف والفرمانات التي ستاتي لاحقا لا محالة، ويستند "سنجاري" بقوله إن اليزيديين تعرضوا إلى أكثر من سبعين فرماناً على مدى مئات السنين الماضية، ثم يقول كلمة "فرمان" يطلقها اليزيديون للتعبير عن حملات الإبادة الجماعية التي نفذت بحق اليزيديين في إشارة إلى الفرمانات (القرارات) التي كانت تمهد لهذه الحملات، وهنا يسأل سنجاري عن الضمانات التي يمكن أن يؤفرها المجتمع الدولي أو المحلي للأقليات في العراق، وهي نفس المجتمعات التي سمحت بترحيل اليزيديين من وطنهم وأرضهم، ويذكر أيضاً أليس هم نفس الأشخاص الذين حولوا مناطقنا إلى مناطق متنازع عليها بين إقليم كردستان والحكومة المركزية في بغداد، علما أن هذه المناطق هي نفس المناطق التي تعرضت للتغيير الديموغرافي خلال الفترة 1968 إلى 2003 أي أثناء سلطة حزب البعث العربي الإشتراكي، والتي تضم مناطق من نينوى وكركوك وصلاح الدين وديالى. والآن نعود لنسمع ما يرويه "سنجاري" عن إقامته في أستراليا، فيقول، حصلت على أرض وتمكنت من تحويلها إلى مزرعة للطعام الصحي، وذلك من خلال عدم إستخدامي أي من المواد الكيمياوية، حيث كان لي خبرة زراعية في قريتي "دوكري" في العراق، وكنت أقوم بتزويد أحد المطاعم بالخضروات، خاصة أن المطعم معروف بتقديم طعام صحي، ونتيجة لذلك توسع عملي ليشمل توزيع المحاصيل إلى المستشفيات ودور رعاية كبار السن، وأخيرا يقول سنجاري، عندما أنظر اليوم إلى عائلتي أشعر أنا وزوجتي بأن أطفالنا ولدوا من جديد، وتمكنا من تجنيبهم القتل أو الخطف، ثم يختم سنجاري حديثه بقوله "شعاري في الهجرة كان أولا مستقبل أطفالي".

عزيزي القارئ، هناك قصص كثيرة عن مأسي اليزيديين في الإنترنت ولكن بسبب عدم تمكني من التعرف على شخص ليكتب فصل عن هجرتهم، أحببت أن اكتب عن قصة مهاجر آخر ليس إلى أستراليا بل إلى المأنيا للتعرف على رؤية مهاجر يزيدي أخر في بلد أخر، والشخص معرف بإسم "حاجي"، والذي هاجر مع موجة المهاجرين التي اجتاحت ألمأنيا

عام 2015، حيث كان هاربا من داعش إلى جبل سنجار، ويقول، الهروب كلفني حياة أحد أطفالي بسبب معاناته من مرض، حيث لم يتحمل جسده النحيل، فمات بعد وصولنا إلى المخيم ببضعة أيام، حينها قرر "حاجي" الهجرة لإنقاذ من تبقى من أطفاله، ويروي "حاجي" أن مفوض الأمم المتحدة السامية لحقوق الإنسان ذكر أن 40 طفلاً يزيديا ماتوا على جبل سنجار خلال 12 يوماً من الحصار. يعود "حاجي" ليقول إن قرار الهجرة لم يكن سهلا ولكن الخوف من تكرار الإبادة في داخل العراق شجعهم، وكذلك الخوف من عدم تقبل المجتمعات الأخرى لهم كأقلية، ومع ذلك قرروا الهجرة، حيث وصل "حاجي" وعائلته إلى ألمانيا عبر رحلة برية بدأت من تركيا، ثم عبر البحر بالقوارب إلى اليونان مرورا بالطريق البري المرهق لدول البلقان وصولا إلى النمسا واخير وصلنا كعائلة إلى ألمانيا، ويذكر "حاجي" إن رحلة الهجرة هو وعائلته استغرقت شهراً كاملاً من يوم خروجه من العراق، ثم يروي "حاجي"، أنه وجد مجتمعاً متقبلاً للمهاجرين بشكل جيد، والمساعدات كانت كبيرة، وخصوصا ما يتعلق بتعلم اللغة وإندماج الأطفال في المجتمع، عبر فتح أبواب المدارس بطريقة إستقبالهم، كما يتحدث "حاجي" بفخر عن إبنته الكبرى، "آفين" والتي تخطو نحو عامها الثامن عشر، بعد نجاحها من الثانوية وهي الآن تسعى إلى الإلتحاق بكلية الهندسة، وفي الوقت نفسه بدأت بتأليف كتابها الأول باللغة الألمانية، وهي تروي قصة الإبادة اليزيدية، على يد داعش من وجهة نظر طفلة عاشت كل ذلك الخوف والرعب، كما يروي "حاجي" قصة أولاده الثلاثة الذين ولدوا في العراق إضافة إلى إبنة أخرى ولدت في ألمانيا، وأنهم كانوا أكثر قدرة على الإندماج في المجتمع الجديد، وتمكنوا من التكلم باللغة الألمانية بطلاقة بعد ثلاثة سنوات، أما هو وزوجته فقد واجها أوقاتا صعبة، حيث تم إسكانهم في منطقة نائية قرب الحدود الهولندية، ولم يكن فيها جالية عربية أو يزيدية، مما جعلهم يعانون العزلة والتي وصفها "حاجي" بالعزلة القاتلة، إضافة لإختلاف العادات والتقاليد وطبعا كان المعاناة من ناحية اللغة هي الأكثر صعوبة عنده، إضافة إلى المناخ البارد القارس الذي لم يشهده في حياته في بلاده التي كانت تتميز بالحرارة، يقصد العراق بشكل عام، يقول "حاجي" عشنا سنوات وتمكنا في النهاية من الإندماج في المجتمع ألالماني، وكنا نقول لأنفسنا، إن ما نعانيه كي نندمج في المجتمع الجديد هو افضل بكثير من العيش في وسط

الخوف والقلق من إعادة المأساة والإنتهاكات نفسها مرة أخرى في المستقبل، إن كنا باقين على يد نفس الجماعات المتطرفة أو على يد جماعات أخرى ستظهر يوما ما في العراق.

المهاجرون ما بعد صدمة داعش (صورة رقم 2 معبرة / إضطهاد اليزيديين من قبل تنظيم الدولة الإسلامية (داعش))، إن أفضل من يروي عن المهاجرين وما تعرضوا له من إضطراب ما بعد الصدمة هي الناشطة المدنية "نيام الحسين" والتي كانت تكرر مقولة "إرفع صوتك" ولكن بعد الإبادة، أصبح تفكير اليزيديين بالهجرة أمراً لا مفر منه، خاصة مع إستمرار الوضع الأمني غير المستقر في مناطق اليزيديين، وتستمر "نيام" في رواية قصة هجرتها، فتذكر إنها كانت ضمن الفارين من داعش إلى جبل سنجار، ثم تنقلت بين مخيمات تركيا والعراق لتستقر أخيراً في الولايات المتحدة الأمريكية، حيث قررت العودة إلى مقعد الدراسة، من باب تعلم اللغة أولا، لكونها ترغب بالتخصص في مجال التنمية البشرية ومساعدة المهاجرين على الإندماج والتعايش في بلدان الهجرة والإندماج مع المجتمعات الجديدة، ثم تعود "نيام" لتقول: ليس سهلاً بالنسبة لأغلب اليزيديين أن يتعرضوا للإبادة ثانية ولكنها باتت هاجسا يلاحقهم في كل مكان، حتى لو كان المكان الولايات المتحدة الأمريكية والتي يتكون مجتمعها من خليط متعدد من الثقافات، يمكن لأي شخص من أي مكان في العالم أن يجد نفسه فيه، وتستمر "نيام" لتقول إن الإنسان الذي يغادر أرضه مرغما تبقى روحه معلقة في وطنه ولكن جسده يعيش في الإغتراب.

المعاناة النفسية للمهاجرين اليزيديين: لقد وجدت أن أفضل من يخبرني عن المعاناة النفسية بعد الإبادة التي تعرضت لها الديانة اليزيدية، هو "خالد رشكا" كونه أجرى دراسة وهو باحث مساعد وطبيب عراقي يزيدي، والتي أجراها في ولاية نبراسكا بالولايات المتحدة الأمريكية، التي يعيش فيها منذ عام 2018، حيث يذكر "رشكا" أن النساء أكثر تعرضاً لحالات الإضطراب ما بعد الصدمة، وذلك لتعرضهن إلى الإختطاف والإغتصاب وفقدان عوائلهن، لكن الدراسة بينت نسبة متساوية للصدمة بين النساء والرجال المهاجرين، لأن الكثير من الرجال كانت لديهم مخاوف لعدم قدرتهم على حماية عوائلهم، عند تعرضهم إلى إبادة جديدة. عرضهم هذا الشعور إلى المعاناة من الإضطراب مع كوابيس متكررة،

ويذكر "رشكا" أن مشكلة الرجال كونهم لا يفصحون عن مخاوفهم للآخرين، ثم يذكر أن الأطفال الذين شملتهم الدراسة، أظهروا أكثر قدرة على الإندماج ومتابعة حياتهم في المهجر خصوصا إذا ما توفرت البنية التحتية اللازمة لذلك، ويقول "رشكا" أنه هو نفسه تعرض لأزمة نفسية حادة، فقبل هجوم داعش كانت عائلته تمتلك مزرعة للخضروات والفواكه ومنزلا واسعا، ولكن فجاة خسرنا كل شيء وتحولنا إلى مشردين، عندها لم يحتمل والده كل ذلك القهر، فأصيب بجلطة دماغية بعد شهر واحد على الإبادة، وقررت العائلة التفكير جديا في الهجرة، خاصة ما دمنا تركنا أرضنا، فلماذا لا ننتقل إلى مكان أفضل، لتصل العائلة بعدها بأربع سنوات إلى ولاية نبراسكا في امريكا.

عزيزي القارئ، لا بد من الإشارة، إلى أن هجرة اليزيديين بدأت قبل داعش، فهناك موجات من المهاجرين اليزيديين هاجروا في بدايات تكوين تنظيم القاعدة في مناطق نينوئ، حيث بعض العوائل اليزيدية، حسب ما يروى "شيفار مجدل" الذي هاجر هو نفسه عام 2007 من العراق نتيجة لمضايقات المتشددين في محافظة الموصل، رغم كونه يدرس الطب البيطري، في تلك الفترة إزدادت وتيرة الإعتداءات وحالات القتل الفردية التي طالت العديد من اليزيديين، بعد أن توسع تنظيم القاعدة وبدأت الحرب الطائفية في عموم العراق بشكل عام، ويستمر "مجدل" حديثه عن الحرب الأهلية التي شاهدها في العراق بين سنتي 2006 و2008 بعد تفجير مرقدي الإمامين العسكريين في سامراء وذلك في شهر شباط من عام 2006 على أيدي تنظيم القاعدة، عندها سلك "مجدل" الطريق الإعتيادي الذي يسلكه المهاجرون، ويقصد بذلك السفر أولا بالطائرة إلى تركيا ومنها بواسطة التهريب إلى اليونان ليصل إلى ألمانيا، ثم بالباخرة إلى السويد حيث حصل على عمل كمدير للثروة الحيوانية في إحدى مقاطعات جنوب السويد، ويستمر "مجدل" بالقول أنه في اليوم الأول من وجوده في مخيم للاجئين في السويد شاهد الكثير من اليزيديين الفارين من مضايقات المتشددين، وبعد فترة بدأت أعداد المهاجرين تتوافد من كل أنحاء العراق، وإستمر الحال بتزايد المهاجرين العراقيين إلى السويد وذلك بتفاقم الحرب الأهلية، ويذكر "مجدل" أن المهندس "داس إيزدي" فعل نفس ما فعلت، ووصل عام 2010 مع عائلته إلى ألمانيا، حيث كان يخصص الكثير من وقته لتحقيق حلمه في بناء نصب تذكاري للإبادة اليزيدية، كي يطلع

العالم بأكمله على حجم الظلم الذي أصاب أبناء الديانة اليزيدية، على يد داعش، ثم يقول أن النصب هو من تصميم ولده الذي نال الماجستير في الهندسة المعمارية في ألمانيا، ولكن النصب كان يمثل الجانب لمشروع تخرجه، ونال بسببه الإمتياز، وطبعا النصب التذكاري تم نصبه في جبل سنجار لأن الحنين إلى الوطن مغروس في قلوب اليزيديين المنتشرين في كل بقاع الأرض، وهذا الحنين سيقود اليزيديين لزيارة سنجار كلما سنحت لهم الفرصة لرؤية الأرض التي تحتل قلوبهم كما يذكر ذلك "إيزدي".

عزيزي القارئ، إن أفضل مثال لما وقع لليزيديين في العراق وكيف انتشرت قضيتهم في العالم أجمع، هو إقتباس من المراجع نبذة عن حياة المناضلة نادية مراد باسي طه والتي ولدت في قرية "كوجوي" من قضاء سنجار عام 1993، من عائلة فلاحية من اليزيديين. كانت طالبة في عمر التاسعة عشر عندما أسرها داعش عند إحتلاله قريتها كوجوي في قضاء سنجار شمال العراق.

السيرة الذاتية: نادية مراد باسي طه ناشطة يزيدية عراقية، وقد تم إختيارها في عام 2016 سفيرة الأمم ألمتحدة للنوايا الحسنة، وأيضاً في كانون الأول 2016 تم إختيار نادية مراد من قبل مكتب الأمم المتحدة المعني بالمخدرات والجريمة رسميا كسفيرة للنوايا الحسنة من أجل كرامة الناجين من الإتِّجار بالبشر، وقالت المنظمة إن هذا التعيين الرسمي التي جرت وقائعه في المركز الرئيسي للمنظمة في نيويورك، (صورة رقم 3 تقول لا يزال مصير ما يقرب من 3 آلاف من اليزيديات اللواتي تعرضن للسبي مجهولاً)، يمنح للمرة الأولى لأحد الناجين من الفظائع، كما إن الناشطة نادية حصلت على جائزة نوبل للسلام في 5 تشرين الأول 2018، (صورة رقم 4 معبرة لنادية في مجلس الأمن).

نادية في قبضة داعش: نادية هي إحدى ضحايا تنظيم داعش الإرهابي الذي قام بأخذها لتكون سبية عنده بعد أن تمكنَ من إحتلال منطقتها، حيث جمع مقاتلو داعش الأقلية اليزيدية، في القرية وقتلوا 600 شخص يزيدي من ضمنهم ستة من إخوان نادية وإخوان غير أشقاء، وأمها، وأخذوا النساء الشابات كجواري، لقد كانت نادية في تلك السنة ضمن أكثر من 6700 أمرأة يزيدية، أخذنَ كسجينات في قبضة داعش في العراق. تقول نادية لقد كنت إحدى

الجاريات في مدينة الموصل حيث ضربت وحرقت بواسطة السجائر وأغتصبت عندما حاولت الهرب، إذ كانت قادرة على الهرب من أسرها حيث لم يكن البيت التي تعيش فيه مقفلاً، لتستمر ستة أشهرفي قبضة داعش، لكنها بعد فترة إستطاعت الهرب من قبضة داعش بمساعدة عائلة مسلمة كانت تقيم عندها، فهذه العائلة كانت قادرة على تهريبها بشكل غير قانوني من الأراضي التي تحت سيطرة داعش، وحصلت من خلالها على هوية مكنتها من دخول مخيم للاجئين في دهوك شمال العراق، ثم اتصلت بمنظمة تساعد اليزيديين للوصول إلى وجهة آمنة قبل ترحيلها إلى ألمانيا لتلقي العلاج من الأذى الجسدي والنفسي الذي تعرضت له من قبل داعش بما في ذلك الإغتصاب الجنسي والعنف وكافة أنواع التنكيل، وكان ذلك في 16 كانون أول 2015، وفي نفس الوقت أتيحَت لها فرصة الإلتحاق بشقيقتها في ألمانيا.

أنشطة نادية في العالم: قامت نادية بإجراء عدة مقابلات إذاعية وتلفزيونية وزيارات دبلوماسية لكثير من الشخصيات ورؤساء دول بهدف نشر ما تعرض اليه اليزيديون في العراق على أيدي تنظيم داعش، فمثلا نظمت لقاء مع مجلس الأمن الدولي، ثم قامت بتنظيم زيارة للرئيس المصري عبد الفتاح السيسي، كما نظمت زيارة لشيخ الأزهر أحمد الطيب وذلك في شهر كانون الأول 2015، كما ظهرت في عدة قنوات إعلامية في مصر، منها قناة القاهرة مع "عمرو أديب" وقناة البغدادية مع أنور الحمداني في برنامج ستوديو التاسعة، حيث روت قصة خطفها من قبل تنظيم داعش، ثم نظمت لقاء مع رئيس اليونان "بروكوبيس بافلوبولوس" برفقة "عون حسين الخشلوك" مدير قناة البغدادية، ثم نظمت زيارة إلى "إسرائيل" عام 2017 حيث طلبت من الكنيست الأعتراف بالإبادة التي وقعت لليزيديين في العراق، وقد تعرضت نادية إلى كثير من الإنتقادات على قيامها بزيارة "إسرائيل". واستمرت نادية مراد ببرنامج زيارتها لدول العالم، فزارت كل من هولندا والسويد وفرنسا والمملكة المتحدة وإيطاليا للمطالبة بتحرير المختطفات اليزيديات لدى تنظيم الدولة الإسلامية ولحماية حقوق المرأة والطفل في جميع أنحاء العالم. كما تمكنت نادية مراد من الحديث في مجلس الأمن عن موضوع الإتجار بالبشر في النزاعات والحروب، وأيضاً تحدثت عن أسرها وإغتصابها وقالت إنها قد إستَعبِدَت وبِيعَت وتَأجَّرت لعشرات المرات

في الموصل وتلعفر والحمدانية لمدة ثلاثة أشهر، وفُصلتْ عن أمها وأخواتها، ولم ترى أمها ليومنا هذا كما تقول نادية، كما إنها كانت مرغمة على إرتداء ملابس غير محتشمة وإجبارها على وضع مساحيق تجميل، كما ذكرت أنها شاهدت حالات إجهاض النساء وإغتصاب القاصرات وفصل الأطفال الرضع عن أمهاتهم، كما تروى نادية أن هذه المشاهد لم تمحَ من مخيلتها، وتذكر تماما كيف جردها سجانها من ملابسها قبل أن يقدمها إلى مجموعة من عناصر تنظيم داعش الذين تناوبوا على إغتصابها حتى فقدت الوعي، وطالبت القضاء على تنظيم داعش نهائياً ومساعدة اليزيديين ومحاسبة الإرهابيين، كما ذكرت في كلمتها أنها في ألمانيا تتلقى علاجاً نفسيا وجسدياً.

مراجع الفصل السادس - الجزء الاول	
1	سكان العراق / من ويكيبيديا، الموسوعة الحرة
2	نضير الخزرجي / قراءة في التركيبة السكانية لعراق خال من الإستبداد / السبت ٦ آذار (مارس) 2004
3	عثمان المختار / تقارير عربية/ بغداد/ / أيلول/2014/13 ثلاثة قرون وثلاث مذابح لليزيديين
4	ميادة داود / رحلة البحث عن وطن دون قتل او فرمانات؟ 28 يوليو 2022 / اليزيديون في الخارج.....
5	نادية مراد باسي طه / من ويكيبيديا، الموسوعة الحرة
6	نادية مراد – اليزيدية في مواجهة مع تنظيم داعش

صور الفصل السادس – الجزء الأول

صورة 1 تعبر عن هروب اليزيديين من "بطش داعش" عام 2014 وإحتلالهم سنجار بعد إحتلالهم محافظة الموصل

صورة رقم 2 معبرة / إضطهاد اليزيديين من قبل تنظيم الدولة الإسلامية (داعش)

صورة رقم 3 معبرة لنادية في مجلس الامن

صورة رقم 4 تقول لا يزال مصير ما يقرب من 3 آلاف من اليزيديات واليزيديين مجهولاً

الجزء الثاني

القومية التركمانية في الوطن - العراق وإغترابهم

المراجع (11-14)، إلى أن أرض العراق، أرض لكافة القوميات والمذاهب والأديان والشعوب، ويمكن أن نقول كل من يعيش ويعمل من أجل العراق ويخدم في جيشها ويدافع عن العراق بكل غال وثمين ويشارك في بناء حضارته ويدفع ما عليه من الضرائب ويحترم قوانين الدولة فإنه المواطن الذي يؤمن بالمواطنة والوطنية الصحيحة. يعود تواجد التركمان في العراق إلى القرن السابع الميلادي في عصر الأمويين، في حين يعزي المؤرخ د. نظام الدين إبراهيم أوغلو، إنتمائهم للحضارة السومرية، ويذكر أن هجرتهم تعود إلى زمن الدولة العباسية كجيوش لحماية الخلافة العباسية، وبعدها جاء السلاجقة ثم العثمانيون إلى العراق فاتحين الأراضي للعراقيين من إستعمار هولاكو وجنكيزخان. ساهم الأتراك في كثير من الفتوحات الإسلامية، وكانت أول هجرة كبيرة للأتراك إلى العراق عام 1055 وسكنوا مندلي وتلعفر وأربيل وكركوك. تمركز التركمان بعد إستقلال العراق في شمال وشرقي العراق، أي في محافظات أربيل وكركوك وديإلى والكوت وصلاح الدين والموصل وبغداد، وبأعداد متباينة في باقي المحافظات. ويؤكد "الدكتور أرشد الصالحي" رئيس الجبهة التركمانية العراقية، أن التركمان وجدوا قبل العثمانيين والتاريخ يشهد على ذلك، وأن التركمان العراقيين تعرضوا منذ 1920 ولغاية 2003 لعدة مراحل من الظلم والتشريد وإرتكبت بحقهم عدة مجازر، والتي سيرد ذكرها لاحقاً. نعود لنقول لقد أطلقت الحكومة العراقية على الترك العثمانيين في العراق إسم "التركمان" لأغراضٍ سياسية، عام 1958، ولتميزهم عن الأتراك من أناضول تركيا، رغم إختلاف المؤرخين على التسمية. كما إن لغتهم تشبه اللغة التركية مع إختلاف اللهجات وبعض الكلمات. تقدر أعداد التركمان في العراق بحوالي 9% من سكان العراق، أي حوالي مليونين ونصف نسمة، حسب إحصائية 2013 الصادرة من وزارة التخطيط العراقية، وتؤكد المراجع أن بعد إنتهاء الحكم الملكي في تركيا، (صورة رقم 1 و 2 معبرة عن تهميش تركمان العراق)، شارك تركمان العراق في إنتخابات الجمعية التأسيسية، بهدف إضفاء الطابع الرسمي على معاهدة 1922 مع بريطانيا، والحصول على دعم لصياغة الدستور عام 1923، كما أن قانون الانتخابات،

العراقيون من الوطن الى المهجر

وثق تركمان العراق في العملية الإنتخابية مشروطة من حيث المحافظة على الطابع التركي في إدارة كركوك والإعتراف باللغة التركية كلغة رسمية، رغم أن الحكومة العراقية كانت قد إعترفت بالتركمان ككيان عند تأسيس العراق. وبشكل عام، فالتركمان معظمهم يتكلمون ثلاث لغات وهي التركمانية والعربية والكردية، (صورة رقم 3 معبرة عن الإبادة الجماعية لتركمان العراق-ويكيبيديا)، كما إن التركماني العراقي يعتنق الدين الإسلامي. **عزيزي القارئ**، تشير المراجع إلى أنه منذ زوال الدولة العثمانية، أصبح التركمان العراقيون ضحايا العديد من المجازر، وأزداد التمييز، أبان حكم حزب البعث العربي الإشتراكي، حيث أن أول مذبحة حصلت في 4 أيار من عام 1924، عندما كان ينظر إلى الدولة العثمانية، ولذلك فإن العراقيين التركمان الذين يعيشون في كركوك أصبحوا يشكلون تهديدا لإستقرار العراق، خاصة وأنهم لم يدعموا صعود الملك فيصل الأول على العرش، حيث تم إستهداف التركمان العراقيين من قبل البريطانيين، بالتعاون مع عناصر عراقية أخرى، وهي "قوات الليفي" من الجالية الآشورية، الذين لجأوا إلى العراق من تركيا. أدت المجزرة إلى قتل ما يقارب من 200 شخص، تبعها مجزرة أخرى، وقعت في كركوك، ما بين 14-17 تموز عام 1959، وأخرى عام 1979 عندما تصاعد التمييز العنصري في حزب البعث العربي الإشتراكي، ضد أفراد المجتمع عموما والتركمان خصوصا، حيث تعرض التركمان العراقيون إلى إعدامات ممنهجة ضد التركمان وتغير ديموغرافير وفرض على الكثير من التركمان تغير أسمائهم وتهجيرهم من أراضيهم، ثم تم نقل الآلاف من العراقيين التركمان من ديارهم في شمال العراق، وجلب العرب محلهم، في محاولة لتعريب المنطقة، وفي نفس الوقت، دمرت القرى التركمانية العراقية وذلك لإفساح المجال للمهاجرين العرب، الذين وعدوا من قبل السلطة بإعطائهم أرض يمتلكونها وحوافز مالية لبناء دور جديدة لهم والإستقرار في المنطقة، وتبعها قرارات رئاسية وتعليمات من أمن الدولة ومؤسسات إستخباراتية لضمان إستقرار العرب في المنطقة التي نقلوا اليها، كما قام حكم حزب البعث العربي الإشتراكي بتغيير أسماء المدارس والقرى والأسواق والجوامع والشوارع وغيرها من الأماكن، بأسماء منبثقة من حزب البعث أو أبطال العرب التاريخيين. نعود لنقول، إن التركمان العراقيين، عانوا بدرجات متفاوتة من حكام العراق، القمع والإضطهاد السياسي والنفي إلى الإرهاب والتطهير العرقي، رغم أن دستور 1925 يشير إلى أن العراق يتكون

حكمت جميل

من العرب والكرد والتركمان، ولكن التركمان حرموا من هذا الواقع، رغم إعتراف الجميع بأن التركمان هم ثالث أكبر جماعة عرقية في العراق، وفقا لتعداد 1957، أقول، لا يختلف التركمان العراقيين عن باقي الأقليات العرقية من حيث إضطهاد السلطة لهم، وهناك أمثلة متعددة تم الإشارة إلى بعضها، كما تم فرض قيود على اللغة التركية في عام 1972 وزادت في ظل نظام صدام حسين. إن الإضطهاد السياسي والإرهاب والتطهير العرقي والنفي إلى مناطق عربية، (صورة رقم 4 تعبر عن إضطهاد وتهميش وقتل وتهجير القومية التركمانية في زمن حكم حزب البعث العربي الاشتراكي إبان حكم صدام حسين) وهكذا أزيلت الحقوق الثقافية تدريجيا وأرسل النشطاء إلى المنفى، مما دفع الكثير منهم إلى الهجرة خارج العراق، وخاصة إلى تركيا، وتمكن آخرون من الهجرة إلى ألمانيا والدنمارك والسويد، إضافة إلى هجرة أعداد قليلة منهم إلى كندا والولايات المتحدة الأمريكية وأستراليا واليونان وإنكلترا، أي ان التركمان حالهم حال العراقيين من الطوائف الأخرى إنتشروا في دول العالم هربا من ظلم وقساوة حكام العراق، كونهم يطالبون بحقوقهم المشروعة, كما زادت عصابات الخطف والسطو على رجال الأعمال والمشاريع وفق خطة ممنهجة بعد إحتلال العراق، كي يتم غلق المشاريع في كركوك، وخلال ثلاث سنوات تم دفع ما يقارب من مائة مليون دولار كفدية للعصابات المنظمة، مما جعل الكثير من رجال الأعمال يتركون محافظة كركوك، (صورة معبرة عن معاناة التركمان الشيعة مستمرة رغم مرور عقد تقريبا من هجوم داعش). قام التركمان العراقيون في دول الإغتراب بتشكيل تجمعات صغيرة لهم لممارسة ثقافتهم ودينهم بحرية كاملة دون أي ضغط من حكام دول الإغتراب والتعايش مع مجتمعات دول الإغتراب وبشكل خاص مع الجاليات العراقية المغتربة من مختلف الطوائف والأديان والقوميات. أما بعد غزو أمريكا والحلفاء العراق عام 2003، فقد برز تركمان العراق كقوة سياسية رئيسية في واقع مستقبل التركمان في شمال العراق، وموقفهم من منطقة الحكم الذاتي الكردية، حيث تم تمثيل القومية التركمانية ب 12 تركمانياً في الجمعية الوطنية الإنتقالية العراقية في كانون الثاني 2005، ويمكن أن نقول أن المشكلة الخلافية على محافظة كركوك والمناطق الأخرى التي يسكنها التركمان والكرد، والتي حددت بالمناطق المتنازع عليها وفق المادة 140 من الدستور العراقي، لا تزال غير محلولة بين إقليم كردستان والحكومة المركزية في بغداد ليومنا هذا (2023)، ولا يزال النزاع العلني

يتصاعد بين فترة وأخرى بين الطرفين، حيث أن الأكراد يطالبون بإنضمامها إلى أقليم كردستان والحكومة المركزية تعارض ذلك، خاصة عند حدوث أي مشكلة أخرى بينهم.

	مراجع الفصل السادس – الجزء الثاني
1	محمد كريم / ملخص تاريخ التركمان في العراق/ تموز /9/ 2020 / فيديو
2	تركمان العراق /من ويكيبيديا، الموسوعة الحرة /
3	د. نظام الدين إبراهيم اوغلو / باحث أكاديمي تركماني ـ تركيا
4	علي الحسيني /الدكتور أرشد الصالحي / حوار مع تلهربي تلدديد / 2ـ نيسان 2017 –

تصاوير الفصل السادس – الجزء الثاني

صورة رقم 1: معبرة عن تهميش تركمان العراق وليس تهديدا لاستقرار البلاد

صورة رقم 2: تركمان العراق من تهميش وإضطهاد إلى مصير مجهول

صورة رقم 3: معبرة عن الإبادة الجماعية لتركمان العراق – ويكيبيدي

صورة رقم 4: تعبر عن أضطهاد وتهميش وقتل وتهجير القومية التركمانية في زمن حكم حزب البعث العربي الإشتراكي إبان حكم صدام حسين

الجزء لثالث

الطائفة الكاكائية في الوطن - العراق وإغترابهم

عزيزي القارئ، تشير المراجع (1-3) إلى أن الكاكائيون يعيشون في العراق وإيران منذ آلاف السنين، كما أن هناك تجمعات من الكاكائيين في تركيا ويقدر عددهم بحوالي مائة ألف نسمة، وأيضاً هناك أعداد غير معروفة في الهند وباكستان وأفعانستان وجورجيا وأرمينيا. أما أعداد الكاكائيين في إقليم كردستان العراق، فيقدر بحوالي 250 ألف نسمة. أما مناطق تواجدهم فتشير المراجع إلى أنها تمتد من أقصى شرق العراق في مناطق حلبجة والسليمانية في إقليم كردستان العراق، وغربا نحو مناطق طوزخورماتو وخانقين وهورامان وداقوق وحتى سهل نينوى في أقصى شمال غربي مدينة الموصل. والمعروف عن الكاكائيين، أنهم يتميزون بالشارب الطويل الذي يعتبرونه إرثا دينيا وثقافيا، إضافة إلى زيهم المميز ايضا، (صورة رقم 1 الكاكائيون يتميزون بشواربهم الطويلة)، كما يتصفون بتحريم الخمر، ومنع تعدد الزوجات ورفض الطلاق إلا إذا وافق الطرفان على الطلاق، كما إن الموسيقى تأخذ حيزا كبيرا في ثقافتهم وبالأخص آلة الطنبور، كما تذكر الناشطة ليلى طاهر شريف، الناشطة في حقوق الأقليات، أن الكاكائيين يتحلون بالطهارة والصدق والتواضع والقناعة، وتشير دراسة قام بها عاصي ونشرها في شبكة تحالف الأقليات العراقية ونشرتها شبكة تحالف الأقليات العراقية، إلى أن الكاكائيين ينظرون إلى كل الأديان والمذاهب نظرة متساوية دون أي تمييز، اي الإسلام والمسيحية واليهودية والزرادشتية والبوذية واليزيدية بشكل متساوي، كما يؤمنون بتساوي حقوق الرجل والمرأة في الميراث. وديانتهم تعتبر من أقدم الديانات التوحيدية التي تؤمن بإله واحد، ولا يومنون بالتبشير بدينهم، ومع هذا فإن الدولة العراقية لم تعترف بدينهم، كديانة قائمة، منذ إنشاء الدولة العراقية، وتشير الدراسة إلى أن الدستور العراقي في ذلك الوقت إعتبرهم مسلمين، في حين أنهم لا يعتبرون نفسهم من المسلمين، ولكن التسمية جاءت من كونهم يعيشون جنبا إلى جنب مع الأكراد. ولكن إقليم كردستان، أصدر قبل عدة سنوات قانوناً يعترف بالكاكائية كديانة، ومن حقهم ممارستها بحرية كاملة، وأيضا وضع أقليم كردستان لهم "كوتا" حددت بمقعد واحد في مجلس محافظة حلبجة وليس في برلمان أقليم كردستان. ويعتبر سلطان إسحاق البرزنجي – والذي ولد عام

761 للهجرة مجددها. يقول "صلاح حسين بابان" من أربيل أن الأقلية الكاكائية تتعرض للإضطهاد والتهميش ولهجمات متكررة من قبل حكام دولة العراق بشكل عام، ومن العمليات الارهابية التي وقعت عليهم بشكل خاص بعد دخول تنظيم الدولة الإسلامية العراق "داعش" عام 2014 والذي إحتل معظم مناطقهم خلال الفترة الواقعة بين 2014-2016. والمخاوف باقية عند الكاكائيين بسبب عدم توفر الأمن وتكرار الهجوم عليهم بين الحين والاخر، مما أدى إلى عشرات القتلى والجرحى، وكان آخرها الهجوم على إحدى قرى الأقلية الكاكائية في قضاء خانقين بمحافظة ديإلى شمال شرقي بغداد، والذي أدى إلى قتل ما لا يقل عن سبعة أشخاص وخمسة جرحى، وبعد الحادث، قام رئيس عموم قبيلة الكاكائية في العراق "السيد إبراهيم سيد مصطفى آغا كاكائي" إلى تقديم مذكرة إلى الرئاسات الثلاثة في العراق بوجوب التدخل السريع لوقف هجمات التنظيم وتأمين مناطقهم، مستنكرا الهجمات التي إستهدفتهم في محافظات ديإلى وكركوك ونينوى من قبل بقايا الإرهاب، كل هذا حدث أمام أعين السلطات الأمنية العراقية في بعض المناطق العائدة للكاكائيين، (صورة رقم 2 معبرة عن الإحتفال لدى الطائفة الكاكائية في العراق) حيث أدت مجموع الهجمات الارهابية إلى قتل ما يقارب من 300 ضحية من الكاكائيين منذ عام 2003 لغاية 2020 إضافة لحرق محاصيلهم الزراعية، وعمليات تفجير إستهدفت قراهم ومدنهم ومزاراتهم الدينية. إن مثل هذا التعامل وغض نظر حكومة العراق عما يتعرض له الكاكائيين، أدى بالآلاف من الكاكائيين إلى الهجرة إلى مناطق آمنة أخرى، والبعض إلى خارج العراق، لكون السلطات الحاكمة في العراق كانت تهدف إلى إحداث تغيير ديمغرافي لسكان مناطقهم، إضافة للنوايا السياسية التي تنتهجها سلطة الحكم في العراق بسبب النزاع القائم على المناطق المتنازع عليها بين إقليم كردستان والحكومة المركزية في بغداد، والتي وثقت في الدستور العراقي ولم تحل ليومنا هذا (2023).

في الختام، ستبقى الطائفة الكاكائية تعاني وتهمش كباقي الأقليات المتواجدة في العراق، لكون لا يزال معظم من حكم العراق لا يؤمنون بالمواطنة ولا يؤمنون بالرأي الآخر، وهذه هي بالأساس أهم علة لدى معظم الدول العربية، لا بل دول العالم الثالث بشكل عام، ولكن هناك الكثيرمن العراقيين الذين يؤمنون بالمواطنة والرأي الآخر.

مراجع الفصل السادس – الجزء الثالث	
صلاح حسين بابان -أربيل/ من هم الكاكائيون؟ ولماذا يستهدفهم تنظيم الدولة الإسلامية / 2020/6/15	1
المستشار زيد الايوبي / الحرة / خاص – واشنطن / مهمشون في العراق ومضطهدون في إيران.. من هم الكاكائيون؟ 13فبراير 2021	2
دراسة قام بها عاصي ونشرتها شبكة تحالف الأقليات العراقية	3

صور الفصل السادس – الجزء الثالث
صورة رقم 1: الكاكائيون يتميزون بشواربهم الطويلة

صورة رقم 2: معبرة عن الإحتفال لدى الطائفة الكاكائية في العراق

الجزء الرابع

الطائفة اليهودية في الوطن - العراق وإغترابهم

عزيزي القارئ، تشير المراجع (1-4) إلى أن اليهود العراقيين هم من أقدم الطوائف في التاريخ، ولا تختلف الطائفة اليهودية عن باقي الطوائف في العراق من حيث الإضطهاد أو العيش بأمان بين فترة واخرى، إلى أن تم إستقرار الطائفة اليهودية في وادي الرافدين في العراق (صورة رقم 1 تعبر عن اليهود العراقيين في العراق)، **لذا نقول**، إن يهود العراق ينحدرون من اليهود الذين سكنوا وادي الرافدين وكانوا يشكلون 2.6% من سكان العراق عام 1947، حيث كانت الغالبية العظمى من الطائفة اليهودية العراقية، تعيش في المدن، وقليل منها كان يعيش في الريف وخاصة في شمال العراق. عاش اليهود في المدن التالية: بغداد والبصرة والموصل بصورة رئيسية، وكذلك في باقي المحافظات مثل السليمانية والحلة والناصرية وتكريت والنجف الأشرف والعمارة والديوانية وأربيل وغيرها من المدن العراقية، وكان لليهود مساهمات في بناء العراق، حيث كانوا يعملون بالإقتصاد ولهم علاقات تجارية دولية وثيقة، فعلى سبيل المثال كان أكثر من نصف أعضاء غرفة تجارة بغداد من اليهود، وكان من بينهم رئيس الغرفة والسكرتير العام للغرفة، كما أن العلاقة بين المسلمين واليهود بشكل عام، كانت بأحسن حال في تلك الفترة، وكان لليهود العراقيين مراكز مهمة في الحكومة العراقية، فمثلا أول وزير للمالية في الحكومة العراقية عام 1921 كان يهودياً "ساسون حسقيل"، كما كان "مناحيم دانيال" عضوا في مجلس الأعيان العراقي في العهد الملكي، إضافة إلى كتاب يهود معادين للصهيونية مثل "نعيم جلعادي"، وأدباء وشعراء مثل "أنور شاؤول، والمطربين مثل "سليمة مراد"، والموسيقيين مثل "صالح يعقوب عزرا" وعشرات غيرهم في مختلف المجالات التي تعتبر من أركان بناء الدولة الحديثة.

نعود لنقول، لم يفكر اليهود العراقيون بالهجرة من العراق لانهم كانوا يعيشون في أحسن حال، ولكن عند قيام حركة رشيد عالي الكيلاني في عام 1941 لإسقاط سلطة الحكم في العراق تعرض اليهود إلى عمليات عنف من قبل بعض العراقيين المتعصبين، والتي أطلق عليها إسم "الفرهود" (صورة رقم 2 منظر لخروج العراقيين المتعصبين ضد اليهود وما

تبعها من فرهود ما يملكون عام 1941)، وهنا أروي ما شاهدته في عام 1941 بعيني، حيث كنا نسكن في "محلة المربعة" ببغداد، أبان حركة رشيد عالي الكيلاني ضد حكومة العراق التي كان يرأسها "نوري السعيد"، حيث أطلقت عدة عيارات نارية في شارعنا، وإحدى الرصاصات اخترقت وثقبت باب الدار الواقع في صدر "الدربونة / زقاق" أي الشارع المغلق والمتكون من عدد معين من الدور وأحدهم كان دارنا، وبعد أن هدأ صوت إطلاق الرصاص في المنطقة التي نسكنها، خرجنا للشارع (الدربونة) وجلست مع أهلي أمام باب دارنا، ورأيت (ج أ) وهو أحد أبناء الدار المجاور لدارنا، يدخل الشارع ويحمل "كونية ماركة علمين – كيس قماش" مملوءة بالاحذية، حيث سقط أحد الأحذية من الكونية في الشارع أثناء دخوله لبيته، وعرفنا بعدها، أنها نهبت من محلات اليهود.

أعود لأقول خلال الفرهود (صورة رقم 3 معبرة عن قيام مجموعة من العراقيين بأخذ ممتلكات اليهود لهم شخصياً والإضطرابات الحاصلة في بغداد، قتل أكثر من 180 يهوديا حسب المراجع، كما نهبت ممتلكاتهم، كما ذكرت سابقا كشاهد عيان على عملية النهب، كان ذلك قبل إعلان دولة إسرائيل الصهيونية. وبعد إعلان قيام دولة إسرائيل على الأراضي الفلسطينية عام 1948، إزداد غضب العراقيين على الصهيونية، كونها إغتصبت أراضي فلسطينية وشكلت دولة إسرائيل، عندها بدأت الحكومة العراقية، بالضغط على اليهود العراقيين، رغم أن معظم اليهود العراقيين كانوا ضد الصهيونية، كما أن الحكومة العراقية في بادئ الأمر منعت اليهود من الهجرة، ولكن بعد ملاحظة الحكومة هجرة أبناء الطائفة اليهودية من العراق بعد عام 1948، إثر قيام دولة إسرائيل الصهيونية، خاصة بعد معرفة الحكومة أن هناك مخططاً صهيونياً يعمل على تجميع أكبر عدد ممكن من اليهود القاطنين في الدول العربية والإسلامية بشكل عام والعراقيين بشكل خاص في دولة إسرائيل الصهيونية، وذلك من خلال تجنيد بعض اليهود سواء في العراق أو الدول الاخرى للقيام بتفجير مراقد اليهود والرموز الحيوية لليهودية في العراق، والإعتداء على ممتلكاتهم لإقناع بقية اليهود الساكنين في العراق بالهجرة إلى إسرائيل، والتخلص من الإضطهاد والإعتداء والقتل الذي إزداد ضد اليهود في العراق. ومع هذا كان هناك عدد قليل من اليهود إمتنعوا عن الهجرة لأسباب مختلفة، أهمها، أنهم إعتبروا أنفسهم عراقيين أصلاً كونهم يشكلون ركنا أساسياً من تكوين الطوائف في العراق. وبعد فترة أصدرت الحكومة العراقية التي كان

يرأسها "توفيق السويدي" في 9/ آذار/ 1948 قانون إسقاط الجنسية عن أي مواطن عراقي يقرر مغادرة البلاد نهائيا، سواء كانت المغادرة مشروعة أو لا، وهكذا هاجر أبناء الطائفة اليهودية بعد تخليهم عن الجنسية العراقية، حيث هاجر غالبية اليهود العراقيين خلال الفترة الواقعة بين 1949-1950م، والمقدر عددهم بحوالي 124 ألف يهودي عراقي، وإن ما تبقى من اليهود العراقيين في العراق هو ما يقارب 15 آلف يهودي، من أصل 135 ألف يهودي عام 1948، وتشير المراجع إلى أن نسبتهم إنخفضت إلى ما يقارب 0.1% من مجموع سكان العراق عام 1951. وبعد سقوط الحكم الملكي الهاشمي ومجيء الحكم الجمهوري، رفعت القيود التي كانت مفروضة على اليهود المتبقين في العراق، حيث تحسنت أحوالهم وعادت الأمور إلى طبيعتها السابقة، ولكن لم تدم الحالة، حيث بعد الإنقلاب المشؤوم في 8 شباط 1963 بقيادة حزب البعث العربي الإشتراكي، عاد الإضطهاد والقيود على الطائفة اليهودية، فمثلا عام 1969 تم إعدام عددًا من كبار التجار، غالبيتهم من اليهود العراقيين بتهمة التجسس لحساب دولة إسرائيل، مما أدى إلى زيادة هجرة اليهود من العراق، التي تصاعدت كثيرا في بداية السبعينات، وبعدها، وذلك بعد أن اصبح العراق يعاني من إختلال الأمان خاصة بعد قيام الحرب العراقية الإيرانية في الثمانينات، تبعها إجتياح العراق لدولة الكويت في بداية التسعينات، ثم الحصار الذي فرض من قبل مجلس الأمن على العراق، وصولاً لغزو أمريكا وقوات التحالف للعراق عام 2003، حيث إن كل هذه الأحداث، أدت إلى تدمير العراق بأسره، ولكن الأقليات كان لها النصيب الأكبر في الإضطهاد والتهميش وليس اليهود وحدهم، حيث قدر عدد اليهود المتبقين في العراق بحوالي 100 شخص فقط، معظمهم من كبار السن ويعيش معظمهم في بغداد. وفي عام 2009، تشير المراجع الدبلوماسية الأمريكية إلى أن عدد اليهود في العراق لم يتجاوز تسعة أشخاص فقط مقابل 219 ألف عراقي يهودي يعيشون في إسرائيل، وفي عام 2015 أصدر برلمان إقليم كردستان العراق قانوناً إعتبر اليهودية "دينا محميا"، كما نص وجوب أن يكون لليهود ممثل رسمي في الإقليم.

في الختام، تشير المراجع إلى أن دولة أسرائيل الصهيونية والولايات المتحدة الأمريكية التي غزت العراق مع حلفائها يرغبون بضم باقي الدول العربية لإتفاقية "أبراهام" للسلام، حيث تم عقد إجتماع لأكثر من 300 عراقي كردي في أيلول 2021 لتطبيع العلاقات مع

دولة إسرائيل الصهيونية، لكن هذا الإجتماع لاقى معارضة شديدة من رئاسة الوزراء العراقية ونخبة واسعة من السياسيين العراقيين، لأنهم يؤمنون (كما يقولون) أن إسرائيل الصهيونية عدوة للعرب وخاصة لعرب فلسطين التي إحُتلت أراضيهم وأقيمت عليها دولة إسرائيل الصهيونية.

مراجع الفصل السادس – الجزء الرابع	
1	تاريخ اليهود في العراق / من ويكيبيديا – الموسوعة الحرة
2	سراء حسن / دور الطائفة اليهودية في بناء الدولة العراقية بعد عام 1931 /الحوار المتمدن : 7348 في 2022/8/22
3	الطائفة اليهودية توشك على الانقراض في العراق..لكن الذكريات باقية في إسرائيل
4	هدي الزايداوي 2023/5/11 يهود العراق إلى إسرائيل.. من نعيم بابل إلى جحيم صهيون

صور الفصل السادس – الجزء الرابع

صورة رقم 1 تعبر عن العراقيون اليهود في العراق في العهد الملكي

صورة رقم 2 خروج مجموعة من العراقيين ضد الطائفة اليهودية وبنفس الوقت سلب ممتلكاتهم الشخصية اي ما يسمى فرهود اليهود عام 1941

صورة رقم 3 معبرة عن قيام مجموعة من العراقيين بأخذ ممتلكات اليهود لهم شخصيا

العراقيون من الوطن الى المهجر

الجزء الخامس
الطائفة البهائية في الوطن - العراق وإغترابهم

تشير المراجع (1-2) إلى أن البهائيين ينحدر أصلهم من أعراق متنوعة أو أديان مختلفة، وينتشرون في مختلف محافظات وقرى العراق من الشمال إلى جنوب العراق. أما عددهم فهو غير معروف، وذلك بسبب عدم الإعتراف الرسمي بهم حتى عام 1917، حيث تضمن الإعتراف أن تكون الأحوال الشخصية لكل طائفة معهودة إلى جماعة ممن ينتسبون إلى تلك الطائفة. وفي العهد الملكي تم الإعتراف الرسمي بحرية الأديان عام 1925، وتمكن البهائيين من تأسيس مجالسهم الروحانية (صورة رقم 1 لحديقة رضوان في بغداد، حيث أعلن بهاء الله دعوته في 21 أبريل 1863)، كما قاموا بتأسيس الجمعية البهائية في بغداد عام 1931 (المحفل الروحاني المركزي للبهائيين في العراق) بعد صدور قانون الجمعيات والنقابات، ويقدر عددهم بآلاف الأشخاص والمقدرة بحوالي خمسة آلاف بهائي في بغداد عام 2018، علما أن الطائفة البهائية تعتبر العراق الموطن الرئيسي للديانة البهائيّة، وأن البهائية معترف بها في العالم الحر، وتقدر أعدادهم بما يقارب العشرة ملايين أو أكثر في جميع أنحاء العالم، (صورة رقم 2 للبهائيين في العراق يشعرون بالتشتت والخوف باستمرار تحت غطاء قانوني) في حين يقدر أخرون أعدادهم ما بين 5 إلى 6 ملايين فقط. والبهائيين لا يؤمنون بالعمل السياسي لكون الأحزاب حسب إيمانهم تبحث عن مصالح خاصة محدودة، بينما البهائية تهدف إلى وحدة الجنس البشري، ولكن في 6 آب 1965 تم إلغاء كل العقود المسجلة لمواقع البهائيين وإعتبرت الطائفة ليست مذهبًا، وأغلقت كل محافلهم، ووضع اليد على الممتلكات في جميع أنحاء العراق إستنادًا إلى قانون السلامة الوطنية رقم 4 لعام 1965، وفي عام 1970 صدر قانون حظر ترويج البهائية، وتصفية أموالها وإيقاف نشاطها (صورة رقم 3 عن البهائيين البغداديين وممثلي مراكز أخرى في العراق يحتفلون بإحياء الذكرى المئوية لإعلان باب 22 مايس 1944 الذي عقد بالتزامن مع المؤتمر السنوي) ويعاقب المخالف بالحبس مدة لا تقل عن عشرة سنوات، وفعلا حكم على الكثير منهم بهذه التهمة، ثم صدر بحقهم حكم الإعدام على من يروج للبهائية أو يعتنقها، وهكذا حرم البهائي من أبسط حقوق المواطنة مثل جواز السفر او التوظيف أو دخول المدارس والجامعات وبيع

وشراء المساكن والأملاك الأخرى. وبعد إستلام صدام حسين السلطة رفع العقوبة إلى السجن المؤبد، والإعدام في حالة العودة إلى إي نوع من انواع النشاطات الممنوعة وإستمر الحال حتى سقوط صدام حسين عام 2003، ثم أصبحت الطائفه تعمل بسرية رغم صدور الدستور العراقي الذي منح حرية المعتقد، ولكن ما تبقى منهم في العراق قليل.

مراجع الفصل السادس – الجزء الخامس	
1	البهائية في العراق / من ويكيبيديا، الموسوعة الحرة
2	**عادل فاخر- بغداد /** لم يعترف بها سوى العهد الملكي.. ما البهائية ولماذا تحولت إلى طائفة منبوذة في العراق

العراقيون من الوطن الى المهجر

صور الفصل السادس – الجزء الخامس

صورة رقم 1 لحديقة رضوان في بغداد، حيث أعلن بهاء الله دعوته للبهائية في أبريل 1963

صورة رقم 2 للبهائيين في العراق -

صورة رقم 3 عن البهائيين البغداديين وممثلي مراكز أخرى في العراق يحتفلون بإحياء الذكرى المئوية لإعلان باب 22 مايس 1944 الذي عقد بالتزامن مع المؤتمر السنوي

لفصل السادس – الجزء السادس

الطائفة الزرادشتية في الوطن - العراق وأغترابهم

تشير المراجع (1-3)، إلى أن كلمة الزرادشتية تنسب إلى مؤسسها "زرادشت"، وكانت الديانة الرسمية للإمبراطوريات الميدية والإخمينية والساسانية، وتعد واحدة من أقدم الديانات في العالم (صورة رقم 1 تعبر عن الديانة الزراداشتية)، والتي لا تزال طقوسها تمارس حتى يومنا هذا (2023) في مناطق عديدة من العراق والعالم، ففي العراق تمارس في مناطق كردستان وفي بعض المحافظات العراقية الأخرى كبغداد والبصرة، وما حولها من دول مثل إيران، أما أهم آثار أماكن ممارسة الطقوس الزرادشتية في العراق، فهي "طاق كسرى" في المدائن بجنوب بغداد، و"دخمة قزقابان" في السليمانية وكهف "جارستين" في دهوك، كما لها أثار في أربيل وحلبجة من إقليم كردستان العراق. كما كان تأسيس معهد دراسات التنوع الديني، والذي يعتبر أول معهد في الشرق الأوسط يدرس الديانة الزرادشتية، وبذلك يعد نوعا من أنواع الإعتراف بها، وأهمية ذلك على صعيد التعريف بهذه الديانة لدى ممثلي المؤسسات الدينية التقليدية. إن الطائفة الزرادشتية في العراق، هي إحدى الطوائف التي كانت سائدة في منطقة الشرق الأوسط قبل ظهور الديانة المسيحية ومن بعدها الديانة الإسلامية، أي كانت موجودة في فترات مبكرة من التاريخ الإغريقي والفارسي في المنطقة، وهي ديانة "مونوثيستية" تؤمن بالرب الواحد "أهورا مازدا" وتشجع على الخير والعدالة ومحاربة الشر والظلم، وقد أطلق على الديانة الزرداشتية بالديانة الإختيارية، لأن من يولد في عائلة من الزرادشتية، يبقى بدون دين، أي لا يأخذ دين أبيه أو أمه، كما هو الحال عند بقية الديانات، بل إنه يبقى بدون ديانة، حتى يبلغ السن القانوني، وبعدها يتم إطلاعه على كافة الأديان ليختار من بينها دين له. ومع توسع الإسلام في المنطقة تأثرت الطائفة الزرادشتية بالتغييرات السياسية والدينية وتناقص عدد أتباعها، وذلك بسبب تعرض أفراد الطائفة الزرادشتية للإضطهاد على مر العصور، وإنخراط بعض من أعضائها في المجتمع الإسلامي ليتجنب الإضطهاد وخاصة خلال الفترات التي شهدت تمدد الإمبراطوريات الإسلامية، حيث فرض على أبنائها إما إعتناق الدين الإسلامي أو دفع الجزية أو القتال، وطبعا معظمهم قاموا بدفع الجزية والبعض القليل

إعتنق الإسلام، مما جعل أفراد الطائفة يمارسون طقوسهم بسرية تامة، كما إن معظمهم رحلوا من مناطقهم إلى مناطق صحراوية، قليلة الماء، وشديدة الحر، وبعيدة عن صخب الأحداث السياسية، ومن تلك المناطق، مدينة "يزد" كما هاجر اخرون إلى "كوجرات" في غرب الهند وإستقروا هناك. ولكن في عام 2015 أصدر إقليم كردستان العراق قانون "رقم 5" بهدف حماية المكونات والأقليات الدينية في كردستان العراق، عندها عاود أتباع الطائفة الزرادشتية ممارسة طقوسها الدينية علناً والترويج لها، وبدون خوف، والمطالبة بمنحهم بقية حقوقهم (صورة رقم 2 تعبر عن محاولات نشر الديانة الزرادشتية في إقليم كردستان العراق)، لكنهم لم يحصلوا على أي دعم مادي من الحكومة العراقية أو من الخارج، وإنما يتم تغطية أنشطتهم وأماكن عبادتهم من تبرعات أفراد الطائفة أو من شخصيات اخرى. (صورة رقم 3 تعبر عن الطائفة الزرادشتية في كردستان العراق).

أما ما يميز الطائفة الزرادشتية في العراق، فيمكن أن نذكر أنها تؤمن بمبادئ الخير والعدالة وتحث أفرادها على ممارسة الخير والتصدي للشر، والإختيار الحر، والتعاون مع الحق، وتحقيق الجمال والحياة الجيدة. هذا وتتواجد الطائفة الزرادشتية كمجتمعات في عدة مناطق في العراق، مثل إقليم كردستان العراق وبغداد والبصرة إلا أنه من الصعب تحديد أعدادها بدقة وذلك بسبب عدم توفر إحصائيات دقيقة، ومع هذا يقدر عدد الزرادشتيين في العراق بحدود 300 ألف شخص وفق المراجع، أما في العالم فيقدر عدد أعضاء الطائفة الزرادشتية بحوالي مليون شخص، حيث يكثر عددهم في إيران والهند وأوروبا وأمريكا وغيرها من دول العالم، علما أن الطائفة الزرادشتية تعتبر من طبقة الأغنياء والمثقفين، حيث لهم منتدى عالمي. كما ظهرت شخصيات أدبية وفكرية بارزة من الطائفة الزرادشتية مثل "فولتير ونيتشه وفريدي ميركوري". تعاني الطائفة الزرادشتية كباقي الأقليات في العراق، من تحديات متعددة بما في ذلك التهميش والتمييز والإضطهاد خاصة خلال الصراعات الإقليمية والسياسية التي شهدها العراق والمنطقة، فمثلاً الدستور العراقي لم يعترف بالطائفة الزرادشتية، رغم أن الدليل العراقي لعام 1936 يشير إلى الزرادشتية بإسم المجوسية كأقلية دينية، ويعزو مفكرو الطائفة الزرادشتية معاناة أتباعها إلى نظرة المجتمع لهم، بسبب المعلومات الخاطئة التي تشوه دينهم، مثل عبادة الألهة وعبادة النار وغير ذلك، خاصة بعد تدهور الأمن في العراق، بعد الغزو الامريكي للعراق عام 2003. ومع كل هذا تسعى

الطائفة الزرادشتية في العراق إلى الحفاظ على هويتها الدينية والثقافية وتراثها، وممارسة دينها في كل الظروف التي تشكل تحديات مستمرة وهدفا للكثيرين من أتباع الطائفة الزرادشتية. إستمر إضطهاد وتهميش أبناء الطائفة الزرادشتية في العراق خاصة في عهد حزب البعث العربي الإشتراكي بقيادة صدام حسين، حيث مرت الطائفة الزرادشتية بفترات صعبة جدا وتحديات متعددة، تعرض أبنائها للإضطهاد والتمييز بسبب سياسات القمع والتهميش الديني والسياسي التي إتخذها نظام حزب البعث العربي الإشتراكي بالتعرض لمقدساتهم ومعابدهم للهجمات والتدمير إضافة لتقييد ممارسة ديانتهم وحرية عبادتهم، إضافة إلى تجنيد شبابهم قسرا للجيش العراقي خاصة أثناء الحرب مع إيران وغزو الكويت.

أما بعد سقوط حكم حزب البعث العربي الإشتراكي وإنهاء حكم صدام، وبعد الغزو الأمريكي للعراق سنة 2003 والحكومات المتعاقبة وإلى يومنا هذا فإن ما يحدث هو تدمير معابد ومقدسات هذه الطائفة من قبل الجماعات المتطرفة والفئات المتشددة، مما جعل الكثير منهم يتجه للهجرة بسبب التهديدات المباشرة والتوترات الأمنية، لذلك قرر الكثير من أبناء الطائفة الزرادشتية مغادرة العراق والهجرة إلى دول أخرى توفر لهم حياة أكثر أمانًا، كما إعتبر البعض من افراد الطائفة، الهجرة خيارًا للحفاظ على سلامتهم وحقوقهم، ومع كل هذا بقي البعض الآخر في العراق وواجهوا التحديات بشجاعة، وهنا يمكن أن نقول أن أول هجرة للطائفة الزردشية في العراق بدأت في زمن حكم حزب البعث العربي الإشتراكي، حيث إن معظم ابناء الطائفة الزرادشتية هاجروا إلى إيران بسبب وجود مجتمع زرادشتي كبير في إيران، باعتبارها بيئة أكثر امانًا، كما هاجر القسم الآخر إلى الولايات المتحدة الأمريكية وكندا وأستراليا والسويد والمملكة المتحدة ودول أخرى في أوروبا، كون كل هذه الاماكن هي أمنة لأفراد الطائفة الزرادشتية العراقية، حيث بإمكانهم ممارسة ديانتهم بحرية والعيش في بيئة أكثر إستقراراً، إضافة لقيامهم بإنشاء مراكز ثقافية ودينية للحفاظ على الروابط مع تراثهم وتعزيز الإندماج في المجتمعات الجديدة، رغم أن تكيف أفراد الطائفة مع المجتمعات الجديدة كان صعبا في بعض الأحيان، ولكن في نفس الوقت كانت الهجرة فرصة أفضل كونها بعيدة عن التهديدات والإضطهاد على مر العقود في العراق، كما أن الهجرة حافظت على الهوية والثقافة والديانة الزرادشتية وبقاءهم في مجتمعات جديدة، كما لا بد من الإشارة إلى أن هجرة اي شخص قد تختلف عن الآخر وفقا للظروف الشخصية والعائلية.

صور الفصل السادس – الجزء السادس

صورة رقم 1 تعبر عن الديانة الزراداشتية

صورة رقم 2 تعبر عن محاولات نشر الديانة الزرادشتية في كردستان

صورة رقم 3 تعبر عن الطائفة الزرادشتية في كردستان العراق

	مراجع الفصل السادس – الجزء السادس
1	الذكاء الاصطناعي / من خلال الانترنت / معلومات عن الطائفة الزرادشتية في العراق والعالم
2	طه العاني / الزرادشتية.. ديانة مندثرة تعود من جديد إلى كردستان العراق
3	الزرداشتية في العراق: تحديات ومفاهيم مغلوطة

محتويات الباب الثاني		190
الفصل السابع: العراقيون المغتربون في امريكا بقلم حكمت جميل		191
الفصل الثامن: العراقيون والهجرة الى أستراليا بقلم المهندس طارق بركات الرومي		213
الفصل التاسع: هجرة العراقيين الى أنكلترا بقم المهندس الاستشاري عماد عبدالكريم العبادي		243
الفصل العاشر – الجزء الاول: العراقيون في المهجر – كندا بقلم الدكتور فلاح حافظ		269
الفص العاشر – الجزء الثاني: رحلة المهاجر إلى بلد الإغتراب بقلم الدكتورة مها الريس		285
الفصل الحادي عشر: أسباب هجرة العراقيين بقلم د. ندى جواد الورد		301

الباب الثاني - الفصل السابع
العراقيون المغتربون في أمريكا
بقلم حكمت جميل

عزيزي القارئ الكريم،

المغترب العراقي، قد يكون لاجئا أو مهاجراً، وسوف نتكلم عن الإثنين، ونعطي صورة من واقع الحياة في المهجر بحكم إقامتي في ولاية ميشيغين لأكثر من خمسة وعشرين عاما (1997-2023)، وبما أن العرب بشكل عام والعراقيين بشكل خاص يسكنون مدينة ديترويت الكبرى والتي تتميز بنهر ديترويت الذي يفصلها عن مدينة وندزر الكندية (**صورة** رقم 1 تظهر منظراً لمدينة ديترويت على النهر الفاصل بين ديترويت / ميشيغين ومدينة وندزر الكندية).

اللاجئ العراقي: لم يدخل الولايات المتحدة الأمريكية أي لاجئ عراقي قبل عام 1990، العام الذي قام فيه الرئيس العراقي السابق صدام حسين باجتياح دولة الكويت ثم المذبحة التي نفذها عام 1991 على مقاتلي الإنتفاضة من أهل جنوب العراق والقوات العسكرية المنهزمة من الكويت بعد معركتهم مع الولايات المتحدة الأمريكية بشكل خاص، ومع الدول التي تحالفت مع أمريكا لإخراج القوات العراقية من الكويت. ويمكن أن نقول أن معظم الأفراد الذين قاموا بالإنتفاضة كانوا من الطائفة الشيعية في العراق، والتي أدت إلى مقتل المئات وهروب الباقين من أبطال الإنتفاضة الى المملكة العربية السعودية، لكونها أقرب دولة للحدود العراقية بالنسبة لأبطال الانتفاضة، حيث تشكل جزءاً من الحدود الجنوبية للعراق. بعد وصول العراقيين إلى حدود المملكة العربية السعودية والتي فتحت أبوابها لهم، قامت المملكة العربية السعودية بإسكان من عبر إليها من المنتفضين في منطقة تسمى "رفحاء" وبعد فترة زمنية، تم قبول هؤلاء العراقيين كلاجئين في أمريكا ودول أوروبية وأستراليا ونيوزلندا. (مجموعة صور رقم 2 و 3 تظهر العراقيين في شوارع مدينة ديربون يمارسون إحتفالاتهم الدينية). إن معظم اللاجئين الذين وصلوا أمريكا، سكنوا في مدينة "ديربورن" المعروفة بالمدينة العربية، حيث أن معظم من جاءوا من أية دولة عربية سكنوا هذه المدينة والتي أصبحت مدينة لكل العرب. وجد اللاجئون العراقيون فيها كل ما يريحهم، حيث أن كل لوحات المحلات مكتوبة بالعربية والانكليزية، وجميع المحلات والمطاعم

أصحابها والعاملين فيها يتكلمون العربية، كما تسمح لهم الحكومة الأمريكية بإقامة وحماية إحتفالياتهم مما يجعلهم مرتاحين من كل شيء. ما جعل اللاجئ العراقي القادم من مخيم رفحاء يسكن هذه المدينة المليئة بالعرب الذين سبقوه من اليمن ولبنان وفلسطين وغيرها من الدول العربية والإسلامية هو كثرة المساجد والجوامع والأسواق العربية وبقية الأمور التي يتعامل بها العربي، حيث لا يشعر الفرد بالغربة خصوصا بسبب التعامل باللغة العربية في كل ما يحتاجه الفرد من أمور الحياة. وسنتطرق بشكل أكثر تفصيلا عن اللاجئ العراقي لاحقاً.

المهاجر العراقي: هناك طرق متعددة لدخول الولايات المتحدة الأمريكية بشكل قانوني، سنذكر معظمها، علماً أن مقدم طلب الهجرة من أي نوع من أنواعها، قد يقبل طلبه أو يرفض، وهذا ينطبق على الآتي: طلب للهجرة، أو للدراسة، أو للعمل، أو لجمع الشمل، أو للإلتحاق بالزوج أو الزوجة، أو لإقامة مشروع تجاري داخل أمريكا، أو ككفاءة علمية متميزة، أو المشاركة بالقرعة السنوية التي تجريها الولايات المتحدة الأمريكية لعموم دول العالم للحصول على الهجرة، أو زيارة مؤقتة، أو معالجة مريض قادر على تغطية نفقات العلاج، أو المشاركة بمؤتمر علمي، أو المشاركة بوفد رسمي من دولته للذهاب إلى أمريكا لغرض ما، أي عند دخول أمريكا للأغراض التي تم ذكرها، يقوم الشخص بالإتصال بمحامي الهجرة ويطلب منه إجراء معاملة للبقاء في أمريكا، سواء كلاجئ أو مهاجر، إلى غير ذلك من الطرق والموثقة جميعها في الصفحة الألكترونية لدائرة الهجرة الأمريكية، كي يطلع من يرغب في القدوم إلى أمريكا على الشروط الواجب توفرها في الحصول على أي نوع من أنواع الفيزا لتلك الهجرة. وبالتاكيد، فإن هناك طرق غير شرعية يدخل بواسطتها الشخص إلى الولايات المتحدة الأمريكية عن طريق الدول المجاورة لأية ولاية من الولايات الأمريكية، أو من خلال تزوير للوثائق الرسمية بهدف الحصول على هجرة، إلى غير ذلك من طرق غير شرعية.

المغترب العراقي (لاجئ أو مهاجر): عزيزي القارئ، سنتحدث الآن بشيء من التفصيل عن اللاجئ والمهاجر، وسأوضح بعض الميزات التي يحصل عليها اللاجئ حال دخوله الولايات المتحدة الامريكية، وخاصة الذين يأتون إلى ولاية ميشيغين باعتباري أسكن هذه الولاية ومطلع على واقع حياة الجالية بحكم عملي في منظمة الجالية العربية للخدمات

الإقتصادية والإجتماعية، وأيضا العمل في مؤسسة الجالية العربية الأمريكية والكلدانية في ميشيغين، وفي منظمة الجالية الكلدانية في أمريكا، إضافة إلى المشاركة في كثير من اللجان والمؤتمرات والندوات والبحوث الميدانية التي شملت كل العراقيين بغض النظر عن القومية أو الدين أو العرق والتي أجريناها في ميشيغين. يمنح اللاجئ لمدة سنة كاملة مساعدة مالية حكومية، إذا كان عمره أقل من 65 سنة مع منحه حق مراجعة الطبيب أو المستشفى إذا كان يشكو من أية حالة مرضية مجاناً، ليستقر ويجد عملاً لتمشية أمور حياته اليومية، وإذا لم يتمكن من العمل، لأي سبب من الأسباب، عليه إثبات أنه غير قادر على العمل وبتقرير طبي. في هذه الحالة، تبقى المساعدة المالية ومراجعة الطبيب والمستشفى مجانية له، وبعكسه تنقطع المساعدة المالية والصحية عنه، أو قد تبقى بعض الإعفاءات الصحية له أو لأطفاله القصر، وتوجد إمكانية الإعتراض على قرار الحكومة وتوكيل محامي لتبني الأمر ومحاولة إعادة المساعدة المالية والصحية له وفق القوانين المتاحة والتي يمكن للمحامي العمل بموجبها، شرط أن يكون اللاجئ فقيراً، أي لا يملك أي دخل مالي من أية جهة كانت. أما من كان عمره أكثر من 65 سنة، فإنه يحصل على المساعدة المالية والصحية مباشرة، إذا كان فعلا غير قادر مالياً على رعاية نفسه بنفسه، وشرط أن يثبت أنه لا يملك المال وليس عنده نقود في البنك أو أي تمويل آخر. في هذه الحالة يستمر في إستلام المساعدة المالية والصحية ما دام غير قادر على إعاله نفسه في نظر الحكومة، وهكذا يبقى ممستفيدا من المساعدة مدى الحياة، لكنها تجدد إما كل ستة اشهر أو كل سنة لضمان كونه فعلاً غير قادر مادياً على رعاية معيشته وصحته. قد يضاف الى المساعدة المالية مبلغ يصرف لشخص آخر يقوم بمساعدة اللاجئ أو المهاجر كبير السن، إن كان غير قادر على تمشية أموره اليومية، أي أن هناك قوانين وتعليمات يفهمها من كان عمره أكثر من 65 سنة من خلال مراجعاته لمنظمات الجاليات العراقية أو العربية المختلفة ليحصل عليها، كما إن الكثير من الشركات الكبيرة تقدم المساعدات العينية خاصة الغذائية، للذين يستلمون مساعدة مالية من الحكومة، بين فترة وأخرى. يحصل كبار السن أيضا من الحكومة على سكن (شقة منفصلة أو في بناية ذات طوابق متعددة) بعد تقديمه طلب على المكان الذي يرغب السكن فيه، وعند حصوله على السكن، عليه دفع أجرة السكن والتي تعادل ثلث المساعدة المالية التي يستلمها من الحكومة، والسكن معفي من مصاريف الماء والكهرباء والغاز والنفايات،

كما إن المجمع السكني مسؤول عن أي خلل يحدث في الشقة ويصلح مجاناً، إضافة إلى توفير برامج لكل اللاجئين في منظمات خاصة أو تابعة للجاليات المختلفة لتعلم اللغة الإنكليزية والحاسوب مجاناً، وأيضا تعلم السياقة، ويمكن لعائلة اللاجئ (أخوه أو إبنه أو قريبه) إهداء سكن له أو مركبة تساعده في التنقل دون أن يؤثر ذلك على المساعدة المالية والصحية التي يستلمها من الحكومة. ولغير كبار السن، هناك مدارس لتعلم اللغة الإنكليزية والتدريب على الحاسوب مجاناً، إضافة إلى مراكز تعليم اللاجئ كيفية إيجاد عمل وفق مؤهلاته أو دخوله المعاهد المهنية التي يرغبها أو لكي يطور مهنته، كي يحصل على إجازة عمل. لكن للأسف يعمل الكثير من اللاجئين خفية ويستلمون الأجور نقدا كي لا يصرح بها للحكومة التي تطلب منه ملء إستمارة الضريبة. ويحاول الكثير من كبار السن الذين يحصلون على المساعدة المالية والصحية، العمل سراً دون إعلام الحكومة بذلك خوفا من قطع المساعدة المالية أو الطبية، رغم وجود تعليمات يمكن التعرف عليها للعمل بصورة قانونية مع الحفاظ على المساعدة خاصة بالنسبة لمن هم أقل من 65 سنة. وأخير أشير إلى أن التعليمات والقوانين حول إمتيازات وإستحقاقات اللاجئ موجودة على الصفحة الألكترونية تحت باب حقوق اللاجئ في أمريكا.

عزيزي القارئ، لا بد من الإشارة إلى التصرفات السلبية التي يمارسها قلة من اللاجئين والتي تنعكس أثارها عليه أولا وعلى كل العراقيين، ومنها على سبيل المثال، لاجئ يستلم راتب هو وعائلته وأولاده من العراق باستمرار، أو آخر يبيع بيته أو أرضه في العراق بمبلغ كبير جدا، وعند محاولة إرسال المبلغ إلى أمريكا، يطلب اللاجئ من الشخص الذي سيقوم بإرسال المبلغ من العراق، أن يرسله بإسم إبنه أو إبنته أو أخيه أو أي شخص يأتمنه، كي لا يعرف مسؤول اللاجئ الحكومي بالأمر، لأنه في نفس الوقت ياخذ مساعدة مالية وصحية، وعند مراجعته لمسؤوله كل ستة أشهر لتجديد المساعدة المالية والصحية، يقوم اللاجئ بأخذ إبنه معه لأنه يجيد اللغة الانكليزية، وعندما يسأله المسؤول الحكومي عما إذا كان له دخل آخر أم لا، فيترجم إبن اللاجئ ما قاله المسؤول لأبيه، وطبعا يخبر الأب إبنه أن يقول للمسؤول أن والده فقير ولا يملك أو يستلم أي مبلغ لضمان إستمرار المساعدة المالية والصحية له. وبعد خروج الإبن والأب من الدائرة، يسأل الإبن أباه: كيف تقول أنك لا تملك أي مبلغ ولم تستلم أي مبلغ آخر ونحن عندنا أموال كثيرة ونستلم كل شهر رواتب

من العراق، فيجيب الأب إبنه: تعلم أن ما نأخذه من الحكومة الأمريكية هو "حق مشروع من حقوقنا" لأنهم هم (أي أمريكا) هي التي غزت العراق فاضطررنا للهجرة، فيتعلم الإبن أن الكذب شيء مقبول ممارسته على الحكومة والتي يمكن أن يمارسها الإبن نفسه، أي أن يكذب في كثير من أمور حياته، حيث كشف مصدر أن الإعتقالات التي نفذت بحق عراقيين في أمريكا صدرت بحقهم أحكام ترحيل إستعدادا لإعادتهم إلى بلادهم، جاءت نتيجة إتفاق مع العراق بإسقاطه من قائمة الدول المحظور دخول مواطنيها. ونحن نسأل هنا: أليس هذا جرم بحق الإبن من قبل الأب؟ ولكن هذا هو الواقع الذي يمارسه القليل من اللاجئين، ومثل هذه الأعمال قد تؤدي في بعض الأحيان لتعرض الشخص للإعتقال والمحاكمة وقد يصدر أمر بإخراجه من أمريكا وإعادته إلى العراق حيث ترحل عشرات العراقيين إلى بلادهم / ترحيل العراقيين الذين ارتكبوا جرائم في أميركا، جاء هذا القرار بعد أن تم الإتفاق مع الحكومة العراقية.

أما القسم الآخر من اللاجئين العراقيين ونقصد بهم المثقفين والمتعلمين والذين إنتهجوا الطريق الصحيح لحياتهم حيث قاموا بالدراسة للحصول على إجازة عمل، رغم أنها أقل من مستواهم العلمي خاصة من خريجي كليات الهندسة أو المعاهد الفنية أو الصناعية في العراق، ثم مارسوا العمل تحت إشراف من هم مجازين رسميا بالعمل وحصلوا على رواتب جيدة وتمكنوا من شراء سكن لهم وتحسين ظروف حياتهم وإرسال اولادهم للمدارس والكليات وتخرج الكثير منهم من الجامعات الأمريكية كالطب والهندسة والمحاماة والحسابات القانونية إلى غير ذلك من مهن. أما القسم الآخر الذي تكونت لديه مبالغ مالية فقد حاول إستغلالها في فتح مشاريع مربحة مثل الأسواق والمطاعم والنوادي والمقاهي ووفر فرص العمل لكثير من العراقيين الذين ليس لهم عمل، والتي يزاولها أعداد كبيرة من العراقيين يوميا إلى غير ذلك من الأعمال التجارية المختلفة. لا بد من الإشارة إلى أن تزايد عدد اللاجئين العراقيين في ميشيغين، أعطى لها صفة متميزة عن باقي الولايات الأمريكية، حيث لا يشعر العراقي فيها "بالغربة" عن وطنه من ناحية قضاء حاجياته أو أفراحه أو علاقاته لأن كل شيء مكتوب باللغة العربية على معظم المحلات الموجودة في المناطق التي يسكنها العرب والعراقيون ويتوفر كل ما يفكر به الإنسان مما كان في العراق فهو موجود في ولاية ميشيغين. أذكر على سبيل المثال، أنني أشتري بين فترة وأخرى "طرشي

النجف الأشرف" أو أي شيء كنت أحبه في العراق فهو موجود في أسواق الجالية العراقية في ميشيغين. إن كل شخص يعيش في أمريكا بغض النظر عن المكان الذي يعمل فيه فإن من حقه أن يحصل على التقاعد عندما يبلغ سن التقاعد (65 سنة) وذلك في حالة إذا إستمر يعمل لمدة عشرة سنوات فأكثر وبمعدل ثمانية ساعات في اليوم، حيث هناك من الأشخاص من عمل لمدة عشرات السنين وكلما زاد عدد سنوات العمل زاد راتبه التقاعدي، كما إن هناك فئة جاهلة تحاول أن تتحايل في موضوع الأجر الذي تستلمه من رب العمل فتطلب إستلام الجزء الأكبر من أجورها نقدا (حيث لا يخضع للضريبة) وهذا يشكل لها ضرراً كبيراً عند التقاعد لأن ما يظهره من أجور قانونية تكون قليلة وهكذا يكون راتبه التقاعدي قليل.

المهاجر: (صورة رقم 4 و 5 لمجموعة من العراقيين في مدينة ديربورن – ميشيغين) بدأ العراقيون بالهجرة من العراق، بعد تأسيس الحكومة العراقية عام 1921، لأسباب مختلفة منها تحسين ظروف حياة الفرد عما هي في العراق، والبحث عن سبل أخرى للعيش أو الدراسة أو العمل أو الإلتحاق بالعائلة التي سبقته بالهجرة، أو الزواج بشخص من أمريكا إلى غير ذلك من أمور ساهمت في هجرة العراقي إلى أمريكا. ولكن هناك من أجبرتهم ظروف الحياة أو ظروف العراق على الهجرة، كالحروب، بدءاً بهجرة الآشوريين والأفراد الذين كانوا يعملون مع قوات التحالف (الليفي) بعد الإستقلال مباشرةً، أو الإضطهاد العرقي أو الطائفي أو الديني التي مارسها بعض حكام العراق أو كبار المسؤولين أو المتنفذين في السلطة في مختلف الحكومات التي جاءت لحكم العراق، مثل الإعتقال أو السجن أو التعذيب أو القتل أو التهجير إلى غير ذلك من ممارسات حكام العراق، أو للظروف الإقتصادية السيئة أو إنعدام الإستقرار السياسي وتوالي الإنقلابات على السلطة وحدوث المجازر بعد كل إنقلاب، وأيضا الحرب العراقية الإيرانية وحرب الخليج والمجاعات، إضافة إلى إستمرار الاوضاع المعاشية والإقتصادية الصعبة. وإستمرت هذه الاوضاع، وبشكل أكبر بعد غزو العراق من قبل أمريكا وقوات التحالف عام 2003 وإلى يومنا هذا. لقد إستمر التوتر الديني والطائفي والسياسي الذي تعرض له الكثير من العراقيين خلال العشرين سنة التي تلت غزو العراق عام 2003، مما دفع الكثيرين منهم للهجرة، بطرق مختلفة مضافا إليها اللجوء إلى أمريكا ودول العالم التي تقبل اللجوء، مثل أوروبا وأستراليا وكندا

ونيوزيلندا وخاصة الولايات المتحدة الأمريكية. تقدم الكثير من العراقيين الذين يحملون إختصاصات عالية ونادرة، بطلبات العمل في دول الخليج (الكويت، قطر، الإمارات، البحرين، عُمان، المملكة العربية السعودية) وليبيا واليمن والسودان وبعض الدول الافريقية أو الآسيوية، علماً أن هذه الدول لا تقبل الهجرة أو اللجوء، ولكن تقبل الكفاءات العلمية من أية دولة لتطوير دولهم. أعود لأقول أن العراقيين بشكل عام، بدأت هجرتهم في بداية القرن العشرين، خاصة وأن أمريكا قد فتحت أبوابها لعدد كبير من العراقيين ومنحتهم الجنسية الأمريكية بعد الهجرة إليها وإندماجهم في مجتمعاتها، كما هو حال المواطنين الآخرين الذين جاءوا من مختلف دول العالم. هاجر العراقيون إلى أمريكا بالذات في فترات زمنية متعاقبة وشكلوا فيما بعد جالية عراقية، علماً أن معظمهم كانوا من الطائفة الكلدانية في العراق مع قلة من الطوائف الأخرى، ولكن بعد سقوط الحكم الملكي في العراق عام 1958 أصبحت هجرة العراقيين للخارج من كل الطوائف.

عزيزي القارئ، تعد الجالية العراقية الأكبر في أمريكا مقارنة بالجاليات العربية الأخرى، والذين حملوا مع هجرتهم الكثير من الإختلافات الجميلة والمتنوعة، وكما نعلم في الولايات المتحدة الأمريكية، هناك تعدد الأعراق والديانات واللغات المختلفة للمهاجرين عموماً ومنهم العراقيين، حيث هناك العراقيون العرب والآشوريون والتركمان والأكراد والكلدان والصابئة واليزيديون والفيليون واليهود وغيرهم من الطوائف، وقد وجدوا انفسهم في بلد يمنحهم حق التكلم بلغتهم الأم دون خوف أو فزع أو محاربة بالوظيفة والحديث أمام الآخرين وهم فخورون بالتكلم بلغتهم، ونفس الشيء ينطبق على ممارسة الطقوس الدينية والتي تعرض معظمها للمحاربة والإضطهاد في وطنهم العراق، وكذلك فإن لكل الطوائف والقوميات الحق بتأسيس منظمات أو إتحادات أو جمعيات دون مضايقة أو إضطهاد من الحكومة أو من أية طائفة أخرى، ومع هذا ورغم حجم إختلافاتهم سواء في العرق أو الدين أو الخلفيات السياسية والثقافية والإجتماعية وإختلاف الرؤى والأحلام التي أجبرتهم على الهجرة،.فإن الجالية العراقية في الولايات المتحدة الأمريكية، يمكن أن تكون من أكبر الجاليات العربية، أما أماكن إقامتهم فقد توزعت على معظم الولايات الأمريكية وذلك يحدده وجود كفيل للاجئ قبل دخوله أمريكا، أو إلزامهم من قبل الحكومة الأمريكية بالإقامة في ولاية ما، ولكن كان لولاية ميشيغين النصيب الأكبر من العراقيين بسبب الواقع الإقتصادي

والمعيشي المناسب والتي جذبت العراقيين إليها منذ خمسينات القرن العشرين، حيث يسكنها 29% من العراقيين وأكثرهم من الكلدان، ثم ولاية شيكاغو 22% وأكثرهم من أصل آشوري، ومثلهم في تكساس ثم كاليفورنيا 20%، أما نسبة العراقيين في الولايات الأخرى فلم نجد إحصاء لهم ولكنهم يسكنون بعض الولايات بأعداد كبيرة مثل: ماساشوستس، تينيسي، تكساس، نيويورك، فرجينيا، ميسوري، بنسلفانيا، أريزونا. وهذا لا يعني عدم وجود عراقيين في باقي الولايات المتحدة الأمريكية. ورغم أن اللغة الإنكليزية هي الجامع بين كافة الأمريكان العراقيين، إلا أن لغة الطائفة هي الأكثر إستخداما عند الجيل الأول مثل العربية أو الكلدانية أو الآشورية أو الآرامية أو الأرمنية أو الكردية أو التركمانية أو لغات باقي الطوائف العراقية المهاجرة، وبحكم وجود الحرية في التعبير عن الشرائع وإحترام الإختلافات نجد أماكن عبادة خاصة لكل ديانة من الديانات، كما إن هناك جمعيات علمية وإجتماعية وثقافية لمختلف الطوائف وكذلك جمعيات مختلفة للطائفة الواحدة، لأن القوانين تسمح بإستحداث أي تجمع غير سياسي بالنسبة لأية مجموعة من الناس على أن لا يقل عدد أعضائه عن عشرة أشخاص، ولكن يمكن لكل فرد من أفراد المجتمع الأمريكي أن يلتحق بالعمل السياسي المعلن رسميا والذي لا يبنى على أساس ديني أو طائفي. لا بد أن نشير إلى الإيجابيات والسلبيات التي يمارسها العراقيون والتي تعطى صورة عن العراقيين للآخرين وخاصة لغير العراقيين، وكما يلي:

يتعرض المهاجر بشكل عام إلى أمور يومية كثيرة، وسأذكر بعضها. يحاول معظم المهاجرين من يوم دخولهم الولايات المتحدة الأمريكية، الحصول على عمل ليتمكنوا من تغطية متطلبات المعيشة لهم ولعوائلهم. تقوم الحكومة الأمريكية بتمويل كل منظمات الجاليات المختلفة ومنها العربية والعراقية وفق أسس وتعليمات معينة، كي تساهم هذه المنظمات وخاصة لجاليتها في الحصول على العمل أو تعلم اللغة الإنكليزية أو الحاسوب، وطبعا يمكن لأي مهاجر مراجعة أية منظمة، والتي تقوم بإحتضان المهاجر، حيث تقوم منظمات الجالية العربية والكلدانية في ميشيغين بتوفير برامج متعددة مثل تعلم اللغة الإنكليزية، تعلم إستخدام الحاسوب، تعلم كيفية الحصول على عمل، تعلم كيفية كتابة السيرة الذاتية، كما أن هناك أقساماً لمساعدة المهاجر أو اللاجئ على مراجعة دوائر الدولة للحصول على الإقامة المؤقتة أو الدائمية أو حصوله على الجنسية الأمريكية، أو لمراجعة الأطباء أو

المستشفيات أو أي شيء يحتاجه المهاجر، ويقع ضمن واجبات المنظمة، فالمنظمة تقدم كل هذه الامور بدون مقابل للمهاجر لأن المنظمة تمول من قبل الحكومة الأمريكية وفق برامج حكومية محددة. لكن مع الأسف أن الكثير من العراقيين لا يستفيدون من هذه الخدمات وخاصة تعلم اللغة الإنكليزية والحاسوب وكيفية إيجاد عمل، رغم أن هناك نوعاً من الإعلام المستمر لتشجيع المغترب على تعلم اللغة الإنلكيزية والتي تسهل عمله في اي موقع يرغب في العمل فيه. لنتطرق قليلا عن كيف يمكن للمهاجر أن يحصل على عمل، فمجرد مراجعته لمنظمة الجالية العربية أو الكلدانية أو أية منظمة تقدم خدمات للمهاجر، سيتم تعليمه ذلك على الإنترنت، وكيفية البحث عن العمل وفق مؤهلاته العلمية أو المهنية، أو إن رغب في دخول أي برنامج حتى ولو كانت الدورة خارج المنظمة، حيث إن ذلك يتم من خلال تعلم كيفية التعامل مع الإنترنت وبرامج العمل خاصة المهنية منها للتعرف على إمكانية الدخول إليها لهذا يطلب أولا معرفة اللغة الإنكليزية سواء قراءة و كتابة وتكلما، وبذلك سيتم التعرف على ما يملكه من معلومات وشهادات تؤهله للمشاركة في برنامج مهني أو تقديم طلب للعمل في الشركات أو المواقع التي تطلب عاملين، كما على المهاجر أن يفهم جيدا وجوب محاولة أن يعمل طوعيا في أي عمل أو مكان يمكن أن يتطوع للعمل فيه، أي تقديم خدمة عمل بدون مقابل، كي يتعلم كيف يعمل في البيئة الجديدة (أمريكا)، وكيف يتعامل مع الناس ليكسب رضاهم ويبين أنه يقدم أفضل ما يمكن أن يقدمه، وأيضا كي يتعرف الجانب الآخر على شخصيته أولاً وأسلوب تعامله مع من حوله، وطبعا يفضل أن يجد المهنة التي سيعمل بها مستقبلا لقاء مبلغ من المال، لأن المكان الذي سيقبله للعمل مجانا في بداية الامر ويقتنع بإمكانياته فإنه سيقوم في الغالب بتشغيله عنده إذا توفرت فرصة العمل، وعليه أن لا يستعجل بطلب العمل من رؤسائه، حيث أن العمل سياتي اليه لا محالة. ومن المهم أن يثبت أنه قد أتقن عمله فعلا، وكان دوامه منتظما وخاصة الحضور في الصباح وترك العمل وقت إنتهاء ساعات العمل، لأن صاحب العمل يراقب المتطوع بشكل دقيق، كي يتأكد أنه يصلح للتعيين مستقبلا. على المهاجر أن لا يفقد أعصابه لأي سبب من الأسباب في العمل أو يتصرف تصرفا غير صحيح في حالة عدم تعيينه في المكان الذي تطوع فيه أو عند تعامله مع العاملين الآخرين في نفس الموقع، وعليه أن يطلب من صاحب المحل تزويده برسالة تزكية في حالة عثوره على عمل أفضل. وفي حالة تقدمه للعمل الجديد عليه أن يقدم ما يسمى

بالسيرة الذاتية التي تتضمن إسمه وعنوانه ورقم تلفونه والأماكن التي عمل فيها والخبرة التي يملكها وكذلك الشهادة التي حصل عليها على أن يكون صادقا في كل ما يكتبه لأن صاحب العمل الجديد يستطيع التحقق مما كتب في السيرة الذاتية. وقد يطلب من المهاجر الذي تقدم للعمل الحضور لإجراء مقابلة مع من هو مخول من الشركة أو مكان العمل للتعرف أكثر على الشخص الذي يطلب العمل في ذلك المكان، لتقييم لغته الإنكليزية. إن من أول الأمور التي على المهاجر القيام بها هو إستحصال إجازة سياقة المركبة ثم شراء مركبة لأن النقل العام غير متوفر في كل الأماكن ولا يمكن الإعتماد عليه للوصول إلى موقع العمل في الموعد المحدد، لذا وجب على المهاجر تأمين مركبة شخصية، وهناك بعض المنظمات التي تساعد المهاجر في إعطاءه سلفة من المال لتامين مركبة على أن يقوم بتسديد المبلغ فيما بعد. **عزيزي القارئ**، سنتكلم عن الأمور التي يشترك بها بعض اللاجئين ومعظم المهاجرين، ومنها ما هو سلبي وآخر إيجابي وكما يلي:

(أ) المغترب و السلبيات المشتركة: سأذكر بعض الأمثلة من واقع الحياة وليس جميعها وكما يلي:

1- ظاهرة الطلاق: شكلت ظاهرة الطلاق في أمريكا حوالي 4.7 لكل الف نسمة خلال عام 2021 وقد إنتشرت هذه الظاهرة مع الأسف في الجالية العراقية الساكنة في ولاية ميشيغين وهي في إزدياد غير طبيعي، وهذا يعني تفكك أسري يزداد عند أفراد الجالية مع الأسف، ولأسباب عديدة، فمثلا تتعلم المرأة من الآخرين أن لها حقوقاً تتساوى بالضبط مع حقوق الرجل في كل شيء إن لم تكن أكثر، ولأنها جاءت من العراق الذي كان للذكور فيه كل الحقوق وللمرأة أقل بكثير، تحدث الخلافات لأتفه الأسباب، وتؤدي للطلاق، أو إن الرجل حسب القانون لا يتمكن أن يجمع بين أكثر من زوجة في نفس الوقت فيلجأ للطلاق، أو بسبب الخيانة الزوجية من أحد الطرفين، إضافة إلى بعض الأسباب الأخرى مثل إدمان القمار أو الإتجار بالمخدرات أو التحايل على الحكومة بعدم الكشف عن الدخل الحقيقي للتخلص من الضريبة التي يجب على الجميع دفعها للحكومة، وهذا مما أدى الى سجن البعض أو إعادة المخالفين للقانون الأمريكي إلى بلادهم الاصلية وما يتبع ذلك ظواهر سلبية داخل الجالية مثل الطلاق.

2- **سلوكيات الأبناء:** هناك تباين كبير بين الجيل الأول من المهاجرين وأبنائهم في فهم الحياة الأمريكية، حيث يحاول الوالدان إعطاء النصائح والتنبيه إلى مخاطر بعض الممارسات عند أبنائهم، الا أن الأبناء لا يستمعون إلى الأب أو الأم، وهنا تبدأ المشاكل التي قد تكون قاسية جداً. وأذكر حادثة عشتها مع إحدى العوائل أثناء عملي في إحدى منظمات الجالية، حيث جاءت فتاة عربية بعمر 14 سنة إلى البيت ومعها علبة السكائر التي كانت قد دخنت بعضها خارج البيت مع صديقاتها بدون علم الأهل، وقبل دخولها المنزل أرادت التخلص من العلبة، ولكن صديقاتها قالوا لها إذهبي وحاولي أن يعرف أهلك بأنكِ تدخنين السكائر، وإذا إعترض أحدهم بطريقة عنيفة إذهبي إلى غرفتكِ وإتصلي بالرقم 911 وإحكي لهم ما عملوه معك خاصة إذا ضربك والدك. وفعلا عند رجوعها ومعرفة الوالدين بأنها تدخن السكائر، قام الأب بالصراخ عليها ثم ضربها بشدة وأسقطها على الارض، فذهبت لغرفتها وإتصلت بالرقم 911 وهو رقم النجدة من قبل الشرطة لكل سكان أمريكا في حالة طلب مساعدة الشرطة. جاءت الشرطة ولاحظ الشرطي إحمرار وجهها وآثار العصا على رجلها وظهرها، فقامت الشرطة بأخذ الفتاة إلى المستشفى لتسجيل الواقعة والضرر الذي لحق بالفتاة، وأحيلت القضية إلى المحكمة، حيث حكم القاضي، بأخذ كل أبناء العائلة الذين تقل أعمارهم عن 18 سنة وتوزيعهم على أسر أمريكية ترحب بقبول الأطفال معهم وتربيتهم والصرف عليهم أو قيام الحكومة بإعطاء راتب شهري للعائلة عن كل طفل تقوم برعايته، كما حكم القاضي بوجوب دخول الأب دورة ستة أشهر لتعلم كيفية التعامل مع الأبناء وبعكسه يدخل السجن لمدة سنتين. هذا الحادث المؤلم حدث لهذه العائلة العربية بسبب عدم معرفتهم بالقوانين في العالم الجديد لأن لكل بلد قوانينه وعلى المهاجر أن يكون له إلمام بهذه الامور، وهناك أمثلة كثيرة من هذا القبيل، لذا تركت بعض العوائل أمريكا إلى تركيا أو بعض دول الخليج خوفا من ما قد يلحق بأبنائها من سلوكيات لا يتقبلونها.

3- **العمل "تحت الطاولة:** هناك مع الأسف من يعمل بأجر نقدي كي لا يتم تسجيله في إستمارة الضريبة في نهاية كل عام، ويأخذ التهرب من الضرائب طرقا مختلفة وكل حسب موقعه وعمله وأسلوبه في كيفية إخفاء الدخل الحقيقي عن الحكومة. لا أريد أن أدخل في التفاصيل رغم علمي الدقيق بها وانواعها المختلفة وذلك من خلال ما يتناقله الأفراد في مقاهي الجالية أو في لقاءات أخرى.

4- **الغش في العمل:** أذكر حادثة عشتها، رغم وجود أمثالها في كل ولايات أمريكا، حيث أن إحدى طبيبات الأسنان في إحدى الولايات، كانت تسجل على التأمين خدمات مثل تكرار قلع سن معين خلال فترات متباعدة على نفس المراجع، أو عمل جسر لأكثر من مرة على نفس المكان ونفس الشخص، إلى غير ذلك، وفي احدى المرات حدث هذا الشيء مع أحد أفراد المخابرات المركزية الأمريكية دون أن تعرف طبيبة الأسنان وظيفة المراجع، فصدر أمر من المحكمة بغلق العيادة وإجراء الكشف الكامل على مراجعي الطبيبة، تبين بعدها أن هناك أكثر من مليون دولار حصلت عليها بطرق غير شرعية، فصدر الحكم على الطبيبة بسحب إجازة طب الأسنان نهائيا منها، وإعادة ربع مليون دولار للدولة أو السجن عشرة سنوات. تم دفع المبلغ وغلق العيادة. نسمع ونقرأ الكثير من هذه الأمثال باستمرار.

5- **إستغلال الأهل والمعارف:** هناك بعض المهاجرين من المتمكنين ماديا الذين يملكون شركة أو معمل او مخازن كبيرة أو محل تجاري باستغلال اللاجئ بطرق مختلفة ومؤذية، فمثلا يقوم المهاجر المتمكن بتعيين اللاجئ لديه بأجور زهيدة قد تعادل 10-15% من الآجر الذي يتقاضاه الأمريكي، وهناك آلاف القصص المؤلمة التي يتعرض لها اللاجئ أو المهاجر الذي لا يملك مالاً وهو في بداية حياته في أمريكا، إضافة إلى سوء معاملته من قبل صاحب العمل، خاصة حاملي الشهادات قبل تمكن صاحب الشهادة من معادلة شهادته في أمريكا.

6- **الثقة والإئتمان:** من المؤسف أن نسمع بين الحين والآخر، أن هناك أحد المغتربين الذي كان قد إئتمنه عراقي في العراق قبل الهجرة من أقاربه أو أصدقائه، وأرسل إليه نقوده بطرق غير شرعية للإحتفاظ بها لحين قدومه إلى أمريكا. وعند وصول الشخص إلى أمريكا ليستلم ما أرسله من المال، كي يبدأ حياته، يقول له الشخص المؤتمن "مع الأسف أخي أو صديقي لقد وضعت مبالغك في صفقة تجارية ولكن خسرت الصفقة وذهبت المبالغ، وهناك من إمتنع نهائيا عن إعادتها ولو بعد فترة، وهناك من وعد بتقسيط المبلغ لسنوات طويلة وأمور قد لا يتوقعها عراقي أصيل من عراقي "متأمرك". وهناك من أصيب بجلطة أو سكتة قلبية وتوفي نتيجة خيانة الأخ أو الصديق أو القريب له، والأمثلة لا تحصى على الإطلاق.

7- **تعرض العراقيين للقتل أثناء العمل:** تعرض عشرات العراقيين إلى القتل أثناء عملهم في مخازن لبيع المشروبات والمواد الغذائية أو محطات بيع البنزين إلى ما هنالك من

الاسواق التي قام بفتحها العراقيون لغرض العمل والتجارة وخصوصا أن هذه المحلات تتعامل بالعملة النقدية "كاش"، أي النقود السائلة. وبما لغرض العمل والتجارة وخصوصا أن هذه المحلات تتعامل بالعملة النقدية "كاش"، أي النقود السائلة. وبما أن معظم الشعب الامريكي يتعامل ببطاقة البنك (كردت كارت) فإن وجود هذه النقود السائلة في المحلات التي يملكها العراقيون تغري الكثير من المجرمين حيث ينتهزون فرصة الأعياد لحاجتهم للنقود، فيقوم المجرم بدخول هذه المحلات للإستيلاء على النقود. وعندما يتعرض له صاحب العمل أو العاملين معه، يقوم بقتله إما داخل المحل أو خارجه كي لا يتم التعرف عليه في حالة قيام صاحب العمل بتقديم شكوى لدى السلطات المختصة، حيث أن الإحصائيات تشير إلى أنه تم قتل أكثر من 120 عراقي من أصحاب المحلات أو العاملين فيها خلال الأربعين سنة الماضية في ميشيغين.

8- إنعدام التوافق: مع الأسف هناك تنافس بين مختلف منظمات الجالية العراقية التي تقدم خدمات جليلة للمغتربين، وينعكس هذا التباين على مختلف المستويات العلمية والتجارية، فمثلا هناك أكثر من جمعية للأطباء العراقيين، وهذا ينطبق على كثير من الأنشطة التي تمارسها كل جهة على إنفراد، ومن الملاحظ أن كثيراً من هذه الأنشطة تغلق بعد فترة، بسبب عدم تمكنها من الحصول على مساعدة مالية من الحكومة لكونها لا تفهم طبيعة قوانين المساعدة والتي تعطى لمن يقدم خدمة فعلية لأبناء الجالية. كما يعتقد البعض أن جزءاً من هذه المساعدات المالية الحكومية قد تستغل لأغراض شخصية لا علاقة لها بتقديم خدمات للمحتاجين من أفراد الجالية. ولهذا تقوم الحكومة الامريكية بقطع المساعدات المالية لمثل هذه الجمعيات مما يتسبب بالضرر على اللاجئ أو المهاجر.

9- إنقسامات الطائفة الواحدة: هناك مع الأسف إنقسامات داخل الطائفة الواحدة، كالمسلمين والمسيحيين والأكراد وغيرها من الطوائف العراقية التي حملت معها العصبية القبلية إلى ميشيغين وهذه واضحة في حالات الزواج والعمل والإحتفالات الدينية والإجتماعية، فمثلا "بنت الناصرية" لا تتزوج "إبن العمارة" وعلى هذا المنوال. وعلى سبيل المثال فإن أحد نوادي الطائفة الكلدانية لا تقبل أعضاءً من غير طائفتها، وأمثلة متعددة من هذا القبيل.

10- **نكران الجميل:** هناك قلة من المغتربين الذين يتنكرون للمساعدة التي قدمت لهم من أقاربهم أو أصدقائهم سواء كان ذلك مساعدة مالية أو عينية أو كخدمات إجتماعية في بداية وصولهم إلى أمريكا وخصوصا بعد أن يصبحوا ذوي مال وجاه، أو شهادة دراسية لها قيمة في تغيير مسيرة حياتهم. إن أمثال هؤلاء مع الأسف، وبعد حصولهم على مبتغاهم نراهم ينقلبون إلى أصلهم المبني على الغش والإحتيال مما يدفعهم إلى عدم الإيفاء الكامل بما تم بينهم من إتفاق مسبق، والتنكر لمن قدم لهم المساعدة. ولهذا نسمع في الخيرين من الجالية من يقول "إتقِ شر من أحسنت إليه" وهذا أيضا مع الأسف من الأشياء السلبية التي نراها في العراقيين في ولاية ميشيغين.

وهكذا أختتم الحديث عن السلبيات التي عشتها ولاحظتها شخصيا خلال الخمسة وعشرين عاما في ميشيغين رغم وجود أكثر مما تم ذكره بكثير وبأشكال مختلفة، منها الأقوال التي نسمعها عن العمل في تهريب المشروبات أو السكائر من ولاية إلى أخرى للإستفادة من فرق الأسعار وهذا شيء غير قانوني، كذلك الإتجار بالمخدرات من قبل بعض الأشخاص مما أدى ببعضهم إلى السجون، وغير ذلك من خرق القوانين للحصول على أرباح سهلة بطرق غير مشروعة.

(ب)-المغترب والإيجابيات المشتركة: يتميز المغتربون بشكل عام عن المواطن الأمريكي بصفات عديدة، أعطتهم ميزة قبولهم في العمل وأحيانا التفضيل عن الآخرين للأسباب التالية:

1- **الإنضباط في العمل:** يتميز المغترب بشكل عام بالإنضباط في العمل وخاصة في الحضور والإنصراف. ويتميزون كذلك بالسرعة في إنجاز ما يوكل إليهم من عمل والإلتزام بتعلميات العمل بشكل دقيق.

2- **طرق دخول المهاجر أو اللاجئ سوق العمل:** دخل المهاجرون القدامى وخاصة من الطائفة الكلدانية سوق

العمل، بعد أن إمتلكوا الخبرة والمال، وتوسعت اعمالهم، وأعطت فرص العمل لكثير من المهاجرين واللاجئين

الجدد في مشاريعها، كما أن البعض من أصحاب رؤوس الأموال من المهاجرين القدامى قام بإستثمار أمواله وبنفس الوقت مساعدة المهاجر أو اللاجئ الجديد ممن له مطلق الثقة به

وذلك بفتح مشروع جديد مناصفة وبعدها يعطى الفرصة للمهاجر الجديد لإيفاء ديونه من النصف الثاني من المشروع خلال مدة معينة ليعود المشروع كله للمهاجر أو اللاجئ الجديد، وهي مساعدة كبيرة لهم. كما أن البعض من الخيرين من المهاجرين القدامى قام بفتح مشروع جديد بإسمه، وإتفق مع أحد المهاجرين أو اللاجئين الجدد ليقوم بإدارة المشروع وتكون الأرباح مناصفة وعندما يتمكن المهاجر أو اللاجئ من تسديد قيمة المشروع يصبح هو صاحب المشروع، وهذه أيضاً مساعدة كبيرة من أصحاب الأعمال من المهاجرين القدامى. وهكذا توسع العراقيون في إمتلاك الأسواق والبنايات. قام آخرون بشراء دور قديمة لإعادة إصلاحها ثم بيعها، وإهتم غيرهم بشراء الأراضي البعيدة بأسعار رخيصة جدا بأمل إرتفاع أسعارها بعد سنوات، وعمل آخرون في الإستيراد والتصدير ونجحوا في عملهم. بالنتيجة، أثبت العراقيون في المهجر بأنهم أصحاب مهن حرة ناجحة جداً، حتى أن حاكم ولاية ميشيغين شعر بذلك، وبدأ بتقديم الدعم اللآزم إن تطلب الأمر، مما أدى إلى تشكيل "غرفة تجارة الكلدان" ويوجد مثلها لكثير من المهاجرين من الدول العربية الأخرى.

3- **التعليم العالي:** كان هم المهاجرين قبل عام 1990، تكوين أنفسهم لضمان إستقرارهم، هم وعوائلهم، وكانت معظم الأعمال تدار تقريبا من قبل العائلة نفسها مع بعض العاملين المهاجرين. إلا أن القليل منهم من أرسل أبنائه للدراسة في جامعات وتخرج منهم الأطباء وأطباء الأسنان والصيادلة والمحامين والمحاسبين القانونيين وبعض الإختصاصات الأخرى ولكن بأعداد قليلة. ولكن بعد عام 1991 وبدء وصول اللاجئين والمهاجرين إلى أمريكا وبالذات ميشيغين، وصل الكثير ممن يحملون الكفاءات العلمية والذين كان هدفهم بالأساس، الإهتمام بأبنائهم ليكملوا دراستهم ويحصلون على شهادة مطلوبة في سوق العمل مثل الطب وطب الأسنان والصيدلة والمحاماة والمحاسبة القانونية، وبعضهم في إختصاصات هندسية وتعليمية، وهنا إزداد عدد المهاجرين القدامي الذين بدأوا بأرسال أبنائهم أيضا إلى الكليات لدراسة الإختصاصات المطلوبة في سوق العمل. للجالية العراقية حاليا كوادر علمية في مختلف الإختصاصات، يشكلون نسبة كبيرة مقارنة بغيرهم من المهاجرين العرب، كما حصلوا على مناصب متقدمة في الوظائف الحكومية مثل قاضية كلدانية حصلت على مقعد في محكمة التمييز الفيدرالية، إلى غير ذلك من مراكز مرموقة.

4- **الحياة الإجتماعية:** تميز العراقيون بتكوين حياة إجتماعية وعلاقات عائلية بغض النظر

عن إختلاف القومية أو الدين أو العرق، فهناك النوادي الكثيرة والتي يرتادها العراقيون لقضاء الوقت والإستمتاع فيما بينهم بلعب الطاولي أو الدومنة وتناول الطعام والمشروبات، وهناك قاعات للحفلات المختلفة التي يقيمها المهاجرون مثل حفلة زواج أو تخرج أو تناول أطفال الجالية، أو أية مناسبة أخرى، كما أن هناك نوادي تقيم حفلات المغنين العراقيين أو العرب سواء من سكنة ميشيغين أو غيرها، إضافة إلى قيام الجمعيات وخاصة الطبية منها بعقد ندوات وإلقاء محاضرات مع تقديم الطعام للحاضرين، إلى غير ذلك من الأنشطة الإجتماعية التي تجعل العراقي يعيش حياة من العمل الجاد والمتعة العراقية التي كان يعيشها في الأزمنة المريحة وتحت مختلف الأنظمة إبتداءً من الحكم الملكي. كما يتمتع العراقيون بشكل عام بالسفر إلى الولايات الأخرى أو إلى أماكن السياحة المنتشرة في ميشيغين أو خارجها أو خارج أمريكا متى ما شاءُ. ومع كل هذا يبقى معظم إن لم يكن جميع العراقيين يحنون لوطنهم الغالي على نفوسهم خاصة وهم على قناعة تامة بأن خيرات العراق هي أكثر بكثير من خيرات أية دولة في العالم. ولو جاءت سلطة تؤمن بالمواطنة الحقة ووفرت ما هو متوفر في دول العالم المتقدم فأنا واثق أن الكثير من العراقيين سيرجعون إلى الوطن العزيز لأن الكثير منهم لا زال يشعر بالغربة ولأنهم يرغبون بخدمة الوطن لما يملكونه من خبرة في حقول إختصاصهم.

5- **الإستقرار في الحياة:** يحاول معظم العراقيين المهاجرين في أمريكا الحصول على دار سكن، وذلك من خلال ما وفره نظام البنوك التي تعطي قروض بعد التعرف على إمكانية الشخص في تسديد القسط الشهري من القرض وفق معايير محددة من قبل البنك لمن يرغب بشراء دار سكن ليقوم بتسديد القرض خلال 30 سنة أو أقل حسب إمكانية المشتري. هناك أنواع كثيرة من المساكن، الرخيصة والمتوسطة السعر والغالية، وذلك حسب المنطقة التي يرغب السكن فيها ونوع السكن مثل شقة أو دار ذات مساحات مختلفة، وهكذا فإن كل شخص يشتري حسب إمكانياته من حيث قدرته على تسديد المبلغ الشهري للبنك.

مذكرة المنظمات العراقية في ميشيغين الى القنصل العراقي

وفي الختام، لا بد من الإشارة إلى الوفد العراقي الذي ضم ممثليين عن 14 منظمة من منظمات الجالية العراقية العاملة في ولاية ميشيغين (صورة رقم 6 وفد من منظمات الجالية العراقية في ميشيغين يقدم مذكرة إحتجاج إلى القنصل العام لجمهورية العراق)، وقام بتقديم

حكمت جميل

مذكرة إحتجاج إلى القنصل العراقي العام لجمهورية العراق في ولاية ميشيغين "السيد عدنان عزارة آل معجون" على قرار وزارة الهجرة والمهجرين العراقية لتعيين رؤساء الجاليات العراقية في أنحاء العالم. وأكد وفد المنظمات رفضه القاطع لمثل هذه الممارسات الفوقية غير المدروسة والتي تسيء إلى سمعة الجاليات العراقية في دول الإغتراب، في الوقت الذي يحتاج العراق كل أبناءه لبناء العراق ومساعدته للخروج من واقعه الحالي. كما أكد وفد المنظمات للسيد القنصل العام عن أهمية التنسيق بين المنظمات والتجمعات المختلفة للجالية العراقية في الخارج مع القنصليات والسفارات العراقية في دول الإغتراب، من أجل إيصال ما يصدر من الوزارات العراقية عموماً إلى كل منظمات وتجمعات الجاليات العراقية بشكل مستمر وسريع، ليكونوا على تواصل مع الوطن. لقد رحب السيد القنصل العام بوفد منظمات الجالية مؤكدا إستعداده الكامل للتعاون معها فيما يخدم الجالية العراقية والوطن، وقد قدم الوفد مذكرة المنظمات التي جرى توقيعها من قبل 14 منظمة عراقية بالإضافة إلى شخصيات مستقلة في ولاية ميشيغين، وقد دام لقاء الوفد مع السيد القنصل العام حوالي ساعة ونصف. وأدرج أدناه أسماء الموقعين على المذكرة التي قدمت للسيد القنصل العام بولاية ميشيغين وكما يلي:

1. الإتحاد الديمقراطي العراقي في الولايات المتحدة الأمريكية
2. إتحاد الأدباء والكتاب الكلدان
3. الإتحاد الوطني الكردستاني
4. جمعية الصابئة المندائيين في ميشيغين
5. الحركة الديمقراطية الآشورية
6. حركة المستقلين التركمان في الولايات المتحدة الأمريكية
7. الحزب الديمقراطي الكردستاني
8. الرابطة الكلدانية العالمية في أمريكا
9. ممثلية رابطة المرأة العراقية
10. منتدى الرافدين للثقافة والفنون
11. الجمعية العراقية لحقوق الإنسان في الولايات المتحدة الأمريكية
12. حزب أبناء النهرين

13. جمعية مار ميخا الخيرية
14. جمعية مار كوركيس الكلدانية في سان دييكو
15. شخصيات مستقلة

أعداد المغتربين: هناك إحصائية لمكتب خدمات المواطنة والهجرة تشير إلى أن العدد التقريبي للمهاجرين العراقيين الذين قدموا إلى الولايات المتحدة الأمريكية بين عامي 1989 و2001 حوالي 49000 بالإضافة إلى 25710 عراقي مولود في أمريكا، تم تجنيسهم بين عامي 2000 - 2001 وأصبح العدد التقريبي لعام 2002 ما يقارب من 90000 مهاجر من العراقيين يقيمون في الولايات المتحدة الأمريكية، أما كمهاجر أو لاجئ والذين تزايد عددهم بشكل مستمر حتى بلغ في عام 2015 حوالي 145279 وفقاً لمكتب الإحصاء الأمريكي، علما أن معظم الجالية العراقية تسجل أبنائها أثناء ولادتهم "أمريكان" ولا تشير إلى كونهم من أصل عراقي مما يقلل من واقع أعداد الجالية العراقية في المهجر، أما في عام 2020 فيقدر عدد العراقيين في أمريكا بحوالي 215193 شخص موزعين في ولايات أمريكا كلها (50 ولاية). وحسب إحصاء القنصلية العراقية في الولايات المتحدة الأمريكية، فإن عدد العراقيين المغتربين يقدر بحوال نصف مليون عراقي ويمثلون حاملي الجنسية الأمريكية والساكنين في العراق وأمريكا.

تصاوير الباب الثاني / الفصل السابع

صورة رقم 1 تظهر منظر لمدينة ديترويت على النهر الفاصل بين ديترويت / ميشيغين ومدينة وندزر الكندي

صورة رقم 2 تظهر العراقيين في شوارع مدينة \ديربورن يمارسون احتفالاتهم الدينية

العراقيون من الوطن الى المهجر

صورة رقم3 تظهر العراقيين يمارسون احتفالاتهم الدينية في مدينة ديربورن من ولاية ميشيغن

صورة رقم 4 و 5 تظهر مشرعين ومتظاهرين عراقيين يطالبون شرطة ديربورن بالتوقف عن احتجازهم

صورة رقم 5 / نفس ما كتب في صورة 4

صورة رقم 6 وفد من منظمات الجالية العراقية في ميشيغين يقدم مذكرة إحتجاج إلى القنصل العام لجمهورية العراق

السيرة الذاتية : المهندس طارق بركات الرومي

× ولد في مدينة قلعة صالح من محافظة ميسان العراق عام 1939، × إنتقل للعيش في بغداد عام 1949، × تخرج من كلية الهندسة - قسم الري والبزل - جامعة بغداد عام 1962، × التحق بكلية الإحتياط - دورة 20 - الوجبة الأولى، وتخرج عام 1966 برتبة ملازم، × تم تسريح كل وجبة الدورة 20 من الجيش عام 1967،

× عين كمهدس ري في شركتي "مالك دونالد الهولندية وشركة سوكريا الفرنسية لاعداد التصاميم الهندسية والاشراف على تنفيذ مشاريعها عام 1967 ولغاية عام 1973"، لإعداد تصاميم الإستصلاح والري والقنوات في كل مناطق العراق، × تم إستدعاء الوجبة 20 إلى خدمة الإحتياط عام 1973 - 1974 ثم تم تسريح الوجبة، × عين كمهندس ري للإشراف على أعمال شركة "بول سرفس" البولندية عام 1974 ولغاية عام 1978 المتخصصة في أعمال تثليث العراق (بعد ان قسم العراق الى مثلثات مترابطة من الجنوب الى الشمال طول ضلع المثلث 19 كيلو متر ورؤوس هذه المثلثات ثبتت فيها احداثيات تشريق وتشميل مرتبطة بالاقمار الصناعية)، × عمل كمهندس ري للإشراف على أعمال إستصلاح منطقة ما بين النهرين والممتدة من الفلوجة مرورا بالمحمودية ثم اللطيفية وصولا إلى الإسكندرية قي محافظة بغداد من عام 1978 ولغاية التقاعد عام 1991،

× عمل في مكتب الجزيرة الحديث لإعداد التصاميم والإشراف على مشاريع عديدة من جملتها مشروع السقي بالرش لشركة صينية في الموصل من 1991 ولغاية 1994

× عمل في مشروع العزيزية للإستصلاح والسقي بالتنقيط من 1994 ولغاية 1996

× عمل في مشروع ري الخالص وري مندلي لمدة سنتين في كل مشروع، × هاجر من العراق مع عائلته عام 2017 إلى الأردن، ومنها عام 2019 إلى أستراليا وإستقروا في مدينة سدني وينتظر حصوله على الجنسية الأسترالية بعد أربعة سنوات من وصوله

الباب **الثاني - الفصل الثامن**

العراقيون والهجرة إلى أستراليا

بقلم المهندس طارق بركات الرومي

ما هو الهدف من الهجرة؟ أهو للتسلية.. للرفاهية.. لأستشراف المجهول ومعرفة ما يدور في العوالم الاخرى.. أم هو الهروب من الواقع المر الذي يعيشه الانسان؟ ففي بلد مثل العراق.. بلا كهرباء، ولا قانون منذ أكثر من أربعين عاما، (صورة رقم 1 الآشوريون والكلدان والسريان وصلوا إلى أستراليا)، كيف يتسنى للمرء العيش وتأدية مهامه بلا قلق أو خوف مما ينتظره من مصير مظلم. وهذا بلا شك أحد أهم الأسباب التي دفعت العوائل العراقية للهجرة.. تاركة خلفها نتاج عملها وتحصيل أبنائها العلمي وتراث أجدادها وآبائها وثرواتهم.. والتاريخ والصور البهية لأزقة وشوارع مدنهم وتراث محلاتهم وأسمائها الخالدة، الإلفة الأخوية بين صبيان وصبايا بيوت جيرانهم التي متنها الصدق والود والتي بنيت على أسسها حياة العوائل المتماسكة. وأن تركِن صور جبال كردستان وشلالات (بيخال) وجمال أم الربيعين ونواعير (هيت)، وملوية سامراء، وشواطئ دجلة.. وكازينوهات (أبي نؤاس).. ومقاهي شارع الرشيد و (دور عرض او سينما)، وفخامة وتنوع محلات عرضها.. وجامع الحيدرخانة وزهو (الجواهري الكبير) وهو يؤبن أخاه جعفر الشهيد وما تبعها من مواقف أرخت لهذا الشارع بالمآثر النضالية للشعب العراقي وأن تلغي زهو قصب وبردي أهوار الحويزة والحمار والجبايش وتنسى صور آلاف الطيور التي تحجب عنك الشمس وأنت تمر بها.

وإن نسيت شيئاً فلا يمكن أن تنسى جلستك في أحد مقاهي كورنيش البصرة.. ساهرا الليل كله تراقب غرابة هذا العالم الذي يمر أمامك ناقلا البحارة من البواخر العملاقة الراسية في (شط العرب) إلى كورنيش البصرة بأزيائهم ولغاتهم المتنوعة. واليوم يتسلى الآخرون بمشهد هروبنا ولجوئنا بطرق شتى إلى محطات بلدانهم.. تاركين ثرواتنا وتاريخ حياتنا حاملين على ظهورنا حقائبنا وساحبين أطفالنا المرعوبين خلفنا.

الهجرة إلى بلد آخر : هي في الحقيقة هجرة إلى المجهول.. في العراق، ولدنا ونشأنا في

أحضان العائلة وهذا حال الغالبية العظمى منا. تمتاز عوائلنا في العراق بالإلفة والمودة والتقارب. العائلة ليست الأم والأب والإخوان والأخوات والزوجة والأبناء فقط، بل إنها أيضاً الأصدقاء والأقارب والجيران وزملاء الدراسة والعمل والكثير ممن مر علينا في رحلتنا في الحياة. الشعور بالإنتماء والإحتواء يلازمنا منذ الطفولة، الإنتماء إلى اللغة، الثقافة، التاريخ، والتقاليد. عندما تجتاح البلد عواصف الإنفلات الأمني، سيطرة الميلشيات وقلة الخدمات وغيره من المحبطات في البلد ويضطر المرء لترك ذلك كله (بجماله وقبحه) والهروب إلى المجهول. وتشاء الصدف أن يكون ملاذنا الجديد (أستراليا) التي لا نعرف إلا القليل عن نسيجها الإجتماعي وطبيعة الحياة فيها وثرواتها الطبيعية. من الأمور التي تميز الشعب الأسترالي أنه شعب محب ويحترم الآخر، شعب يمتاز بالمرح والإسترخاء، وتتميز أستراليا بالأمان (مع وجود حالات نادرة من التجاوزات هنا وهناك) يضاف إلى ذلك جمال البلد وتنوع طبيعته وكثرة الأماكن التي تشعر المرء بالإنبهار عند زيارة شواطئها، بحيراتها، غاباتها، شلالاتها، ناهيك عن وجود الأجواء الإستوائية، الصحراوية، الثلوج وأحيانا تمر على البلد الفصول الأربعة في يوم واحد. وبسبب التنوع الثقافي في أستراليا، توجد الكثير من النشاطات والفعاليات والمتاحف وتجد كل ما يخطر على البال من أنواع المأكولات والمطاعم من أغلب الثقافات في العالم. (صورة رقم 2 لمدينة سياحية في أستراليا وهناك العشرات أمثالها) يضاف إلى ذلك مستوى معيشة جيد وفرص عمل كبيرة، خدمات طبية جيدة ومستوى تعليم عالي. ربما تكون هذه بعض الأسباب التي تغري الناس بالهجرة إلى أستراليا، ولكن ليس جميع من هاجر إلى أستراليا كان للأسباب أعلاه (أو غيرها من الأمور الإيجابية). قد يرى البعض أن هناك فئة من المهاجرين وصلوا إلى أستراليا ليس بتخطيط مسبق منهم بل عن طريق الأمم المتحدة بعد هروبهم من وطنهم الأم وبالتنسيق بين أستراليا والمفوضية السامية لشؤون اللاجئين. أظهرت أكثر من دراسة في أماكن متفرقة من العالم أن المهاجر بصورة عامة يمر بمراحل متعددة أثناء تجربة الهجرة. بإختصار تنقسم التجربة إلى ثلاث مراحل: الأولى قبل الوصول إلى البلد والثانية محاولة الإستقرار وأخيرا الإستقرار. تمتاز المرحلة الأولى بالحماس والتشوق للحياة الجديدة. بمرور الوقت ومع محاولة الإستقرار يمر الكثيرون بتجارب صعبة يصاحبها الشعور بالإحباط والتساؤل حول صحة قرار الهجرة أم خطأه وهذه هي المرحلة الثانية. وقد تنشأ

الشكوك بسبب الصعوبة في الإندماج مع الثقافة الجديدة أو الإشتياق للأهل والأصدقاء أو غير ذلك من الأمور التي يشعر بها المرء بسببها بالوحدة. تبدأ المرحلة الثالثة عندما يبدأ المرء بالتعود على الوضع الجديد ويقرر الإستمرار والقبول بالأمر الواقع خصوصا بعد أن تتحسن لغته. ويستطيع المهتمون بهذا الموضوع البحث عن منحنى الإستقرار للمهاجرين.

التحديات التي تواجه المهاجرين كثيرة ومتشعبة يطول الحديث عنها. وللإختصار سيدور الحديث التالي عن المعوقات والإيجابيات التي تواجه المهاجرين واللاجئين إلى أستراليا، يتبع ذلك إدراج بعض التحديات التي تواجه المهاجرين/اللاجئين إلى أستراليا بشكل عام، مع إدراج خصوصية للعراقيين منهم, وختاماً سنذكر بعض الأمثلة للتوضيح.

المعوقات والإيجابيات التي تواجه اللاجئ أو المهاجر العراقي

المعوقات: بشكل عام يواجه المهاجرون واللاجئون عدة عقبات وتحديات منها:

(1) قوانين الهجرة: قوانين الهجرة في أستراليا معقدة وتتغير بشكل مستمر، ويمكن أن تكون صعبة التنفيذ. قد يحتاج المهاجرون إلى تقديم العديد من المستندات والوثائق والمعلومات للحصول على التأشيرة والإقامة الدائمة.

(2) صعوبة الحصول على فرصة عمل: قد يواجه المهاجرون صعوبة في الحصول على فرص عمل مناسبة في أستراليا. قد تكون اللغة الإنكليزية والخبرة المحلية عوامل تؤثر على فرص التوظيف.

(3) اللغة والتواصل: قد يكون تحسين مهارات اللغة الإنكليزية تحديا للمهاجرين، وذلك لأن اللغة الإنكليزية هي اللغة الرسمية في أستراليا. قد يواجه الشباب المهاجرون صعوبة في التواصل وفهم اللغة الإنكليزية في بداية الأمر. يؤثر ضعف التواصل على القدرة على العثور على عمل أو التفاعل مع المجتمع المحلي.

(4) التمييز والتعصب: قد يتعرض بعض المهاجرون للتمييز والتعصب بناءً على خلفيتهم الثقافية أو العرقية أو الدينية. قد يتعرض البعض لمواقف غير عادلة في مجالات العمل أو الإسكان أو الخدمات العامة والتي تختلف حدتها حسب الولاية أو المدينة رغم أن القانون يحرم التمييز العنصري والإضطهاد بكل أشكاله.

(5) الإندماج الإجتماعي: قد يكون من الصعب على المهاجرين الإندماج في المجتمع الأسترالي وبناء علاقات إجتماعية قوية. وقد يحتاجون إلى التكيف مع الثقافة المحلية والقيم والتقاليد وتدخل اللغة هنا كعنصر فاعل. ويجب أن يتعامل الشباب مع إختلاف الثقافات **والسلوكيات الإجتماعية والتقاليد الجديدة.**

(6) التعليم والرعاية الصحية: قد يواجه المهاجرون صعوبة في الوصول إلى خدمات التعليم والرعاية الصحية المناسبة، خاصة إذا كانت هناك لغة أو ثقافة مختلفة. التعليم الأساسي مجاني وإلزامي (من عمر 5 إلى 17 سنة) في المدارس الحكومية وتوجد مدارس خاصة. كذلك فإن خدمات المستشفيات الحكومية وطبيب العائلة مدعومة بالضمان الصحي للأمور الأساسية والطارئة. يواجه الشباب المهاجرون عموما تحديات في الحصول على التعليم والتدريب المهني المطلوب للعمل في أستراليا (صورة رقم 3 - تكاليف دراسة الطلاب الدوليين في الجامعات - مجلة عرب أستراليا). وأحيانا هنالك إختلافات في المؤهلات المعترف بها والخبرات المطلوبة، وبالتالي قد يحتاج المهاجرون إلى تحسين مهاراتهم والحصول على شهادات جديدة. بعض الجامعات العراقية معترف بشهاداتها لكن تبقى عقبة الحصول على الخبرة المحلية كشرط للحصول على العمل خصوصا في المجال الهندسي. أما في المجال الطبي فيتطلب معادلة الشهادة والعمل كطبيب مبتدئ. أما الحرف والمهن والخدمات فإن فرصها أوفر.

(7) الإنتماء المزدوج: قد يواجه الشباب العراقيون الذين حصلوا على الجنسية الأسترالية صعوبة في الإنتماء للثقافتين العراقية والأسترالية، وقد يواجهون تحديات في بناء هوية متوازنة بين الثقافتين والحفاظ على روابطهم بالأصل وتطوراتهم في الوطن الجديد.

هذه بعض العقبات الشائعة التي قد تواجه الشباب المهاجر إلى أستراليا. مع ذلك يجب أن نلاحظ أن العوامل التحديدية يمكن ان تختلف من فرد لآخر وتعتمد على الخلفية الثقافية والتعليمية والمهارات الشخصية لكل فرد. توفر أستراليا العديد من البرامج والخدمات لمساعدة الشباب المهاجرين في التغلب على هذه العقبات وتعزيز فرص نجاحهم وإندماجهم في المجتمع.

الإيجابيات: تعتبر الهجرة او اللجوء إلى أستراليا فرصة مثيرة للكثير من الشباب العراقيين ويمكن أن توفر لهم العديد من الفوائد والفرص، ومن الإيجابيات التي يمكن أن يحصل

عليها الشباب العراقيون المهاجرون إلى أستراليا:

(1) **فرص عمل وتعليم**: تعتبر أستراليا وجهة جذابة للشباب العراقيين بسبب فرص العمل والتعليم المتاحة لخريجي الجامعات الأسترالية ذات السمعة العالمية الممتازة أكاديمياً . يمكن للشباب الحصول على تعليم جيد وتدريب مهني في مؤسسات تعليمية عالية الجودة كما يمكنهم الوصول إلى فرص عمل متنوعة في سوق العمل الأسترالي القوي

(2) **مستوى معيشي عالي**: تتميز أستراليا بمستوى معيشي عالي وجودة حياة ممتازة. يتمتع الشباب المهاجرون بفرصة العيش في بيئة آمنة ومستقرة، وتوفر لهم الحكومة الأسترالية خدمات إجتماعية وصحية ممتازة، بالإضافة إلى فرص الترفيه والرياضة والثقافة المتنوعة.

(3) **التعددية الثقافية**: تعد أستراليا من أكثر الدول التي تشجع على التعددية الثقافية وتقبلها. ويمكن للشباب العراقيين المهاجرين الإستفادة من هذا التنوع الثقافي وتبادل الخبرات والتعلم من الثقافات المختلفة التي يمكن أن يصادفوها في المجتمع الأسترالي.

(4) **فرص النمو الشخصي**: توفر أستراليا فرصا كبيرة للنمو الشخصي والمهني. ويمكن للشباب العراقيين تطوير مهاراتهم وقدراتهم من خلال المشاركة في الأنشطة الإجتماعية والتطوعية، والتفاعل مع مختلف الأشخاص والمجتمعات.

(5) **الحقوق والحريات**: يتمتع المهاجرون في أستراليا بالحقوق والحريات الأساسية، بما في ذلك حرية التعبير والدين والمساواة. يمكن للشباب العراقيين المهاجرين الإستفادة من هذه الحقوق والحريات والعيش بحرية وتحقيق اهدافهم الشخصية والمهنية. بشكل عام، تقدم الهجرة إلى أستراليا للشباب العراقيين فرصاً وإمكانيات كبيرة لتحقيق التنمية الشخصية والمهنية، وتوفر لهم بيئة متساهلة ومثيرة للعيش والعمل. ومع ذلك، يجب أيضاً على الشاب ان يكون على دراية بالتحديات والإحتياجات التي يمكن أن تواجههم في عملية التكيف مع البلد الجديد والثقافة المختلفة.

التحديات التي تواجه اللاجئ أو المهاجر العراقي

(1) **قساوة ترك الوطن**: من القرارات الصعبة التي يتخذها الإنسان هو قرار ترك الوطن، خصوصا إذا كان مجبرا على ذلك. لكن الإنسان يُجبر أحيانا على أن يتحمل هذه القساوة. العراق بالنسبة للعراقيين ليس بقعة جغرافية محددة بخطوط على الخرائط. فهو بالإضافة إلى كونه المكان الذي نولد فيه، فإنه المكان الذي نتمنى أن ندفن فيه بعد موتنا، لدى العراقي هوس بحب وطنه. لكن الظروف التي مر بها البلد بتعاقب الحروب وقسوة أنظمة الحكم والنكبات والفساد، ناهيك عن الطائفية والمحاصصة والوضع الأمني المنفلت، أجبرت الكثيرين على الهجرة. الغالبية من المهاجرين العراقيين في أستراليا، تركوا بلدهم مجبرين لأسباب لم يكونوا هم المسؤولون عنها أو المتسببون فيها. يحدث هذا الأمر للمهاجر صدمة وأزمة نفسية. ويفقد المهاجر من حياته أشخاصا، أشياءً، أماكن وتقاليد، وقد يفقد مركزه الوظيفي أو وضعه الإقتصادي ناهيك عن علاقاته الإجتماعية، ويترك هذا الوضع بصمته على الصحة النفسية للمهاجر.

(2) **التكيف مع قانون البلد الجديد**: العراقي الذي عاش في العراق لسنوات إعتاد على التعامل مع القانون والقائمين على تطبيق القانون بطريقة معينة، وقد لا نكون مبالغين إذا قلنا إنه توجد دائما طرق في العراق للإلتفاف على القانون وتوجد طرق لجعل تطبيقه مرناً. القوانين في أستراليا واضحة وغير قابلة للطي أو التلاعب. يحتاج العراقيون إلى فترة للتعايش مع هذا الأمر، ويبقون أحيانا محبوسين في العقلية التي نشأوا عليها، لذلك يقع البعض من المهاجرين في مشاكل قانونية عواقبها وخيمة.

(3) **معادلة الشهادات**: تحدثنا بإختصار في فقرة المعوقات أعلاه عما يواجهه المهاجر في موضوع معادلة الشهادات، وهي مشكلة معقدة تواجه المهاجر العراقي.

(4) **نمط الحياة السريع وطول ساعات العمل**: يفضل المهاجرون إلى أستراليا بصورة عامة، العيش في المدن الرئيسية لتنوع وكثرة فرص العمل. ويجعل هذا الواقع هذه المدن مراكز جذب، مما يعني كثافة سكانية عالية وتوسع للمدينة. بالتالي، تكون المسافات بين مكان السكن ومقر العمل طويلة، إضافة إلى الأجور الجيدة التي تجعل الكثيرين يعملون ساعات طويلة وبالتالي يكونون خارج منازلهم طيلة هذه الساعات. يترتب على هذا الأمر ترك الأهل لأبنائهم أثناء ساعات العمل والإعتماد على مؤسسات الدولة مثل المدارس

ورياض الأطفال قبل سن الست سنوات للإهتمام بالأطفال. يضاف إلى ذلك الدعم الحكومي لرعاية أطفال العاملين. لهذا يقضي الأطفال وقتا طويلا في هذه المؤسسات مما يفقدهم الكثير من القيم التي تربى أهلهم عليها ويعتادون القيم التي تشجعها البرامج الحكومية التي هي ليست بالضرورة دائما لمصلحة الأطفال.

(5) الهجمات الفكرية على الشباب: توجد الكثير من المنظمات التي تعمل على إستقطاب الشباب لأفكارها، وخصوصا المهاجرين الجدد كونهم لازالوا غير مستقرين في البلد الجديد. في قلب مدينة سدني مثلاً (عاصمة ولاية نيو ساوث ويلز) يوجد مركز سدني الماسوني، ونشاطاته علنية وتقدم مغريات كبيرة للشباب من خلال فعاليات كثيرة ومستمرة وهناك أمثلة كثيرة غيرها.

(6) كثرة الجمعيات: توجد جالية عراقية كبيرة في أستراليا. تحاول جميع الجهات المتنفذة في العراق بشكل أو بآخر كسب العدد الأكبر من المؤيدين. أدى هذا الأمر إلى وجود تنوع كبير في المؤسسات والجمعيات التي تمثل إتجاهاً معيناً في العراق لكسب أبناء الجالية. لدى المندائيين مثلاً 17 جمعية تمثلهم، أما المساجد والحسينيات فحدث ولا حرج عن أعدادها. المسالة ليس الإعتراض على الأعداد لكنه على مبدأ التحزب لدى أنصار هذه المؤسسات. مثلاً الشخص الذي يصلي في المسجد الفلاني محسوب على التيار الفلاني ولا يصلي في مسجد آخر. هذا الأمر يطرح السؤال: ما مصادر تمويل هذه المؤسسات، وأين تذهب هذه المبالغ المخصصة (صورة رقم 4 (من أ الى هـ) أنشطة العراقيين في أستراليا).

(7) المفاهيم الجديدة: الحديث عن القيم والمفاهيم الأسترالية يتطابق مع الحديث عن القيم الغربية، مع أن أستراليا تقع في جنوب الكرة الأرضية. تركز هذه الدول بصورة عامة على الفرد أكثر من التركيز على العائلة، وهذا يتضارب مع الثقافة العراقية. ينشأ أبناء الجاليات في أستراليا متأثرين بأصدقائهم أكثر من تأثرهم بأهلهم. بعض عواقب هذه الصلات هو تقبل مجادلة الاهل بحدة، الإنفتاح على العلاقات بين الجنسين، ومؤخرا التركيز على موضوع الزواج من نفس الجنس وغير ذلك من الأمور غير المقبولة عند العراقيين.

(8) صعوبة التواصل مع الأحبة: تبين الدراسات أن الشعور بالوحدة هو من المشاكل الكبيرة في المجتمعات الغربية. ويتضاعف هذا الشعور عند اللاجئ كونه جاء إلى البلد

وحيدا من الأساس. ذكرنا أعلاه بعض الأسباب التي تجعل التواصل صعباً مثل بعد المسافات أو إنشغال الناس ونمط الحياة السريعة، يضاف إلى ذلك غلاء أسعار المواصلات وغيرها من المعوقات، وهذه ضريبة الحياة العصرية. العلاقات بصورة عامة سطحية تفتقر للعمق والإقتراب، يضاف إلى ذلك تأثير منصات التواصل الإجتماعي التي تأخذ الكثير من وقت الناس بعلاقات سطحية تفتقر إلى المشاعر.

(9) **الخدمات الطبية**: قد لا تبدو هذه النقطة على أنها تحدٍ، ولكنها في الواقع كذلك. الخدمات الطبية في أستراليا جيدة بصورة عامة، ولكن يوجد أمران يستحقان التوقف: الأول هو التفاوت في مستوى الخدمات والثاني أن الخدمات الصحية ليست جميعها مدعومة حكومياً. التفاوت في مستوى الخدمات يأتي من الفرق بين المستشفيات الحكومية والمستشفيات الاهلية، يضاف إلى ذلك طول أوقات إنتظار المريض في ردهات الطوارئ بسبب قلة الكادر الطبي والإزدحام، وطول قائمة الإنتظار للعمليات الجراحية في المستشفيات الحكومية التي قد تصل إلى أشهر. النقطة الأخرى هي أن الكثير من خدمات الرعاية الصحية ليست مجانية، بل إنها مكلفة جدا مثل طبابة الاسنان أو النظارات الطبية.

(10) **مستوى المعيشة العالي**: يترتب على مستوى المعيشة العالي الإرتفاع في أسعار المواد، ويشمل هذا كل مناحي الحياة. الأمور الأساسية بالنسبة للعائلة هي السكن والغذاء والعلاج، إضافة إلى باقي متطلبات الحياة. توفير هذه الأمور صعب جداً، خصوصاً على الواصلين حديثا إلى أستراليا، وقد يكون أسهل على الذين إستقروا في البلد منذ سنوات طويلة، ولكنه بالتأكيد عائق كبير للآخرين.

(11) **حرية العلاقات بين الجنسين**: أشرنا إلى هذا الأمر عندما تحدثنا عن العلاقة بين الأهل والأبناء. ومن نتائج هذا التوجه هو أنه يوجد نوع من التقبل لدى البعض من أبناء الجيل الجديد على مفهوم تعدد العلاقات، ولا يقتصر هذا على الشباب وإنما الشابات أيضاً من غير المرتبطين، وتجاوز الأمر هذه الحدود ليحدث أحياناً عند البعض من المرتبطين بعلاقة، حتى وإن كانت زواجاً. بالتالي، تشهد الجالية العراقية، كحال الجاليات الأخرى نسباً عالية للطلاق لهذا السبب أو بسبب الفهم السطحي لمفهوم الزواج والإرتباط العائلي.

(12) **التفكك الأسري**: التفكك الأسري في المجتمعات الغربية له أسباب كثيرة ومعقدة. ما سنذكره هنا هو المنتشر بكثرة بين العائلات العراقية في أستراليا، وربما لدى الجاليات

العراقية في دول الغرب كلها. من الأسباب المهمة هو دعم الحكومة الأسترالية للمرأة بصورة عامة وللأم خاصة، حيث للمرأة في أستراليا مكانة خاصة في التخطيط الحكومي. لديها إستقلال مادي وحقوق قانونية متميزة. إضافة إلى ذلك، توجد برامج خدمية تقدمها الجمعيات بالخصوص لتعريف المرأة بحقوقها وإرشادها إلى الطرق التي تساعدها على نيل هذه الحقوق، وهذا أمر جيد في ظاهره، لكن المشكلة تقع عندما تندفع المرأة بدون وعي وراء هذه الحقوق، خصوصاً إذا كانت مرتبطة برجل متشدد أو محافظ. نتيجة لذلك توجد نسبة كبيرة جداً من حالات الطلاق كان المحرك الأول لها المرأة وليس الرجل. الأمر الآخر هو تقبل المجتمع للمطلقين والمطلقات بصورة عامة، وللنساء خاصة يوجد تقبل أكبر. ومن الأمور المهمة هو أن الأبناء أيضاً يرون أن هذا الأمر طبيعي كونه حالة شائعة، وبالتالي سيأخذون هذا الرأي إلى زواجاتهم ولن يجدوا صعوبة في إنهائها.

(13) **السطحية والمظاهر**: أبسط مثال على هذا هو حفلات الزواج والبذخ المصاحب لها. ولا يقتصر هذا على الشخص المسؤول عن مصاريف الحفلة، التي غالبا ما تنهك العريس وأهله، ولكنه يتعداهم إلى المدعوين كذلك. فحضور حفلة العرس يتطلب شراء ملابس مكلفة للتباهي، ولا يتكرر لبسها في حفلة أخرى. هذه المشكلة بين ابناء الجالية العراقية دفعت الكثير من الشباب للعزوف عن الزواج وإختيار طرق أخرى لإقامة علاقات مع الجنس الآخر، والذي بالتالي إدى إلى إرتفاع نسبة غير المتزوجات من بنات الجالية.

(14) **الإدمان**: مكافحة تعاطي المواد المخدرة هو من المواضيع التي تعيرها الحكومة الأسترالية أهمية كبيرة. وطريقة الحكومة في المكافحة ليست فقط بمعاقبة التجار والوسطاء أو المتعاطين. توجد في أستراليا مكانات مخصصة لمتعاطي المخدرات لزرق أنفسهم بالإبر المخدرة، والتفسير الذي يقدمه أصحاب هذه الفكرة هو أن المتعاطي الذي يستعمل الأبر سوف يحقن نفسه في الشارع، وهذا مكان لا تضمن نظافته مما قد يسبب مرضاً للمتعاطي بسبب التلوث الذي يكلف النظام الصحي أكثر من كلفة تخصيص مكان نظيف، وقد يصل الأمر في بعض المراكز لتزويد المتعاطين للمخدر بالسرنجات النظيفة لضمان عدم حقن أنفسهم بالسرنجات المستعملة. هذا الأمر وغيره أعطى إنطباعاً لدى العامة بأن الحكومة متساهلة مع موضوع تعاطي المخدرات، يضاف إلى ذلك أن قيادة السيارة تحت تأثير الكحول أمر مخالف للقانون في أستراليا، وتقوم الشرطة الأسترالية بفحص عشوائي

للسائقين لقياس مستوى الكحول، لكن جهاز فحص الكحول لا يلتقط المخدرات. هناك أسبابٌ أخرى مثل سهولة الحصول على المخدرات التي سهلت على الكثيرين التوجه إلى هذا الطريقة للإسترخاء خصوصا إذا كان الشخص محاطاً بصديق يتقبل هذا الأمر. يضاف إلى ذلك أساليب المروجين لهذه المخدرات في كسب الزبائن كأن يقدمون عينة مجانية للزبون في البداية ليرى تأثيرها ومن ثم يتعرف على هذا الطريق، وهذا يشمل الذكور والإناث بدون تمييز. هذه مشكلة تواجه الجميع، وجاليتنا العراقية ليست إستثناءً.

(15)التعامل مع المجرمين: توجيهات الجهات الأمنية في أستراليا إلى الناس بصورة عامة هي تجنب الإحتكاك بالمجرمين حفاظاً على سلامتهم. وينطبق هذا أيضاً على إحتكاك صاحب المنزل مثلاً بالشخص الذي تعدى على منزله بالسرقة مثلاً وترك الأمر للشرطة. منح هذا التوجه المجرمين (السراق مثلا) نوعاً من الشعور بالثقة بأن صاحب المنزل سوف لن يدافع عن نفسه، وسيكون للسارق الوقت الكافي للسرقة والمغادرة قبل وصول الشرطة إلى المنزل .

(16)التمييز: أستراليا بلد حديث النشأة نسبيا. كانت القارة بالأساس مسكونة بما يعرف ب (الابورجنالز) السكان الأصليين للقارة. جاء البريطانيون إلى أستراليا وحاولوا جعلها نسخة من بريطانيا. يشعر المستوطنون الأوائل (وتبع ذلك نسلهم)، أنهم هم من شكل أستراليا بهذا النمط، ويقرون بأن المهاجرين هم من بنوا البلد، ولكنهم يشعرون أنهم هم من إستقطب المهاجرين لهذا البلد بالأساس، وجعلهم هذا يشعرون تلقائياً بأنهم أعلى درجة من المهاجرين، وبالتالي يشعر المهاجر بالتمييز في التعامل في الكثير من مجالات الحياة.

(17)إستغلال العاملين: سوق العمل الأسترالية سوق كبيرة ومفتوحة مما جعل البلد وجهة للمهاجرين من كل بقاع العالم. أدى هذا إلى وفرة الأيدي العاملة أحيانا. يضاف إلى ذلك أن قانون الهجرة الأسترالي يمنح فيزة عمل، وهي فيزا تمنح لطالبي العمل في أستراليا. يفقد طالب العمل فيزته أحيانا إذا فقد عمله، مما يجعله في موقف ضعيف أمام صاحب العمل، خصوصا إذا توفر العامل البديل.

(18)ضعف التيار الديمقراطي: يوجد صراع سياسي في أستراليا بين الحزبين الأساسيين (الأحرار والعمال). هذا الصراع ليس سياسياً وطبقياً، وإنما صراع شخصيات خدمية. من تبعات هذا الصراع هو أن تأثير الجماهير معدوم تقريباً ما عدا القرار حول من الذي

سيحكم البلد للسنوات الأربعة القادمة وذلك يوم الإنتخابات فقط. بعد ذلك يترك الجمهور للحكومة التعامل مع الملفات. الحزب الشيوعي الأسترالي، على سبيل المثال، يعاني من إنشقاقات وتضاربات أدت إلى ضعفه وإبتعاد الجماهير عنه (حاله حال بقية الأحزاب الشيوعية بعد إنهيار الإتحاد السوفيتي).

(19)التأثيرات السياسية في العراق: يمكن مناقشة هذا الأمر في ثلاثة محاور:

المحور الأول: بروز ظاهرة الزعامات إضافة إلى إشتداد الخلافات بين هذه الزعامات وتبادل الإتهامات، ولا يقتصر هذا على المنظمات السياسية وإنما يتعداه إلى الطوائف والأعراق، يتقدمهم بعض رجال الدين المنتفعين وينعكس الأمر في هذا المثال على وحدة العراقيين وتلاحمهم.

المحور الثاني: بروز خلافات سلوكية بين البعثيين، الصداميين خصوصا، والديمقراطيين وبعض الشيوعيين. يعود السبب لتصفية حسابات الماضي أولا ومحاولة البعثيين التغطية على الممارسات المشينة أيام حكمهم، وغالبا ما يستهدفون الجيل الجديد الذي لم يعش تلك الفترة. يساعدهم في توجههم هذا فشل سياسة القيادات الحالية في العراق وإنتهاجها المحاصصة والطائفية والفساد المالي والإداري وإعتمادها المحسوبية والعشائرية والميليشيات المسلحة المنفلتة طريقا لإدارة الوضع الإقليمي والطائفي المعقد في العراق. حرمت هذه السياسة ملايين الشباب من الخريجين والمهنيين من فرص العمل والحياة الكريمة ودفعتهم إلى المظاهرات والتحشدات يومية ساخطين على من يقف وراء هذه السياسات القاتلة لصناعة وزراعة البلد، وإهدار ثرواته بالسرقات وسوء الإدارة والإعتماد على بلدان أسيادهم الذين راهنوا على تنصيبهم وخدمة أغراضهم في رهن مستقبل العراق وخيراته لمشاريعهم الإستغلالية والتوسعية. هذا الواقع السيء أعطى فرصة ثمينة للمدافعين عن النظام الدموي الصدامي السابق في الدفاع عنه وتغطية جرائمه متناسين أن الوضع المقيت الجديد الذي يعيشه العراقيون اليوم هو نتاج سياسة نظام صدام المقيتة. وهو ما يولد ضغطاً على الأهل لمحاولة حماية الأبناء من هذه التوجهات التي تظهر أن مرارة الحاضر أسوأ من قساوة الماضي والواقع يؤكد أن أحدهما وليد الآخر.

المحور الثالث: فشل محاولات الخيرين الرامية إلى لم الشمل وتجاوز الخلافات. حيث يتهم هؤلاء الخيرون بحب الظهور أو النفعية أو غير ذلك مما يصعب مهمة التحدث إلى الجيل

الجديد لغياب النموذج الناجح كما ذكرنا قبل بضعة أسطر.

(20)عزوف الشباب عن الإهتمام بالأمور السياسية: في أستراليا، يسابق الشباب والشابات الزمن لتامين فرص حياتهم المستقبلية، فليس لديهم الوقت ولا الرغبة في متابعة ما يجري في العالم ومدى إنعكاسه على مستقبل أستراليا. يفضل الشباب الإبتعاد تماماً عن المشاكل التي عايشتها الأجيال التي سبقتهم والتي لازالت آثارها إلى يومنا هذا.

(21)التكتلات: برزت ظاهرة المدن المغلقة، بأسواقها ومخازنها ومطاعمها التي لا تعرض إلا ما يفضله ساكنوها. وهناك على سبيل المثال المدن الشيعية، السنية، الآثورية، الصينية، الهندية، الفيتنامية وغيرها كثير.

(22)صعوبة الإستثمار: التواجد الكبير للجالية الصينية في أستراليا وإهتمام هذه الجالية بالإستثمار في أستراليا أمر معروف لدى الجميع. وعلى سبيل المثال لا الحصر، للصينيين نهم كبير لشراء العقارات في أستراليا بدون إيلاء السعر أهمية، والذي يعتبر من أهم أسباب إرتفاع أسعار العقارات وإيجاراتها التي وصلت مؤخرا إلى أرقام خيالية لم تشهدها أستراليا في تاريخها.

(23)الإنحياز في المدارس الدينية: المدارس الدينية منتشرة في أستراليا. ولا يخفى على الكثيرين إنحياز بعض المعلمين أو المعلمات إلى أبناء طوائفهم وإظهار الضجر من الطلاب أو أولياء الأمور من أبناء الطوائف الأخرى الذين يدرسون في مدارسهم مع إنها مدارس مكلفة ماديا للأهالي.

(24)مشاكل المنافسة التجارية: سبقت الجالية اللبنانية الجالية العراقية في القدوم إلى أستراليا، كون موجات الهجرة الكبيرة من لبنان بسبب العنف الطائفي سبقت موجات هجرة العراقيين إلى أستراليا بسبب سوء الأوضاع في العراق. جعل هذا اللبنانيين سباقين في مجال الإستثمار والثراء. يحاول العراقيون تتبع خطى اللبنانيين في تأسيس الشركات وإتخاذ خط عمل مشابه. فتح هذا الأمر أبواب التنافس غير الشريف إضافة إلى مراقبة أجهزة الدولة للإنقضاض على الأثرياء بسبب أية زلة أو هفوة.

(25)المصلحة الشخصية: فقد البعض من أبناء الجالية العراقية أخلاقيات العمل التي تعود العراقيون عليها. على سبيل المثال، المهنيون كالبنائين، النجارين، الصاغة، مصلحي

السيارات وغيرهم من الحرفيين تغمر البعض منهم الأنانية وحب الذات وعدم التعاون مع الآخرين وإستثمار الفرص، وشعارهم "ماكو صديق أكو عمل."

(26)القمار: إنتشار مراكز القمار والمراهنات في أستراليا أمر معروف للجميع، وأدى إلى إنزلاق الشباب إلى نوادي القمار المنتشرة وغرقهم بالديون، مما دفعهم إلى طرق الإحتيال أو أحيانا إلى طريق التجارة المحرمة.

(27)الوصولية: أسس بعض الأخصائيين والمهندسين والفنانين العراقيين جمعيات ثقافية تمارس نشاطاتها بإبداع، ولكن سرعان ما إندست بعض العناصر الوصولية إلى صفوف هذه المنظمات، وقد لا يقتصر هذا على أستراليا فقط، ولكنه أمر مقلق.

(28)الإلتفاف على القانون: القانون في أستراليا لا يتغاضى عن المخالفات، فبالإضافة إلى تواجد الشرطة توجد كامرات المراقبة في كل مكان وهي أيادي سلطة القانون وأذرعه القوية. المفارقة في أستراليا أن العراقي الذي إعتاد على الحكم العشائري والدكة العشائرية وجاء هارباً من القتلة الماجورين والميلشيات المنفلتة وجد أذناب هذه الميلشيات في أستراليا متسترين ومتربصين لأبناء الجالية.

(29)الدخول الشرعي وغير الشرعي إلى أستراليا: اللاجئ/ المهاجر المقبول في أستراليا بشكل أصولي يتمتع بخدمات عديدة، مالية، صحية، قانونية، تعليمية وغيرها. يحق لهؤلاء التقديم على الجنسية الأسترالية بعد عدة سنوات من منحهم الإقامة الدائمية وحسب الضوابط الأسترالية. أما القادمين عن طريق البحر (تهريب) فلا حقوق لهم وعليهم أن يعيلوا أنفسهم وهم بالآلاف والبعض منهم لازال في معسكرات الإحتجاز منذ أكثر من عشر سنوات كون أستراليا منعت تماما قدوم زوارق تهريب البشر منذ عام 2013 ويوجد أشخاص في معسكرات الإحتجاز منذ ذلك التاريخ .

تحدثنا بإختصار أعلاه عن بعض التحديات التي تواجه اللاجئ العراقي في أستراليا ولنختم هذا الحقل بشيء من التفاؤل، فإن العراقيين في أستراليا يتمتعون بحرية قد يفتقدها الكثيرون في العراق أو في بعض بلدان اللجوء الاخرى. ولنذكر مثالاً، فإن الشيوعيين العراقيين وأصدقائهم إعتادوا على الإحتفال سنويا بعيد تأسيس حزبهم في 31 آذار، وهم كذلك يرافقون مسيرة العمال الواسعة في الأول من أيار (صورة رقم 5 أصبحت الجزر الجميلة

في شمال أستراليا نقطة الإنطلاق لكثير من اللاجئين الذين يستقلون مراكب يتقاضى أصحابها مبالغ مالية كبيرة، لكن العواقب تكون في الغالب وخيمة بالنسبة للمهرّبين)، و (صورة رقم 6 أستراليا تجدد إصرارها بحماية حدودها ومنع الهجرة غير الشرعية) .

قصص حقيقية لأشخاص إستقروا أو يحاولون الإستقرار في أستراليا (نقلها لي إبن صديقي "البغدادي")

كتبت هذه القصص إما من قبل أصحابها الحقيقيين أو نقلت عنهم عن طريق طرف ثانٍ بعد أخذ موافقتهم على التحدث عنها بدون ذكر الأسماء، لذلك قد يكون الحديث بشكل شخصي (شخص يتحدث عن نفسه ويبتعد عن العموميات). جميع هؤلاء الأشخاص موجودون حاليا في أستراليا.

(1)طريقة الدخول إلى أستراليا: أول ما يخطر على البال هو طريقة دخول اللاجئين إلى البلد، وسأذكر حالتي مثالا مقارنة مع شخص دخل إلى أستراليا عن طريق البحر. أنا وصلت مطار سدني بالطائرة والشخص الآخر جاء بحراً (تهريب) إلى جزيرة كرسمس، ثم معسكر الحجز في غرب أستراليا ثم أطلق سراحه بعد أشهر، وأنتم تعلمون ماذا يعني القدوم إلى أستراليا بحراً ومخاطر الرحلة. أنا (وعائلتي) اتيحت لنا فرصة الدراسة الجامعية في أستراليا، والشخص الآخر يعمل ستة أيام في الأسبوع، أنا حصلت على الجنسية الأسترالية والشخص الآخر لم يحصل على الإقامة المؤقتة إلى يوم كتابة هذه الأسطر (2023). نحن الإثنان دخلنا أستراليا، عام 2013. المصطلح الذي يطلق على هذا الشخص (ومن مثله) هو "المرفوضين" ويقدر عددهم بسبعة آلاف شخص في أستراليا، لديهم بعض الحقوق لكنني لست على إطلاع بالقوانين لأذكرها هنا ولكنني أعلم أنهم يحق لهم الحصول على رخصة قيادة السيارة في أستراليا لكنها تختلف عن تلك التي يحملها المقيم الدائم أو المواطن الأسترالي، يسمح لهم بفتح حساب مصرفي، ويتحاسبون ضريبيا (إن إختاروا العمل النظامي). هذا ما أستطيع تذكره الآن ولست متاكدا من موضوع السماح لهم بالعمل في أستراليا. ليس من حقوقهم الرعاية الصحية المجانية، وعليهم دفع تكاليف العناية الطبية، مثال على ذلك دفع 50 دولار أسترالي عند مراجعة طبيب العائلة، تحليل الدم 120 إلى 150 دولار.. الخ. الفئة الأخرى من المرفوضين يسمونهم جماعة ال (برجنك فيزا)، يطلق على هذه الفيزا 050 وتوجد أخرى 051 وهذه تسمح لهم بالبقاء في

أستراليا إلى أن يتم البت في طلبهم للحصول على الإقامة الدائمية أو المؤقتة أو تسفيرهم خارج أستراليا. تعلم السلطات الأسترالية أنهم جميعا يعملون، إما عمل مع دفع ضرائب (نظامي) أو عمل بدون دفع ضرائب (كاش) مع إن هذه الفيزا لا تسمح لحاملها بالعمل أو الدراسة في أستراليا ولكن على حد علمي لم يتخذ أي إجراء ضد العاملين من حملة هذه الفيزا في السنوات العشر الأخيرة. وهذه البرجنك فيزا تمنح إما لثلاثة اشهر أو لستة أشهر أو لسنة قابلة للتجديد. الذين يمنحون سنة لهم الحق في إستصدار مديكير (رعاية طبية) لمدة سنة يجدد عند تجديد الفيزا. الغالبية من هذه المجموعة منغلقون على الجالية التي هم منها ويتجنبون الإختلاط بالجاليات الأخرى ولديهم صعوبات في اللغة لأنهم لم تتح لهم فرصة تعلم الإنكليزية مما يجعلهم زبائن دائميين لمحامي الهجرة لغرض تجديد الفيزا أو أية متعلقات حول النظر في قضيتهم لمنحهم الإقامة. قبل الإنتخابات الأخيرة في أستراليا تم إستعمالهم كورقة إنتخابية من قبل الأحزاب المتصارعة وكانوا مهتمين بالإنتخابات ونتائجها أكثر من المصوتين الأستراليين لأن بعض الاحزاب (اليسار تحديداً) وعد بحل مشكلتهم. يتكلمون (مع إنهم لا يحق لهم التصويت) بعبارات مثل (فزنا بالإنتخابات) عندما فاز حزب العمال. من الصور التي تخطر ببالي وأنا أتحدث عنهم أن بعض المسلمين منهم يضع صورة مريم العذراء كخلفية لشاشة هاتفه النقال على أمل أن يأتي يوم مقابلتهم في دائرة الهجرة ويطلب موظف الهجرة هاتفهم ويرى الصورة ليفهم الموظف أن هذا الشخص ليس متطرفاً إسلامياً وأنه يفكر بالمسيحية (على أساس أن أستراليا دولة مسيحية)، أو أن يقوم بعضهم بشراء المشروبات الكحولية بإستعمال كارت البنك ليوحي إلى الموظف الذي سيقابله في دائرة الهجرة أنه إندمج بالحياة في أستراليا على إعتبار أن الأستراليين يشربون الخمور، أو أن يذهبوا إلى دور دعارة مرخصة ويدفعوا المبلغ المطلوب بإستعمال كارت البنك كنوع من الإثبات لموظف الهجرة أنهم إندمجوا في الحياة الأسترالية لأنهم هكذا يفهمون الحياة في أستراليا. لا ينطبق هذا الكلام على الجميع بالتأكيد، ولكن يوجد البعض ممن يتصرف هكذا وأعرف شخصيا إثنين منهم على الأقل وهم الذين حدثوني عن هذه الأمور لأنهم يمارسونها. قبل فترة نظمت جهة أسترالية معينة (أعتقد أنهم من حزب الخضر) إعتصاما للمرفوضين أمام مقر البرلمان الأسترالي في العاصمة كامبرا لأربعة أيام على أمل أن يتكرر الإعتصام إن لم تجد الحكومة حلا لقضيتهم المعقدة كونهم

مرفوضين لثلاث مرات من قبل المحاكم الأسترالية حيث يسمح لطالبي اللجوء بإستئناف الحكم إذا تم رفضهم ولكن لمرتين فقط بعد الرفض الأول. قانوناً لا يحق لهم الإستئناف مرة رابعة، وهذه أولى المشكلات كون الكثير منهم إستنفذ الحد الأقصى للإستئنافات، ثم إن بعضهم نزلاء في السجون الأسترالية بسبب جرائم إرتكبوها. القسم الآخر منهم وهم أصحاب القضية الأعقد ويسمونهم جماعة (نارو) الذين أطلق سراحهم من مركز نارو للإحتجاز وسمح لهم بالبقاء على الأراضي الأسترالية إلى ان يتم ترحيلهم إلى دولة أخرى غير أستراليا، وتوجد لدى السلطات الأسترالية أوراق وقعوها تقول أن لا محل لهم للإستقرار في أستراليا وأنهم تم السماح لهم بالعيش على الأراضي الأسترالية فقط لغاية موافقة دولة أخرى على إستضافتهم (وقد عرضت نيوزيلندا ذلك ورفضوا حسب ما نقل لي أحدهم) وهم يرفضون الذهاب إلى اية دولة أخرى مع أنهم وقعوا على وثائق يقرون فيها أنهم سيبقون في الأراضي الأسترالية إلى أن يتم ترحيلهم إلى دولة أخرى. الآن يطالبون حكومة العمال الحالية بالإقامة الدائمية في أستراليا، والبعض منهم لازال قيد الإحتجاز إلى يومنا هذا منذ عام 2013، وهو العام الذي منعت فيه أستراليا زوارق التهريب من الوصول إلى أستراليا. لم ياتِ أي شخص إلى أستراليا عن طريق البحر منذ شهر معين في العام 2013 (لست متأكدا من الشهر بالضبط) وهم يتابعون خطابات وزير الهجرة في البرلمان ويتابعون حسابه على تويتر أو فيسبوك مع إنهم لا يفهمون شيئاً مما يقول و على أصدقائهم ممن يعرفون الإنكليزية ترجمة كلام الوزير، الذي يركز في أحاديثه حول القادمين الجدد إلى أستراليا (بطريقة نظامية) أو أصحاب الإقامات المؤقتة (أظن إن عددهم 19 ألف شخص) الذين وعدتهم الحكومة الحالية بمنحم الإقامة الدائمية (وقد صدر القرار بذلك وهو قيد التنفيذ). أما المرفوضين فكلام الوزير يشير بوضوح إلى إنهم سيتم النظر في طلباتهم كحالات فردية وليس بقرار جماعي كما حصل مع أصحاب الاقامة المؤقتة، ولكنهم يرفضون ذلك ويريدون حلاً جماعياً.

(2)القدوم طوعاً أو إجباراً إلى أستراليا: جاء البعض مرغماً إلى بلد التوطين، وسأذكر مثالين، وقبل ذلك علينا أن نعرف أن الكثير من طالبي اللجوء الذين قدموا أوراقهم إلى الأمم المتحدة قامت الأخيرة بإختيار بلد اللجوء لهم وحسب الضوابط المعمول بها.

المثال الأول لعائلة من معارفي جاءوا معنا عام 2013 إلى أستراليا (أخوان وأختهم مع

عوائلهم) على خلاف رغبتهم كون كل أقربائهم وأنسبائهم في كندا. بقية العائلة بما فيهم الأم وأختين والأعمام والأخوال في كندا، كذلك عوائل زوجات الأخوين وعائلة زوج الأخت في كندا ايضاً. لا يحق لهذه المجموعة الهجرة إلى كندا إلا بعد الحصول على الجنسية الأسترالية، التي حصلوا عليها عام 2018. أبناء هذه العوائل الثلاثة (الجيل الجديد) يرفضون حالياً السفر إلى كندا لأنهم إعتادوا الحياة في أستراليا وتكونت لديهم علاقات لا يريدون التضحية بها. وأترك لكم المجال لأن تتخيلوا الصور التي تخطر ببالي، اعود لاقول أن هناك نوعين من الجماعات الاسلامية (عراقيين وغير عراقيين) في أستراليا، فالجماعة الأولى مقتنعة بالعيش والإنفتاح على الحياة الجديدة للمجتمع الأسترالي، والجماعة الأخرى لا زالت متمسكة بالقيم والعادات التي تربوا عليها في بلدانهم وهي رفضهم لحقوق المرأة.

المثال الثاني علينا أن نعطي مقدمة بسيطة عنه أولاً. قبل القدوم إلى بلد التوطين، إن كان التقديم عن طريق الأمم المتحدة، تقوم الأخيرة بمنح مساعدات بسيطة لطالبي اللجوء، وللأيتام والأرامل والمطلقات نصيب أكبر من المساعدات. فإذا كان الزوج يعمل في العراق ليعيل العائلة في البلد الثاني قبل بلد التوطين، تقوم بعض النساء بالإدعاء أنها إما أرملة أو مطلقة لتحصل على مساعدات أكثر، وعندما يتم توطينها في أي بلد تقوم بمعاملة لم شمل لزوجها سواء كان مسجلاً متوفى أو مطلق. إكتشفت دول التوطين هذه الخدعة، فإتفقت مع الأمم المتحدة على عدم توطين المطلقين في دولة واحدة أو رفض إستقبال الزوج المتوفى!. وفي هذه الحالة، يتم توطين الزوجة والأطفال في أستراليا مثلا وتوطين الزوج في الدنمارك أو غيرها، وأترك لخيالكم التفكير في النتائج من إرتباط الزوج بإمرأة أخرى أو إرتباط الزوجة برجل آخر وحرمان الأبناء والبنات من عائلة سوية.

(3)صعوبة عودة البعض إلى العراق: البعض من المرفوضين، الذين لم يتم تحديد مصيرهم بعد، ولا يستطيعون مغادرة البلد (إن غادروا أستراليا لا يسمح لهم بالعودة، حتى وإن حاولوا بطريقة شرعية مستقبلاً). الكثير من هؤلاء تبدأ مشاكلهم قبل قرار مغادرتهم البلد الأم، حيث هرب البعض نتيجة ضغوط سياسية، أو من ديون، أو من جرائم، أو مع الأصدقاء، الخ. وكثير منهم إستدان المبلغ الذي دفعه للمهرب الذي ساعده على عبور الحدود أو تزوير الوثائق. بعضهم سدد ديونه والبعض الآخر لم يفعل، بعضهم إنتشل من

بقي ورائه من الفقر أو غيره وبعضهم إنجرف وراء مغريات الحياة. بعضهم إنتهى بهم المطاف في السجون وصالات القمار وبيوت الدعارة. والمثال الذي يخطر ببالي لشخص أعرفه جيدا يعيش حياة بلا هدف، يعيش ليومه لانه لم يستطع تطوير نفسه في البلد الجديد، لم يساعد أهله في البلد الأم لتحسين حالتهم ويشعر أنه لا يستطيع مواجهة أسئلة الأهل إذا قرر العودة (ما هي إنجازاتك خلال هذه السنين في الخارج)، وهو بإنتظار إصابته بمرض خبيث ليعود إلى بلده ويموت هناك ولا يسأله أحد السؤال الصعب (ما الذي فعلته).

(4)الضياع بين الماضي والحاضر: الكثير منا عندما غادر البلد الأم فقد الكثير، معاناة، ناس، ذكريات.. الخ، وعاش لسنوات، قد تكون طويلة للبعض، في البلد الجديد، حيث أخذنا نمطاً في الحياة يصعب على الكثير منا التخلي عنه. والثمن هو أننا لا نستطيع العودة للعيش في بلداننا الأصلية لأن ما توفره لنا أستراليا يصعب الحصول عليه في العراق. مع أننا لم نندمج تماماً في البلد الجديد، لا نستطيع ترك أبنائنا هنا والعودة، ولا نستطيع إقناعهم بالعودة معنا. لا نستطيع الإنسجام مع الفروقات في الثقافة بيننا وبينهم، وإخترت كلمة "بينهم" لتشمل أبناء البلد الجديد وأبناءنا، الذين لم ينجح الكثير منا في الإنسجام معهم. هم أيضاً لم ينسجموا مع أبناء البلد الجديد، ولكن بطريقتهم وليس بطريقتنا. أقول ذلك بناءً على ملاحظات من عائلتي. أنا أعيش بين الأستراليين منذ سنوات، أعمل معهم في قرية نائية حيث لا يوجد مهاجر غيري في القرية التي أعيش فيها أو القرى المجاورة. نجحت في بناء علاقة طيبة معهم لدرجة أنهم يتابعون أخباري حتى عندما ذهبت لزيارة العراق ويتصلون عند هبوط الطائرة في مطار بغداد أو قبل إقلاعها، يطلبون تصويراً لتحركاتي في بغداد وغير ذلك من أنواع الإهتمام الذي لم يبديه أبناء الجالية العراقية القريبين مني, مع ذلك، أشعر ببعض الحواجز عندما أكون بينهم. أقضي معهم ربع ساعة في المقهى بينما أقضي ثلاث ساعات مع صديق عراقي عندما أزور سدني على سبيل المثال. أم بناتي لازالت على إتصال يومي بالجالية العراقية، تسكن في منطقة محاطة بهم، مازالت مهتمة بحضور المناسبات الإجتماعية أو الدينية وغيرها على النمط العراقي. إبنتي الصغرى أقرب صديقاتها بغدادية، إبنتي الوسطى أقرب صديقاتها بصراوية، إبنتي الكبرى ظنت أنها تستطيع الإندماج مع المجتمع الغربي وتزوجت من رجل أجنبي، إنفصلت عنه بعد سنتين بسبب صدام الثقافات وصديقتها الآن عراقية مولودة في أستراليا طلبت منها عندما

زرنا العراق أن تجلب لها محفظة منقوش عليها إسمها بالعربي، مع أنها (الصديقة) لا تعرف القراءة باللغة العربية، أو حتى التكلم بها بطلاقة، طلبت منها "المنيو" التابعة لأحد مقاهي بغداد، لم تطلب أكلة عراقية أو حلويات عراقية، طلبت المنيو كلها لتضعها داخل إطار في غرفتها. وفي الجملتين الاخيرتين إستعملت كلمة "المنيو" لأنني نسيت إسمها بالعراقي، مما يؤكد ما قلته بأننا (ضيعنا المشيتين). نزور العراق ونقضي فيه أجمل أيام/ أسابيع بين الأهل والأحبة، زارت بناتي آثار بابل، تجولن في الأهوار، شارع المتنبي، المتحف العراقي والبغدادي وغيرها من معالم البلد، ذهبن في جولة نهرية في شط العرب، زرن الكثير من الأماكن الدينية بدون عقد أو إستثناءات وبدأن التخطيط لزيارة كردستان لكننا "ننعل أبو ساعة السودة اللي خلتنا نراجع دائرة النفوس" لإستخراج البطاقة الموحدة أو "نحرك ميتين الحظ المصخم اللي خلانا نقرر نجدد الجواز العراقي" في دائرة الجوازات في بغداد.

(5)تقبل الكذب لدى التقديم في الأمم المتحدة للتسجيل كلاجئ: إحدى العوائل التي تعرفنا عليها عندما قدمنا ملفنا للأمم المتحدة قبل القدوم إلى أستراليا في بلد ثاني، مختصر قصتهم المسجلة لدى الأمم المتحدة هي أن الأب قتل بسبب العنف الطائفي وتم إغتصاب البنت الكبرى أمام أمها وأخواتها وأبيها قبل قتله. الحقيقة ليست كذلك، الأب حي يرزق في العراق، طلق الأم وأخذت بناتها وغادرت إلى بلد آخر للتقديم على اللجوء لبلد اخر مع هذه القصة ولم يسأل الأب عنهم وإنتهى الموضوع. تم قبول ملف الأم والبنات بدون طلب أدلة. المسالة التي أفكر بها دائما هي كيف يستطيع شخص الكذب أمام أبنائه، وفي هذه الحالة بناته، وللدقة أكثر، بناتها، بمثل هذه الطريقة؟ كيف ينظر الأبناء إلى الأم مثلا في هذه الحالة إن أرادت إرشاد البنات إلى الطريق القويم أو العيش بدون كذب؟ وكيف يستطيع الأبناء التمييز بين.. لا أعرف ماذا أقول، أترك الموضوع عند هذه النقطة.

(6)التحايل على السلطات الأسترالية: تعرِّف المفوضية السامية لشؤون اللاجئين اللاجئ على أنه الشخص الهارب من صراع مسلح أو إضطهاد ويعيش في ظروف لا تحتمل تدفعه لعبور الحدود الوطنية بحثاً عن الأمان. لا يستطيع اللاجئ العودة إلى وطنه الأصلي، وإذا عاد أو إتصل بسفارة بلده الأم المفروض نظريا أن يتم إلغاء لجوئه. وحسب معرفتي، فإنه من النادر أن نجد شخصا عراقيا في أستراليا لا يستطيع مراجعة القنصلية أو السفارة

العراقية، الحمايات الشخصية لصدام حسين أو موظفون في مكتبه الخاص يراجعون السفارة على سبيل المثال. على كل حال، سأتحدث عن الظروف الآنية التي دعت البعض لمغادرة البلد الأم مرورا برحلة البحث عن بلد للإستقرار. لا أستطيع الآن أن ألخص السياق العام للموضوع (للإختصار) ولكن سأسترسل في الكلام عسى أن يكون فيه ما ينفع. حدث عمل تخريبي في إحدى المدن العراقية في العام 2012، تفجير إرهابي عشوائي في الشارع وصادف أن شخصا أعرفه كان قريباً من موقع الإنفجار. أصيب في الإنفجار ونقل إلى المستشفى للعلاج وبعد أشهر وعدة عمليات جراحية شفي من الإصابة وقرر مغادرة العراق. ذهب إلى لبنان ثم إندونيسيا وجاء بحراً (تهريب) إلى أستراليا، بقي فترة في جزيرة كرسمس، ثم نقل إلى مركز الإحتجاز في مدينة أديلايد ثم أطلق سراحه في الأراضي الأسترالية (برجنك فيزا) إلى أن يتم البت في طلبه في اللجوء إلى أستراليا. قضيته ليست كونه معارضاً سياسياً أو مضطهداً أو لاجئاً إنسانياً أو غيره من القضايا المقبولة لدى دائرة الهجرة الأسترالية، لكنه صادف أن يكون في مكان إنفجار في بلد تحدث فيه الإنفجارات في كل حين في تلك الفترة. تم رفض طلبه، قام بالإستئناف ورفض طلبه. غير المحامي وتوجه إلى محامي (يهودي) كان يعمل سابقاً موظفاً في دائرة الهجرة (هذا المحامي معروف لدى كل طالبي اللجوء الذين تتعرقل معاملاتهم، ولكن أتعابه عالية). نصحه المحامي بعدم الإستئناف لأنه إذا تم رفضه فسيتم ترحيله. بقي على هذه الحالة لسنوات إلى أن إتصل بالمحامي ثانية لأنه إحتاج أن يستحصل مديكير (رعاية طبية) لأن لديه مشاكل صحية، وساعده المحامي في إستحصال المديكير لمدة سنة. في الحقيقة صاحبنا إحتاج المديكير لأن البعض نصحه بالبدء بعملية مراجعة طبيب أمراض نفسية ليستحصل على شهادة تثبت أنه مريض نفسياً كون هذا الأمر سيساعده في معاملة الإقامة أو التقاعد مستقبلا، وفعلاً بدأ بمراجعة الطبيب النفسي، يجمع معلومات عن المرضى النفسيين وماذا يتوجب عليه قوله للطبيب أو كيفية التصرف عند مراجعة الطبيب. وهو على هذا الحال منذ سنوات. يعمل في سدني ويتقاضى راتبه كاش (غير قانوني، لا يدفع ضريبة). الآن وبعد أن فاز حزب العمال بالإنتخابات، إنتعشت آمال طالبي اللجوء المرفوضين بالحصول على الإقامة المؤقتة على أقل تقدير. المشكلة هي أن موظف الهجرة عندما يقابلهم سيسألهم السؤال التالي: أين كنت منذ 2013 وكيف كنت تعيش؟ أحد الذين نعرفهم أجاب موظف

حكمت جميل

الهجرة على هذا السؤال بالقول أنني كنت أسكن مع صاحبي (لا يدفع إيجار) وأعيش على مساعدات الأصدقاء. طلب موظف الهجرة من هذا الشخص إسم صاحبه الذي يسكن في بيته مجانا وطلب أن يقابله وطلب أيضاً (الموظف) قائمة بأسماء الأصدقاء الذين يساعدون هذا الشخص في مصروفه اليومي. ولأن الموظف يعلم أن هذا الشخص يكذب، أنهى المقابلة وقال له إن قضيتك متوقفة عند هذا الحد إلى أن تجلب الأسماء التي طلبناها منك وسنطلب مقابلتهم ونسألهم إن كانوا قد بلغوا دائرة الضريبة أنهم يقدمون تبرعات لمساعدتك أم لا. (إن كان أي شخص في أستراليا يقوم بعمل خيري أو تبرعات فان هذا الأمر يساعد في التقليل من الضريبة، الناس بصورة عامة تحرص على ذكر مبالغ التبرع لتقليل الضريبة، وإن لم يذكر هذا المبلغ في التقرير الضريبي معنى ذلك أنه يوجد مصدر دخل ثاني للشخص لم يبلغ عنه). صاحبنا الآن في ورطة لا يعرف كيفية الخروج منها لأن لا أحد يوافق على وضع إسمه في الملف.

نعود لصاحبنا الأول، هو الآن يحاول تدارك هذه الورطة بالمحاولة للتبليغ عن يومين عمل في الأسبوع يحصل منهما على 300 دولار يسد مصروفه الأسبوعي. وهو لا يستطيع التبليغ عن أكثر من يومين عمل كونه أخبر من قابله إن إصابة التفجير قد سببت له إعاقة لا يستطيع العمل معها، ولأنه إذا بلغ عن العمل لأكثر من يومين فإن ذلك سيؤثر مستقبلاً على معاملة التقاعد كونه قادر على العمل وهو يفكر بالتقاعد عند حصوله على الإقامة. تبقى مشكلة مصاريفه في السنوات السابقة. هو الآن يتباحث مع المحاسب الضريبي (الذي هو محاسب عراقي متخصص بالإحتيال لحل مثل هذه المشاكل). الشخص أعلاه لا يستحق منحه صفة اللجوء قانوناً، عندما حدثت الإنتخابات العراقية كان هو موظفا في اللجنة الإنتخابية في سدني لدورتين انتخابيتين، يتردد على القنصلية العراقية في سدني بإستمرار، فما هو مبرر هروبه من العراق ولجوئه إلى بلد اخر؟ خصوصاً أنه ليس لديه ثارات عشائرية مثلا أو أحكام هارب منها، إضافة إلى أنه يعمل بشكل غير قانوني في أستراليا.

(7) مشاريع اللاجئين المستقبليين: اللاجئين المستقبليين أو البشر "مشاريع اللاجئين" هو أمر مضحك مبكٍ. لتوضيح هذا الأمر علي أن أذكر مقدمة بسيطة أولا لنصل إلى النقطة المهمة، وسأحاول الإختصار. أغلقت حكومة الأحرار في العام 2013 الطريق أمام

موضوع تهريب البشر نهائياً إلى أستراليا عن طريق البحر. البعض من اللاجئين إلى أستراليا، ولأنهم بحاجة إلى المال بأية طريقة، قاموا بأخذ قروض من البنوك ولم يسددوا هذه القروض (الآن هم يدفعون الثمن لأن من الأسئلة في الفورم الواجب ملأه للحصول على الإقامة الآن هو "هل أخذت قرضاً من البنك كي تصل إلى العراق أم لا؟ هل قمت بتسديده أم لا؟"). في الماضي كانت البنوك الأسترالية تعطي قروضاً لأي شخص وليسوا مطالبين بالتسديد للبنك. وإذا ذهبت اليوم، في منتصف 2023 إلى أحد الأقضية في العراق التي هاجر عدد من أبنائها إلى أستراليا منذ عشر سنوات أو أكثر وأخذوا قروضا من البنوك ولم يسددوها، فإن الكثير من شباب هذه المناطق ينتظر الفرصة للقدوم إلى أستراليا، ليس للهجرة أو البحث عن حياة أفضل، وإنما لأخذ قرض من البنك. حدثني أحدهم من أهالي إحدى هذه المناطق أن أحد أقربائه هناك سأله الآتي: برأيك البنيزي (رئيس الوزراء الأسترالي الحالي) راح يفتح البحر لو جلب (كلب) مثل الأحرار؟ يتابعون أخبار الإنتخابات في أستراليا ويعلمون أن حزب العمال يدافع عن اللاجئين. صاحبنا هذا في العراق لديه أربعون ألف دولار جاهزة في البيت بإنتظار فتح التهريب إلى أستراليا عن طريق البحر ليأتي إلى هنا كلاجئ. (سنتين وتلاثة ويطلع من الكامب، يأخذ قرض مائتان ألف ويرجع للعراق). إكتشفت البنوك طبعا ألاعيب المهاجرين وهم متشددون جداً في منحهم القروض، ليس لأنهم عنصريون او لا يحبون المهاجرين ولكن لأنهم ملوا من ألاعيب اللاجئين.

(8)التحول إلى ديانة اخرى: عائلة (زوج، زوجة، وطفلان) جاءوا معنا إلى أستراليا في نفس الطائرة. الزوج كردي والزوجة عربية من البصرة: كانوا (خصوصا الزوجة) مطمئنين جداً في الرحلة إلى أستراليا كون كل أمورهم تم ترتيبها من قبل أخت الزوجة حيث أنها مقيمة في أستراليا منذ سنوات وبمساعدة الكنيسة التي تتردد عليها تم تجهيز كل مستلزمات الإستقرار للعائلة الواصلة حديثا. هذه العائلة مسلمة، لكن عائلة الأخت المقيمة في أستراليا تحولت إلى المسيحية وأقنعت عائلة أختها بالإرتباط بالكنيسة لأن حياتها ستكون أسهل كثيرا. في المقابل، الميكانيكي الذي أتردد عليه لصيانة سيارتي في سدني، أحد عماله مسيحي تورط في قضية نقل مخدرات من ولاية نيو ساوث ويلز إلى ولاية فكتوريا، تم إلقاء القبض عليه وحكم بالسجن لعدة سنوات. خرج من السجن مسلماً كونه إحتاج إلى

جماعة في السجن ليكون تحت حمايتهم، ويقال أن المسلمين في السجون الأسترالية من الجماعات القوية لذلك يتحول بعض السجناء إلى الإسلام ليقضوا فترة سجنهم بسلام.

(9)الفرق بين الأجيال: مشكلة مهمة هي أن الكثير من العوائل العراقية إختارت العيش في مناطق تجمع الجالية العراقية. توجد الكثير من الإيجابيات لهذا الأمر، وفي المقابل، من أهم السلبيات هي أن الأبناء يذهبون إلى المدارس الأسترالية ويندمجون مع القيم الأسترالية وبالتاكيد مع اللغة الإنكليزية في حين أن الأهل يبقون بعيدين عن الإندماج. أحد معارفي موجود في أستراليا منذ بداية التسعينات، وولد أبناؤه في أستراليا. هذا الشخص لم يغادر مناطق الجالية العربية، ولم يتعلم اللغه الإنكليزية. أبناؤه يفهمون العربية ولكن يجدون صعوبة في التحدث بها. إذا أرادوا شيئا من الأب يفضلون أن يخبروا أمهم بالإنكليزية لتقوم بالترجمة للأب عما يريدون قوله، يجيبهم بالعربية ويفهمون ما يقول، لكن هو لا يفهم ما يقولون.

(10)التعصب: يوجد وضوح للتكتلات في أستراليا للجاليات بصورة عامة، ولا يختلف العراقيون عن غيرهم في هذا، وموضوع الطائفية والمناطقية والقومية الخ متجذر وواضح. المسألة ليست سنة وشيعة والعكس صحيح كون الخلاف بينهم موجود منذ القدم، إبن الموصل ينظر إلى إبن (برواري) بنفس النظرة التي ينظر بها إبن العمارة إلى إبن (معدان) "ومن هالمال حمل جمال". والخلاف على أساس الطائفة أو القومية أو العرق.. إلخ حدث عنه ولا حرج. أرجو أن لا يفهم البعض من الحديث أعلاه عن بعض الظواهر السلبية أنه تعميم على الجالية العراقية في أستراليا. فقصص نجاح المهاجرين العراقيين إلى أستراليا كثيرة ومشرفة. إنه من النادر جداً أن تجد متسولا عراقيا في الشوارع، نسبة الذين يعملون ولا يعتمدون على المساعدات الحكومية كبيرة وأعلى من الأستراليين أنفسهم أو بالمقارنة مع جاليات أخرى وخصوصا بين فئات الشباب، العوائل العراقية حريصة جداً على تشجيع الأبناء والبنات على إكمال الدراسة الجامعية والإستمرار للحصول على الشهادات العليا. وقد تميز المهندسون وخبراء البيئة والأطباء وغيرهم في مجالات إختصاصاتهم وامسوا ينافسون من سبقهم من زملائهم الهنود والصينيين في التالق وإبتكار الجديد وأحد شهود ذلك ما إكتشفه الشاب (طيف زينل) في مجال الفضاء والدكتورة (نادية الناشي) في مجال تلوث البيئة المسبب للأمراض السرطانية، وإعتماد الحكومة الأسترالية على ما تميز به

البروفسورالجراح (احمد الربيعي) وتسميته مستشارا لها وإنتخاب أحد الشيوعيين العراقيين البارزين عضوا في اللجنة المركزية للحزب الشيوعي الأسترالي وقد تميز الكثير منهم في المجال المالي والقضائي وغيرهم مئات من التخصصات العلمية والمهنية .

ختاما، لا تمتاز أستراليا فقط بجمال شواطئها وأمانها ورفاهية العيش فيها وغيرها من الأمور التي يعرفها الكثيرون. إنها بلد متطور قدم للبشرية الكثير من الإنجازات. على سبيل المثال لا الحصر، إنها الموطن الذي إخترع فيه طريقة الهروب بسلام أثناء الطوارئ في الطائرات عن طريق الإنزلاق على المنصات البلاستيكية، كرسي الأمان للأطفال في السيارات، كامرات المراقبة في السيارات، تصوير جنين المراة الحامل بالأمواج فوق الصوتية، الصندوق الأسود للطائرات، المثقاب الكهربائي، وأخيرا وليس آخرا تكنلوجيا الواي فاي منشؤها في أستراليا. معدل عمر الانسان في أستراليا هو 83 سنة بسبب ظروف الحياة الجيدة والرعاية الطبية. الدخل الأسبوعي للفرد في تصاعد مستمر، 60% من سكان أستراليا ملتزمون بدين معين (اكثر من 100 دين مسجل في أستراليا)، وبتنوع ثقافي كبير جدا من ناحية بلد الولادة حيث يوجد في أستراليا ما يزيد على 200 بلد عند النظر إلى الإحصائيات الأسترالية في حقل بلد الولادة للسكان، الذين يتكلمون اكثر من 300 لغة، حيث أن أكثر من 26% من سكان أستراليا ولدوا خارج أستراليا. الأرقام أعلاه متوفرة لجميع المهتمين بالنظر إليها في موقع دائرة الإحصاء الأسترالية. يطلقون على أستراليا أنها أمة مكونة من أمم.

صور الفصل الثامن

صورة رقم 1 / الآشوريون والكلدان والسريان وصلوا أستراليا منذ عقود من السنين

صورة رقم 2 / لمدينة سياحية في أستراليا وهناك العشرات أمثالها

صورة رقم 3/ أستراليا. الطلاب الدوليين في الجامعات - أستراليا

صورة رقم 4/ نماذج لأنشطة العراقيين في أستراليا
أ- رابطة المرأة المندائية في أستراليا

ب- أنشطة اجتماعية

ج- العراقيين درسوا بجامعات أستراليا وحضرت الإحتفال السفيرة الأسترالية

العراقيون من الوطن الى المهجر

د- العراقيون في أستراليا

- إعتصام طلابي أمام السفارة العراقية في كانبيرا - أستراليا

صورة رقم 5 / جزر شمال أستراليا نقطة الإنطلاق لكثير من اللاجئين عبر المهربين

صورة رقم 6 / أستراليا تجدد إصرارها بحماية حدودها ومنع الهجرة غير الشرعية

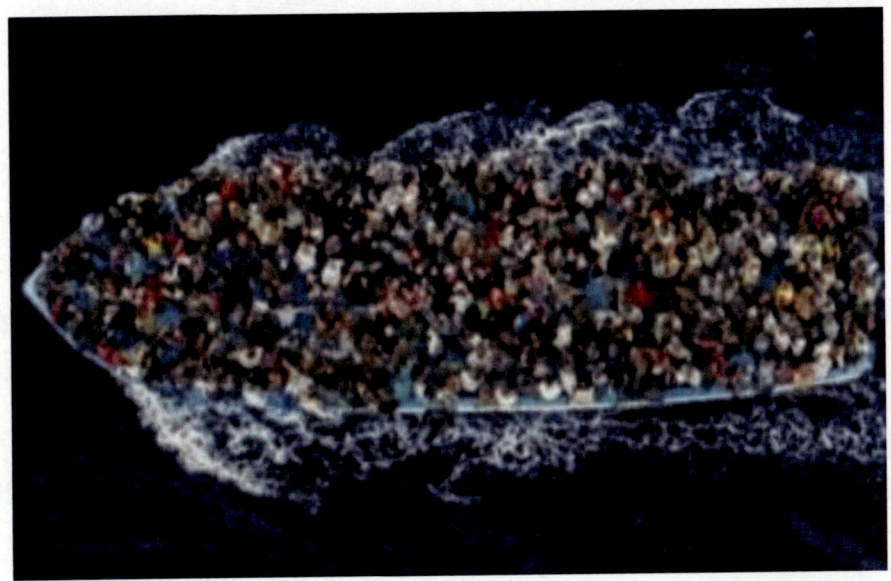

السيرة الذاتية والعلمية
للمهندس الاستشاري_عماد عبد الكريم العبادي

A - الخبرة الهندسية والفنية

* أكملت البكلوريا السادس علمي من إعدادية الكاظمية للبنين في بغداد في عام 1976
* قبلت في جامعة البصرة إدارة وإقتصاد وتركت بعد ثلاثة أشهر للدراسة في بريطانيا
* وصلت بريطانيا بتاريخ 7.7.1977 – درست ال A Level في مدينة مانشستر
* أكملت دراسة Higher National Diploma in Building في عام 1983
* أكملت دراسة Post-Graduate Diploma in Construction Refurbishment Management from University College London في عام 1999
* عملت بمجال بناء البيوت الشعبية (20 عام) كمهندس أقدم في الحكومات المحلية بلندن
* أسست شركة إستشارات هندسية صغيرة منذ عام 2002 ولحد الآن
* لدي خبرة طويلة ومفصلة في إعمار وتطوير وإدامة الأبنية الكبيرة والقديمة في معظم مناطق لندن، وكيفية الإستفادة القصوى من إستعمالها.

B – خبرة العمل في منظمات المجتمع المدني: الحمد لله سخرت حياتي كلها في خدمة الناس والعمل الطوعي حيث إخترت هذا الطريق من خلال إنخراطي منذ الطفولة في التفاعل والمشاركة والتعلم من مدرسة الإمام الحسين إبن علي (ع) من خلال المساهمة في المواكب الحسينية. وعندما وصلت إلى بريطانيا إستمريت في هذا المجال والعمل التطوعي حتى أصبحت هذه الخدمة جزءاً من حياتي وأنا فخور وسعيد جداً بهذه الخدمة وإعانة المحتاجين وإغاثة الملهوفين، حيث أعتبرها أفضل شيء قدمته في حياتي للناس وساهمت بشكل فاعل ولعبت دوراً كبيراً في عدد كبير من المنظمات والجمعيات العراقية والعربية في لندن، وأهمها جمعية رعاية العراقيين في بريطانيا التي تعتبر اليوم أفضل المنظمات العراقية المستقلة في بريطانيا.

الباب الثاني - الفصل التاسع

هجرة العراقيين إلى إنكلترا

بقلم المهندس الإستشاري عماد عبد الكريم العبادي

كانت بريطانيا تخطط للسيطرة على العراق منذ القرن السابع عشر لما تزخر به أرضه من خيرات، فضلاً عن موقعه الجغرافي المهم في قلب العالم، وكذلك موقعه من منطقة الخليج العربي التي كانت تمثل مركزاً إستراتيجياً وإقتصادياً وسياسياً كبيراً. وليس من الصدف أنها أسست شركة الهند الشرقية في عام 1643، وأنشأت أول معمل لها في البصرة، وفي عام 1763 أصبحت البصرة سوقا تجارية نشيطة لبريطانيا. وبعد مدة إتّخذت بريطانيا خطوة مهمة فعينت مندوباً دائماً لها في البصرة في عام 1798، قام بإجراء دراسات ومخططات مهمة عن المنطقة، وحصلت بريطانيا على تقارير مهمة، لعب فيها ضابط المخابرات البريطانية المشهور الكولونيل توماس إدوارد لورنس ومس غرترود بل دوراً في تدعيم الإستعمار البريطاني منذ بداية القرن العشرين إلى ما بعد تأسيس الحكومة العراقية. وقبل تغلغل بريطانيا في العراق إستطاعت بسط هيمنتها على منطقة الخليج، وقد بدأت مرحلة التنفيذ الفعلي للسيطرة على العراق بعد إعلان الحرب العالمية الأولى، حيث قامت قوة بريطانية بإحتلال البصرة في نوفمبر 1914.

إنتفض العراقييون ضدّ الإحتلال البريطاني للعراق وزادت المقاومة وتوّجت بثورة العشرين، التي أبدى فيها العراقيون من البسالة ما أجبر الإستعمار البريطاني على تغيير خططه في الإحتلال المباشر وخطته في ضمّ العراق إلى إدارته الإستعمارية في الهند، وأجبر على تقديم بعض التنازلات، منها إقامة حكومة شكلية مؤقتة برئاسة عبد الرحمن الكيلاني وفرض تنصيب الملك فيصل الأول ملكاً على العراق وتحت الوصاية البريطانية في عام 1921. ومنذ ذاك الحين إشتدت مقاومة العراقيين للإحتلال البريطاني وهيمنته على الحكومات الشكلية التي شكلها والتي توجت بقيام ثورة 14 تموز في عام 1958 وتغيير نظام الحكم الملكي بالجمهوري الذي قضى على الهيمنة البريطانية على العراق.

الوجود العراقي في بريطانيا: يعود الوجود العراقي في بريطانيا إلى ما بعد تأسيس الدولة العراقية، وبعد أنْ توطدت العلاقة ما بين العراق وبريطانيا، أصبح الوجود العراقي منذ ذلك الوقت ولغاية سبعينات القرن الماضي على شكل أفراد في بعض المدن البريطانية، وكان معظمهم قد هاجر إلى بريطانيا لغرض الدراسة والتدريب، لهذا فإننا لا نستطيع القول بتواجد جالية متكاملة لها ثقلها ووزنها في بريطانيا. يمكن القول بأن طبيعة العراقيين أنهم لا يحبون ترك وطنهم، وهناك بعض الإستثناءات التي دفعت بالآشوريين واليهود العراقيين إلى الهجرة خارج الوطن. وهناك أعداد كبيرة من العراقيين الذين جاءوا إلى بريطانيا لغرض الدراسة خلال الفترة من ثلاثينات القرن الماضي حتى عام 1970 وعادوا إلى العراق بعد إكمال دراساتهم، ما عدا أعداد قليلة جداً منهم. ونتيجة الأوضاع السياسية المضطربة في العراق والحروب التي خاضها نظام صدام ضدّ إيران في عام 1980 وضدّ الكويت في عام 1990، حصلت الكثير من التغيرات في طبيعة المجتمع العراقي، مما دفع بالعراقيين إلى التفكير الجدي بالهجرة خارج الوطن، وكان حلم الكثيرين منهم هو الهجرة إلى بريطانيا لأسباب كثيرة. وبسبب عبثية هذه الحروب والخسائر البشرية الهائلة من العراقيين بدأ المواطن العراقي بالهروب من الوطن وتقديم اللجوء إلى بلدان العالم المختلفة. ومنذ ثمانينات القرن الماضي نشأت فكرة اللجوء عند العراقيين وبدأ التفكير الحقيقي في معرفة الأساليب والطرق المتعددة لتقديم طلبات اللجوء، والبحث عن الدول التي تستقبل اللاجئين، وبدأ معها قصص الإنسانية المؤلمة وفقد كثير من العراقيين حياتهم في البحر.

مسلسل موجات لجوء العراقيين إلى بريطانيا: ليست هناك إحصائيات دقيقة ومعلنة عن أعداد اللاجئين العراقيين إلى بريطانيا ولكن من خلال وجودنا في بريطانيا وعملنا في جمعية رعاية العراقيين نستطيع تقديم هذه الدراسة المختصرة عن موجات لجوء العراقيين.

الموجة الأولى: نستطيع الجزم بأنَّ الموجة الأولى بدأت بعد القرار الجائر الذي إتّخذته الحكومة العراقية في بداية عام 1980 بتهجير أكثر من نصف مليون عراقي إلى إيران بحجة التبعية الإيرانية، بعد أنْ جردوهم من ممتلكاتهم وبيوتهم ورموهم على الحدود العراقية الإيرانية في حالات وقصص مأساوية يرثى لها. كان المهجرون لا يفهمون لغة وثقافة إيران ومعظمهم ليس لديهم أي معارف أو أقرباء هناك. ومع بداية هذه الحملة الظالمة شنّ النظام حربه المدمرة على الجارة إيران لتستمر 8 سنوات راح ضحيتها أكثر من مليون

عراقي، وكذلك تسببت في نزوح ملايين أخرى من مدنهم إلى دول الجوار وبعضهم إلى أوروبا. وفي بداية ثمانينات القرن الماضي بدأت أول حملة هجرة وطلبات اللجوء في عدة بلدان أوربية ومنها بريطانيا. وكثير منهم مرة بظروف قاسية للوصول إلى بلد اللجوء، بعضهم قدم من العراق وقسم منهم من إيران وسوريا ودول أخرى. ليس هناك إحصائيات رسمية لعدد هؤلاء اللاجئين ولكن تبلغ بحدود 20 - 40 ألف لاجئ عراقي إستقر أغلبهم في العاصمة البريطانية لندن وفي مناطق سنترال (مركز) لندن مثل مقاطعات ويستمنستر وبرنت وإيلينج في لندن. وكثير من هؤلاء اللاجئين الجدد لا يتحدثون اللغة الإنكليزية، وقدموا على الإعانات الحكومية وبقى قسم كبير منهم على هذا الحال ولم يستفيدوا من الفرص الكثيرة المتوفرة أمامهم من دراسة وتعلم اللغة الإنكليزية أو تعلم مهنة يعيشون منها.

الموجة الثانية: في شهر آب من عام 1991 إجتاح صدام حسين الكويت وإحتلها خلال ساعات قليلة. أدان المجتمع الدولي هذا العدوان، وأعدّت الولايات المتحدة الأمريكية تحالفاً دولياً شارك فيه 30 دولة إستطاع في وقت قصير تحرير الكويت وإخراج القوات العراقية منها بشكل مذل ومشين. إستاء العراقيون من تصرفات النظام العراقي الهوجاء، وإنتفض أبناء الشيعة من الجنوب العراقي في أكبر إنتفاضة جماهيرية ضد النظام الحاكم وإستطاع الثوار السيطرة على أكثر من 14 محافظة عراقية، لكن همجية النظام ودمويته وعدم مساعدة الشعب العراقي من قبل التحالف مكّن النظام العراقي من القضاء على الإنتفاضة وقتل أكثر من 250000 عراقي ولجأ الآلاف منهم إلى المملكة العربية السعودية، فتم توزيعهم في منطقة نائية داخل الحدود السعودية في مخيمات رفحا في الصحراء السعودية ولعدة سنوات. إستطاعت أعداد كبيرة من سكنة مخيم رفحا تقديم طلبات اللجوء إلى عدة بلدان في العالم ومنها بريطانيا وأمريكا، واضطرت الولايات المتحدة إلى منح حق اللجوء السياسي لأعداد كبيرة منهم. وبسبب إحتلال الكويت وما أعقبه من قتل وتشريد لمئات الألوف من العراقيين هرب الكثيرون عبر تركيا وسوريا والأردن إلى أوربا ومنها إلى بريطانيا وطلبوا اللجوء فيها هرباً من بطش النظام الصدامي. ومن عام 1991 إلى عام 2003 تجاوز عدد العراقيين الذين طلبوا اللجوء في بريطانيا إلى 40,000 لاجئ.

الموجة الثالثة: تسبب الإحتلال الأمريكي البريطاني للعراق في عام 2003 في تدمير البنى التحتية لمؤسسات الدولة العراقية، مما أدى إلى انفلات الأوضاع الأمنية وإنتشار الجريمة

والقتل على الهوية في معظم مناطق العراق، الأمر الذي أدى إلى نزوح أكثر من 3 ملايين من أبناء العراق من مدنهم وقراهم إلى مناطق أخرى داخل وخارج العراق. وفي عام 2014 إستطاعت عصابات داعش إحتلال عدة مدن عراقية مما أدى إلى نزوح أكثر من مليوني عراقي آخرين من مدنهم إلى مناطق أخرى ومنها إلى خارج العراق. وتقول الإحصائيات الرسمية لوزارة الهجرة العراقية ومنظمة الهجرة الدولية أنَّ أعداد اللاجئين العراقيين قد بلغ 1.5 مليون عراقي في كافة بلدان العالم.

واجه كثير من اللاجئين والمهاجرين العراقيين الذين قدموا إلى بريطانيا خلال هذه الفترة صعوبات كثيرة في التأقلم على الحياة الجديدة والبيئة الغريبة عنهم، وسببت لهم هذه الظروف الإستثنائية والتهجير ومواجهة الإرهاب وكذلك عدم فهمهم اللغة الإنكليزية صعوبات كثيرة في إيجاد فرص عمل جيدة أو إيجاد سكن آمن لهم ولأسرهم. ولا يزال كثير منهم معتمداً بشكل أساسي على المساعدات الحكومية. وظلت عقدة الخوف والإنغلاق والتقوقع حول بيئتهم الصغيرة تنعكس على تعاملهم والإنفتاح على الآخرين. وخلال السنوات العشر الماضية ظهرت تجمعات عشائرية ومناطقية وأثنية بين أوساط العراقيين، انعكست بشكل سلبي كبير على تواجدهم وإندماجهم في تكوين جالية عراقية قوية ومتماسكة، يكون لها دور مهم في الحياة العامة في بريطانيا. ومما زاد من معاناة العراقيين هو عدم إستقرار وتدهور الأوضاع السياسية في بلدهم الأم، لأنه لا يزال للكثيرين منهم أسر وأهل في الداخل ويحاول هؤلاء تقديم الإعانة والمساعدات لهم قدر الإمكان. وبالرغم من مرور عشرين عاماً على التغيير في العراق، لا يزال آلاف اللاجئين والمهاجرين يعيشون حالة اليأس وعدم الإستقرار وفقدان الثقة بالمكونات الأخرى من العراقيين، ويبقى الشكّ والريبة ملازمين في تعاملهم مع أبناء بلدهم في المهجر. وأصبحت هذه الأسباب من العوامل المهمة في عدم وجود جالية عراقية متماسكة لها هويتها الوطنية التي تعكس حضارة وتاريخ العراق والتنوع الثقافي والحضاري والتاريخي فيه.

<u>أعداد العراقيين في بريطانيا:</u> أثناء التعداد العام للسكان في بريطانيا والذي جرى في عام 2021 بلغ عدد العراقيين المولودين في العراق 89،395 عراقي، وهذا العدد لا يمثل العدد الحقيقي للعراقيين، حيث يضاف لهم:

1 - الجيل الثاني من العراقيين الذين ولدوا هنا من أبوين عراقيين (معدل عدد أفراد الأسرة

العراقية في بريطانيا 3 أولاد في العائلة وهذا يضيف بحدود 270،000 عراقي أخرين).

2 - قسم كبير من الأكراد – لم يذكر بلد ولادته العراق وإنما يكتب كردستان.

3 - في السنوات الخمس الماضية قدم أكثر من 30،000 عراقي طلب لجوء وهو يدّعي أنّه من مواليد الكويت أو ما يسمى (بدون)، ولا يكتب العراق خوفاً من إعادته لبلده.

4 - يخاف بعض العراقيين أن يذكر أنه من مواليد العراق، فيمتنع عن الإجابة على السؤال.

وتبلغ التخمينات غير الرسمية لعدد العراقيين الكلي في المملكة المتحدة بين 400،000 – 480،000 يتوزعون بشكل تقريبي في المدن التالية:

- لندن وضواحيها 150،000 - برمنكهام وضواحيها 73،000

- مانشستر وضواحيها 65،000 - غلاسكو 10،000 - كاردف 7000

ويتوزع الباقي في أكثر من 65 مدينة في بريطانيا.

لم يتمركز العراقيون في منطاق محددة مثل بقية الأقليات من البلدان الأخرى، وذلك لأسباب عديدة، وفي التعداد العام للسكان في عام 2021، أظهرت الإحصائيات بأن أكبر تجمعات العراقيين تتواجد في المقاطعات التالية وهي في مدينة لندن:

1-مقاطعة إيلينج– 4779، 2-مقاطعة برنت – 3646، 3-مقاطعة ويستمنستر – 3328

<u>أما أكبر كثافة للعراقيين خارج لندن هما</u>:

1-مدينة برمنكهام فقط – 3599، 2-مدينة مانشستر فقط – 3146

من المذكور أعلاه نستطيع الوصول إلى حقيقة واضحة بأن تباعد العراقيين في معظم المدن البريطانية ولأسباب مختلفة أفقدهم القوة المجتمعية التي من الممكن أن تجعل لهم دوراً أكبر ومؤثر في الحياة البريطانية العامة. ونقدم إليكم بعض التفاصيل عن أهمية تواجد الجالية العراقية في بريطانيا ومدى تأثيرها في الحياة العامة. هناك أمور عديدة يجب دراستها وتحليلها والإستفادة منها من قبل الحكومة العراقية والجالية العراقية في بريطانيا وجمعياتها ومؤسساتها من أجل تحسين أوضاع الجالية بشكل عام ومن أجل تطوير الحالة الإقتصادية والتأثير في القرار السياسي البريطاني في علاقاته مع العراق لجعلها علاقات إيجابية متينة بين بريطانيا والعراق تعود بالفائدة على البلدين والمواطنين في كلا البلدين.

<u>دور الجالية العراقية في بريطانيا</u>: تمتاز الجالية العراقية بالتنوع العرقي والثقافي والإجتماعي، ففيهم من الطوائف الإسلامية والمسيحية والعرب والأكراد والتركمان

والآثوريين والكلدانيين والأكراد الفيلية وعدد من اليهود. وتضم عدداً كبيراً من أفضل الشخصيات والكفاءات الوطنية العراقية وفي كافة المجالات، وفيهم نخب من خيرة الأطباء والمهندسين والعلماء والأدباء والفنانين، ويعتبر الجيل الأول الذي هاجر وإستقر في بريطانيا من الكفاءات والمثقفين الذين إندمجوا بسهولة مع المجتمع البريطاني. وإستطاع العراقيون وخلال فترة وجيزة لا تتعدى 50 عاماً أن يكون لهم وجود مميز وإستطاع أبناء الجالية تشكيل عدد كبير من الجمعيات المهنية والمنظمات والمراكز الدينية ومؤسسات المجتمع المدني (صورة من رقم 1-8)، لكنها جميعاً ظلت محدودة وليست بالمستوى المطلوب، وليس لها دور فاعل في الحياة العامة. ونقدم إليكم بعض الأمثلة على ذلك:

1- **<u>في المجال الصحي:</u>** تقدر أعداد العراقيين العاملين في المجال الصحي بحدود 10،000 شخص في كافة المهن الطبية، وفيهم عدد لا يقل عن 500 طبيب إخصائي عراقي، بعضهم معروف عالمياً، يعملون في كافة المستشفيات والكليات الطبية في جميع المدن البريطانية. وهناك عدد كبير من الصيادلة وأطباء الأسنان وخصوصاً من أبناء الجيل الثاني الذين درسوا في الجامعات البريطانية وتفوقوا على أقرانهم الإنكليز وغيرهم، ولهم دور أساسي في المجال الصحي البريطاني. ويعتبر النظام الصحي البريطاني (NHS)، أحد أفضل الأنظمة الصحية المجانية في العالم، ويقدم المجال التدريبي والفرص الثمينة لذوي المهن الصحية العراقية للإستفادة وتطوير قدراتهم الإدارية والطبية، وإكتساب الخبرة التي يمكن الإفادة منها في دعم وتطوير النظام الصحي المجاني في العراق. في عام 1993 تأسست أول جمعية طبية عراقية في بريطانيا من قبل تجمع من الأطباء العراقيين، وكان هدفها هو تجميع الطاقات الطبية العراقية في بريطانيا والسعي لتشكيل لوبي طبي عراقي يستطيع أن يقيم بعض النشاطات والفعاليات الإجتماعية والندوات الطبية. إستمرت الجمعية بالعمل بشكل طوعي، وتزايد عدد أعضائها ليبلغ أكثر من 950 طبيب عراقي إنضم لعضويتها. وأقامت عدداً من النشاطات والمؤتمرات الطبية بعضها بالتعاون مع نقابة الأطباء العراقية في بغداد وبعض الكليات الطبية العراقية. إتّسمت معظم نشاطاتها بالطابع العفوي والذي يعتمد بالدرجة الأساس على العمل الطوعي من قبل بعض أعضاء اللجنة الإدارية المنتخبة، وليس لديها

مقر أو موظفين لإدارة شؤون الجمعية، لذا بقت محدودة العطاء والنشاط. وبسبب بعض الخلافات البسيطة والأعمال الفردية تشكلت جمعيات طبية أخرى لا تختلف

2- كثيراً عن الجمعية الأم، ومنها:

*الجمعية الطبية العراقية الموحدة، *الجمعية الطبية العالمية،

*الجمعية الطبية الشبابية، *اتّحاد الأطباء العراقيين في المملكة المتحدة وأوربا،

*جمعية أطباء الاسنان العراقية. لكن لم ترتقِ هذه المنظمات إلى المستوى المرجو منها في تمثيل الأطباء العراقيين بشكل فاعل في المجتمع البريطاني.

2- في المجال الهندسي: يتواجد عدد كبير من المهندسين العراقيين في بريطانيا ومنهم من أشتهر عالمياً كالمهندسة الراحلة زهاء حديد والمهندس الراحل الدكتور محمد مكية وآخرين في مختلف العلوم الهندسية وعدد آخر يعملون في كليات الهندسة في الجامعات البريطانية. وفي عام 1994 تأسست جمعية الكندي للمهندسين العراقيين في لندن، أسست بعدها فرعاً لها في مدينة مانشستر في شمال غرب بريطانيا. وفي أوج عملها تجاوز عدد أعضائها الـ: 700 مهندس وأستاذ جامعي في فروع الهندسة. ونشطت جمعية الكندي في إقامة عدد كبير من المؤتمرات الهندسية والعلمية والزيارات الميدانية لعدد من المشاريع الكبرى التي يعمل فيها بعض المهندسين العراقيين في بريطانيا ولكن للأسف الشديد لم يتطور عمل الجمعية إلى مؤسسة لديها فروع وموظفين يديرون عملها وظلت تعتمد على الجهود الفردية لبعض المهندسين.

3- في المجال الأكاديمي: تتواجد أعداد كبيرة من الكفاءات والعلماء العراقيين في عدد كبير من المؤسسات التعليمية والجامعات البريطانية. وفي عام 1994 تأسست رابطة الأكاديميين العراقيين ثم شبكة علماء العراق التي يتكون أعضائها من نخبة من علماء العراق بدرجة الأستاذية. وبالرغم من الإمكانيات الهائلة التي تمتلكها المنظمات المهنية يبقى عملها محدوداً ومرتبطاً بتفرغ بعض الأعضاء لإقامة النشاطات والفعاليات، وجميعها لا تملك مقرات ثابتة وليس لها موظفون متفرغون لتنظيم نشاطاتها وبرامجها.

4- منظمات المجتمع المدني: بسبب تزايد أعداد العراقيين في بريطانيا وبالخصوص خلال الـ: 30 سنة الماضية، إهتمت مجاميع من أبناء الجالية في لندن وبعض المدن الرئيسة التي يتواجد فيها العراقيون بتأسيس بعض المنظمات الخدمية وذلك لمساعدة اللاجئين

والمهاجرين الجدد في تقديم الخدمات والنصائح والإرشادات لهم، وكذلك إقامة عدد من النشاطات والإحتفالات الشعبية والثقافية والترفيهية. وفي مدينة لندن تأسست عدد من هذه المنظمات نذكر أهمها:

- **المنتدى العراقي (صورة رقم 1)** – تأسس في عام 1988: وهو منظمة مهمة جداً إستطاعت أنْ تقدم خدمات كثيرة ومنوعة لآلاف العراقيين ومساعدتهم في حلّ مشاكلهم مع السلطات المحلية ومشاكل السكن والإقامة والمدارس والمساعدات. أقام المنتدى عدداً كبيراً من الورش والدورات التعليمية لمساعدة القادمين الجدد على مواجهة صعوبات الحياة والتأقلم مع المجتمع الجديد، وكذلك أقام المنتدى عدداً كبيراً من المهرجانات والإحتفالات مثل إحياء الثقافة والتراث والفن العراقي. أصدر المنتدى جريدة شهرية سميت بإسم "المنتدى" – ساهم في الكتابة فيها عدد كبير من خيرة الأدباء والكتاب والإعلاميين العراقيين، وإستمرّت الجريدة في الصدور لمدة تزيد عن الـ: 30 عاماً، ولكن من المؤسف جداً توقف إصدارها بسبب التكاليف المالية. ويعمل المنتدى من مقره في منطقة همرسمث في لندن، ويعمل فيه عدد من الموظفين والمتطوعين الذين يقدمون خدماتهم لأبناء الجالية في لندن.
- **جمعية رعاية العراقيين (صورة رقم 2-5):** تعتبر جمعية رعاية العراقيين من أنشط منظمات الجالية العراقية المستقلة والتي تأسست في عام 1991 وجاء تأسيسها نتيجة لعدم نجاح الإنتفاضة الشعبانية المباركة في عام 1991 ضدّ النظام البائد، وإنحدار معنويات العراقيين في بريطانيا بشكل كبير وخصوصاً بعد عودة المقبور صدام لممارسة السلطة وبطشه الشديد بأبناء العراق والمعارضة العراقية وتدفق أعداد كبيرة من اللاجئين وعناصر المعارضة العراقية إلى بريطانيا. تأسست الجمعية من خلال عقد إجتماعها التأسيسي في شهر أيار من عام 1991، بحضور أكثر من 50 عضواً وتم إنتخاب الهيئة الإدارية الأولى من قبل المشاركين، وكانت هذه أول ممارسة ديمقراطية عراقية تقام بحرية وبعيداً عن التأثيرات الحزبية والسياسية. وتم إنتخاب الأعضاء التالية أسمائهم في الدورة الأولى:- 1-د. محمد تويج – رئيساً، 2-المهندس عماد العبادي – نائباً للرئيس – سكرتير الجمعية، 3-السيدة أم رفل التميمي – عضو، 4-المرحوم السيد زهير الحكيم – عضو، 5-السيدة أيمان السامرائي – عضو، 6-السيد محمد مهدي هاشم – عضو، 7-السيد فيصل شندي الساعدي – مسؤول

لشؤون المالية، نشطت الجمعية بشكل سريع في أوساط الجالية العراقية وكانت تعتمد تماماً على القدرات المالية الذاتية للسادة الأعضاء، وفي سنتها الثانية حاولت بعض الأحزاب الإسلامية التغلغل في نشاطات الجمعية من أجل السيطرة عليها، حيث حشدت أعضائها للمشاركة في الإجتماع السنوي للجمعية وترشيح قائمة خاصة بهم، ولكنها فشلت في السيطرة التامة عليها وظلت الجمعية تتمتع بإستقلالية تامة وبدأ عملها بالتطور والإنتشار في أوساط الجالية العراقية. وبعد سنوات قليلة وبجهود المخلصين من أعضاء الهيئة الإدارية والمخلصين من أبناء الجالية الكريمة، تطور عمل الجمعية كثيراً وبدأت بالحصول على المنح المالية من منظمات المجتمع المدني وفتحت مكتباً لها في شمال غرب لندن – حيث تتواجد أعداد كبيرة من العراقيين. وشرعت في إقامة العديد من النشاطات الإجتماعية والثقافية والرياضية والترفيهية التي إستقطبت أعداداً كبيرة من العراقيين وغيرهم.

<u>أهم **منجزات هذه المنظمة**</u> ما يلي:

1. الحصول على منحة مالية لتعيين موظفين يقدمون الإستشارات والخدمات للاجئين العراقيين والأُسر العراقية التي وصلت حديثاً إلى بريطانيا،
2. إصدار (مجلة المهجر)، وهي مجلة عراقية إجتماعية شاملة، إنتشرت بشكل واسع في أوساط الجالية،
3. إقامة المخيمات الصيفية للصغار من أبناء الجالية لمدة 32 عام، نجحت في ربط الأجيال العراقية الناشئة بوطنهم الأم والتمسك بالأخلاق العربية والإسلامية. شارك فيها أكثر من 10،000 شاب وشابة،
4. إقامة الملتقيات العائلية السنوية لتوفير فرص التعارف والترفيه ومناقشة القضايا المهمة
5. للجالية العراقية في بريطانيا،
6. إقامة العديد من النشاطات الثقافية والإحتفالات الوطنية والمهرجانات الثقافية وحفلات العيد التي إستقطبت الآلاف من أبناء الجالية وغيرهم،
7. تمثيل الجالية العراقية في معظم المؤسسات الحكومية والرسمية ونجحت الجمعية في وضع الوجود العراقي في القرارات والسياسات الحكومية المتعلقة بحقوق الأقليات العرقية في بريطانيا.

كما يتواجد عدد غير قليل من المنظمات والتجمعات العراقية الأخرى ومنها:

*جمعية الكورد الفيليين، *منظمة الكورد الفيليين الأحرار، *المركز الثقافي الكوردي، *مؤسسة الهدى والنور العربية، *مبرات الشاكري الخيرية، *جمعية الكوثر لرعاية الأيتام، *التجمع العراقي في مانشستر، *الجمعية العراقية الأسكتلندية في غلاسكو، *المنتدى الثقافي العراقي في ليدز، *المنتدى الثقافي العراقي في شفيلد، *لجنة شؤون الأُسرة – لندن.

5- **المنظمات والمراكز الدينية:** بسبب تزايد أعداد المهاجرين العراقيين إلى بريطانيا، تزايدت معهم العشرات من المؤسسات والمراكز الدينية التي تمثل جميع الأديان العراقية، وهي تتمتع بإحترام الجميع ونجحت في شدّ أبناء الجالية لدينهم والإلتزام والمحافظة على الأخلاق والقيم العربية والدينية. وكذلك ربطهم ببلدهم العراق، ومن أهم هذه المراكز:

- **مؤسسة الإمام الخوئي (رض) الخيرية:** وهي منظمة عالمية تأسست في عام 1988 في مدينة لندن وذلك بمبادرة من أولاد الإمام الراحل أبو القاسم الخوئي. وإستطاعت المؤسسة فتح فروع لها في عدد من بلدان العالم وكذلك في عدد من المدن البريطانية. ويمثل مقرها الرئيسي في شمال غرب لندن أكبر مجمع عراقي في بريطانيا، حيث يضم مدارس إبتدائية وثانوية، ومسجد ومكاتب المؤسسة وقاعات للإجتماعات، كذلك تقيم المؤسسة الإحتفالات والمأتم الحسينية والفواتح والتي يؤمها آلاف العراقيين شهرياً.
- **مؤسسة دار الإسلام – لندن:** تأسست في بداية تسعينات القرن الماضي وتنوعت خدماتها في إقامة
  - الإجتماعات والمهرجانات الدينية والسياسية والإجتماعية وكذلك تقديم الخدمات
  - الإجتماعية وعقود الزواج الشرعي والإستشارات الدينية و إقامة صلاة الجمعة.
- **حسينية الرسول الأعظم الكربلائية:** وهي إحدى المراكز الدينية المهمة التي تقام فيها الإحتفالات الدينية المنوعة والمآتم الدينية لإحياء المناسبات الدينية وخصوصاً في مواسم عاشوراء ورمضان ومنها ما يلي:- *مؤسسة دار الهادي في مانشستر، *مركز أهل البيت في ليدز، *مركز الإمام الجواد في برمنكهام، *رابطة أهل البيت الإسلامية العالمية، *مؤسسة الفكر الجديد، *جمعية الملة الواحدة، *مؤسسة التراث الحسيني، *مركز أهل البيت الإسلامي، *جماعة التعليم الإسلامي (دار التبليغ). كما يتواجد عدد من الكنائس التي يؤمها أبناء الطوائف المسيحية العراقية.

6- **المراكز الثقافية والمؤسسات العراقية الأخرى: غاليري الكوفة – لندن:** يعتبر غاليري الكوفة أهم مركز ثقافي عراقي في قلب مدينة لندن أسسه المهندس المعماري العراقي الراحل محمد مكية في ثمانينات القرن الماضي، حيث شهد حضوراً ثقافياً وفنياً وحضارياً كبيراً ومثّل أطياف المجتمع العراقي والعربي وكان حقاً بيتاً لخيرة الفنانين العراقيين والعرب في بريطانيا. كان حقاً نموذجاً مصغراً لعراق جميل وعكس الوجه المشرق للعراق العظيم بكل ألوانه وأطيافه وجمع العرب والعراقيين في برامج راقية ومميزة تركت أثراً رائعاً في قلوب العراقيين. ويعتبر غلقه خسارة كبيرة للجميع وما زال العراقيون يتذكرونه بحسرة كلما مرّ ذكره (صورة رقم 6-9).

- **مؤسسة الحوار الإنساني - بيت السلام:** أسسه العلامة حسين إسماعيل الصدر في سنترال لندن حيث إشتهر بتقديم أمسية الأربعاء التي كرمت مجموعة من النخب والمبدعين العراقيين وإقامة المعارض الفنية التي تعرض إبداعات الفنانين العراقيين والعرب.

- **المركز الثقافي العراقي** – وهو بناية كبيرة من 6 طوابق في سنترال لندن. لعب المركز الثقافي العراقي دوراً مهماً في نشر الثقافة والفن وحضارة بلاد الرافدين منذ سبعينات القرن الماضي، حيث نظم مهرجانات ثقافية وفنية راقية عكست الوجه المشرق لعراق الرافدين. وأغلق المركز بعد العدوان العراقي على الكويت في سنة 1991. وبعد السقوط أعيد فتح المركز الثقافي العراقي مرة أخرى وبشكل مؤقت في لندن، وبإدارة مميزة من مديره الأستاذ عبد الرحمن ذياب. وإستطاع المركز ولعدة سنوات إقامة العديد من النشاطات والفعاليات الثقافية والفنية المنوعة في لندن.

7- **المدارس العراقية في لندن:** لعبت المدارس العراقية في أيام عطلة نهاية الأسبوع دوراً رائداً في المحافظة على الأجيال الناشئة في بريطانيا. وبسبب تزايد أعداد العراقيين أصبح تأسيس مدارس عربية تعلم اللغة العربية والدين الإسلامي للصغار ضرورة. وتوجد أكثر من 70 مدرسة عربية في معظم المدن البريطانية يتعلم فيها عشرات الآلاف من الطلبة. وتعتبر مجموعة مدارس الهدى والنور العربية من أول هذه المدارس والتي تأسست في عام 1986 حيث قام بتأسيسها ثلاثة من أبناء مدينة النجف الأشرف، أحدهم المرحوم السيد عبد الزهرة زوين والذي نذر حياته للإهتمام بتعليم صغارنا ضرورة الإلتزام بالأخلاق والتعاليم الإسلامية، وتخرج من هذه المدارس عشرات الآلاف من أبناء الجالية.

8- الشركات والمصالح العراقية: بسبب طبيعة العراقيين وخصوصيتهم والإنفرادية في العمل، لم نشهد ولادة شركات ومصالح عراقية كبيرة في بريطانيا، وظلت معظم النشاطات التجارية العراقية محصورة في نطاق الأفراد والأُسر الصغيرة. ولا يوجد اليوم في بريطانيا أية مؤسسة أو شركة تجارية عراقية معروفة وإنَّما إقتصرت على المحلات الصغيرة والنشاطات الفردية الصغيرة، مما أدى إلى انعدام تأثير العراقيين على الحياة التجارية العامة، بالرغم من وجود عدد غير قليل من الأثرياء العراقيين، مقارنة مع بقية الجاليات الأخرى التي إستطاعت بناء شركات ومصانع كبيرة ولها دور بارز في الحياة التجارية والسوق البريطاني. ويتواجد في معظم المدن البريطانية عدد من المحلات والمطاعم العراقية التي تدار بشكل إنفرادي يعتمد بالأساس على الشخص المالك وقد يساعده في بعض الأحيان أولاده (صورة رقم 10).

الخلاصة: بسبب حالة عدم الإستقرار المستمرة في العراق، وإنتشار الفساد المالي والإداري وغياب

الرغبة الحقيقية في إستقطاب الكفاءات العراقية وغياب الإرادة السياسية في إعادة بناء دولة تحترم الإنسان فإنّه من غير المرجح عودة المهاجرين العراقيين إلى بلدهم قريباً، وبالتالي سيستمر الشتات العراقي لسنوات عديدة قادمة. ونتيجةَ لموجات الهجرة وخلفيات العراقيين الذين هاجروا إلى المملكة المتحدة، نجد أنَّ تركيبة الجالية العراقية في المملكة المتحدة شديدة الإختلاف والتفاوُت. فالغالبية هم من العرب الشيعة والأكراد السنّة، بينما هناك أقليات أخرى كثيرة تشكل جزءاً من خارطة الشتات العراقي، كالعرب السنّة والآشوريين والكلدان والسريان والصابئة المندائيين والتركمان والأكراد الفيليين واليهود والبدون. كانت الخلفيات الإجتماعية والإقتصادية لمَن هاجروا في وقتٍ مبكر أكثر ثراءً، وكانوا ذوي مهاراتٍ وتعليم أفضل، وبالتالي وجدوا الإندماج في المملكة المتحدة أيسر ممن وصلوا إلى البلاد في الثمانينات والتسعينات من القرن الماضي. فكثيرون ممن جاءوا لاحقاً، حتى ممن لديهم مؤهلات، واجهوا صعوبة في الحصول على فرص عمل، في حين أن صدمات النزوح والنفي والحرب خلفت وراءها مشكلات نفسية لدى الكثيرين، جعلتهم يعتمدون على برامج الرعاية الإجتماعية وبإستثناء العراقيين العلمانيين، ذوي الخلفيات الليبرالية أو اليسارية، والجيل الثاني من العراقيين الذين التقوا عراقيين آخرين في المرحلة

الجامعية، فإن معظم المجتمعات العرقية والطائفية للشتات العراقي لا تختلط بسهولة مع عوالم الشتات العراقي الأخرى خارج نطاق مجتمعاتهم الجغرافية أو العرقية - الطائفية.

إعادة تشكيل عراق ما بعد 2003: بعد التدخل العسكري وإحتلال العراق في 2003،إستطاع ملايين العراقيين المنفيين العودة إلى أرض الوطن جسدياً للمرة الأولى منذ عقود والمساهمة مباشرةً في إعادة تشكيله. كان الكثيرون متحمسين للمساعدة في إعادة إعمار العراق، وعادوا في السنوات الأولى من الإحتلال لتقييم الطرق التي يمكنهم من خلالها المساهمة في سياسات البلاد أو أنشطة المجتمع المدني.

الشتات والإنقسامات العرقية الطائفية: بالرغم من كافة التغييرات السياسية والإنفتاح العام وتقرب مؤسسات الدولة العراقية كالسفارة والملحقيات التابعة لها إلى المستوى الشعبي، فلا يزال التقوقع الطائفي والعرقي هو السائد على مغتربي الشتات، ولا تزال المنظمات والمؤسسات العراقية في بريطانيا تستقطب شرائح المجتمع من هويتها ومذهبها فقط، وللأسف الشديد لا تزال حالة إنعدام الثقة بين مختلف مكونات الجالية العراقية، مما يضعف وجودنا وتأثيرنا في المجتمع البريطاني ولا يزال بلدنا العظيم وحضارتنا العراقية تعاني من هذا التشتت. وعلى مستوى الطائفة الواحدة أو الحزب الواحد لا يزال العمل الإنفرادي هو السائد، وتبقى القيادة محصورة بأسرة واحدة أو مجموعة صغيرة من الأفراد في الحزب. ويبقى غياب الإحساس الوطني العام ووضع أولويات المصلحة الخاصة هي السائدة، الأمر الذي يؤدي إلى إضعاف الهوية الوطنية والعمل الجماعي الذي يرفع من مستوى العراقيين ويرفع من الشأن العراقي في العالم. في حين ظهرت بعض المنظمات الأخرى وما لبثت أنْ اختفت أو توقف نشاطها في الشتات بسبب نقص التمويل والموارد، فقد نجحت المنظمات الأقدم مثل "المنتدى العراقي" و "جمعية رعاية العراقيين" في إضفاء الطابع المؤسسي والمهني على أنشطتها، ومن ثَمّ تمكنت من مواصلة تقديم الخدمات للمجتمعات العراقية المعنية بها. وتتمتع جمعية رعاية العراقيين بدور أساسي في العمل الجماعي المشترك ولا يزال نشاط الجمعية يؤكد على الهوية العراقية واللحمة العراقية بين أطياف المجتمع العراقي. كذلك ظهرت في الآونة الأخيرة منظمات أخرى، من بينها "الحركة الديمقراطية العراقية" في عام 2011 ومنظمة "العمل الجماعي من أجل العراق" في عام 2019، وهي منظمات ناشطة تعمل على زيادة الوعي والتضامن مع الحركات المدنية والشبابية في

العراق. وتعمل هذه المنظمات مع جهات بريطانية وعراقية على دعم المنصات المناهضة للطائفية التي تتبنى أجندة وطنية عراقية لا تمارس التمييز على أساس العرق أو الطائفة أو الدين.

دور الشتات في جهود التعبئة ما بعد تنظيم الدولة الإسلامية: كان إستيلاء تنظيم الدولة الإسلامية على الموصل عام 2014 وفشل القوات العراقية في حماية الأراضي العراقية بمثابة نقطة تحول بالنسبة للكثير من العراقيين في الشتات. وفي حين شهد الإستياء من السياسات العراقية والسياسيين المغتربين الذين سبق لهم دعمهم تراجعاً مستمراً على مرّ السنين، فقد أفضت أحداث عام 2014 إلى فقدان الثقة بالكامل في الحكومة وقدرتها على حماية الأمة، والسيادة العراقية، وسلامة أراضيها. كانت الفتوى التي أصدرها آية الله العظمى السيد علي السيستاني عام 2014 هي التي أنقذت العراق بالنسبة للكثيرين في الشتات. والواقع أن هذه العبارة تكررت كثيراً خلال عدة مقابلات مع مراقبي المعلومات العراقيين والمغتربين من جميع الأجيال. فقد دعا السيستاني المواطنين العراقيين إلى الإنضمام إلى قوات الأمن ومحاربة تنظيم الدولة الإسلامية. تمخض عن هذه الدعوة الدينية لحمل السلاح ولادة "قوات الحَشد الشعبي"، وهي مجموعة من القوات شبه العسكرية التي يتألف معظمها من الشيعة، بالإضافة إلى الجماعات المسيحية والسنّية التي انضمت إلى صفوف القتال. وبمساعدة قوات الحَشد الشعبي، تمكنت قوات الأمن العراقية من هزيمة تنظيم الدولة الإسلامية بحلول عام 2017 وإستعادة الموصل ووحدة الأراضي العراقية.

وخلال معركة الموصل في الفترة من 2014 إلى 2017 إنبثق عن جهود الشتات في التعبئة وإرسال المساعدات الإنسانية وكذلك التأييد الشعبي والجماهيري لنصرة الجيش العراقي من خلال المسيرات والإحتجاجات ضدّ هجمات تنظيم الدولة الإسلامية التي نُظمت في لندن ومدن أخرى في بريطانيا.

وساهم العراقيون في بريطانيا بشكل كبير وخصوصاً خلال شهر محرم المقدس الذي يُحيي فيه المسلمون ذكرى مقتل الإمام الحسين، حفيد النبي، في معركة كربلاء عام 680 ميلادية، وهي ترفع اللافتات والملصقات أثناء مسيرات عاشوراء تربط بين مقتل الإمام الحسين ومواجهة قوى داعش وتنظيم الدولة الإسلامية المجرم. مما أدى إلى إرتفاع عدد الشهداء الذين يقاتلون ضدّ تنظيم الدولة الإسلامية وما نتج عنه من إرتفاع في عدد الأطفال اليتامى

وإلى زيادة جمع التبرعات الخيرية لصالح الأيتام العراقيين في الفترة من 2014 إلى 2017. وقد إنهالت التبرعات على منظمات مثل "مؤسسة العين للرعاية الإجتماعية" ومنظمة "نور تراست"، من بين منظمات أخرى كثيرة، من المغتربين في الشتات الذين أرادوا المساعدة والتخفيف من وطأة الظروف على هذه الأسر التي يحارب أربابها لحماية بلدهم. جُمعت الملايين من الجنيهات الإسترلينية وحُوِلَّت إلى العراق من المملكة المتحدة بصفة رئيسية، وإن لم يقتصر ذلك فقط على المؤسسات الخيرية العراقية في الشتات.

بالرغم من أنَّ معظم جهود التعبئة العابرة للحدود التي يضطلع بها المغتربون في الشتات تقوم بها جماعات إثنية أو دينية، مع وجود عدد قليل من التحالفات المتعددة الأعراق أو التي تضم أعضاء من جميع الطوائف، فقد شهد هذا التوجه إستثناءً واحداً خلال القتال ضد تنظيم الدولة الإسلامية. والواقع أن العراقيين من كافة الخلفيات العرقية والإجتماعية والسياسية شاركوا في الإحتجاجات ضدّ الإرهاب وفي الدعوة إلى حماية التراث العراقي، الذي دمره تنظيم الدولة الإسلامية في الموصل ومدينة نينوى. ونُظمت إحتجاجات مختلفة في ميدان ترافالغار وأمام السفارة العراقية في لندن حضرها رجال دين وفنانون وكُتاب وموسيقيون عراقيون في الشتات وممثلون عن كافة أطياف الشعب العراقي.

الشتات والحركة الاحتجاجية في العراق عام 2019: في مطلع شهر تشرين الأول/ أكتوبر عام 2019، اتّخذت الحركة المدنية والإحتجاجية في العراق منحى خطيراً بعد أن كانت تستجمع قواها منذ عام 2015 على أقل تقدير، فقد طالب الآلاف من الشباب العراقيين من كافة أرجاء البلاد بإصلاح الحكومة العراقية، وإنهاء الفساد وتحسين الخدمات، وإستشراف آفاق اقتصادية أفضل لكل العراقيين. ووقف عراقيو الشتات وبالخصوص في لندن وبعض المدن البريطانية، فنظموا المظاهرات التضامنية في بلدان عدة منها المملكة المتحدة والولايات المتحدة الأميركية وفي مختلف أنحاء أوروبا دعماً للمتظاهرين ومطالبهم.

غياب الوحدة: لطالما كان الشتات العراقي متشرذماً بين فئات وطوائف عديدة ومختلفة من حيث العرق والمعتقدات الدينية والطائفية والأيديولوجية والموقع الجغرافي في المملكة المتحدة. ومن ثم، فإنه من الخطأ أنْ نتحدث عن الشتات العراقي بإعتباره كياناً واحداً متجانساً، بل هو بالأحرى مزيج من المجموعات المتنوعة التي يعيش كُلّ منها وفق منظومة خاصة بها من التقاليد والذكريات وحتى تصورها للمجتمع وعلاقات الأفراد بوطنهم العراق

عبر الحدود. ونادراً ما يكون هناك تداخل بين هذه المجموعات أو معرفة بالفعاليات والنشاطات والتجارب التي يعيشها الآخرون. وببساطة لا يوجد أي وحدة أو إحساس بهوية عراقية ينضوي تحت لوائها المهاجروين العراقيون في الشتات. ولقد تفاقم هذا الوضع بفعل السياسة الداخلية في الوطن، والتي تتردد أصداؤها في الشتات، وتؤثر على شعور العراقيين وتخلق حالة من عدم الثقة بين المجموعات هناك. ونتيجة لذلك، لم يكن هناك سوى قدر ضئيل للغاية من التنسيق أو التعاون بين جماعات الشتات. باستثناء بعض الإحتجاجات ضدّ تنظيم الدولة الإسلامية ولحماية التراث الثقافي العراقي.

شحّ التمويل وغياب التأهيل المهني: لا يخفى على أحد أن ثَمّة تفاوت واضح في المواقف التنظيمية والمالية لمنظمات الشتات العراقي في المملكة المتحدة. فالبعض يتلقى تمويلات خيرية ضخمة من جهات عدة من رجال دين وشخصيات مرموقة ورجال أعمال بريطانيين - عراقيين أو من حكومة المملكة المتحدة أو من تمويل تنظيمي من أجل إستمرار عملهم. وفي الوقت ذاته، يعتمد البعض الآخر على التبرعات التي تقدمها الجماعات العرقية أو الطائفية في مجتمعات الشتات في المملكة المتحدة أو بعض المساهمات الصغيرة من الأعضاء لتغطية التكاليف التشغيلية والإعتماد على المتطوعين لمواصلة عملهم. يُفسر هذا الواقع كون بعض المجتمعات أكثر نشاطاً من غيرها ولديها منظمات أكثر بين ظهرانيهم، والسبب وراء ظهور منظمات المجتمعات الأخرى وإختفائها أو أنها مازالت تصارع مادياً من أجل البقاء وهو ما يحدّ من قدراتها على إقامة الفعاليات والنشاطات. في السنوات العشر الأخيرة في المملكة المتحدة، وجه التقشف الحكومي ضربة قاصمة لقطاع الأعمال الخيرية وغير الربحية. حيث جعلت الإستقطاعات المالية الأمر أشد وطأة على منظمات الشتات للإستمرار. ونتيجة لذلك، حال شحّ التمويل دون توظيف طواقم عمل ووضع الإستراتيجيات ووجود مكتب لهم والتواجد الفعلي، ومن ثَمّ إضفاء الطابع المهني والمؤسسي على عمل المنظمات على الصعيدين المحلي والدولي.

الفرص المتاحة أمام الشتات العراقي: يبدو جلياً أنَّ حالة عدم الإستقرار التي تسود العراق والديناميات السياسية في الوطن قد أثرت على وحدة مجتمعات الشتات العراقي وأنشطتها العابرة للحدود. يعني الإقرار بالإنقسامات الحتمية التي يسببها ذلك - ناهيك عن عدم تكافؤ الفرص أمام أنشطة الشتات العابرة للحدود - إننا ندرك أنّه من غير المعقول توقع حدوث

تعبئة عابرة للحدود تشمل كافة الأعراق أو الطوائف الدينية فيما يخص السياسات العراقية العليا. لكن، وكما أظهرت حالة التعبئة ضدّ إرهاب داعش والدعوات بحماية التراث الثقافي العراقي، فإن فرص تعاون وتعاضد الشتات ممكنة في حالة القضايا التي تمس جميع العراقيين. وبالتالي لا يوجد ما يدعو للإعتقاد بأن مجتمعات الشتات لا يمكنها التعاون أيضاً في القضايا التي تتعلق بالمجتمع المدني والرعاية الإجتماعية والبيئة والصحة وغيرها من المجالات المهمة التي تتطلب مساعدة ودعماً ويمكن تجنب الأبعاد السياسية فيها. لكن نظراً إلى أنَّ الثقة بين مجتمعات الشتات هي حجر الزاوية لنجاح الشراكات، ربما تكون هناك حاجة لإجراء مبادرة مسبقة لبناء الثقة بين مجتمعات الشتات العراقي كخطوة أولى لتسهيل أيّ تعاون من هذا القبيل. كما ذكرنا سابقاً، فإنَّ التواصل بين مختلف المجتمعات يكاد يكون منعدماً، وليس لديهم معرفة بأنشطة بعضهم البعض. ولا يوجد حالياً منصة أو منظمة أو شبكة يمكنها توحيد الجهود أو بناء رصيد إجتماعي بين مختلف المجموعات المتباينة. ولتوضيح ذلك دعونا نستعرض تجربة الجالية العراقية في السويد. في عام 1995، أسست الجالية "إتحاد الجمعيات العراقية في السويد"، وهو منظمة جامعة لتوحيد العدد المتزايد من منظمات الشتات العراقي التي يجري تأسيسها مع زيادة الهجرة إلى السويد. وهكذا، ساعدت هذه المنظمة الجامعة في التعريف بالجهود والأعمال التي تقوم بها الجالية العراقية في المجتمع السويدي، وأضفت صبغة مهنية على أعمال الجالية، وسهلت إجراء شراكات مع المنظمات السويدية. تقوم هذه المنظمة الجامعة أيضاً بتنسيق الرسائل الإعلامية فيما يتعلق بالسياسات العراقية والجالية العراقية في المجتمع السويدي، والأهم هو أنها ساعدت مجتمعات الشتات على العمل معاً بصورة أكثر فاعلية وعلى دعم أعمال ومجهودات بعضهم البعض. أما في المملكة المتحدة فقد بادر مجموعة من نشطاء الجالية إلى تأسيس إتحاد المنظمات العراقية والذي جمع أكثر من 15 منظمة عراقية من أجل خلق منصة تفاهم وتنسيق بين منظمات الجالية وتوحيد الجهود وتبادل الخبرات والإمكانيات وكذلك القيام بعدد من النشاطات المشتركة التي تخدم أبناء الجالية وترفع من إسم العراق عالياً في المجتمع والحياة العامة في بريطانيا.

لأجئو قوارب الموت: خلال السنوات العشر الماضية تفاقمت أزمة لاجئين عالمية جديدة أدت الى وفاة المئات منهم وهي ما تسمى بقوارب الموت (صورة رقم 11). يتوجه اللاجئون

العراقيون وغيرهم وبعد عناء كبير إلى مؤانئ غرب فرنسا من أجل عبور البحر بزوارق صغيرة وغير أمنة إلى بريطانيا. وتواجه الحكومة البريطانية صعوبات كبيرة في معالجة هذه الازمة. تشير الإحصائات الرسمية إلى وصول ما يقارب 46000 لاجئ في هذه الزوارق خلال عام 2022. وهناك ضغط شديد جدا على موظفي دوائر الهجرة البريطانية، فقد بلغ عدد حالات طلبات اللجوء المتعلقة أكثر من 180000 حالة لجوء. وبسبب السياسيات البريطانية والتأخير المستمر في معاملات طلبات اللجوء، تقوم الحكومة بوضع هؤلاء اللاجئين في فنادق كبيرة تكلف دافعي الضرائب مبالغ عالية مما أدى إلى ظهور ظاهرة رفض جماهيري شديدة لتواجد اللاجئين على الأراضي البريطانية. وتتعثر الحكومة البريطانية في إيجاد حلول مناسبة وسريعة في التعامل مع هذا الملف الصعب، وهناك حالات تذمر شديدة ومعاناة حقيقية تواجه اللاجئين.

خاتمة: من خلال تقييم مساهمات الشتات العراقي في السياسات وتنمية البلاد قبل 2003 وبعدها، يتضح أنه مع نجاح بعض المشاريع، تعرقَل البعض الآخر بسبب الصراع والفساد وثقافة الطائفية والمحسوبية، ويتضح أيضاً أن النظام القائم على أسس طائفية وعرقية، الذي ترسخ في المؤسسات في ظل الإحتلال، قد إنعكس على الأنشطة العابرة للحدود التي يقوم بها الشتات العراقي وأصبح يشكلها، والتي تعتبر ضاهرة غير حضارية (خاصة بمجموعة أو طائفة بعينها). تبرهن المحاولات الكثيرة لإطلاق مشاريع ومبادرات على وجود الرغبة والإستعداد لدى كثير من العراقيين في الشتات، الذين أرادوا في 2003 العودة والمساعدة في إعادة إعمار وطنهم الأصلي. لكن ديناميات الوطن أثّرت حتماً على المهاجرين وأنشطتهم العابرة للحدود، ولم تحدد فقط هوية من يقوم بالتعبئة والكيفية التي تتم بها، بل ولَّدت أيضاً روح الفرقة وعدم الثقة بين مختلف جماعات الشتات العراقي. وقد تعرقلت جهود التعاون مع قيام بعض المجتمعات بالإحتشاد على أسس عرقية أو طائفية، لا على أساس الهوية الوطنية العراقية. ومع شدة تبايُن علاقتهم بالوطن وإختلافها، كان لمفهوم التنمية معانٍ مختلفة لدى كل مجموعة من مجموعات الشتات العراقي. وهذا الواقع يوجه التركيز نحو مزيدٍ من الأجندات، مما يَزيد من صعوبة العمل المشترك بين مجموعات الشتات العراقي المتباينة. ففي نهاية المطاف تشتمل جهودُ تعبئة الشتات العراقي من أجل

التنمية، في معظمها، العديدَ من المطالب والمواقف والمشاريع العرقية والطائفية والدينية، وليست مجرد جهد تعاوني موحد لتنمية البلاد وتطويرها.

نتيجةً لحالة التشرذم والصراعات وإنعدام الإستقرار، هناك إفتقار إلى المؤسسية والمهنية في منظمات الشتات العراقي. حيث هناك توصيات رئيسية متصلة بالسياسات العامة، من أجل دعم جهود الشتات العراقي وأنشطته العابرة للحدود من أجل العراق، ندرجها بما يلي:

- قد يركز العمل في الشتات أولاً على بناء الثقة بين مختلف الجاليات من أجل تقريب المجموعات في حوارٍ بين بعضها البعض، تحت رعاية منظمة دولية مستقلة وغير متحيزة ولها خبرة في العمل مع أبناء الشتات. يمكن لتلك المنظمة التي يقع عليها الإختيار أن تسهل عقد منتدى لقادة الشتات العراقي تظلّله روح لجان الحقيقة والمصالحة، (أنظر مثالاً مهماً في لجنة الحقيقة والمصالحة الليبيرية التي شكل الشتات الليبيري جزءاً منها "يونغ وبارك"، 2009)، مع الأخذ في الإعتبار الحساسيات السياسية الخاصة وديناميات المجتمعات العراقية الدينيّة والعرقية المختلفة. قد يؤدي منح مجتمعات الشتات المختلفة فرصةً للتعبير عن حقائقها وواقعها إلى مزيدٍ من التعاطف والتفاهم كخطوة أولى نحو التعاون والتعاضد في المستقبل. وقد يفتح مثل هذا الحوار طريقاً للتوافق على أولويات التعبئة من أجل العراق يشمل أيضاً المصالح العرقية والطائفية.

- من أجل التقريب بين أطياف الشتات وبناء جالية أكثر وحدةً لدعم منظمات الشتات العراقي، فإن من المفيد إنشاء منظمة جامعة أو حتى منصة رقمية، كما هو الحال لدى منظمات الشتات العراقي في السويد. فهذا قد يتيح لمجموعات الشتات فرصةً للترابط والحوار وتنسيق العمل مع الجماهير الغربية والمنظمات العراقية داخل البلاد إضافةً إلى أبناء الشتات العراقي في الدول الأخرى. على أن تكون المشاركة والعضوية في تلك المنظمة طوعية وقائمة على القيم الديمقراطية.

- من الواضح أن إحدى أكبر العوائق أمام دوام عمل منظمات الشتات هي قلة التمويل، الذي يحول دون تحقيق المهنية والمؤسسية اللازمتَين للإستمرارية والتطوير. فبناء القدرات، من خلال جمع التبرعات وكتابة العطاءات وتنشيط التواصل الإجتماعي، سيساهم كثيراً في عملية تدريب أبناء الشتات العراقي على إدارة الموارد المالية بإستدامة وإستبقاء طاقم العمل والتعبئة بكفاءة.

- قد تكون إحدى الأفكار الملائمة في هذا السياق هي تنظيم ورشة لأفراد يتم انتقاؤهم من الأشخاص الناجحين في الشتات العراقي المنخرطين فعلياً في العمل داخل العراق. إذ إن هذا سيكون مفيداً في جمع البيانات حول أفضل الممارسات المتعلقة بالعمل عبر الحدود بين أوروبا والعراق. وربما كان مفيداً إعقابها بورشة ثانية بين المتخصصين العراقيين العاملين عبر الحدود ومنظمات الشتات العراقي الأخرى الراغبة في القيام بالأمر نفسه ولكنها تفتقر إلى الخبرة المهنية وسبل تحقيق الإمتثال وتقييم المخاطر، وهي المهارات اللازمة للعمل في البيئات المضطربة.
- بالنسبة لبعض مجموعات الشتات المهتمة بالتعبئة من أجل العراق، قد يكون من المفيد
- ببساطة بناء شراكة مع منظمات كبرى، بدلاً من إنشاء منظمات جديدة من الصفر. وهذا قد يساعد مجموعات الشتات أيضاً على اكتساب الخبرة والمهنية وبناء الشبكات والقدرات إذا رغبوا مستقبلاً في إنشاء منظماتهم الخاصة.
- بسبب الحساسيات السياسية، يجب تجنب القضايا السياسية في مجالات التعاون، ومن ثَمّ التركيز على المشاريع الوطنية التي تعالج قضايا أكثر دفعاً باتجاه الوحدة، كالثقافة والتراث العراقيَّين والمجتمع المدني والتعليم والصحة والبيئة، وغيرها مما تلعب فيه المهارات والخبرات، لا السياسة أو الأيديولوجيا، دورَ توجيه المشاريع.
- نظراً لعدم الإستقرار الذي تواجهه البلاد اليوم، لا بُدَّ أن تركز المشروعات وجهود التعبئة على المبادرات المحلية صغيرة النطاق التي يمكن أن تُحدِث فرقاً في المستوى المجتمعي عبر ما هو قائمٌ من شبكات عابرة للنطاق المحلي.

يُعَدّ التعاون الرقمي من طرق التحايُل على الصراع في زمن العنف وانعدام الإستقرار. فأبناء الشتات العراقي يستخدمون بالفعل مكالمات الفيديو وواتساب ووسائل التواصل الإجتماعي الأخرى. وبإمكان المهنيين ذوي المهارات، كالأطباء وأطباء الأسنان والمهندسين والمعلمين والأكاديميين والمختصين بالصحة النفسية وكثيرون غيرهم، أن يُقيموا مؤتمرات بالفيديو على الإنترنت وجلسات تدريبية في أوقات الصراع المتفاقم

تصاوير الفصل التاسع

صورة رقم 1 / المنتدى العراقي – بريطانيا

صورة رقم 2 / أحد النشاطات الفنية

صورة رقم 3 حفلة العيد في عام 2007

صورة رقم 4/ أحد المخيمات السنوية لجمعية رعاية العراقيين في عام 2017

صورة رقم 5/ أينما يذهب العراقيون يأخذون العراق معهم

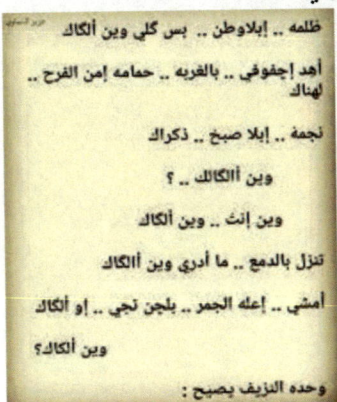

صورة رقم 6/ الشاعر الراحل عزيز السماوي

ظلمه .. إبلاوطن .. بس گلي وين ألگاك

أهد إجفوفي .. بالغربه .. حمامه إمن الفرح .. لهناك

نجمة .. إبلا صبخ .. ذكراك

وين أالگالك .. ؟

وين إنت .. وين ألگاك

تنزل بالدمع .. ما أدري وين أالگاك

أمشي .. إعله الجمر .. بلجن تجي .. إو ألگاك

وين ألگاك؟

وحده النزيف يصيح :

صورة رقم 7 / مؤسس كلية الهندسة المعمارية في جامعة بغداد الراحل محمد مكية - عام 1994

صورة رقم 8 / أحد نشاطات غاليري الكوفة

صورة رقم 9 / تحفة معمارية رائعة لبناية غاليري الكوفة – لندن

صورة رقم 10/ نصب الثور المجنح لأحد الفنانين العراقيين في أشهر ميدان في لندن – ترافالكر سكوير

صورة 11 لاجئين نجوا من الموت للوصول لشاطئ الامان في الجزر البريطانية

صورة 11 مكرر في الفصل الثامن

السيرة الذاتية والعلمية

* **الدكتور فلاح محمد حافظ**، MBChB, CFPC, CCFP

* خريج كلية الطب / جامعة الموصل سنة 1983،
* حاصل على البورد الكندي في طب الطوارئ وطب العائلة سنة 1998
* عمل في مختلف مستشفيات بغداد،
* طبيب الأنصار في كردستان العراق،
* عمل في مستشفيات مختلفة في كندا.

الباب الثاني - – الفصل العاشر – الجزء الأول

العراقيون في المهجر – كندا

بقلم الدكتور فلاح حافظ

تقع كندا في شمال القارة الأمريكية الشمالية (صورة رقم 1)،وهي تبعد حوالى عشرة آلاف ميلاً عن العراق. يعني إسم (كندا) القرية بلغة السكان الأصليين والذين أطلق عليهم ظلماً وإستخفافا (الهنود الحمر)، ففي لغة السكان الأصليين تسمى القرية (كندا)، وعندما جاء الأوروبيون إلى شمال القارة كان السكان الأصليين يقولون للوافدين إلى القرية: (كندا) أي (تفضلوا إلى القرية)، فإعتقد الأوروبيون أن هذه البلاد إسمها (كندا). وهكذا إنتشر الإسم (كندا) على أساس أنه إسم البلد الذي جاءوا إليه. أرض كندا شاسعة المساحة، تحتاج إلى حوالي ٧-٨ ساعات بالطائرة لقطع المسافة من غرب كندا إلى شرقها. ولا بد من الإشارة إلى تاريخ تأسيس هذا البلد وهي عملية ولادة إستغرقت مئات السنين إلى أن وصلت إلى هذه الحالة، ومع إن هذا الفصل ليس مخصصاً لعرض تاريخ هذا البلد إلا إنه من المفيد أن نشير إلى المراحل التاريخية التي سبقت ظهور هذا البلد.

في أواسط القرن الثالث عشر الميلادي رست سفينة البحّار جون كابت (صورة رقم 2) (John Cabot)(صورة رقم 3) على السواحل الكندية وتلا ذلك وصول البحارة الفرنسيين وبدأ إنشاء المستعمرات الصغيرة الإنكليزية والفرنسية التي تتناثر هنا وهناك، وهذا الإنتشار في المستعمرات الكندية يرافقه إنتشار مماثل في الجزء الجنوبي من القارة الأمريكية الشمالية، ولأن اليد العليا كانت للقوات الإنكليزية أصبح الجزء الشمالي للقارة يعرف بريطانياً بأمريكا الشمالية وإستمر هذا الإسم معتمداً لدى الدولة البريطانية إلى بداية القرن العشرين. في بدايات تأسيس الدولة الكندية عندما طرد الثوار الأمريكان سلطة المستعمر البريطاني التي لجأت إلى شمال القارة (كندا حالياً) وإستقرت في الطرف الشمالي لنهر نيگارا. إتفق فيما بعد قادة المقاطعات الفرنسية والإنجليزية لتأسيس دولة إتحادية واحدة تحت إسم كندا إنضمت إليها المقاطعات الأخرى تباعاً وفي الأول من تموز سنة 1867 وقعت معاهدة التأسيس لدولة كندا.

عناصر إجتذاب كندا للمهاجرين

1- بلد يقبل الهجرة: إن هجرة الناس إلى هذا البلد لا تشكل عبئاً على البلد كما هي الحال في أوروبا التي تعقد الصفقات والإتفاقات لمنع الهجرة إليها. كان هناك برنامج حكومي لقبول ربع مليون مهاجر سنويًا وأصبح الآن بحدود المليون مهاجر. إن نسبة الزيادة السكانية في كل بلدان العالم تعتمد على معدل الولادات السنوية لذلك البلد أما في كندا فإن نسبة الولادات غير كافية لسد حاجة البلد من النفوس، لذلك تعتبر الهجرة إحدى مكائن الإقتصاد في هذا البلد فما يقدمه المهاجرون من ضرائب وتعاملات تجارية وشراء البيوت والسيارات والمواد الأخرى يعتبر كسباً إقتصادياً بالمقارنة مع ما تصرفه كندا على هؤلاء المهاجرين. وهناك نظام متكامل يشرح بالتفصيل الدقيق أنواع الهجرة إلى كندا (هجرة المستثمرين، هجرة العمال الماهرين، هجرة اللاجئين..) وكل هذه المصنفات يستطيع ان يجدها الراغب في الهجرة على موقع وزارة الهجرة في الشبكة العنكبوتية.

2- اللغة الرسمية: توجد في كندا لغتان رسميتان: الإنكليزية والفرنسية ويفضلها الناس من رعايا البلدان التي عبثت بها بريطانيا وفرنسا إبان الحرب العالمية الأولى. يتحدث الناس اللغة الإنكليزية في أغلب المقاطعات الكندية وتعتبر مقاطعات إنكليزية عدا مقاطعة "كيبيك" التي تتحدث باللغة الفرنسية، وهناك مقاطعة تتحدث الخليط من اللغتين وهي "نيو برونزوك". تعتبر اللغة الإنكليزية الأكثر إنتشاراً في كندا، ويقطن أغلب العراقيين المقاطعات الإنكليزية لأن التدريس في العراق أدخل اللغة الإنكليزية في مناهج الدراسة في كل المراحل الإبتدائية والثانوية والجامعية. عندما يتجمع هؤلاء المهاجرون في منطقة معينة يكون هذا مركز جذب للعوائل والأفراد لشعورهم بالألفة.

3- السمعة الطيبة لكندا في العالم: تعرف كندا بأنها دولة مستقرة ويمكن الحصول على العمل فيها وبناء

مستقبل مريح للعائلة المهاجرة. تأتي سمعة كندا الطيبة من حقيقة أنها ليست دولة عظمى ولم تخرج خارج حدودها لتستعمر دولاً أخرى، عدا أن المجتمع قد شارك السكان الأصليين في أرضهم ولا أعتقد أنهم كانوا حمامات سلام في تلك الأيام. إرتكب المهاجرين الأوائل أخطاءً كبيرة بحق السكان الأصليين ومنها فادحة ومن الكبائر، ونتائجها لا تزال ماثلة للعين ويندى لها جبين الإنسانية. وعلى سبيل المثال لا الحصر، تم عزل أطفال السكان الأصليين

عن عوائلهم وإجبارهم على الدخول إلى مدارس دينية كانت كنائس المهاجرين تقوم بإدارتها حين ذاك. يبقى الأطفال مفصولين عن أمهاتهم وآبائهم ومنهم من يموت ويدفن بدون معرفه أبويه، وقد إكتشفت مؤخراً مقابر جماعية لأطفال ماتوا ودفنوا فيها. أصبحت هذه آحدى الفضائح الإنسانية الكبيرة التي ألقت الضوء على ممارسات المهاجرين الأوائل وسلوكهم البربري تجاه السكان الأصليين. ومن المؤسف أن هذه المدارس إستمرت إلى وقت متأخر من القرن الماضي وأغلقت آخر هذه المدارس في مقاطعة ساسكاشوان في سنة ١٩٩٦ وكانت تسمى المدارس الداخليةResidential Schools وإعتذرت الحكومة الكندية رسمياً من السكان الأصليين عن هذه التجاوزات غير الإنسانية في سنة 2008. إن كشف هذه المظالم والإعتذار الرسمي من قبل الحكومة الكندية وإدانة الماضي المؤلم يجعل كندا أكثر تحضرا، وهذه ربما إحدى حسنات كندا.

4--**التعدد الإثني في كندا:** توجد حوالي 200 لغة وقومية في كندا إلا أن اللغتين الرسميتين في البلد هما الإنجليزية والفرنسية وهذا التنوع يعطي المهاجر صورة للتنوع الإثني في البلاد ويمنحه نوعاً من الطمأنينة لهذا التعايش والتنوع والتفاعل بسلام وتحت سقف قانوني واحد يشمل كل المواطنين الكنديين. هذا من وجهة نظر القانون الكندي، وإن كانت هناك ممارسات غير متماهية مع القانون فإنها ليست محمية بقانون، وعليه تبقى ممارسات على مستوى الأفراد أو بعض التجمعات. مثلاً من الصعب أن تجد عائلة عراقية أو مصرية أو هندية تعيش في قرية إنكليزية أو فرنسية ولكن من الممكن أن تجد هذه العائلات تعيش في المدن الكبرى حيث التنوع الإثني على نطاق واسع. يوجد حوالي مليونان من السكان الأصليين بنسبة 5% من السكان يتوزعون على 12 ولاية كندية وهم في الغالب يعيشون في محميات للسكان الأصليين حيث أفراد الشرطة من مجتمع السكان الأصليين وكذلك موظفو الدوائر الحكومية الموجودة في هذه المحميات من السكان الأصليين أنفسهم. يكون تعاملهم التجاري والنشاطات الإقتصادية الأخرى معفاة من الضرائب التي تفرضها الدولة على بقية السكان في كندا وهذه الإجراءات إتفق عليها قادة السكان الأصليين مع الدولة الكندية منذ بداية هجرة الأوربيين إلى كندا وعلى مدى تاريخ طويل من الصراعات السياسية والإجتماعية. هناك تفاصيل كثيرة لا يتسع المجال لذكرها في هذا الفصل لإلقاء الضوء على المقاطع الإجتماعية بشكل مختصر. وهناك ٢٠ مليون من الانكليز و٧ ملايين من

الفرنسيين، وهؤلاء يشار اليهم بالقوميتين المنشئتين لدولة كندا وهم من اسس لأن تكون اللغتان الرسميتأن في هذا البلد، وعليه فإن رئيس الوزراء وموظفي الدولة الكبار في الحكومة الإتحادية يجب أن يجيدوا الحديث بكلا اللغتين تحت قبة البرلمان الكندي. توجد أيضاً قوميات أخرى فهناك نصف مليون صيني ونصف مليون هندي و (690000) كندي من أصول عربية وهذه تشكل ٩و1% من المجتمع الكندي أما نسبة المسلمين في المجتمع الكندي فهم 4.9% وهي نسبة كبيرة.

5- **يتطلع المهاجرون إلى تطوير قدراتهم المهنية بالإضافة إلى الإستقرار الإقتصادي والإجتماعي** الذي يتطلع إليه المهاجرون من كل العالم، والعرب والعراقيون لا يختلفون عن غيرهم. في كندا مثل كل البلدان، أسس وقوانين لتنظيم الحياة الإقتصادية والإجتماعية والثقافية والسياسية وما إلى ذلك، فليس هناك ضوابط قانونية على الناس للإنخراط في الحياة الإقتصادية وغيرها إذا كانت ضمن القوانين. إلا إن القوانين العامة هي قوانين تسمح للجميع بممارسة نشاطاتهم بالتساوي فمثلا، إذا أقدم شخص على بناء بيت فعليه أن يحصل على موافقة البلدية وهذه تستلزم تقديم خرائط البناء (الموقعة من قبل مهندس مدني لديه إجازة ممارسة المهنة كمهندس بناء) والتفاصيل الدقيقة من إنشاء الأساسات إلى النهاية التي تفضي بأن يكون البيت جاهزاً للسكن. وخلال عملية البناء، تراقب البلدية مراحل البناء والمواد المستعملة في كل مرحلة فإذا وجدت أن هناك مخالفات عن الخرائط التي قدمت للبلدية وأن تلك المخالفات قد تؤدي إلى مشاكل في المستقبل فستقوم البلدية بإيقاف العمل وربما حتى إزالته، وهذه قوانين تنطبق على الكندي الإنكليزي أو الصيني أو أي شخص آخر.

العراقيون في كندا: (صورة رقم 4) تشير آخر إحصائيات دائرة الإحصاء الكندية إلى أن مجموع عدد العراقيين في كندا بحدود خمسة وستون ألف عراقي، يتوزعون على عدد من الولايات الكندية وغالباً ما يسكنون في المدن الصناعية الكبرى والتي هي في الغالب عواصم المقاطعات الكبرى مثل تورنتو ومونتريال وفانكوفر وكالكري وبشكل أقل في عواصم المقاطعات الأخرى مثل هاليفاكس وسان جون شارلوت تاون. لم تقتصر هجرة العراقيين على لون واحد من ألوان الشعب العراقي فتجد العرب والأكراد والتركمان واليزيديين

والصابئة المندائيين والمسيحيين وحتى اليهود العراقيين الذين سبقوا أغلب الأثنيات العراقية. وكذلك تجد العراقيين من كل المحافظات العراقية من الشمال إلى الجنوب فيبدو أن وجع الظروف التي دفعت العراقيين للهجرة كانت موزعة بالتساوي على كل أطياف الشعب العراقي. أتذكر أنه في سنة ١٩٨٨ كان هناك بحدود سبعين عائلة عراقية في تورنتو، وبعد ٣٥ سنة أصبح عدد العراقيين في هذه المدينة تسعة عشر الف عراقي. ومن نافلة القول أن الهجرة بعمر مبكر إلى كندا أي في سن الشباب (تحت العشرين) تكون أفضل حيث يستفيد الشاب المهاجر من فرص تعليمية وثقافية أكبر في الجامعات الكندية ومعرفة النظام التعليمي والإجتماعي والثقافي والسياسي وبذلك يكون المتعلم بأصول صحيحة ومعارف غنية قادر على أن يكون أكثر فعالية من المهاجرين الكبار الذين لا يمتلكون ناصية أحدى اللغات الرسمية في البلد وكذلك يصعب عليهم معرفة التصنيف الهيكلي للمؤسسات الفاعلة ويتعذر عليهم في أغلب الأحيان الإنخراط في هذه المؤسسات لأسباب كثيرة أهمها إهتمام المهاجرين العراقيين بتفاصيل الحياة اليومية كالعمل وتدبير دفع الفواتير بالإضافة إلى عدم تمكنهم من التواصل الفعال مع المجتمع الكندي. وعلى سبيل المثال توجد إتحادات وجمعيات عراقية كثيرة ومنظمات بألوان وأشكال مختلفة فهناك الجمعيات التي تدعو كل العراقيين للعمل معها وأخرى للأكراد فقط وثالثة للسريان ورابعة للصابئة المندائيين، إلا أن الغالبية العظمى من هذه التنظيمات تفتقر إلى التنظيم الإداري والهيكلي الصحيح الذي يؤدي بالنتيجة إلى إستمرارية العمل وشفافيته من أجل تطويره وإزدهاره، ولا بد من القول أن الطريقة التي تعلموها في العراق وإن التربية الإجتماعية هناك وفي أغلب البلدان العربية تتميز بضعف العمل الجماعي وهي صفة عامة (في رأيي الخاص) تفضي إلى الكسل الإجتماعي فمن النادر أن تجد في بلداننا العربية أن اهل المحلة الواحدة يشكلون جمعية معينة تعتني بشؤن المحلة أو المنطقة كأن تكون جمعية لرعاية الأطفال أو تنظيم وتنظيف المحلة أو ما شابه ذلك، أي إن تقاليد العمل الجماعي الإجتماعي شبه معدومة وهذا يخلق روح الإتكال والتنصل عن المسؤلية المجتمعية، فمثلاً إذا تعرض أحد البيوت إلى كارثة حريق تجد الناس من أهل المحلة غالباً ما يساهمون بما يستطيعون لإنشاء بيت لتلك العائلة وهذا نوع من المسؤولية الإجتماعية والتكافل الإجتماعي وهو صفة من صفات العمل الجماعي لتحسين ضروف الآخرين. ولضعف صفة العمل الجماعي والشعور بالمسؤولية الإجتماعية في

مجتمعاتنا بالمقارنة مع المجتمعات الأخرى نجد أن الإهتمام بمنظمات الجالية مثل الإتحادات والجمعيات ضعيف وأحياناً معدوم، وعليه فإن هذه الجمعيات تضم أعداداً قليلة بالرغم من أن عدد أفراد الجالية كبير، وعلى سبيل المثال لا الحصر توجد جمعية عراقية في تورنتو تعد من أول التنظيمات الإجتماعية للجالية العراقية في تورنتو تأسست قبل ٣٢ سنة في مدينة يصل عدد أفراد الجالية فيها إلى ١٩ ألف عراقي تجد أن عدد روادها لا يزيد عن خمسين عضواً، فمثل هذه المنظمات محدودة وتأخذ بالإنحسار لأنها بنيت على أكتاف جيل القادمين الأوائل وهؤلاء يتناقصون بتقدم العمر وهم يحملون تعاليم ومفاهيم من مجتمعاتهم لا تتناسب مع طبيعة وأسلوب العمل الجماعي في البلد الجديد وأمور اخرى أشرت إليها سلفاً. وهذه الظاهرة تمتد إلى رواد دور العبادة مثل المساجد والكنائس والحسينيات، فروادها يتقلصون بمرور الزمن. ولأن الجيل الجديد أخذ يتبنى مفاهيم وأساليب المجتمع الذي هو فيه من خلال المدارس والفرق الرياضية والأندية والإتحادات الكندية وأخذوا يبنون علاقات مع مؤسسات كندية ومن مختلف المشارب والجاليات ففيهم العربي والهندي والكوري والصيني والبرازيلي.. وفي هذا التنوع الإثني والثقافي يتحلل الطابع القومي والديني وإلى حد ما الفكري لكل هذه القوميات والثقافات وتصبح مفاهيم البيوت التي تربوا فيها والأفكار التي إستقبلوها في عوائلهم والتي هي إنعكاس لصورة المجتمع العراقي في العراق عرضة إلى النقاش الداخلي لهذه الأجيال وربما يمتد هذا النقاش ليشمل كل تفاصيل الحياة وإيجاد الفرق بين ثقافة المنشأ للعائلة وثقافة المجتمع الجديد وهي تشمل تعريف الأسرة وواجبات الأسرة تجاه الأبناء وكذلك واجبات الأبناء تجاه أسرهم والعلاقات الإجتماعية كالزواج وأصوله والعلاقات بين الأولاد والبنات. ومن المشاهدات أن الجيل الذي ولد في هذه البلاد أو وصل اليها بعمر مبكر يتميز بتنوع ثقافته وتبني أفكار وممارسات قد لا تشبه أفكار وممارسات عائلته فيصبح خليط من الأفكار والألوان فهو لا يشبه المجتمع العراقي داخل العراق ولا يشبه المجتمع العراقي من جيل المهاجرين وأصبح يتميز بتنوع ألوانه. ونتيجة لهذا التنوع الثقافي تنشأ الحوارات والإختلافات وقد تكون في بعض الأحيان سبب لإبتعاد الآباء عن الأبناء.

يعتمد نجاح هذه العائلة أو تلك لتجاوز هذه الإختلافات التي تدخل بشكل تدريجي للعوائل على فن إدارة الحوار مع الجيل الجديد وفي تقبل أفكارهم وممارساتهم والتي هي نفس

الممارسات والأفكار السائدة في المجتمع الجديد، وهنا يجب الإشارة إلى أن هذا الحوار بين الأجيال والثقافات يعتمد على المستوى الثقافي والإقتصادي لهذه العائلة أو تلك، فالعوائل التي لا تمتلك قسطاً كافياً من ثقافة تقبل الرأي الاخر وتعتمد على فرض الأساليب التي تؤمن بها وكأنها مسلمات، لا شك أنها ستصطدم بمشاكل لا حصر لها، والعوائل التي تتقبل الرأي الاخر وتقبل النقاش الهادئ تنجح في أغلب الأحيان في أن تجد الحلول التي هي على الأقل وسطية لكي تبقى العوائل متماسكة خلال عملية التحول هذه.

كنت أتحدث مع اولادي ذات يوم في حديث عائلي على مائدة الطعام وبادرني أحدهم بسؤال لم أتوقعه ومفاجئ: صف لي شعورك وبدون مجاملة وأنت تعيش في هذا المجتمع بعد أن قضيت ثلاثين سنة في العراق ومثلها أو أكثر في هذا البلد، كان السؤال مفاجئا، إلا أنني أخبرته تماماً وبصدق بما أشعر به وقلت إنني أشعر وكأنني أقف على ساق واحدة في هذا المجتمع وعلى ساق واحدة في المجتمع العراقي إذا قدر لي أن أعود وأعيش هناك، فأنا لا أستطيع الإستقرار الكامل هنا في كندا ولا أستطيع الإستقرار الكامل إذا رجعت للعراق وعليه فإن اية هزة ولو كانت بسيطة قد تجعلني أفقد التوازن، فالحياة في هذا البلد جعلتني أتخلى عن الكثير مما تعلمته في الثلاثين سنة الأولى ولكنني لم أصل إلى التكامل التام مع هذا المجتمع وهذا يجعلني اقف على ساق واحدة هنا وإذا عدت إلى العراق وأنا قد تخليت عن الكثير من تقاليد العراق سيجعلني واقفاً على ساق واحدة هناك أيضاً. وبالرغم من شعور أولادي بالحزن لشعوري بعدم الإستقرار في كلا الموقعين إلا أنها الحقيقة التي لا يستطع حزنهم تغييرها ولا أستطيع أنا أن أغيرها، فالتعاليم والعادات والتقاليد التي جبلت عليها شخصية الفرد في منشئه قد لا تتلائم او قد تكون منافية للتعاليم والممارسات في المجتمع الحالي لأن الأمر ليس بيد أي منا وإنما الأمور هكذا تسير وقوانين ومفاهيم المحيط هي التي تتحكم بالأفراد. يستطيع الشخص أن يعزل نفسه تماماً عن المجتمع الذي يعيش فيه إلا أن ذلك قد يؤدي إلى أحد أمرين أحدهما أن ينتهي الشخص في عزلة تامة وهذه لها تبعات كبيرة وهو إفتراض غير ممكن أبداً، والأمر الآخر هو العودة إلى مجتمعه الأصلي وهذا في أغلب الأحيان غير ممكن أيضاً خصوصًا في حالة العراقيين لأن أغلب العراقيين إنتهى بهم الأمر لاجئين ومجيئهم ليس من باب الترف وإنما هناك ظروف قاهرة دفعت بهم إلى اللجوء. لا شك أن المشتركات الإجتماعية والقيم بين الشعوب كثيرة وإن الإختلافات في التفاصيل،

والنجاح هو أن تعزز الناس المشتركات وتبنى عليها أكثر مما تبني على الإختلافات وعلى تعميقها.

المظاهر الإيجابية والسلبية في الجالية العراقية: تعمل أغلب العوائل من أجل رفاهية أفرادها ومساعدة أبنائها للوصول إلى حياة مريحة من خلال التعليم والعمل اللذين يمنحانهم فرصاً معيشية أفضل، فتجد الآباء والأمهات يجهدون أنفسهم من أجل أن يوفروا تلك الفرص لأبنائهم، وهذه طبيعة وسلوك إنساني عند أغلب الناس وفي كل الدول. إلا أنني لاحظت أن العراقيين غالباً ما يحاولون الحصول على مقاعد في الكليات الطبية والهندسية وهذا أمر جيد ولكنه ليس بالهين أحياناً، والحقيقة أن الأقليات يفترض بها دراسة القانون والسياسة لان المتخصصين في هذه الدراسات هم من يصيغون القوانين ويعدون البرامج الحكومية التي يمكن أن تحمي الأقليات من تغول المكونات الكبرى وإذابة المكونات الصغيرة. وهناك بعض المظاهر السلبية وإن كانت ليست الصفة العامة ولكن يمكن تلمسها احياناً، مثل ذلك الإعتماد على المساعدات والإعانات الإجتماعية أو حتى الإحتيال من أجل الحصول عليها وبذلك يبذرون الكسل والسلوك الخاطئ في نفوس أبنائهم ويعتقدون أنهم حققوا مكاسب مادية إلا أنهم يخسرون أطفالهم من خلال التربية الخاطئة.

الوصول إلى كندا والبحث عن العمل: هناك فترة زمنية تقصر أو تطول من شخص إلى آخر أو من عائلة إلى أخرى وهي الفترة التي يحتاجها الفرد للحصول على السكن ثم إكتشاف فرص العمل المتوفرة. تستغرق بعض المهن وقتاً ليس بالقليل أحياناً إلى أن تستتب الأمور، وربما يضطر الشخص إلى العمل في أعمال بسيطة لتسديد الفواتير ومستلزمات المعيشة الأخرى إلى أن يستوفي الخطوات المطلوبة للعمل في مجال إختصاصه أو المهنة التي يرغب فيها. ومن خلال تجربتي في هذا البلد توصلت إلى حقيقة مفادها أنه كلما كان الشخص المهني أو صاحب الخبرة يمتلك التصميم للعمل في حقل إختصاصه فإنه سيجد تلك الفرصة إن آجلا أو عاجلا. قد يضطر الشخص لترتيب بعض الوثائق والمستلزمات المطلوبة إلى حين حصوله على العمل الذي يرغب فيه فالطبيب يحتاج إلى معادلة شهادته والمهندس كذلك أما الأعمال الحرة فيمكن أن يلتحق بها من اليوم الأول. اللغة الإنجليزية

هي اللغة الرسمية في أغلب المقاطعات والحصول على عمل غالباً ما يتطلب أن يكون الشخص قادراً على المحادثة ولو بشكل بسيط أو بشكل مفهوم. ومن ملاحظاتي أن كل انسان يمكن أن يكون ناجحاً في عمله إذا إلتزم بشروط العمل العامة وهي ليست صعبة لأية مهنة، الصدق والأمانة والرغبة في تطوير عمله، وهذه يمكن أن تنطبق في جميع البلدان ولكن بوجود دولة قانون ستكون هذه الصفات أساسية للنجاح.

العلاقات الإجتماعية في كندا: الغالبية العظمى من السكان في كندا هم من أصول إنكليزية ويأتي بالدرجة الثانية الفرنسيون وتشكل الأصول الأخرى نسباً مئوية متفاوتة ومن جميع أقطار الكرة الأرضية. أصغر جالية حسب معرفتي لحد كتابة هذه السطور هي جالية الروهنگا. هناك الكثير من المشتركات في العادات والتقاليد بين الشعوب فالقيم الإنسانية العليا مشتركة بين الشعوب إلا أن التقاليد والثقافات تتنوع، فتجد كل ألوان ثقافة الشرق والغرب والشمال والجنوب في هذا البلد. تتمثل في قوانين هذا البلد كل مبادئ حقوق الإنسان، إلا أن ذلك لا يعني أن المجتمع ملائكي، فلازالت هناك مجاميع عنصرية وطائفية ومتشددة دينياً، لكنها ملتزمة بالقانون الذي هو فوق الجميع. يتصف العرب والمسلمون من الجيل الأول وإلى حد ما من الجيل الثاني بالخشية من التصريح بآرائهم السياسية الإنتقادية للحكومة، وربما يعزى ذلك لسببين:

1- إن أغلب أفراد الجالية هم من عاش في البلدان العربية والتي تتميز حكوماتها بالغلظة تجاه شعوبها وتكميم أفواههم وزرع الخوف بين صفوفهم، والخوف من الحكومات كان ولا يزال هو السبب الذي دفعهم للهجرة إلى هذا البلد فجلبوا معهم الإحساس بالخوف من المضايقات وحتى الخوف من فقدان وضعهم القانوني وجنسياتهم الكندية، والحقيقة أنه لا توجد حالة طرد واحدة على أساس التعبير عن الرأي.

2-الجو العام في هذا البلد مسيطر عليه من قبل الأجهزه الإعلامية، وكالعادة الإعلام حر في جوانب معينة ومقيد في جوانب أخرى، وتمارس هذه الأجهزة تشذيب الرأي العام وتدويره ليصب في إتجاه واحد. ومثل هذا التوجه يبعث هواجس الشك والريبة في الإعلام المسيس، والحقيقة أن هناك وسائل إعلام مملوكة لمؤسسات خاصة وهناك إعلام تساهم في تمويله الدولة على أن لا تتدخل في شؤونه، فنجد وسائل الإعلام المملوكة لأشخاص

ومؤسسات خاصة تكتب وتنشر تحت شعار حرية الرأي الكثير من الأفكار التي لا تحترم حقوق الشعوب الأخرى أو تهمل تسليط الضوء على تجمعات بشرية كبيرة، وهذه الظاهرة تدفع المهاجرين إلى تحاشي الوقوع في مشاكل خصوصاً عندما يكون الرأي مغاير لتوجه الإعلام.

ظاهرة الزواج من غير العراقيين: إنسجمت الكثير من العائلات العراقية مع هذه الظاهرة وأصبحت مقبولة لديهم وتقبلت الأمر الواقع على أن تأسيس العائلة حاجة انسانية، فأصبح تجاوز هذه العائلات للموانع الثقافية ضرورة مُلحة. غير أن هناك عوائل أخرى لا تزال تعتمد على التزاوج بين العراقيين ومنهم من يجلب العروس أو العريس من العراق أو بلدان اخرى، وغالباً ما نسمع عن عدم الإنسجام والإنفصال خصوصاً عندما يكون الزوجان قد تربيا في مجتمعات مختلفة لفترة طويلة، فكل منهم سيتبع تقاليد ومفاهيم المجتمع الذي تربى فيه، ولهذا تتخبط الحياه الزوجية في تفاصيل أخرى وتنتهى العلاقة بالإنفصال وتتفكك العائلة، ويواجه الطرفان مشاكل جديدة تهدد الجميع. الزيجات الناجحة هي التي تتم عندما يكون العروسان قد تربيا في مجتمع واحد ولديهم نفس المفاهيم والقيم والأعراف الإجتماعية، وتكون هناك إمكانية لاحتفاظ الطرفين بقيمهم وثقافاتهم، وهكذا يحصل التزاوج السلمي والبنّاء للثقافات.

ظاهرة العناية بكبار السن: تعتني الكثير من العوائل العراقية بأفرادها الكبار كالأم والأب، حتى عندما يعيش هؤلاء الكبار في بيوتهم الخاصة بهم، وفي الغالب تكون قريبة من سكن أولادهم. أما العرف الإجتماعي السائد هنا فإن كبار السن يسكنون في بيوت وشقق للمتقاعدين وفي مراحل أكثر تقدماً في السن يرسل الشخص إلى بيوت كبار السن حيث تقدم له كافة الخدمات بما في ذلك الإطعام وما إلى ذلك من الحاجات اليومية. ومن المحزن أن نرى بعض كبار السن يعيشون هنا وبدون أحد أفراد أسرهم، وهنا يأتي دور الجالية في الإعتناء بهم صحياً ونفسياً وهناك أمثلة كثيرة.

<u>ظاهرة الإنفصال بين الزوج والزوجة بعد وصولهم الى كندا:</u> يبدو أن العلاقة الزوجية فيها من الهشاشة ما يجعل العلاقات تنفصم بعد الإستقرار في كندا، خصوصاً إذا كانت المرأة تشعر بالإستهانة والتقزيم المستمر، وعند وصولها إلى كندا ومعرفتها بأنها ستكون محمية بالقانون من إية إساءة، تنفصل عن الرجل وخصوصًا أن أولادها سيكونون معها في أغلب الاحوال. الخاسر الوحيد من هذا الإنفصال هم الأطفال فخسارة الأم أو الأب تترك آثارا نفسية عميقة في نفسية الأولاد. هناك الكثير من الحالات التي تم فيها الإنفصال وكان حالة صحية لتلك العوائل، بينما هناك حالات أخرى أدت إلى بعثرة العوائل وتشتت أفرادها، وهذا ما كان ليحدث لو كانوا يعيشون في مجتمعهم الأصلي.

<u>المساعدات الإجتماعية:</u> وهي أسلوب لحماية الناس من الإنزلاق إلى ما تحت خط الفقر، وهناك برامج لحماية الناس بحيث تتمكن العوائل والأفراد من تجاوز الفترات الصعبة إقتصادياً. تعطي كندا مساعدات مالية كافية حتى لا يجوع الفرد أو يبقى بدون منزل يحميه من البرد والمطر. لا توفر المساعدات الإجتماعية حياة مرفهة ومستقرة، إلا أننا نرى الكثيرين ممن يستغلون مثل هذه المساعدات المؤقتة، فتجد هناك من يستلم مساعدات وفي نفس الوقت يجهد نفسه للحصول على مصدر رزق آخر، وبهذه الطريقة يعرضون أنفسهم لمساءلات قانونية لأنهم يأخذون فرصة محتاج آخر لهذه المساعدات. وبالرغم من أن المرء لا يستطيع أن يعيش حياة كريمة ومرفهة بأسلوب العمل غير القانوني لأنه لا يستطيع أن يمتلك بيتا أو أن يودع أمواله في البنوك لأنها مراقبة من الدولة، ولا يستطيع الشخص إستلام حوالة مالية من أية جهة لأنه مراقب مالياً، وفوق كل هذا، فهو موقف أخلاقي مشين فالكذب حبله قصير وليس فيه شجاعة ولا مروءة. تبقى هذه الظاهرة محدودة عند البعض من ضعاف النفوس.

<u>العائلات العراقية في كندا تكفل عوائل عراقية في معسكرات اللجوء:</u> هناك عدد كبير من العوائل العراقية في كندا تكفلت بجلب عوائل عراقية إلى كندا وإنتشالهم من معسكرات اللاجئين في تركيا واليونان ولبنان ومصر وأصبح لتلك العوائل طريق واضح لبناء حياتهم وحياة أطفالهم. وهناك برنامج في دائرة الهجرة الكندية يسمح للعوائل الكندية أن تتبنى عائلة

لاجئة على شرط أن تقدم لهم ما يكفي لإعالتهم لمده سنة واحدة على أغلب تقدير، ويمكن أن تعمل العائلة المتبناة وتساعد نفسها بنفسها، وهذه المبادرات إنسانية وعميقة الدلالة في الكرم والتضحية وتقديم المساعدة الخالصة من منابع الإنسانية والأخوة لتلك العوائل، لأن الحياة في معسكرات اللجوء خالية من مقوماتها الأساسية في التعليم والإستقرار والأمان، والتي تتوفر عند مجيء هذه العوائل إلى كندا، وهذا عمل فيه من النبل والقيم العليا الكثير. هناك بعض العوائل التي إستقدمت بمساعدة عوائل أخرى أصبحت ما يشبه المعتمدة مالياً على العائلة المضيفة ولم تعمل على مساعدة نفسها بالعمل والإستقلالية، ومثل هؤلاء يجعلون التجربة التكافلية عبارة عن مرارة وتعب لا يقابل بالإحسان. إن إنتشار قصة سيئة واحدة قد يمنع الكثيرين من التفكير بمساعدة الآخرين ومنحهم الفرصة للتمكن من الحصول على مقومات الحياة الأساسية في البلدان المستقرة.

هل تعوض الهجرة ما خسره المهاجرون في بلدانهم: الهجرة هي حالة عدم إستقرار وبحث مستمر عن هذه النعمة المفقودة، فحتى لو كان هناك سبب يستدعي الهجرة للخلاص من تلك الظروف، فإن ذلك لا يعني أن المكان الجديد سيكون خالياً من أسباب عدم الإستقرار. غالباً ما يقوم الإنسان بعملية تفاضل بين ظروفه السابقة قبل الهجرة وظروفه بعد الهجرة، فمنهم من يرضى بالجديد وآخرون يجدون الجديد بمثابة كابوس. أغلب المهاجرين الذين يستقرون في كندا هم من أماكن فيها حروب وصراعات أو مجاعات وظروف اقتصادية صعبة تدفع الناس إلى النزوح. ففي بلدان الصراعات المسلحة غالباً ما يستغرق الأمر من عشرين إلى ثلاثين سنة حتى تستتب الأمور ويهدأ أزيز الرصاص، وفي هذه الفترة الزمنية الطويلة تكون العائلة قد وجدت شيئا من الإستقرار وأنجبت عددا من الأولاد والبنات الذين كبروا وأصبح لديهم أولادهم. في هذه الحالة سيكون المهاجرون مرتبطين أكثر بهذا الوطن الجديد حتى وإن تحسنت ظروف البلد الأصلي. وكما أسلفت فإن الجيل الأول من المهاجرين قد واجه آلام التغيير وقبلها برضى أو عدم رضى، إلا أن الجيل الثاني ليس لديه مشاكل التحول من مجتمع إلى آخر.

كان أحد المرضى من كبار السن ومن أصول إيطالية يتردد على عيادتي بشكل متكرر لأبسط الاسباب، وفي ذات يوم قررت أن أجلس معه لمدة ساعة كاملة خصصتها لأغوص

حكمت جميل

بعمق في التاريخ المرضي لذلك الرجل فربما سأكتشف شيئا من خلال التدقيق في التاريخ المرضي والفحص السريري الدقيق علّني أجد سبب هذا التردد على العيادة بسبب أو بدون سبب. إكتشفت في هذه الزيارة المطولة أنه يعيش في دار كبار السن وأغلب السكان من كبار السن هم من أصول ألمانية، وهو لا يجيد لغتهم ولا يذهب معهم الى الكنيسة ونادراً ما يحضر حفلاتهم المسائية. وبعد أن إنتهت الزيارة الطبية بعثت للإبن الأكبر لهذا المريض وطرحت عليه فكرة نقل أبيه إلى مركز لكبار السن يتواجد فيه إيطاليون، وفعلا تم نقل الرجل إلى دار مسنين آخر فيه إيطاليين. تقلصت زيارات ذلك المريض للعيادة إلى زيارة واحدة كل ستة أشهر فقط، وأخبرني أنه الآن لديه أصدقاء كثيرين يذهب معهم إلى الكنيسة ويسهر معهم في الحفلات الإجتماعية ويستطعم مذاق أكلاتهم وما بين هذا وذاك الكثير الكثير.

العراقيون من الوطن الى المهجر

صور الفصل العاشر – الجزء الأول

صورة رقم 1 خارطة كندا

صورة رقم 2 سفينة البحّار جون كابت

صورة رقم 3 لجون كربوت

صورة رقم 4: العراقيون في احد أيام الاحتفال في كندا

السيرة الذاتية والعلمية :

الدكتورة المهندسة مها جميل الريس

أكاديمية ومستشارة الهجرة والتوطين في وزارة الهجرة والمواطنة الكندية ، drmahaalrayes@yahoo.ca IRCC - Windsor – Ontario – Canada ، *بكالوريوس هندسة البناء، ماجستير هندسة إدارة المشاريع الإنشائية ودكتوراه في هندسة الإنشاءات والإدارة – بغداد – العراق، *دكتوراه الفوقية في مجال قيادة المؤسسات التكنولوجية وزمالة جيفنينك البريطانية من جامعة مانشستر ومدرسة لندن للأعمال– إنجلترا، *دبلوم التدريس في التعليم العالي من جامعة ليدز، إنجلترا. *زميلة الأكاديمية الملكية العليا للتعليم العالي – إنجلترا وزميلة المعهد الملكي لمساحي الكميات - إنكلترا. دبلوم عالي في التربية الايجابية/جامعة ملبورن/ أستراليا. *دبلوم عالي في الدراسات الكاثوليكية/ جامعة الأسينشن - الإنتقال في وندسور، أونتاريو - كندا. بالاضافة إلى العديد من شهادات الدبلوم الأخرى في العلوم الهندسية والإدارية وعلم اللاهوت الكاثوليكي. *عملت كتدريسية في كلية الهندسة – الجامعة المستنصرية، بغداد - العراق لسنوات طويلة كما عملت كباحثة وتدريسية في جامعة مانشستر وجامعة ليدز البريطانية. *حاليا تشغل منصب مستشارة الهجرة والتوطين في وزارة الهجرة والمواطنة الكندية في مدينة وندسور – مقاطعة أونتاريو – كندا. *العديد من البحوث والنشريات في مركز البحوث الصناعية وجامعة مانشستر وجامعة داندي في بريطانيا بالإضافة إلى المجلة العلمية للبحوث الهندسية في العراق. *حصلت على العديد من التكريم والجوائز من جهات عديدة منها المجلس الثقافي البريطاني – إنجلترا ومن المعهد الملكي البريطاتي العالي للدراسات العليا. تكريم عضو البرلمان الكندي جوزيف كاموزي عن الخبرة الأكاديمية وجائزة التفوق من وزيرة الإيرادات الكندية ديان ليبوثيلييه، تكريم مقاطعة أونتاريو الكندية عن مؤسسة الدبليو فايف في مجال العمل المجتمعي والتوطين، حصلت على لقب خادمة الملكة إليزابيث الثانية من الفيلق الكندي العسكري، وتكريم الصالون الثقافي الكلداني في مدينة وندسور الكندية.

حكمت جميل

الباب الثاني – الفصل العاشر – الجزء الثاني
<u>رحلة المهاجر إلى بلد الإغتراب – كندا</u>
بقلم الدكتورة مها الريس

عندما يقوم المهاجر بالسفر إلى بلد الإغتراب، فإنه يواجه العديد من التحديات والصعوبات، إذ يجب عليه التكيف مع ثقافة جديدة ولغة جديدة وأسلوب حياة مختلف عما اعتاد عليه. عادةً ما يبدأ المهاجر رحلته بالبحث عن سكن ملائم والتعرف على الأماكن العامة المهمة مثل المستشفيات والمدارس والمحلات التجارية، كما يحتاج إلى إجراءات قانونية وإدارية مثل الحصول على تأشيرة إقامة وفتح حساب بنكي. ومن أهم التحديات التي يواجهها المهاجر هو الشعور بالإغتراب والوحدة، والتي قد تؤثر على الصحة النفسية، لذلك، يُنصح المهاجرون بالتواصل مع أفراد المجتمع المحلي والمشاركة في الأنشطة الاجتماعية والثقافية. كما يواجه المهاجرون تحديات إقتصادية أيضًا، حيث قد يواجهون صعوبة في الحصول على وظيفة أو بدء عملهم الخاص، وقد يتطلب هذا تعلم مهارات جديدة وبناء شبكات علاقات إجتماعية. بشكل عام، فإن رحلة المهاجر إلى بلد الإغتراب تتطلب الصبر والتكيف والعمل الجاد، ولكنها يمكن أن تكون فرصة لبدء حياة جديدة وتحقيق الأحلام الجميلة ومن أبرز هذه المشاكل والصعوبات:

1- **اللغة**: يمكن أن يواجه المهاجرون صعوبة في التواصل مع الأشخاص المحليين بسبب صعوبة اللغة، وهذا يمكن أن يؤثر على العمل والحياة الاجتماعية،

2- **الثقافة**: يجب على المهاجر التكيف مع ثقافة جديدة، وهذا يتطلب العديد من التغييرات في الأسلوب والعادات اليومية،

3- **التحول الاجتماعي**: قد يواجه المهاجرون صعوبة في الإندماج في المجتمع الجديد، وهذا يمكن أن يؤثر على الصحة النفسية،

4- **العمل والإقتصاد**: يمكن أن يواجه المهاجرون صعوبة في العثور على وظيفة مناسبة والحصول على دخل مستقر، وهذا يمكن أن يؤثر على مستوى المعيشة والرفاهية.

5- **الإجراءات القانونية**: يجب على المهاجر القيام بالعديد من الإجراءات القانونية والإدارية، مثل الحصول على تأشيرة الإقامة وفتح حساب بنكي، وهذا يمكن أن يكون صعبًا

للغاية في بعض الحالات،

6- **الحرية الدينية:** في بعض الأحيان يمكن أن يواجه المهاجرون صعوبة في ممارسة ديانتهم بحرية، خاصة إذا كانت ديانتهم تختلف عن الدين الرسمي للبلد الجديد.

هذه بعض المشاكل والصعوبات التي يمكن أن يواجهها المهاجر عندما ينتقل إلى بلد الإغتراب، ومن الضروري التحضير لهذه التحديات والعمل على تجاوزها.

الهجرة إلى كندا: من الجدير بالذكر أن عملية الهجرة إلى كندا تتطلب العديد من الإجراءات والشروط، بما في ذلك تقييم الأهلية والحصول على التأشيرات والتصاريح اللازمة، والتي يجب الإلتزام بها للحصول على فرصة للعيش والعمل في كندا. ويوجد العديد من مكاتب المحاماة والشركات الخاصة التي تقدم خدمات الهجرة إلى كندا وتساعد المهاجرين في كل خطوة من العملية (صورة رقم 1).

لماذا تستقطب كندا الكثير من المهاجرين إليها؟ تستقطب كندا الكثير من المهاجرين لعدة أسباب منها:

1- **إقتصاد قوي:** يتمتع الإقتصاد الكندي بالإستقرار والنمو المستدام، مما يجعلها وجهة جذابة للمستثمرين والعمال المهرة،

2- **نظام صحي متطور:** يتمتع نظام الرعاية الصحية في كندا بالجودة العالية والتكلفة المنخفضة، ويغطي الجميع بدون استثناء،

3- **جودة الحياة:** تتميز كندا بجودة حياة عالية ومستوى عالي من الأمان والأمان الإجتماعي، وتعتبر واحدة من أفضل الدول في العالم للعيش والعمل،

4- **تنوع ثقافي:** تمتلك كندا تنوعًا ثقافيًا كبيرًا وتقبلية عالية تجاه الثقافات والأديان المختلفة، مما يساعد على التكامل السريع للمهاجرين،

5- **نظام هجرة واضح:** يتمتع نظام الهجرة الكندي بالشفافية والعدالة، ويتم تطبيقه بطريقة مبنية على القوانين والضوابط المحددة، مما يجعل العملية أكثر شمولية وإنصافًا.

هذه بعض الأسباب التي تجعل كندا وجهة جذابة للمهاجرين من مختلف الدول(صورة 2).

مساعدة الهجرة إلى كندا: توجد العديد من الخطوات التي يجب إتباعها للحصول على فرصة للهجرة إلى كندا. وفيما يلي نظرة عامة على بعضها:

الخطوات الهامة للهجرة إلى كندا

1- **تحديد البرنامج المناسب**: يجب على المهاجر تحديد البرنامج الذي يناسب مهاراته وخبراته والتي يمكن أن تفيد الإقتصاد الكندي، وتوجد العديد من البرامج التي تتيح للمهاجرين فرصة الهجرة إلى كندا، مثل برنامج العمالة الماهرة وبرنامج الإستثمار والأعمال وبرنامج اللاجئين والمهاجرين.

2- **التقديم للحصول على تصريح الإقامة الدائمة**: يجب على المهاجر تقديم طلب للحصول على تصريح الإقامة الدائمة في كندا، وتختلف متطلبات التقديم حسب البرنامج المختار، ويتضمن ذلك الحصول على الدرجات اللازمة في الاختبارات اللغوية والمهارية، وتقديم الوثائق المطلوبة والتي تختلف حسب البرنامج.

3- **الحصول على تأشيرة الدخول إلى كندا**: يجب الحصول على تأشيرة دخول إلى كندا وفقًا للبرنامج المختار والتي تختلف من حيث المدة والشروط المطلوبة.

4- **الإندماج في المجتمع الكندي**: يجب على المهاجر التكيف مع الحياة في كندا، والتعرف على الثقافة والقيم الكندية، والعمل على تحسين مهاراته في اللغة الإنجليزية أو الفرنسية.

5- **العثور على فرصة عمل**: يجب البحث عن فرصة عمل مناسبة وفقًا للمهارات والخبرات المكتسبة، وذلك لتوفير الدخل اللازم للعيش في كندا (صورة رقم 3).

برامج الهجرة إلى كندا: توجد العديد من برامج الهجرة، وتختلف هذه البرامج بناءً على الغرض من الهجرة والمؤهلات والخبرات الشخصية للمهاجرين، ومن بين هذه البرامج:

1- **برنامج الهجرة الإقتصادية**: يستهدف العمال المؤهلين والخبراء في مجالات معينة، مثل العلوم والتكنولوجيا والصحة والتعليم والتجارة والتسويق والهندسة وغيرها، يتم تحديد درجة الأهلية للتقدم لهذا البرنامج بناءً على النقاط المحددة، التي تأخذ في الإعتبار العمر والتعليم والخبرة واللغة وغيرها،

2- **برنامج الهجرة العائلية**: يتيح للمقيمين الدائمين في كندا إمكانية إستقدام أفراد عائلاتهم، مثل الأزواج والأولاد والوالدين والجدود، إلى البلاد،

3- **برنامج اللاجئين**: يتيح للأشخاص الذين يتعرضون للإضطهاد في بلدانهم اللجوء،

4- **برنامج الهجرة الريفية والشمالية**: يهدف إلى إستقطاب المهاجرين الذين يرغبون في العيش والعمل في المناطق النائية والقرى والمدن الصغيرة في كندا،

5- **برنامج الهجرة الذاتية الكفاءة:** يتيح للمهاجرين الذين يمتلكون رأس المال الكافي والخبرة اللازمة إمكانية الإستثمار والعمل في كندا.

برنامج الهجرة الإقتصادية: برنامج الهجرة الإقتصادية إلى كندا يعد واحدًا من أهم برامج الهجرة المعتمدة في كندا. تم تصميم هذا البرنامج لجذب الأفراد الذين يمتلكون المهارات والخبرات اللازمة لتعزيز إقتصاد كندا ودعم التنمية الإقتصادية والإجتماعية فيها. يشمل هذا البرنامج العديد من برامج الهجرة الإقتصادية المختلفة، بما في ذلك:

1- **برنامج العامل الماهر:** يستهدف الأفراد الذين يمتلكون المهارات والخبرات في العمليات الحرفية والمهن الفنية والتقنية والعمليات الصناعية الأخرى،

2- **برنامج العامل المؤهل:** يستهدف الأفراد الذين يمتلكون المؤهلات الأكاديمية والتعليمية المطلوبة للعمل في مجالات محددة، مثل العلوم والهندسة والطب والتمريض والتكنولوجيا والمهن الإدارية والمالية،

3- **برنامج المستثمر:** يستهدف الأفراد الذين يمتلكون رأس مال كبير ويرغبون في الإستثمار في الاقتصاد الكندي،

4- **برنامج العمالة الموسمية:** يستهدف العمالة المؤقتة والموسمية التي يحتاجها الإقتصاد الكندي في مجالات معينة، مثل الزراعة والصيد والسياحة.

تتطلب جميع برامج الهجرة الإقتصادية إلى كندا مؤهلات وخبرات معينة وتقييمًا للغة الإنجليزية أو الفرنسية، ويتم تحديد المعايير والشروط وفقًا لكل برنامج. ويتم إختيار المهاجرين المؤهلين وفقًا لنقاط يحصلون عليها في نظام التقييم الخاص بكل برنامج.

برنامج الهجرة العائلية: برنامج الهجرة العائلية في كندا يسمح للمقيمين الدائمين في البلاد بإمكانية إستقدام أفراد عائلاتهم إليها. يهدف هذا البرنامج إلى تعزيز الوحدة العائلية وتقديم الدعم اللازم للمقيمين الدائمين من خلال السماح لهم بإعادة توحيد أفراد عائلاتهم في كندا. تشمل فئات الهجرة العائلية في كندا الأزواج والشركاء المدنيين المعترف بهم، والأبناء القاصرين (تحت سن الـ 22)، والوالدين، والجدود. يمكن للمقيم الدائم تقديم طلبات لإستقدام أفراد عائلته في إطار هذا البرنامج، ويتم تقييم هذه الطلبات وفقًا للمتطلبات والشروط المحددة من قبل سلطات الهجرة الكندية. يجب على المقيم الدائم أن يكون قد استوفى بعض الشروط لإستدامته الدائمة في كندا قبل أن يكون مؤهلاً لإستقدام أفراد عائلته. على سبيل

المثال، يجب على المقيم الدائم أن يكون قد قضى فترة محددة في البلاد وأن يكون قادرًا على توفير الدعم المالي لأفراد عائلته.

برنامج اللاجئين: تدير كندا برنامجًا للاجئين يتيح للأشخاص الذين يعانون من الإضطهاد في بلدانهم طلب اللجوء إلى كندا، يُعرف هذا البرنامج بنظام اللجوء في كندا. يستند برنامج اللاجئين في كندا إلى اتفاقيات دولية تلتزم بها كندا، مثل إتفاقية الأمم المتحدة للاجئين وبروتوكولها الاختياري. يهدف البرنامج إلى توفير حماية للأفراد الذين يعانون من خطر جسيم على حياتهم أو حقوقهم في بلدانهم بسبب العرق أو الدين أو الجنس أو التوجه الجنسي أو الإنتماء السياسي أو الإنتماء الإجتماعي أو الجنسانية أو الجنس. تقوم سلطة الهجرة واللاجئين الكندية (IRCC) بتقييم طلبات اللجوء وإتخاذ القرارات المتعلقة بالحماية والإعانة اللازمة للأشخاص الذين يستحقون اللجوء. من الجدير بالذكر أن عملية طلب اللجوء معقدة وتشمل إجراءات واجبة الإحترام. ينبغي على الأشخاص الراغبين في طلب اللجوء إلى كندا التعاون مع السلطات المختصة وتقديم معلومات صحيحة ودقيقة حول حالتهم والإضطهاد الذي يواجهونه في بلدهم الأصلي.

برنامج الهجرة الريفية والشمالية: يستهدف برنامج الهجرة الريفية والشمالية في كندا إستقطاب المهاجرين الذين يرغبون في العيش والعمل في المناطق النائية والقرى والمدن الصغيرة في كندا. يهدف البرنامج إلى تعزيز التنمية الإقتصادية والإجتماعية في هذه المناطق من خلال جذب المهارات والموارد البشرية. يقدم برنامج الهجرة الريفية والشمالية فرصًا للمهاجرين للعيش والعمل في المجتمعات النائية في كندا ويساهم في توفير القدرات البشرية اللازمة لدعم الإقتصاد المحلي وتعزيز التنمية في تلك المناطق. يتم توفير مزايا وتسهيلات محددة للمهاجرين المستهدفين في إطار هذا البرنامج، مثل إختصاصات وظيفية معينة، ودعم مالي، وتسهيلات في عملية الهجرة والتوطين. يجب على المهاجرين الذين يرغبون في الإستفادة من برنامج الهجرة الريفية والشمالية الإطلاع على متطلبات وشروط البرنامج المحددة. يتم تقييم طلبات الهجرة وفقًا للمعايير المحددة التي تشمل المهارات والخبرات والقدرات المطلوبة في المجتمعات النائية.

برنامج الهجرة الذاتية الكفاءة: يتيح هذا البرنامج للمهاجرين الذين يمتلكون رأس المال الكافي والخبرة اللازمة إمكانية الإستثمار والعمل في البلاد. يهدف البرنامج إلى جذب

المهاجرين المؤهلين والمستثمرين الذين يمكنهم تقديم إسهامات إقتصادية وخلق فرص عمل في كندا. يوجد في كندا عدة برامج تتيح للمهاجرين الذاتية الكفاءة فرصًا للهجرة بناءً على الاستثمار أو العمل الذاتي، أحد هذه البرامج هو برنامج المهاجرين المستثمرين في كندا (Investor Program)الذي يتيح للأفراد الذين يستوفون متطلبات محددة فيما يتعلق برأس المال والخبرة الإدارية الإستثمار في كندا والحصول على الإقامة الدائمة للأفراد الذين يمتلكون مهارات استثنائية وخبرة في مجالات معينة. هناك برنامج العمل الذاتي الذي يفسح المجال ممن لديهم الرغبة في العمل المستقل الفرصة للهجرة الى كندا والاستقرار فيها (Self-Employed Program). يجب على المهتمين ببرنامج الهجرة الذاتية الكفاءة في كندا الاطلاع على متطلبات البرنامج المحددة والإجراءات المطلوبة لتقديم طلب الهجرة. يتم تقييم الطلبات وفقًا للمعايير والمتطلبات المحددة لكل برنامج.

تاريخ هجرة العراقيين إلى كندا: وفقًا لموسوعة الإنسايكلوبيدية الكندية، من عام 1945 حتى عام 1975، وصل أقل من 200 شخص من العراقيين إلى كندا. تغير هذه الوضع بعدعام 1979 حيث بدأت الهجرة إلى كندا في الإزدياد نتيجة الأوضاع السياسية والإقتصادية في العراق. خلال هذه الفترة، كان أمان المدنيين العراقيين يتعرض بإستمرار للتهديد نتيجة الصراعات الدولية المستمرة، بما في ذلك حرب العراق وإيران بين عامي 1980 و 1988، وحرب الخليج الأولى من عام 1990 إلى 1991، والعقوبات الإقتصادية ضد النظام الحاكم خلال التسعينيات، والغزو الأمريكي العراق عام 2003 وصعوبات إقامة السلام المدني بعد ذلك. وبناءً على ذلك، إزدادت الهجرة من العراق، بما في ذلك نمو نسبة طالبي اللجوء، مما أدى إلى زيادة عامة في التدفق إلى كندا.. واستنادًا إلى حقائق وأرقام عام 2012، خلال الفترة من عام 1980 إلى عام 2012، كان هناك 67,263 مقيمًا دائمًا من العراق في كندا، 60٪ منهم كانوا لاجئين، 27٪ منهم مهاجرون إقتصاديون و13٪ كانوا من فئة الأسرة. في عامي 2013 و2014، كانت نسبة المقيمين الدائميين من العراق الذين كانوا لاجئين في كندا 71.9٪ و74.7٪ على التوالي.

العراقيون المهاجرون في كندا: تعتبر هجرة العراقيين إلى كندا ظاهرة هجرة مهمة، حيث يسعى العديد من الأفراد والعائلات العراقية إلى الهجرة والإستقرار في كندا. تتأثر أسباب

الهجرة من العراق إلى كندا بمجموعة متنوعة من العوامل الإقتصادية والإجتماعية والسياسية والأمنية في العراق. من بين العوامل الرئيسية التي تدفع العراقيين إلى الهجرة هي الإضطرابات السياسية والأمنية التي يشهدها العراق، بما في ذلك النزاعات المسلحة والتهديدات الإرهابية والعنف الطائفي. كما تلعب الظروف الإقتصادية الصعبة، بما في ذلك إرتفاع معدلات البطالة وقلة الفرص الإقتصادية، دورًا مهمًا في إتخاذ قرار الهجرة.
بالإضافة إلى ذلك، يعاني العراق من تحديات في مجال حقوق الإنسان والحريات الفردية، مما يدفع البعض للهجرة بحثًا عن حياة أفضل وفرص أكبر للتنمية والحرية الشخصية.
تتمتع كندا بسمعة كوجهة جاذبة للهجرة للعراقيين والمهاجرين من خلفيات وطنية وثقافية مختلفة. تقدم كندا فرصًا إقتصادية وتعليمية وصحية وإجتماعية متنوعة، بالإضافة إلى نظام قانوني قوي وحرية شخصية وإحترام لحقوق الإنسان. تتوفر للعراقيين الراغبين في الهجرة إلى كندا عدة طرق للتقدم بطلب الهجرة، بما في ذلك برامج الهجرة الإقتصادية وبرامج اللجوء والحماية، وبرامج إعادة التوطين، والتجارة والإستثمار، والزيارة والدراسة. تعتبر هجرة العراقيين إلى كندا فرصة للتواصل الثقافي وتبادل المعرفة والتعايش بين الثقافات، مما يساهم في تعزيز التنوع والتعددية الثقافية في كندا.
إستنادا الى الورقة المعلوماتية عن أصل العراقيين والتي تم إعدادها من قبل فرع البحوث والتقييم في دائرة الجنسية والهجرة في كندا حيث تقدم هذه الورقة معلومات ديموغرافية وإجتماعية وإقتصادية للسكان الذين يبلغون عن أصول عرقية محددة، بالإضافة إلى تاريخ هجرتهم إلى كندا. تستند البيانات إلى المسح الوطني للأسر لعام 2011 ومنشورات وحقائق وأرقام دائرة الجنسية والهجرة في كندا. وفقًا للمسح الوطني للأسر لعام 2011، يوجد هناك 49,680 شخصًا في كندا من أصل عراقي، ممثلين 0.2٪ من إجمالي سكان كندا. من بين السكان من أصل عراقي، أشار 74٪ إلى أصل عراقي واحد، وأشار 26٪ إلى الأصل العراقي بالاشتراك مع أصول أخرى. يعتبر معظم الأشخاص من أصل عراقي مهاجرين (73٪)، و25٪ من غير المهاجرين، وأقل من 2٪ من السكان غير المقيمين بصفة دائمة. أكثر من أربعة من كل خمسة مهاجرين من أصل عراقي ولدوا في العراق (85٪)، ومعظم الـ 15٪ المتبقيين من السكان ولدوا في دول الشرق الأوسط الأخرى. تعتبر أونتاريو موطنًا لأكبر نسبة من الأشخاص من أصل عراقي (71٪)، تليها كيبيك (10٪) وألبرتا (9٪)

وكولومبيا البريطانية (6٪). النسبة الأعلى من الأشخاص من أصل عراقي توجد في مدن تورنتو (40٪) ووينديسور (9٪) ومونتريال (8٪) وأوتاوا-غاتينو (8٪) وهاميلتون (7%). يتمتع السكان من أصل عراقي بمتوسط عمر أقل من السكان الكنديين بشكل عام. يوجد نسبة أكبر من الأشخاص دون سن 45 عامًا (73٪ مقابل 57٪ لجميع الكنديين)، مع تركيز كبير بين الأطفال دون سن 15 عامًا (27٪ مقابل 17٪ لجميع الكنديين) ونسبة أعلى قليلاً في فئة العمر العاملة من 25 إلى 44 سنة (29٪ مقابل 27٪ لجميع الكنديين). بالمقارنة مع السكان الكنديين بشكل عام، يشكل الذكور نسبة أكبر قليلاً من الأشخاص من أصل عراقي (51٪ مقابل 49٪ للسكان الكنديين) (جدول رقم 1-3).

الخصائص الإجتماعية للعراقيين المهاجرين في كندا: وفقًا لمسح الأسر الوطني لعام 2011، يمتلك 80٪ من الأشخاص في كندا من أصل_عراقي لغة أم غير رسمية، و56٪ منهم لا يتحدثون اللغة الرسمية في المنزل بشكل متكرر. أكثر من تسعة من كل عشرة (91٪) من الأشخاص من أصل عراقي يستطيعون إجراء محادثة بلغة رسمية (أو كلتيهما)، 80٪ يتحدثون الإنجليزية، 1٪ يتحدثون الفرنسية، و10٪ يتحدثون الإنجليزية والفرنسية معًا. ووفقًا للمسح الوطني للأسر لعام 2011، يعتنق 46٪ من الأشخاص من أصل عراقي الإسلام و46٪ مسيحيين (بشكل رئيسي الكاثوليك [30٪]، يليهم الأرثوذكس [3٪] والبروتستانت [1٪]، في حين أفاد 4٪ بعدم وجود انتماء ديني.

الخصائص الإقتصادية للعراقيين المهاجرين في كندا: استنادًا إلى نتائج المسح الوطني للأسر لعام 2011 للفئة العمرية من 25 إلى 54 عامًا: نحو 34٪ من الأشخاص من أصل عراقي حاصلون على درجة جامعية، مقارنة بنسبة 28٪ من إجمالي سكان كندا. نسبة الإناث من أصل عراقي حاصلات على درجة جامعية أعلى بقليل (35٪) من نسبة الذكور من أصل عراقي (34٪) وأعلى من نسبة الإناث الكنديات بشكل عام، (30٪). معدل مشاركة القوى العاملة للأشخاص من أصل عراقي هو 65٪، مقارنة بـ 86٪ من إجمالي سكان كندا. تتمتع الإناث من أصل عراقي بمعدل أقل لمشاركة القوى العاملة (52٪) مقارنة بالذكور من أصل عراقي (77٪) وبالإناث الكنديات بشكل عام (82%). معدل التوظيف للأشخاص من أصل عراقي أقل (55٪) من معدل التوظيف للسكان الكلي (81٪). تتمتع الإناث من أصل عراقي بمعدل أقل للتوظيف (42٪) مقارنة بالذكور من أصل عراقي

(67٪) وبالإناث الكنديات بشكل عام (77٪). معدل البطالة للأشخاص من أصل عراقي (15.4٪) أعلى من معدل البطالة للسكان الكلي (6.2٪). تتمتع الإناث من أصل عراقي بمعدل أعلى للبطالة (19٪) مقارنة بالذكور من أصل عراقي (12.9٪) وبالإناث الكنديات بشكل عام (6.1٪). في عام 2011، كان معدل الدخل المنخفض بين الأشخاص من أصل عراقي في كندا 33٪، أعلى من معدل السكان الكلي في كندا (11%).

بعض الممارسات السلبية التي قد يتعرض لها المهاجرون العراقيون في كندا: من المهم التأكيد أن هناك تنوعًا في تجارب المهاجرين العراقيين في كندا وأن العديد منهم يحظون بتجارب إيجابية وداعمة. ومع ذلك، يمكن أن تواجه بعض المهاجرين العراقيين بعض الممارسات السلبية أو التحديات. من بين هذه الممارسات السلبية التي يمكن أن يواجهها بعض المهاجرين العراقيين في كندا:

التمييز والعنصرية: قد يتعرض بعض المهاجرين العراقيين للتمييز والعنصرية في بعض الحالات، سواء على أساس العرق أو الدين أو الثقافة. وقد يتعرضون لتصرفات مسيئة أو تعامل غير عادل من بعض الأفراد أو المؤسسات.

الصعوبات في التكيف: قد يواجه بعض المهاجرين العراقيين صعوبات في التكيف مع الثقافة الجديدة واللغة، وقد يحتاجون إلى وقت للتعود على النظام الجديد وبناء شبكة إجتماعية والعثور على فرص عمل مناسبة حيث يواجهون صعوبة في التكيف مع اللغة الإنجليزية أو الفرنسية، وهما اللغتان الرسميتان في كندا. قد يكون صعبًا على بعض الأفراد التواصل والإندماج في المجتمع بشكل كامل إذا لم يكن لديهم مهارات لغوية كافية. بالإضافة إلى ذلك يحتاج المهاجرون العراقيون إلى فهم وتكيف مع التواصل الثقافي في كندا. قد تكون هناك إختلافات في العادات والتقاليد والقيم المجتمعية، مما يتطلب التكيف والتفاهم وبناء شبكة إجتماعية جديدة في بلد غريب. قد يحتاجون إلى فهم العادات والتقاليد المحلية والأنشطة الإجتماعية للمشاركة في المجتمع بشكل فعال وبارز.

الحساسية الثقافية: قد يواجه المهاجرون العراقيون بعض الحساسية الثقافية والتحيزات العرقية في بعض الأحيان. قد يواجهون تحديات في التعامل مع التمييز أو الإحتكام إلى الصور النمطية السلبية المرتبطة بخلفيتهم الثقافية.

إنعدام الدعم الإجتماعي: قد يشعر بعض المهاجرين العراقيين بإنعدام الدعم الاجتماعي،

خاصة إذا كانوا قد تركوا شبكة دعم قوية في بلدهم الأصلي. قد يشعرون بالعزلة أو الوحدة وبحاجة إلى بناء دعم إجتماعي جديد.

قيود المهارات والإعتراف بها: قد يواجه بعض المهاجرين العراقيين صعوبة في العثور على وظيفة تتطلب المهارات التي إكتسبوها في بلدهم الأصلي، وذلك بسبب إختلافات في المتطلبات والمعايير المهنية في كندا، وهذه بحد ذاتها تحديات صعبة في إيجاد فرص عمل مناسبة والتوظيف في مجالات يجيدونها. قد يكون هناك إعتراف ضمني بالشهادات والخبرات المهنية التي حصلوا عليها في العراق، وقد يتطلب منهم التكيف مع إحتياجات سوق العمل في كندا وإثبات قدراتهم ومهاراتهم.

الإستغلال في مجال العمل: قد يتعرض بعض المهاجرين للإستغلال في سوق العمل، بما في ذلك الأجور غير العادلة وظروف العمل السيئة، أو العمل في صناعات غير قانونية أو غير أخلاقية. يكون ذلك غالبًا بسبب وضعهم الضعيف، ومهاراتهم المحدودة في اللغة، أو عدم وعيهم بحقوقهم. تهدف الحكومة الكندية إلى تعزيز التسامح والتنوع ومكافحة التمييز والعنصرية. وتوفر العديد من الموارد والخدمات للمهاجرين لدعمهم في التكيف وتحقيق النجاح في حياتهم في كندا. يجب على المهاجرين العراقيين الذين يواجهون أي تحديات أو ممارسات سلبية الإتصال بالجهات المختصة والمنظمات غير الحكومية للحصول على المساعدة والدعم اللازمين.

بعض الممارسات السلبية من قبل بعض المهاجرين العراقيين في كندا: من المهم أن نفهم أن أية مجموعة من المهاجرين يمكن أن تتضمن بعض الأفراد الذين يمارسون سلوكًا سلبيًا بغض النظر عن خلفيتهم الثقافية أو الجغرافية، ولكن ينبغي أن يتم التعامل معهم كأفراد وليس كتصنيف للمجموعة بأكملها. لا ينبغي التعميم بشكل غير عادل على المهاجرين العراقيين ووضع اللوم على الجميع بسبب تصرفات قلة منهم. ومع ذلك، هناك بعض السلوكيات التي يمكن أن تعتبر سلبية، وتشمل:

الإحتفاظ بالعادات والتقاليد الثقافية: قد يحتفظ بعض المهاجرين بعادات وتقاليد من بلادهم الأصلية وقد تكون مختلفة عن العادات المحلية في كندا. قد تظهر هذه الإختلافات في اللباس أو الطعام أو الطقوس الدينية.

عدم إحترام القوانين والقواعد: قد يقوم بعض الأفراد بإنتهاك القوانين والقواعد في

المجتمع، مثل الإحتيال أو السرقة أو العنف، وهذا ينطبق على جميع المجتمعات بغض النظر عن الخلفية الثقافية. حيث سجلت دوائر الشرطة حالات لا تتجاوز أصابع اليد لمهاجرين عراقيين ممن قاموا بكسر القوانين الكندية وممن تتورطوا في قضايا أنشطة إحتيالية أو غش، مثل سرقة الهوية، والتلاعب بالتأمين، أو إرتكاب إحتيال في مجال الهجرة. يستغل هؤلاء الأفراد الفئات الضعيفة أو يستغلون الثغرات في النظام العام للحصول على مكاسب شخصية. توجد هناك بعض الحالات حيث ينخرط البعض من المهاجرين، خاصة الشباب، في عصابات إجرامية تشارك في أنشطة مثل تجارة المخدرات والعنف وجرائم العنف الأسري حيث سُجلت حالات قليلة من الممارسات ضمن الأسرة الواحدة لأفراد يمارسون سلوكًا عنيفًا تجاه شركائهم أو أفراد عائلتهم. من المهم أن نتذكر أن هذا لا يمثل المجتمع المهاجر العراقي بأكمله، بل يشكل نسبة ضئيلة جدًا.

التمييز والعنصرية: قد يقوم بعض الأفراد بممارسة التمييز والعنصرية ضد الأشخاص الآخرين بناءً على العرق أو الدين أو الثقافة.

عدم إحترام القيم والثقافة المحلية: قد يواجه بعض المهاجرين العراقيين تحديات في فهم وإحترام القيم والثقافة المحلية في كندا، مما يؤدي إلى صدامات ثقافية أو عدم فهم الآخر، أو من حيث التواصل والتعامل الإجتماعي إذ يمكن أن يتفاوت أسلوب التواصل والتعامل الإجتماعي بين الثقافات المختلفة. قد يظهر بعض المهاجرين أسلوبًا غير مألوف في التحية أو الإتصال البصري أو إستخدام الإنتقالات اللغوية، مما قد يبدو غريبًا لبعض الأشخاص في المجتمع وبالتالي يؤدي إلى الشعور بالرفض وعدم تقبل الآخر. يتم التأكيد على أن هذه الممارسات السلبية ليست حكرًا على مهاجرين معينين ويمكن أن توجد في أي مجتمع. يجب عدم التعميم أو تشويه صورة المهاجرين العراقيين بالذات إستنادًا إلى سلوك قليل العدد. تسعى المجتمعات الكندية والحكومة إلى التعامل مع الأنشطة الإجرامية أو الممارسات السلبية بغض النظر عن وضع المهاجرين والظروف التي أحاطت بهم قبل وصولهم الى كندا. من المهم تعزيز التفاهم والتعايش السلمي بين المجتمعات المختلفة وتشجيع التعاون والتعلم المتبادل وتبنى موقفًا متسامحًا ومنفتحًا تجاه الإختلافات الثقافية ونبذ الأحكام المسبقة. يجب على الأفراد أن يكونوا مسؤولين ويعملوا على بناء جسور التواصل والتفاهم بين الثقافات المختلفة في كندا وتقبل التنوع والتعايش بسلام ووئام وإحترام متبادل بين أطياف

العراقيون من الوطن الى المهجر

وثقافات المجتمع الكندي.

صور الفصل العاشر – الجزء الثاني

صورة رقم 1

https://newcanadians.tv/canada-2023-2025-immigration-levels-plan/

صورة رقم 2

https://newcanadians.tv/canada-2023-2025-immigration-levels-plan/

حكمت جميل

صورة رقم 3

bn0.gstatic.com/images?q=tbn:ANd9GcSzi6YRXZ3fIRt1
n_1e5yJJI5ewXbcllxVwfA&usqp=CAU

صورة رقم 4

https://www.talentbeyondboundaries.org/blog/an-engineer-
and-former-refugee-family-arrives-in-canada-as-borders-
reopen

صورة رقم 5

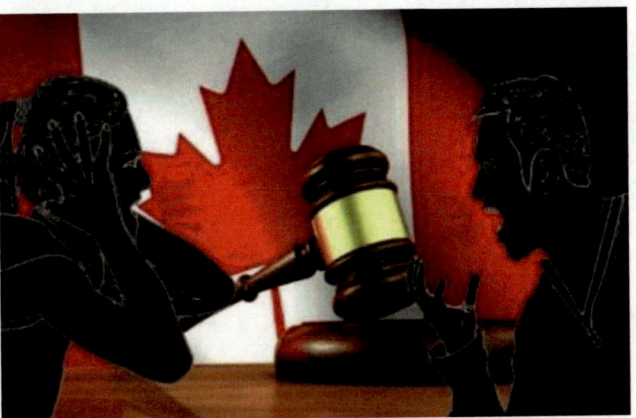

https://www.arabcanadanews.ca/post/24136/%D8%A7%D9%84%D8%B7%D9%84%D8%A7%D9%82-%D9%87%D8%A7%D8%AC%D8%B3-%D8%A7%D9%84%D8%B9%D8%B1%D8%A8-%D9%81%D9%8A-%D9%83%D9%86%D8%AF%D8%A7...-%D9%85%D9%86-%D8%A7%D9%84%D8%AC%D8%AD%D9%8A%D9%85-%D8%A5%D9%84%D9%89-%D8%A7%D9%84%D8%AC%D8%AD%D9%8A%D9%85

جدول رقم 1

Place of residence (CMA/CA)	Total #	Total %	Non-immigrants	Immigrants	Non-permanent residents
Montréal	4,150	8.4%	1,300	2,790	55
Ottawa-Gatineau (QC portion)	310	0.6%	50	255	--
Ottawa-Gatineau (ON portion)	3,600	7.2%	1,240	2,280	85
Toronto	19,780	39.8%	4,450	14,960	370
Hamilton	3,540	7.1%	905	2,620	10
Kitchener-Cambridge-Waterloo	975	2.0%	120	840	15
London	1,640	3.3%	310	1,240	90
Windsor	4,650	9.4%	1,215	3,345	85
Calgary	2,575	5.2%	595	1,840	140
Edmonton	1,695	3.4%	660	1,025	0
Vancouver	2,780	5.6%	585	2,080	120

Note: The figures in this table have been rounded. As a result, components may not sum to the total indicated.

Source: Statistics Canada, 2011 National Household Survey (CIC custom table 2011-EO-RELIGION-T-1_J4049114.IVT)

حكمت جميل

جدول رقم 2

Table 1: Population reporting Iraqi ethnic origin by place of residence in Canadian provinces and territories, and top ten Census Metropolitan Areas / Census Areas, 2011 National Household Survey

Place of residence (Province)	Total #	Total %	Non-immigrants	Immigrants	Non-permanent residents
Newfoundland and Labrador	110	0.2%	15	90	0
Prince Edward Island	35	0.1%	0	0	0
Nova Scotia	445	0.9%	50	380	0
New Brunswick	35	0.1%	0	15	0
Quebec	4,800	9.7%	1,425	3,320	55
Ontario	35,215	70.9%	8,580	25,980	660
Manitoba	610	1.2%	130	465	20
Saskatchewan	810	1.6%	185	625	0
Alberta	4,465	9.0%	1,285	3,020	160
British Columbia	3,140	6.3%	810	2,210	125
Yukon	0	0.0%	0	0	0
Northwest Territories	0	0.0%	0	0	0
Nunavut	0	0.0%	0	0	0
Canada	49,680	100.0%	12,520	36,125	1,035

Note: The figures in this table have been rounded. As a result, components may not sum to the total indicated.

Source: Statistics Canada, 2011 National Household Survey (CIC custom table 2011-EO-RELIGION-T-1_j4049114.IVT)

جدول رقم 3

Table 2: Population reporting Iraqi ethnic origin by age and sex, Canada, 2011 National Household Survey

Age groups	Total #	Total %	Male	Female
Under 15 years	13,515	27.2%	6,965	6,550
15 to 24 years	8,525	17.2%	4,470	4,060
25 to 44 years	14,405	29.0%	7,050	7,350
45 to 54 years	6,980	14.0%	3,640	3,345
55 to 64 years	3,715	7.5%	1,860	1,850
65 years and over	2,540	5.1%	1,265	1,280
Total	49,680	100.0%	25,245	24,435

Note: The figures in this table have been rounded. As a result, components may not sum to the total indicated.

Source: Statistics Canada, 2011 National Household Survey (CIC custom table 2011-EO-IMM-SOCIOECO (interim)_j6101274.IVT)

ندى الورد – لمحة تعريفية – نيسان 2024
طبيبة إختصاص - الصحة العامة

الوظائف:

الشهادات:
- البكالوريوس في الطب والجراحة، جامعة بغداد، 1978
- ماجستير العلوم في صحة المجتمع، كلية ترينيتي، دبلن، إيرلندا، 1983
- عضوية كلية طب الصحة العامة، كلية الأطباء الملكية، إيرلندا، 1985

*طبيبة مقيمة ومتدربة، مستشفى مدينة الطب التعليمي، وقسم الأحياء المجهرية، كلية الطب، جامعة بغداد 1978 – 1980

*تدريسية في فرع طب المجتمع، كلية الطب، جامعة بغداد 1985 – 2005

*موظفة في منظمة الصحة العالمية:

*أخصائية الصحة العامة في المكتب القطري للعراق: 1996-1998 و2003-2006

*مسؤولة طبية: العمل الصحي في الأزمات، منظمة الصحة العالمية، جنيف، 2006-08

*منسقة الإستجابة للاجئين والطوارئ: المكتب الإقليمي لشرق المتوسط لمنظمة الصحة العالمية في مراكز عمل متعددة، 2008-2016

مجالات الخبرة:

*التدريس والتدريب: الرعاية الصحية الأولية، صحة الأم والطفل، الإحصاء الحيوي، علم الأوبئة ومنهجية البحث لطلبة الدراسات الطبية الأولية والعليا

*الطوارئ الصحية: الإستعداد المؤسسي للطوارئ، الحد من مخاطر الكوارث والإستعداد والإستجابة للطوارئ في القطاع الصحي

*تحرير المجلات الطبية ومراجعة البحوث الطبية الحيوية

*تيسير الدورات التدريبية وورش العمل، وتخطيط المسوحات الصحية والمجتمعية

النشاطات الأكاديمية:

*الإشراف على 80 أطروحة ورسالة (دكتوراه، مجلس علمي / بورد، ماجستير، دبلوم)

*نشر 30 بحثًا في المجلات الوطنية والإقليمية والدولية

العمل التطوعي في كندا: محاضرات للقادمين الجدد والمجتمعات المحلية

حكمت جميل

الفصل الحادي عشر
أسباب هجرة العراقيين
د. ندى جواد الورد

مقدمة:

جمعتني بمؤلف هذا الكتاب، الأستاذ الدكتور حكمت جميل، زمالة في العمل وصداقة عائلية إمتدت منذ عام 1985 حين عدت من خارج العراق للتدريس في كلية الطب / جامعة بغداد، إلى عام 1996 حين هاجر الأستاذ الدكتور حكمت إلى الولايات المتحدة الأمريكية. إنقطع عند ذاك التواصل بيننا بسبب الحصار على العراق. في تلك الأيام وتحت ذلك النظام، ومع إنهيار العملة العراقية، كان السفر إلى خارج العراق باهظ الكلفة، كما كان الناس يتجنبون التواصل مع الأقرباء والأصدقاء خارج العراق خوفا من الإتهام ب "التواصل مع جهات أجنبية" والتي كانت تهمة جاهزة يمكن أن يرمى بها أياً كان من قبل أي عين من عيون النظام، وما أكثرهم. بالإضافة إلى ذلك، لم تكن خدمات الإتصال عبر الشبكة العنكبوتية (الإنترنت) متوفرة داخل العراق إلا على نطاق ضيق جدا، وكانت هذه أيضا مراقبة من قبل النظام، أو إن هذا ما كانوا يوحون به للناس كي لا يتجرأوا على إستخدامها.

ثم سقط النظام عام 2003، وبدأت خدمات التواصل تدخل إلى العراق تدريجياً، بما في ذلك خدمات الإنترنيت والهواتف المحمولة والسفر إلى خارج العراق بحرية وبكلفة معقولة. في عام 2004 وحين كنت في رحلة عمل إلى عمّان / الأردن، إلتقيت بالأستاذ الدكتور حكمت وعائلته الكريمة وتبادلنا أرقام الهواتف وعناوين البريد الألكتروني وعاد التواصل بيننا منذ ذلك الحين.

عندما كتب الأستاذ الدكتور حكمت كتابه الأول "مسيرة قارب من دجلة إلى ديترويت" بجزئيه الأول والثاني في عام 2021 قمت بمراجعته لغوياً ثم قمت بترجمته إلى اللغة الإنكليزية، وقمت بنفس الدور حين كتب كتابه الثاني "رحلة في قطار الموت عام 1963"، وها أنا اليوم قد أكملت المراجعة اللغوية لهذا الكتاب الذي بين أيديكم وسأقوم بترجمته إلى الإنكليزية بمشيئة الله تعالى.

هجرة العراقيين منذ تأسيس المملكة العراقية (1921 م) – خلفية تاريخية:

كُتب الكثير عن أسباب ونتائج هجرة العراقيين من بلدهم الأم إلى أطراف الدنيا الأربعة والتي كانت لها أسبابها المختلفة ومراحلها الكثيرة والتي تعرضت لها فصول هذا الكتاب وخصوصا فيما يتعلق ب "الأقليات" الدينية والأثنية من المواطنين العراقيين. وإن كنت أرى وأعلم أن هذه الأقليات لم تكن وحدها من إختارت أو أجبرت على الهجرة إلى خارج العراق، بل إن هذه الظاهرة قد شملت أيضا المواطنين العراقيين المنتمين إلى "الأكثرية" الدينية (المسلمين) والأثنية (العرب). ويجب أن أقول أنني لا أحب أبداً أن ألجأ إلى إستخدام هذه المفردات مثل "الأكثرية والأقلية" لأنني مؤمنة بأن العراقيين متساوون أمام القانون ولا أفضلية لأحدهم على الآخر.

أعود إلى تاريخ هجرة العراقيين من وطنهم وهو ما كنا نسمع به من الأهل والأصدقاء عن فلان الذي سافر للدراسة أو للعمل ولم يعد إلى العراق، وكان الموضوع يذكر بمرارة ولوم ونوع من التحذير المخفي لنا أن لا نفعل ذلك إذا سنحت لنا الفرصة. كما كان الأهل يذكرون لنا بمرارة ما تعرض له اليهود العراقيون من إسقاط الجنسية العراقية عنهم وتهجيرهم من العراق في بداية الخمسينات من القرن العشرين كرد فعل على إعلان دولة إسرائيل على الأرض الفلسطينية وتهجير أهلها منها. تلت ذلك هجرة بعض العوائل العراقية العريقة من العراق بعد الإنقلاب على الحكم الملكي الهاشمي في تموز 1958 وإغتيال العائلة الملكية بوحشية غير مسبوقة في العراق أو في دول المنطقة.

كان الإنقلاب في تموز 1958 بداية لتآكل السلم المجتمعي وإلى إستقطاب العراقيين إلى أقطاب كثيرة منها المستند إلى الإنتماء السياسي (الشيوعيون والقوميون والبعثيون والإسلاميون) أو إلى القومية (العربي والكردي والتركماني والفيلي) أو إلى الدين والمذهب (المسلم السني والمسلم الشيعي والمسيحي واليهودي والصابئي المندائي).. إلخ.. إلخ.. وبعد إنقلابات عديدة تلت الإنقلاب الأول، وفي سبعينات القرن الماضي، أضيف إلى ذلك التمييز المناطقي فهذا من الشمال وذاك من الجنوب وآخر من الغرب أو من الفرات الأوسط، وكذلك التمييز بناءً على المحافظات فأصبح أبناء هذه المحافظة أو تلك يحصلون على إمتيازات معينة يحرم منها أبناء المحافظات الأخرى. وكأن هذا لم يكفِ، فأصبح العراقيون يصنفون على أساس ما يسمى ب "التبعية" وهي ما ثبتها أجدادهم عند تأسيس العراق الحديث في

هوياتهم (تبعية عثمانية أو إيرانية أو بريطانية) فكان حاملو التبعية العثمانية مواطنين من الدرجة الأولى والآخرون من التبعيات الأخرى مواطنين من الدرجة الثانية (1).. وهكذا أصبح كل عراقي يُصبغ بصبغة تحددها واحدة أو أكثر من هذه الإنتماءات. ويمكن أن نضيف إلى ذلك عدم المساواة في الخدمات الأساسية بين مدن العراق وأريافه (صورة رقم 1، 2، 3). ومن يعرف تاريخ العراق الحديث وجغرافيته السياسية والبشرية والإقتصادية يعرف جيداً أن التركيز في التنمية خلال القرن العشرين كان على العاصمة بغداد بالدرجة الأساس من ناحية البنية التحتية ومشاريع الإسكان وخدمات التعليم والصحة والمشاريع الإقتصادية، تليها في ذلك محافظة الموصل في الشمال ومحافظة البصرة في الجنوب. أما باقي المحافظات فكان نصيبها أقل من ذلك بكثير، وكان ريف العراق يأتي في ذيل القائمة من ناحية مشاريع التنمية (2). كل هذا أدى إلى أن تكون الهجرة إلى بغداد حلم كل عراقي لأن الحياة فيها أفضل والفرص أكثر من كل النواحي. وبرأيي المتواضع أن السياسة التنموية والسكانية كانت تفتقر إلى هذه الناحية المهمة وهي توزيع الفرص التنموية المتساوية، أو على الأقل المتقاربة، على المركز والأطراف وعلى المدن والأرياف.

تنسب مقولة شهيرة إلى المغفور له جلالة الملك فيصل الأول في عام 1921 فيما يلي نصها: **"أقول وقلبي ملآن أسىً.. إنه في إعتقادي لا يوجد في العراق شعب عراقي بعد، بل توجد تكتلات بشرية خيالية، خالية من أي فكرة وطنية، متشبعة بتقاليد وأباطيل دينية، لا تجمع بينهم جامعة، سمّاعون للسوء ميالون للفوضى، مستعدون دائماً للإنتفاض على أي حكومة كانت.. فنحن نريد والحالة هذه أن نشكل شعبا نهذبه وندرّبه ونعلمه.. ومن يعلم صعوبة تشكيل وتكوين شعب في مثل هذه الظروف يجب أن يعلم أيضا عظم الجهود التي يجب صرفها لإتمام هذا التكوين وهذا التشكيل.. هذا هو الشعب الذي أخذت مهمة تكوينه على عاتقي"** (3).

وبقدر الألم الذي نحسه عند قراءة هذه المقولة، فإننا لا نستطيع أن ننكر أنها على جانب كبير من الصحة، وأن وفاة جلالة الملك المبكرة لم تتح له بناء الأمة العراقية التي كان يطمح إلى بنائها، ولم يكمل للأسف إنجاز هذا المشروع المبني على رؤية صحيحة تهدف إلى ترسيخ مفهوم المواطنة في نفوس المواطنين كافة وجعل هذا المفهوم أعلى من كل الإنتماءات الأخرى، سياسية كانت أو أثنية أو طائفية أو مناطقية أو عشائرية أو مصالحية،

مفهوم أن يكون الوطن الواحد أعلى من كل ذلك هو ما أثبت العراقيون أنه ينقصهم، وأنهم عندما يواجهون الأزمات فإن أول ما يضحون به هو الوطن.. مع شديد الأسف.

إن الفشل في ترسيخ مبدأ المواطنة بين العراقيين الذين يعيشون على هذه الرقعة من الأرض وإعتبار هذا المفهوم "تحصيل حاصل" ما دمنا ندرسه في منهج "التربية الوطنية" وما دامت الإذاعة العراقية تبثه في أغانيها، هو الذي جعل العراقيين يستخفون بهذا المفهوم. وقد عانى العراقيون من غياب **"العدالة الإجتماعية"** بشكل واضح متمثلا في عدم المساواة في الحقوق والواجبات بين أبناء الوطن الواحد. إن التفاوت في الوصول إلى الحقوق الأساسية مثل السكن الكريم وفرص التعليم والعمل وخدمات الصحة والربط على شبكات المياه والكهرباء والصرف الصحي والتغطية بشبكات الحماية الإجتماعية عبر عقود طويلة من الزمن، كل ذلك أدى إلى فقدان الكثير من العراقيين للشعور بالإرتباط بوطنهم وأرضهم وإلى اليأس من التطلع إلى فرص أفضل في الحياة داخل حدود هذا الوطن.

خلفية سياسية: إن من ينظر إلى تاريخ العراق الحديث بعد تأسيس المملكة العراقية في 1921 م، يجده تاريخا مضطربا عنيفا تطغى عليه الإنقلابات العسكرية وتناحر الأحزاب السياسية الذي إستمر إلى أن هيمن الحزب الواحد (حزب البعث العربي الإشتراكي) ونكل بكل من كان يحمل فكرا مغايرا له.

كان بداية تأسيس الأحزاب في عام 1908 م، أي قبل تأسيس المملكة العراقية، وكان مؤسسوها من الأعيان والمثقفين من أهل المدن، لكن هذه الأحزاب لم يكتب لها الإستمرار. وقد صدر قانون الجمعيات بعد أن تأسست المملكة العراقية في 1921 م، وشهدت هذه الفترة تأسيس الحزب الوطني وحزب النهضة وحزب الحر العراقي وحزب الشعب. وتشير بعض المصادر إلى بدايات تأسيس الحزب الشيوعي العراقي عام 1924 م، لكن ثلاثينات القرن العشرين شهدت ظهوره إلى العلن بقيادة يوسف سلمان (فهد).

وفي نهاية الثلاثينات وبداية الأربعينات تبلور الفكر القومي في العراق تزامنا مع الحرب العالمية الثانية حيث تأسس الحزب الوطني الديمقراطي وحزب الإستقلال والحزب الديمقراطي الكردستاني وجمعية الأخوة الإسلامية (إمتدادا لجماعة الأخوان المسلمين). وفي بداية الخمسينات ظهر حزب البعث العربي الإشتراكي على الساحة تلاه في أواخر الخمسينات حزب الدعوة الإسلامية. وفي الستينات تأسس حزب الإتحاد الأشتراكي العربي

العراقي وفي السبعينات تأسس حزب الإتحاد الوطني الكردستاني. لكن هذه الأحزاب كانت تعمل من أجل مصالح الحزب نفسه أكثر من عملها من أجل الوطن، ولم تبلغ أغلب هذه الأحزاب مرحلة النضج السياسي التي تمكنها من العمل المشترك الذي يهدف إلى تداول السلطة سلميا تحت دستور متفق عليه عبر صناديق الإنتخاب وتحت قبة البرلمان التي تتيح فرصة الوصول إلى سدة الحكم للبرنامج السياسي الأفضل وتحت رقابة الأحزاب المعارضة، وهو ما يحدث في الأنظمة الديمقراطية (4).

بعد إنقلاب 14 تموز 1958، تخندق الحزب الشيوعي العراقي وحزب البعث العربي الإشتراكي ضد بعضهما البعض وإلتجئا إلى المواجهة والعنف. وتفاقم هذا التخندق بعد إنهيار الجبهة الوطنية التقدمية في نهاية السبعينات الذي أدى إلى كارثة على الحزب الشيوعي العراقي حين تم إنكشاف قياداته وكوادره وجرى التنكيل بهم من قبل حزب البعث العربي الإشتراكي الحاكم.

عانى من عمل في السياسة في العراق تحت جميع الأنظمة الحاكمة وبدون إستثناء. ففي الحقبة الملكية مرت فترات حُظِر فيها عمل الأحزاب وعُطلت الصحف الناطقة بإسمها كما أعتُقِل وحوكم وسُجِن عدد من القيادات الحزبية وفُصِل عدد من الطلبة والموظفين من كلياتهم ووظائفهم لأنهم يعتنقون (المبادئ الهدامة) التي كانت تشير إلى الفكر الماركسي.

أما بعد قيام الجمهورية الأولى فقد كان شهر العسل بين الأحزاب قصيرا جدا، حيث دب الخلاف بينهم في الأسابيع الأولى بعد تسلمهم الحكم. وكان الخصام بين الشيوعيين والقوميين / البعثيين على أشده وتطور إلى العنف والإغتيالات وإراقة الدماء، تشهد على ذلك أحداث الموصل وكركوك في 1959، والتي ما زال الطرفان يتهمان بعضهما البعض حول البادئ في تأجيجها، وهو موضوع لم يحسم ولم تعرف حقيقته إلى هذا اليوم.

كان الإنقلاب التالي في 8 شباط 1963 دمويا وحشيا حيث إستباح البعثيون الإنقلابيون الدماء والأعراض للشيوعيين ولغير الشيوعيين من الأبرياء حين قتل الكثير على الظن والشبهة (صورة 4). وتختلف المصادر في عدد الضحايا الذين سقطوا في تلك الحقبة السوداء، لكنهم كانوا بالتأكيد آلافا إن لم يكونوا أكثر (5). حين عاد البعثيون إلى السلطة، في تموز 1968 عبر الإنقلاب أيضاً، قالوا أنها "ثورة بيضاء ليس فيها دماء"، لكن هذا الوعد سرعان ما تبخر لتبدأ الإغتيالات والإعدامات والإضطهاد والتهجير والتضييق

والحروب الداخلية والخارجية، وكان كل عراقي غير بعثي يحس أنه في دائرة الخطر، يسير على حبل مشدود لا يدري متى يسقط منه إلى الهاوية. كانت نتيجة الصراعات الدموية بين الأحزاب في القرن العشرين في العراق هو ما آل إليه الوضع في القرن الواحد والعشرين، إحتلال وصراعات حزبية ما زال العنف سمة من سماتها.

عرضت هذا المختصر للتاريخ السياسي في العراق الحديث لأوضح واحداً مما أعتبره أهم الأسباب لهجرة أبناء العراق بغض النظر عن إنتمائهم الديني أو المذهبي أو الإثني. وهذه الإنتماءات هي ما يلجأ إليه الكثيرون لتفسير سبب هجرة العراقيين من وطنهم الأم.

أسباب هجرة العراقيين: مما تقدم يمكن أن نقسم أسباب هجرة العراقيين بصورة عامة وبدون التقسيم إلى المسميات الفرعية إلى قسمين رئيسيين:

أولاً: الأسباب الأساسية التي شملت العراقيين كلهم بدون تمييز، ثانياً: الأسباب التي تسببت في هجرة مجموعة دينية أو إثنية أو سياسية بعينها دون غيرها، وسأتحدث فيما يلي عن كل من هذين القسمين على حدة. وأحب أن أذكر هنا جزءاً من الآية 97 الكريمة من سورة النساء في القرآن الكريم **"قَالُواْ فِيمَ كُنتُمْ قَالُواْ كُنَّا مُسْتَضْعَفِينَ فِي الأَرْضِ قَالْوَاْ أَلَمْ تَكُنْ أَرْضُ اللَّهِ وَاسِعَةً فَتُهَاجِرُواْ فِيهَا".** هذا ما قاله الله تعالى لعباده: إذا كنتم مستضعفين في بلادكم لا تنالون حقوقكم وحرياتكم التي منحها الله لكل عباده فإن أرض الله واسعة لتهاجروا فيها بحثا عما تفتقدونه في وطنكم. وهذا ما فعله رسول الله محمد (ص) حين هاجر من بلدته "مكة" التي إضطهده أهلها إلى "يثرب" التي استضافته ورحبت بدعوته، ونسمعه وهو يغادر مكة يقول: **"واللهِ إنَّكِ لخيرُ أرضِ اللهِ وأحبُّ أرضِ اللهِ إليَّ ولولا أنَّ أَهْلَكِ أخرَجوني منكِ ما خَرجتُ"** وهذا ما نقوله جميعا عن بلدنا الحبيب العراق. أما الإمام علي (ع) فيقول: **"الغنى في الغربة وطن، والفقر في الوطن غربة".** وإذا نظرنا إلى قصص الأنبياء إبراهيم ولوط ويونس وموسى (ع) نجد أنهم جميعا قد هاجروا من ديارهم لأسباب مختلفة. أعود إلى أسباب هجرة العراقيين من بلدهم الأم:

أولاً: الأسباب الأساسية التي شملت العراقيين كلهم بدون تمييز

1- غياب الإستقرار السياسي: تأسست المملكة العراقية في 23 آب 1921 بعد أن تقاسمت قوات الحلفاء المنتصرة في الحرب العالمية الأولى (بريطانيا وفرنسا وحلفاؤهما) تركة الرجل المريض (الإمبراطورية العثمانية) وفق عدد من معاهدات السلام ومنها معاهدة

سيفر (6) التى بموجبها خسرت الدولة العثمانية نفوذها فى الشرق الأوسط الذي تم إخضاعه للسيطرة الفرنسية ـ البريطانية وإعادة تقسيمه بينهما وفقا لإتفاقية سايكس ـ بيكو في ١٩١٦ (7)، والتى تم تعديلها بعد نهاية الحرب. وبموجب هذه الإتفاقية فقد خضع العراق للإنتداب البريطاني وربطت بريطانيا العراق بعدد من المعاهدات (1922، 1927، 1930، 1936 و 1948) التي أغضبت الشعب العراقي فسعى إلى التخلص من سيطرة بريطانيا من خلال الإنتفاضات (1920، 1941، 1948) (8).

كما ذكرت فيما سبق فقد تشكل عدد من الأحزاب بعد تأسيس المملكة العراقية، كان من أقدمها وأكثرها تأثيراً في النصف الأول من القرن العشرين الحزب الشيوعي العراقي الذي كان محركاً ومنظماً للإحتجاجات والمسيرات ويستطيع أن يحرك الشارع العراقي. للأسف، فإن هذه الإحتجاجات كانت توجه غضب الشعب ضد الحكومة العراقية التي كانت ترى أن بريطانيا حليف قوي تحتاجه دولة العراق الفتية عسكرياً وإقتصادياً وتنموياً وأن العراق سيتخلص من هذه السيطرة يوم يكون بلداً قوياً قادراً على إدارة شؤونه بنفسه.

وفي معاهدة سيفر عام 1920 وضع الحلفاء الغربيون المنتصرون تصورا لدولة كردية، إلا أن هذه الآمال تحطمت بعد ثلاث سنوات، إثر توقيع معاهدة لوزان في 1923 (9) التي وضعت الحدود الحالية لدولة تركيا، وبشكل لا يسمح بوجود دولة كردية. وانتهى الحال بالأكراد كأقليات ضمن دول أخرى في جنوب شرقي تركيا، وشمال شرقي سوريا، وشمال العراق، وشمال غربي إيران، وسحقت أي محاولة كردية لتأسيس دولة مستقلة أو حكم ذاتي. وفي العقود الأخيرة، زاد دور الأكراد في التطورات الإقليمية، ولعبوا دورا هاما في الصراعات الداخلية في العراق، حتى بعد الإتفاق بينهم وبين الحكومة المركزية على صيغة للحكم الذاتي في 11 آذار 1970. وكانت النزاعات بينهم وبين الحكومة المركزية أحدى أهم الأسباب لغياب الإستقرار السياسي في العراق الحديث.

2- <u>غياب العدالة الإجتماعية:</u> إنَّ "غياب العدالة الإجتماعية" التي أشرت إليها سابقاً والتي أسميها "أم الشرور" قد يكون من أهم أسباب الهجرة، فحين ينشأ الإنسان على مفهوم أنه يتعرض إلى التمييز عن غيره من المواطنين لأي سبب فمن المؤكد أن موقفه سيكون سلبياً ضد وطنه وأبناء وطنه. ويتأتى هذا الشعور منذ الطفولة حين يدرك الإنسان أنه ينتمي إلى فئة إجتماعية غير تلك "المميَّزة" التي يدرك الجميع أنها "الأفضل والأكثر حظاً" في السكن

والتعليم والوظيفة والخدمات والإمتيازات. وسأورد أمثلة كنت أود أن لا أوردها، لكن مواجهة الحقائق أفضل بكثير من الهروب منها. وقبل أن أبدأ في ذلك يجب أن أقول أنه لا يوجد شيء مكتوب في القوانين أو الوثائق يقول بهذا التمييز (عدا موضوع التبعية المثبتة في شهادة الجنسية العراقية والديانة المثبتة على هوية الأحوال المدنية وشهادة الجنسية) ولكنه شيء محسوس عند مَن هم مِن "المميَّزين" وعند مَن هم مِن المميَّز ضدهم. والأمثلة هي:

*سكان المدن مقارنة بسكان الأرياف،

*سكان بغداد مقارنة بسكان المحافظات الأخرى (مثلاً لم يكن يسمح لمن لا يحمل تسجيل بغداد لسنة 1957 بتملك عقار في بغداد – ألغي بعد عام 2003)،

*حاملو ألقاب مناطقية وعشائرية معينة مقارنة بمن لا يحملون هذه الإنتماءات والألقاب أو من يحملون إنتماءات أو ألقاباً أخرى،

*المنتمون إلى حزب السلطة مقارنة بالذين لا ينتمون إليه وبالذين ينتمون أو كانوا سابقا ينتمون إلى أحزاب أخرى، والذي كان على أشده أثناء حكم حزب البعث العربي الإشتراكي بين 1968 و2003، والذي عانى منه الشيوعيون بشكل خاص والإسلاميون من أتباع حزب الدعوة وإلى حد ما الأخوان المسلمون وكذلك بعض القوميين. وفي فترات معينة كان التنكيل والتمييز يمتد إلى أفراد أسرة المتهم بالإنتماء إلى هذه الأحزاب وإن لم يكونوا من المنتمين إليها،

*العربي مقارنة بغير العربي (الكردي والتركماني والفيلي)،

*المسلم مقارنة بغير المسلم، والمسلم السني مقارنة بالمسلم الشيعي.

3- الإضطهاد السياسي عبر تاريخ العراق الحديث: الإضطهاد بأنواعه المختلفة، من قبل السلطة الحاكمة لمن يخالفها في الرأي، هو صفة من صفات العراق الحديث. بدأت هذه الظاهرة في أبسط أشكالها وأقلها عنفا في العراق الملكي الذي لم يكن متقبلا للفكر اليساري آنذاك. وكان يقابل من يحمله بالتضييق وإعتقال بعض من يخرجون في المظاهرات ثم إخراجهم بتعهد خطي بعدم العودة إلى هذه النشاطات. وقد قامت الحكومة بإعتبار الحزب الشيوعي من الأحزاب المحظورة وأغلقت الصحف الناطقة بإسم الحزب. أما القيادات فقد تم إعدام أربعة منهم وسجن آخرون في سجن نقرة السلمان وفي سجن الحلة وفصل البعض

من وظائفهم ومن مدارسهم وكلياتهم (10). وبالرغم من قساوة هذه الأحكام، فإن ما تلاها من الإضطهاد بعد قيام الجمهوري لا يمكن مقارنته بها. فمنذ بداية الستينات وحين أحس رئيس الوزراء عبد الكريم قاسم بخطر الشيوعيين على منصبه بدأ الشك عنده في تخطيطهم للإستيلاء على الحكم وألقى الكثير منهم في السجون وأقصاهم من المناصب الحساسة. حين قام البعثيون والقوميون بإنقلاب شباط 1963 واجه الشيوعيون إضطهادا غير مسبوق من إعتقالات وتعذيب وحشي وإخفاء قسري وإعدامات وإغتصاب، ونجح القليل في إجتياز الحدود والهرب من العراق بينما واجه الكثيرون السجن والتعذيب والموت. لا توجد إحصائيات عن عدد من واجهوا هذا القمع إلا أن التقديرات وصلت إلى الآلاف إن لم يكن أكثر من ذلك. وبالإضافة إلى ما واجهه الشيوعيون، فإن الشهور التسعة الأولى بعد الإنقلاب قد شهدت سقوط الأبرياء ممن لم يكونوا منتمين إلى الحزب الشيوعي لكنهم أعتقلوا على الظن، أو لأن بعض أعضاء ميليشيا الحرس القومي التي شكلت بعد الإنقلاب كانوا يحملون لهم عداءً شخصياً أو ثأراً سابقاً فقاموا بتصفية الحسابات معهم بحجة أنهم شيوعيون.

إن العنف يولد العنف المضاد، وإن أحداثا مثل التي شهدها العراق في 1963 تركت آثارها على نفوس الجميع ممن يحملون إنتماءً سياسياً معيناً وممن لا يحملونه. وهنا بدأ البعض يفكرون بالهجرة إلى بلاد أخرى فيها مساحة من الحرية والتقبل للرأي الآخر وأصبحوا يتحينون الفرص للسفر لغرض الدراسة أو العمل ولا يعودون بعدها إلى العراق. وكم سمعنا من يقول في تلك الأيام: "سأعبر حدود العراق مرة واحدة فقط.. أو سأذهب لأعيش في مكان ليس فيه (يعيش.. يسقط..).

4- الأسباب الإقتصادية والحصار الأممي: منذ إنتعاش الإقتصاد في دول الخليج المجاورة لجنوب العراق في بداية النصف الثاني من القرن العشرين، توجه البعض من أبناء العراق للعمل هناك وخصوصا في دولة الكويت والمملكة العربية السعودية حيث كانت الرواتب أعلى كثيراً من الرواتب في العراق، لكن الأعداد لم تكن بالحجم الذي يشكل ظاهرة هجرة من بلد إلى بلد.

أما بعد فرض الحصار الإقتصادي الدولي على العراق بعد غزوه الكويت في 1990 وتراجع القدرة الشرائية للدينار العراقي بحيث أن معدل الراتب الشهري للموظف كان بحدود 5 دولارات أمريكية وبعد أن كان الدينار العراقي يعادل 3.3 دولار أمريكي عشية

الحرب العراقية الإيرانية في 1980 أصبح الدولار يساوي 3000 دينار عراقي أثناء الحصار، بمعنى أن قيمة الدينار العراقي إنخفضت 9000 مرة أو أكثر. بدأ الشباب المتعلم الذي يعاني من البطالة وحملة الشهادات العليا الذين لا يكفيهم الراتب الشهري لإطعام أسرهم ليوم واحد، بالسفر إلى خارج العراق لغرض العمل بمرتبات مجزية كانت تتيح لهم تحويل جزء منها لعوائلهم في العراق. تسبب الحصار في إنخفاض مستوى التعليم والخدمات الأساسية وزيادة كبيرة في أسعار السلع والخدمات (11). وصل الكثير من هؤلاء بعد سنوات إلى الدول التي كانت تقبل اللجوء الإنساني في أوربا وأمريكا وأستراليا وإستقروا هناك.

5- **الحروب**: بإستثناء النزاعات الداخلية وخصوصا تلك التي كانت تحدث بين الجيش العراقي والأكراد في شمال العراق بين الحين والآخر فإن العراق لم يعرف الحروب إلى عام 1980. نعم، شارك الجيش العراقي مع الجيوش العربية في حروب 1948 و 1967 و 1973 مع إسرائيل، لكنها كانت حروباً قصيرة الأمد وبعيدة عن حدود العراق وشارك فيها العسكريون فقط. في 22 أيلول 1980 إندلعت الحرب العراقية الإيرانية التي إستمرت ثمانية سنين وإنتهت في 8 آب 1988. أحرقت هذه الحرب الأخضر واليابس وخسر فيها العراق مئات الآلاف من الشباب الواعد بين شهيد وأسير ومفقود ومعوق، وكانت سبباً لأن يغادر العراق من يستطيع ذلك، بطرق شرعية وغير شرعية لينجوا بأرواحهم من هذا الجحيم المستعر. وكان الذهاب إلى الجبهات يتم إما بالتجنيد الإلزامي في الجيش أو بإجبارهم على الإلتحاق بقواطع الجيش الشعبي وهي الميليشيا التابعة إلى حزب البعث، والتي كانت تقتنص كل من يقع في قبضتها لإرسالهم إلى الجبهات حتى وإن كانوا في الخمسين من العمر أو أكثر من ذلك (صورة رقم 5). تنفس الشباب وعوائلهم الصعداء عند صدور البيان الذي أعلن نهاية الحرب في صيف 1988 وبدأوا ينخرطون في سوق العمل في العراق بعد تسريحهم من القوات المسلحة بأعداد كبيرة.

لكن السلم لم يدم طويلاً، حيث شهد يوم 2 آب 1990 بداية أكبر كارثة يمكن تخيلها وهي غزو الجيش العراقي للجارة الجنوبية (الكويت). وبعد ساعات بدأت البيانات العسكرية تدعو الشباب للإلتحاق بالخدمة العسكرية، وهم نفس الشباب الذين تم تسريحهم من الجيش قبل شهور قليلة. سيق الشباب ضد رغبتهم، إلى الخدمة في الجيش على الحدود وداخل الكويت

ومن يمتنع يعتبر هارباً من الخدمة العسكرية وينفذ فيه حكم الإعدام. بدأت العمليات العسكرية للتحالف الدولي بقيادة الولايات المتحدة الأمريكية المسماة ب (عاصفة الصحراء) لإخراج الجيش العراقي من الكويت فجر يوم 17 كانون الثاني 1991 وإستمرت إلى يوم 28 شباط 1991 حيث إنسحب الجيش العراقي من الكويت وإستسلم لقوات التحالف. ولأن الإنسحاب كان إنسحابا غير منظم فقد لاحقت الطائرات الأمريكية الجيش العراقي عند إنسحابه وأبادت أعدادا كثيرة منه بالقصف الجوي للقوات المنسحبة (12) (صورة رقم 6، 7).

بعد انهيار الجيش العراقي في حرب الخليج الثانية، في 1 اذار 1991 إندلعت الإنتفاضة الشعبانية بين صفوف الجيش المنسحب ومعهم أبناء الشعب في الجنوب. بدأت الإنتفاضة في البصرة، كمظاهرات ضد النظام الحاكم الذي تسبب في هذه المصيبة. تمكن المتظاهرون من السيطرة على مراكز الشرطة والإستيلاء على الأسلحة ليهاجموا المقرات الحزبية لحزب البعث والقيادات الحزبية في المحافظات المنتفضة، لكن النظام إستخدم القوة العسكرية المفرطة من طائرات هليكوبتر ومدافع ثقيلة وصواريخ "أرض أرض" والأسلحة الكيمياوية لقتل المتظاهرين، وأعتقل وقتل الآلاف في المحافظات المنتفضة (صورة رقم 8). تمكن الآلف من المنتفضين من الهروب إلى المملكة العربية السعودية مع عوائلهم، حيث أسكنوا في مخيم "رفحآء" ثم تم قبولهم كلاجئين في الولايات المتحدة وغيرها من الدول (13).

عانى العراقيون بين نهاية حرب الكويت في شباط 1991 وحرب الخليج الثالثة في 2003 من الحصار الإقتصادي والجوع والبطالة وغياب الخدمات الأساسية بالإضافة إلى القمع والإضطهاد من قبل النظام ما لن تكفيه مئات الكتب وكان نتيجة ذلك خروج مئات الألوف من العراقيين عبر الحدود بالطرق الشرعية وغير الشرعية للعمل وكذلك للبحث عن فرص اللجوء الإنساني في الدول التي تقبلهم. وإفتتحت وكالات الأمم المتحدة مكاتب لها في الدول المجاورة للنظر في طلبات اللجوء. وأصبح حينها إصطلاح (فلان إنهزم – أي هرب – من العراق) وصفاً مألوفاً لمن يغادر البلد، وكأن العراق سجن والشاطر من يستطيع الهروب منه. والحق أن الناس لم تكن تهرب من العراق لكن من الظروف الصعبة في العراق.

في 19 آذار 2003 بدأت الحرب التي إنتهت بعد ثلاثة أسابيع في 9 نيسان 2003 بإحتلال

العراق من قبل الولايات المتحدة الأمريكية والدول المتحالفة معها بعد أن سقط النظام الحاكم وهرب المسؤولون جميعا وقيادات حزب البعث وضباط الجيش وقياداته. أدى إنهيار الدولة بهذا الشكل المفاجئ إلى فقدان الأمن في البلاد ودخلها الإرهابيون والعصابات المنظمة وبدأت التفجيرات والخطف والإغتيالات إضافة إلى التناحر بين الأحزاب التي تشكلت بعد الإحتلال ودخلت في صراعات القوة ثم بدأت الحرب الطائفية التي دفعت بالمزيد من العراقيين إلى الهجرة إلى خارج العراق طلباً للأمن والأمان (صورة رقم 9). كما غادر البلد الكثير من البعثيين خاصة من شملهم قانون إجتثاث البعث (المسائلة والعدالة) ومن كانت يدهم ملوثة بدماء العراقيين، وبكتابة التقارير الحزبية، ومن يُعرف عنهم إستغلالهم مواقعهم الحزبية لإضطهاد مواطنيهم من غير البعثيين. وإنتقل الكثير من عوائل البعثيين أو المتعاطفين معهم إلى الدول العربية المجاورة واستقروا هناك، إضافة لمن تمكن من الهجرة إلى أوروبا أو أمريكا أو أستراليا. كما هاجر بعض العراقيين الذين تعاونوا مع قوات الإحتلال الأمريكي للعراق، خوفا مِن إنتقام مَن آذاهم الإحتلال.

6- **تسرب الكفاءات العلمية**: كان تسرب الكفاءات العلمية من العراق إلى خارجه معروفا في العراق منذ بدأ الشباب العراقيون السفر لغرض الدراسة في الأربعينات والخمسينات من القرن العشرين ولكنه لم يشكل حينها ظاهرة إجتماعية بل كان على شكل حالات فردية. كان الطبيعي أن يعود المبتعث بعد إكمال دراسته للعمل في وطنه حيث فرص العمل متاحة والحياة مرفهة ومستقرة. بدأ الإمتناع عن العودة إلى العراق بعد الحصول على الشهادة يصبح ظاهرة في الثمانينات من القرن العشرين وبالتزامن مع الحرب العراقية الإيرانية خوفاً من الإجبار على الإلتحاق بالخدمة العسكرية أو التعيين في المحافظات الجنوبية القريبة من إيران جغرافياً والتي هي في مرمى نيرانها. تبع ذلك مغادرة ذوي الشهادات العليا للبلاد حين تسنح لهم فرصة السفر بصورة شرعية أو حتى عن طريق التهريب. وفي سنوات الحصار في التسعينات أصبحت هجرة الكفاءات حقيقة واقعة في المجتمع العراقي لأسباب إقتصادية وإجتماعية وسياسية ولتوفر فرص العمل في الدول المجاورة وفي دول الخليج وليبيا التي كانت تحتاج إلى هذه الكفاءات وتدفع رواتب مجزية جداً لمن يحملها. وقد حاول النظام الحد من هذه الهجرة تارة بتقييد السفر وأخرى بزيادة رواتب الجامعيين، لكن هذا لم يمنع هجرة ذوي الكفاءات العلمية بأعداد كبيرة.

أما بعد الإحتلال في 2003 فقد أصبحت أبواب العراق مفتوحة وألغيت القيود على السفر فغادر الآلاف من حملة الشهادات العليا ولكن هذه المرة هرباً من الإنفلات الأمني وإستهداف ذوي الكفاءات بالخطف والقتل.

7- **الإنقلابات العسكرية:** تاريخ العراق الحديث زاخر بإنقلابات الضباط على الأنظمة، بدأت بإنقلاب بكر صدقي في 1936 ثم إنقلاب الضباط الأربعة ورشيد عالي الكيلاني في 1941 ثم إنقلاب الضباط على العائلة المالكة الهاشمية في تموز 1958 ثم إنقلاب البعثيين والقوميين على عبد الكريم قاسم في شباط 1963 ثم إنقلاب القوميين على البعثيين في تشرين الثاني 1963 ثم إنقلاب البعثيين على عبد الرحمن عارف في تموز 1968 ثم إنقلاب القصر الذي قام به صدام حسين في تموز 1979 لإزاحة أحمد حسن البكر وتصفية القيادات الحزبية التي عارضت صعود صدام إلى الحكم. وكانت هناك أيضا عدد من الإنقلابات الفاشلة التي حدثت خلال هذه الفترة. وبعد كل من هذه الإنقلابات كانت تحدث تصفيات لرموز النظام السابق وان العنف يسود لفترة من الزمن إلى أن يستتب الوضع للنظام الجديد، مما كان له تأثير سلبي على السلم الإجتماعي يؤدي إلى أن يغادر العراق كل من كان يتوقع أن تشمله هذه التصفيات الإنتقامية لسبب أو لآخر وعلى قاعدة (أنجُ سعد فقد هلكَ سعيد). ولا يفوتنا أن نذكر أن أكثر هذه التصفيات ضراوة كان ما فعله البعثيون بالشيوعيين بعد إنقلاب شباط 1963 من قتل وتعذيب وإغتصاب وإعتقال وإخفاء قسري ثم ما فعلوه بعد إنقلابهم الثاني في تموز 1968 بكل من عارضهم من كل الأحزاب بما فيهم البعثيون الموالون للنظام السوري وحتى القيادات البعثية والعسكرية التي كان هناك إدنى شك في ولائها المطلق والأعمى للنظام (14).

ثانياً: الأسباب التي تسببت في هجرة مجموعة دينية أو إثنية أو سياسية بعينها دون غيرها

أولاً: المجموعات الأثنية

الأكراد: القومية الكردية هي القومية الثانية عدداً بعد العرب في العراق. يسكن الأكراد العراقيون بصورة رئيسية في المحافظات الشمالية (أربيل والسليمانية ودهوك)، كما تعيش أعداد لا بأس بها منهم في سائر المحافظات العراقية الأخرى، بينما ينتشر الأكراد بصورة عامة في جنوب تركيا وشمال شرقي إيران وشمال غرب سوريا وفي أرمينيا. كما ذكرت

سابقاً، كان الأكراد يطمحون إلى تأسيس دولة كردية بعد هزيمة الدولة العثمانية في الحرب العالمية الأولى. لكن هذه الآمال إنهارت بعد توقيع معاهدة لوزان في 1923 ورفض تركيا تأسيس هذه الدولة، فتوزع الأكراد على الدول التي يعيشون فيها حالياً.

وفيما يخص الأكراد في العراق فقد إستمر النزاع بينهم وبين الدولة العراقية عبر كل العهود وتطور إلى نزاع مسلح وحرب عصابات بين قواتهم وبين الجيش العراقي، الهدف منها هو الإنفصال عن السلطة المركزية وإنشاء كيان سياسي لهم. لم تسكت الحكومات العراقية المتعاقبة عن هذا التوجه وواجهت هذه المحاولات بالقوة العسكرية مما أدى إلى سقوط المدنيين الأبرياء وإلى تدمير القرى والممتلكات. وكانت أحدى نتائج هذا الصراع هو زعزعة السلم الإجتماعي على مدى عقود في العراق وإستنزاف الجيش العراقي وكذلك تهديد الإستقرار الإقتصادي. كما تزايدت المرارة بين الأكراد بسبب ما تعرضوا له من قمع. أدت هذه الظروف إلى هجرة الأكراد إلى دول أخرى وخاصة الدول الأوربية بحثا عن الإستقرار هناك. وإستغلت القيادات الكردية ضعف السلطة المركزية بعد هزيمة العراق وإخراج قواته من الكويت في عام 1991 لإعلان الحكم الذاتي في المحافظات الشمالية الثلاث والذي واجهته الحكومة المركزية بالقصف والتهجير، لكنها إضطرت إلى قبول الأمر الواقع بسبب مساندة المجتمع الدولي للأكراد.

وبعد إحتلال العراق في 2003 أصبح وضع الأكراد أكثر إستقراراً ورفاهية في "إقليم كردستان العراق"، لكن بالرغم من هذا ما تزال هجرة الأكراد إلى خارج العراق مستمرة جراء الخلافات السياسية والإقتصادية بين حكومتي المركز والإقليم إضافة إلى الخوف من المستقبل، لأن المنطقة عموماً لا تشهد إستقراراً سياسياً وكذلك غياب العدالة في توزيع فرص العمل بين أبناء الإقليم.

الفيليون: الفيليون هم قبائل من الأكراد يسكنون العراق وإيران. وينتشرون في العراق على المناطق الحدودية بين البلدين وفي بغداد. وقد تعرضوا إلى الإضطهاد والتهميش والترحيل في كل العهود وخاصة بعد إنقلاب شباط 1963 لأنهم إصطفوا مع عبد الكريم قاسم أثناء الإنقلاب. ومنذ نهاية السبعينات إشتدت عليهم حملات التهجير القسري والإعتقالات ومصادرة أموال التجار الفيليين وممتلكاتهم ومستمسكاتهم الرسمية والتغييب لشبابهم

وإسقاط الجنسية العراقية والحرمان من الدراسة والتعليم والوظيفة وفرض سياسة التعريب عليهم.

التركمان: منذ زوال الدولة العثمانية، أصبح التركمان العراقيون ضحايا العديد من المجازر، بسبب النظر إليهم كبقايا الدولة العثمانية الذين لم يدعموا قيام المملكة العراقية، فتم إستهدافهم من قبل البريطانيين، بالتعاون مع "قوات الليفي" في مجازر عام 1924. ثم حدثت مجزرة أخرى في كركوك، عام 1959، وأخرى عام 1979 عندما تصاعد التمييز العنصري لحزب البعث العربي الإشتراكي، ضد أفراد المجتمع عموما والتركمان خصوصا. تعرض التركمان العراقيون إلى إعدامات وتغيير ديموغرافي وفرض عليهم تغيير أسمائهم وتهجيرهم من أراضيهم وتعريب مناطقهم. وأدى ذلك إلى هجرة البعض منهم إلى خارج العراق.

الشبك : الشبك مجموعة عرقية تعيش في شمال العراق قريبا من الموصل يدينون بالديانة الإسلامية ولهم لغتهم القريبة من اللغة الكردية. عانى الشبك عبر العهود من الطبقية، وبعد مجيء حكم حزب البعث تعرضوا إلى إضطهاد كبير بسبب سياسة التعريب التي أثرت على ثقافتهم وتراثهم بعد فرض الهوية العربية عليهم، كما فقدوا المزيد من أراضيهم. إتهم عدد كبير من الشبك بالولاء لإيران وأعدم آخرون لإنتمائهم إلى حزب الدعوة ومنع الكثيرون من إكمال دراساتهم أو التعيين في دوائر الدولة، فقد كانوا دائما محل شك وإتهام بعدم الولاء، وقامت الحكومة بترحيل الكثير منهم إلى محافظة أربيل ومحافظة كركوك. ومن نتائج ذلك أن غادر العديد منهم إلى الدول الأوروبية وإيران ودول أخرى، حيث شهدت ثمانينات القرن العشرين بدايات الهجرة من العراق بسبب الإضطهاد السياسي.

أما بعد الإحتلال في 2003 فقد تصاعدت وتيرة إستهداف الشبك في مدينة الموصل وبدأت عمليات تهجير عوائلهم من أحياء الموصل. وبعد أن فرغت الموصل من الشبك تقريبا، بدأ إستهدافهم في سهل نينوى بتفجير السيارات المفخخة. إستمرت هجرة ونزوح الشبك بسبب الأوضاع في تلك الفترة، ثم إجتاحت عصابات داعش الإرهابية في 10 حزيران عام 2014 مدينة الموصل ونتج عن ذلك نزوح الكثير من العوائل الشبكية إلى منطقة سهل نينوى وإلى مناطق أخرى في إقليم كوردستان والمحافظات الأخرى وإلى خارج العراق.

العراقيون من الوطن الى المهجر

ثانياً: المجموعات الدينية

المسيحيون: المسيحيون هم من أقدم من سكن أرض العراق، تشهد على ذلك الأديرة التاريخية الموجودة منذ ظهور الدين المسيحي وإنتشاره وقد قامت في العراق مملكة المناذرة المسيحية وهي سلالة عربية حكمت العراق قبل الإسلام من عام 300 إلى 602 ميلادي. أما الأشوريون (الآثوريون) فقد توزعوا في شمال العراق وأصابهم ما أصاب الأكراد بعد نهاية الحرب العالمية الأولى من تهجير عبر الحدود بين مناطق تواجدهم في العراق وسوريا، إضافة إلى علاقاتهم المتوترة مع جيرانهم من الأكراد التي أدت إلى مواجهات بين الطرفين. تسبب إنهاء الإنتداب البريطاني على العراق عام 1932 في إستياء كبير بين الآشوريين الذي شعروا بالخيانة من قبل البريطانيين، حيث رأى الآشوريون أن أية معاهدة بريطانية مع العراقيين يجب أن تأخذ في الإعتبار رغبتهم في حكم شبه ذاتي بينما رأت الحكومة العراقية أن مطالب الآشوريين، إلى جانب الإضطرابات الكردية في الشمال، ما هي إلا مؤامرة بريطانية لتقسيم العراق عن طريق تهييج أقلياته وسرعان ما رفضت هذه المطالب خشية تلقي دعوات مماثلة من قبل مجموعات عرقية ودينية أخرى. قادهم هذا التوتر إلى التمرد على الحكومة العراقية ورفضوا عرضها بمنحهم الجنسية العراقية وحدثت مواجهات عنيفة بينهم وبين الجيش العراقي تطورت إلى مجازر راح ضحيتها مدنيون بعد أن تدخلت فيها أطراف محلية أخرى. سميت هذا الأحداث بمجزرة "سميل" التي ما زالت تلقي بظلالها السوداء على هذه المكون العزيز من الشعب العراقي، وكانت السبب المباشر لهجرتهم من وطنهم العراق إلى بريطانيا وأمريكا وأستراليا. هاجر الكثير من المسيحيين العراقيين إبان حكم عبد السلام عارف (1963 – 1966) المعروف بنزعاته القومية والدينية والشوفينية، بسبب تعرضهم لمضايقات في العمل. كما إزدادت الهجرة إلى الخارج في أوائل السبعينات من القرن الماضي، بهدف الحصول على الشهادات العلمية العالية والتخصصات الدقيقة، وطلباً للحياة الآمنة، وهرباً من التوترات السياسية في العراق ومن التعرض للمضايقات الدينية. وغادر الكثيرون أيضا في حقبة الثمانينات بسبب الحروب وفي التسعينات بسبب الحصار الإقتصادي، كما

غادر الكثيرون من أتباع الديانات الأخرى بما في ذلك المسلمون.

بعد الإحتلال الأمريكي في 2003، بدأ تشكيل الميلشيات المسلحة التي بدأت بارتكاب جرائم الإختطاف للحصول على الفدية أو قتل المختطف وتفجير الكنائس والأديرة، وقامت

العصابات بالإستيلاء على ممتلكات وأعمال المسيحيين والصابئة وغيرهم. تسبب هذا بإزدياد هجرة المسيحيين بعد 2005.

كان دخول "داعش" محافظة الموصل وسيطرتها على أماكن كثيرة في الشمال في صيف 2014 أكبر كارثة حلت على المسيحيين في مدينة الموصل، حيث أعطى داعش مهلة 48 ساعة للمسيحيين لمغادرة الموصل، وفعلا تم ذلك بعد أن تركوا ورائهم كل ما يملكون ونزح بعضهم إلى كردستان والبعض الآخر إلى خارج العراق. ويقدر عدد المسيحيين الذين تركوا الموصل بحوالي 400 ألف مسيحي، ولم يبقَ منهم أحد في الموصل.

اليهود

عاش اليهود في العراق منذ جاء بهم الملك الكلداني نبوخذنصر إلى بابل عندما غزا مملكة يهودا وسبى أهلها. وسكن اليهود العراق منذ ذلك الحين عبر التاريخ وساهموا في حضاراته علماً وطباً وأدباً وإقتصاداً. وعند تأسيس المملكة العراقية كان لهم شأن ودور في بناء العراق الحديث. عند قيام حركة رشيد عالي الكيلاني في عام 1941 ضد الحكم الهاشمي في العراق، تعرض اليهود إلى عمليات عنف من قبل بعض العراقيين المتعصبين، والتي أطلق عليها إسم "الفرهود". وبعد إعلان قيام دولة إسرائيل على الأراضي الفلسطينية عام 1948، إزداد غضب العراقيين على الصهيونية، كونها إغتصبت أراضي فلسطينية. بدأت الحكومة العراقية، بالضغط على اليهود العراقيين، وأصدرت في آذار 1948 قانون إسقاط الجنسية عن أي مواطن عراقي يقرر مغادرة البلاد نهائيا، سواء كانت المغادرة مشروعة أو لا، وهكذا هاجر أبناء الطائفة اليهودية بعد تخليهم عن الجنسية العراقية بين 1949-1950م، وتبقى منهم في العراق ما يقارب 15 آلف يهودي، من أصل 135 ألف يهودي عام 1948. بعد الإنقلاب المشؤوم في 8 شباط 1963 بقيادة حزب البعث العربي الإشتراكي، عاد الإضطهاد والقيود على الطائفة اليهودية، وفي 1969 تم إعدام عددًا من كبار التجار، غالبيتهم من اليهود العراقيين بتهمة التجسس لحساب دولة إسرائيل، مما أدى إلى زيادة هجرة اليهود من العراق، التي تصاعدت كثيرا في بداية السبعينات وبعدها، ومن بقي منهم اليوم يعدون على أصابع اليد الواحدة.

المندائيون: الصابئة المندائيون هم أتباع واحدة من أقدم الديانات السماوية، وهم يقطنون بلاد الرافدين منذ آلاف السنين ويعيشون قريبا من الأنهار لإرتباط ديانتهم وطقوسها إرتباطاً

وثيقاً بالماء. وهم مجموعة دينية مسالمة يتميز أفرادها بحب العلم وصياغة الفضة والأخلاق العالية. واجهوا السجن والتعذيب والإضطهاد بعد الإنقلاب البعثي في شباط 1963 لأن بعضاً من شخصياتهم المعروفة كانوا من اليساريين، فكانت لعنة إنسحبت على المندائيين كلهم، أدت إلى أن يتجه شبابهم إلى الهجرة من العراق. وفي التسعينات إزدادت هجرتهم حيث أضيف إلى أسبابها العامل الإقتصادي. وعند دخول القوات الأمريكية وقوات التحالف إلى بغداد في 2003، وتدهور الوضع الأمني بدأ خطف وقتل الصاغة المندائيين في بغداد والمحافظات، فبدأوا بالنزوح إلى المحافظات الشمالية، كونها أكثر أمنا، في حين لجا القسم الآخر للخروج من العراق إلى سوريا والأردن وتركيا بهدف الحصول على الهجرة الإنسانية إلى أوربا وغيرها من الدول.

<u>اليزيديون:</u> اليزيديون هم أتباع ديانة من أقدم الأديان ويسكنون شمال العراق. وقد تعرض اليزيديون إلى القتل والتهجير عبر الأزمان عندما رفضوا الإنخراط في الجيش العثماني، مما اضطر الكثير منهم للهجرة إلى دول اخرى، كما إن قسما آخر أعلنوا إعتناقهم الديانة الإسلامية أو المسيحية، للتخلص من الإضطهاد. كما تعرض اليزيديون للإضطهاد مرات عديدة بعد 2003، من قبل المتطرفين الإسلاميين مثل "تنظيم القاعدة" ولكن كان أعنفها مجزرة سنجار عام 2014 والتي راح ضحيتها آلاف اليزيديين على يد تنظيم الدولة الإسلامية "داعش". ونتيجة لهذا إختار الكثير من اليزيديين الهجرة إلى خارج العراق وخاصة إلى الدول الأوربية.

<u>الكاكائيون:</u> الكاكائية أقلية دينية تعيش داخل إقليم كردستان العراق وفي محافظات نينوى وكركوك وديالى. تعرض الكاكائيون للإضطهاد والتهميش ولهجمات متكررة من قبل حكام العراق بشكل عام، وإلى العمليات الإرهابية خاصة بعد دخول تنظيم الدولة الإسلامية العراق "داعش" عام 2014 والذي إحتل معظم مناطقهم، إضافة لحرق محاصيلهم الزراعية، وعمليات تفجير إستهدفت قراهم ومدنهم ومزاراتهم الدينية. أدى هذا إلى هجرة الكاكائيين إلى مناطق آمنة أخرى، والبعض إلى خارج العراق.

<u>الزرادشتيون:</u> تعد الزرادشتية واحدة من أقدم الديانات في العالم وما تزال طقوسها تمارس حتى اليوم في مناطق عديدة، ومنها بعض مناطق كردستان العراق وما حولها. تعاني الطائفة الزرادشتية في العراق، من التهميش والتمييز والإضطهاد خاصة خلال الصراعات

الإقليمية والسياسية التي شهدها العراق والمنطقة وقام نظام حزب البعث العربي الإشتراكي بالتعرض لمقدساتهم ومعابدهم بالهجمات والتدمير إضافة لتقييد ممارسة ديانتهم. وإستمر هذا بعد 2003 من قبل الجماعات المتشددة، مما جعل الكثير منهم يتجه للهجرة إلى دول أخرى بسبب التهديدات المباشرة والتوترات الأمنية.

ثالثاً: مجموعات أخرى

حاملو التبعية الإيرانية: كما ذكرت سابقا، فإن العراقيين يحملون على شهادات الجنسية العراقية تصنيفا حسب "تبعيتهم" وهي إما "عثمانية" لمن كان أجدادهم رعايا للدولة العثمانية (وهي التبعية الذهبية) أو "إيرانية" لمن سجل أجدادهم هذه التبعية هرباً من تجنيدهم من قبل الدولة العثمانية خلال الحرب العالمية الأولى (السفر بر) أو "بريطانية" لمن كان أجدادهم من المجندين في الجيش البريطاني الذي دخل العراق في الحرب العالمية الأولى والذين إستقروا في العراق بعد إنتهاء الحرب. وهكذا، فإن هذا التصنيف قد إستخدم من قبل النظام الحاكم في بداية عام 1980 لتهجير مئات الألوف من العراقيين إلى إيران بحجة التبعية الإيرانية، بعد أنْ جردوهم من ممتلكاتهم وبيوتهم ورموهم على الحدود العراقية الإيرانية في حالات وقصص مأساوية يرثى لها. لم يكن هؤلاء يتكلمون الفارسية ولا يعرفون أحداً في إيران ولم يكونوا يحملون أوراقهم الثبوتية ولهذا كانت معاناتهم كبيرة. إنتهى الأمر بهم إما في دول اللجوء لإعادة توطينهم هناك أو أنهم إستطاعوا الإستقرار في إيران.

بعد الرحيل من العراق / الدخول إلى دول اللجوء

هناك طرق متعددة للدخول إلى دول اللجوء منها الطرق القانونية والطرق غير القانونية.

تشمل الطرق القانونية:

*تقديم طلب للهجرة حسب الضوابط المتبعة في بلد الهجرة، أو المشاركة بالقرعة السنوية للهجرة (الولايات المتحدة الأمريكية)،

*أسباب أسرية: جمع الشمل مع أفراد الأسرة، أو للإلتحاق بالزوج أو الزوجة،

*أسباب إقتصادية: إقامة مشروع تجاري داخل بلد الهجرة،

*أسباب علمية: الكفاءة العلمية المتميزة، أو المشاركة في مؤتمر أو نشاط علمي، أو قبول

للدراسة في مدارس أو جامعات بلد الهجرة،

*أسباب مهنية: الحصول على عقد للعمل في مؤسسات بلد الهجرة، أو عضوية وفد رسمي يمثل بلده الأم ثم طلب اللجوء في البلد المضيف،

*أسباب أخرى: الدخول بسمة دخول لزيارة مؤقتة ثم البقاء بعد إنتهاء مدتها، أو الدخول لغرض العلاج أو مرافقة مريض قادر على تغطية نفقات العلاج،

*تقديم طلب اللجوء عبر المنظمات الدولية لأسباب إنسانية أو سياسية.

أما الطرق غير القاونية فهي التي يدخل بواسطتها الشخص إلى دول اللجوء عن طريق الدول المجاورة لها أو عبر الحدود المائية (قوارب الموت) بواسطة عصابات التهريب أو من خلال تزوير الوثائق الرسمية، إلى غير ذلك من طرق غير شرعية.

وعند دخول الشخص بأي من هذه الطرق وتعريف نفسه للسلطات كمهاجر أو لاجئ قانوني أو غير ذلك، تبدأ الإجراءات الرسمية التي تنظم وضعه في البلد مثل منحه إذن الإقامة ثم السكن والمساعدات المادية والعينية (حسب السياقات المرعية) وترتيب الخدمات الصحية والتعليمية وغير ذلك. أما اللاجئ الذي دخل بالطرق غير الشرعية فأن هذه الخطوات تعتمد على البلد الذي دخل إليه المهاجر، حيث تختلف حزم المساعدات بإختلاف البلد المضيف.

إن الإنتقال من بلد إلى آخر بغرض الإستقرار وإعادة التوطين ليس بالتجربة الهينة أبدا، خاصة وإن من يتخذ هذه الخطوة يكون غالباً قد تعرض إلى ظروف حياتية صعبة أدت به إلى إتخاذ هذا القرار، مثل التهجير بسبب الحروب أو الإضطهاد السياسي أو الديني أو العرقي أو الإجتماعي، كما وضحت فصول هكذا الكتاب. كما إن إعادة التوطين تكون غالباً إلى بلد يختلف إجتماعياً وثقافياً وحضارياً ولغوياً عن بلده الأم. يحتاج المهاجر إلى فترة من الوقت قد تطول أو تقصر كي يتأقلم مع الوضع الجديد ويجد له ولعائلته موضع قدم في البلد الجديد.

وأول ما يحتاجه الإنسان بالطبع هو مكان السكن. يتفاوت هذا المكان بين المأوى الذي توفره بعض الدول للاجئين خصوصاً وهو ما يسمى بمخيمات اللجوء، التي تؤوي اللاجئين لفترة معينة لحين إكمال أوراق لجوئهم، وبين منح اللاجئين بدل مادي لتغطية بدل الإيجار للسكن، أو توفير مكان للسكن. كما تقدم أغلب هذه الدول مبلغ شهري يغطي متطلبات الحياة الأساسية مثل الطعام والملابس والمواصلات، وتكون الخدمات الصحية الأساسية مجانية بالإضافة

إلى مدارس الأطفال ومدارس تعليم اللغة ومهارات الحاسوب للكبار لتسهيل الإنخراط في سوق العمل. كما تقدم بعض الدول خدمات الإستشارات القانونية والحصول على عمل، مجاناً كذلك.

يحمل نسبة لا بأس بها من المهاجرين واللاجئين شهادات جامعية وخبرة عمل في بلادهم الأم، لكن هذه الشهادات تحتاج إلى الإعتراف والمعادلة في البلد الجديد، وهي عملية قد تستغرق وقتاً طويلاً. في هذه الأثناء ينصح المهاجر أو اللاجئ بالقبول بأعمال بمستوى أقل مما تؤهله له شهادته، من أجل الحصول على دخل مادي ومن أجل الإنخراط في سوق العمل إلى حين حصوله على العمل المناسب. كما قد يرضى بالقيام بأعمال تطوعية من خلال المنظمات المدنية والإجتماعية وهي وإن كانت أعمال بدون مردود مادي، إلا أنها تساعد المهاجر على الإندماج في المجتمع والتمكن من إستخدام اللغة الجديدة.

يميل المهاجر واللاجئ بصورة عامة عند وصوله إلى البلد الجديد إلى السكن والإستقرار في المدن ومناطق السكن التي يعيش فيها أبناء بلده الأم، وقد يكون فيها البعض من أقاربه أو معارفه، ويمكن له التفاهم فيها بلغته الأم والتبضع من المحلات التي تبيع الأطعمة التي تعود عليها في بلده. كما قد تكون فيها أماكن للعبادة يستطيع أن يمارس فيها طقوسه الدينية ويحتفل بالأعياد والمناسبات مع أبناء بلده الأم.

إن الحياة في بلد جديد ومجتمع يختلف عن المجتمع الذي تعود المهاجر واللاجئ على العيش فيه، سيحدث تغييراً في حياته، شاء أم أبى. ويحدث هذا التغيير تدريجياً في عاداته اليومية وبعض قناعاته وممارساته وقد تكون البعض منها سلبية والكثير إيجابية، إعتماداً على خلفية المهاجر وعلى هدفه من الهجرة وعلى ما تعرض له أثناء إنتقاله من بلد إلى آخر في طريقه إلى المهجر، من بين عوامل أخرى. ومن هذه الظواهر ندرج ما يلي:

السلبيات: ومن السلبيات التي نلاحظها عند المهاجرين الجدد الإعتماد على المساعدات والإعانات الحكومية والإجتماعية أو حتى الإحتيال من أجل الحصول عليها وهي طريقة غير محمودة لأن بعض المهاجرين سيتنازلون عن حقهم وواجبهم في الإنخراط في سوق العمل والتطور ماديا وإجتماعيا عبر هذا الطريق. كما أن أولادهم سيرثون هذه الإتكالية عن الأهل ويعتقدون أن الحكومة من واجبها أن تغطي إحتياجاتهم بأي طريقة. كما إن البعض عند حصولهم على عمل خارج الإطار القانوني، لا يصرح بهذا العمل أو بالدخل

الذي يحصل عليه من خلاله لكي لا يخسر مبلغ المساعدات وكذلك كي لا يضطر لدفع ما يجب دفعه للضرائب.

كما تتعرض بعض العائلات إلى الإضطراب في توازن العلاقات العائلية مثل علاقة الإبناء بالآباء ومحاولتهم التمرد على الهيكلية المعتادة في المجتمعات الشرقية. وقد تتمرد بعض الزوجات على دورها المعروف في العائلة وتحاول الإستمتاع بما يعتبره المجتمع الجديد حقوقاً طبيعية لها، لم تألفها في بلدها الأم، وتنشأ الخلافات من هذا الباب. وبالمثل، فإن بعض الأزواج يبهره المجتمع الجديد بالحرية التي يمارسها أفراده ويعتقد أنه يستطيع أن يقيم العلاقات خارج نطاق الزواج. لهذا نجد أن معدلات الطلاق تزداد بين المهاجربن عن معدلاتها في البلد الأم.

ومن الأخطار التي يواجهها المهاجرون بسبب الحريات في المجتمع الجديد، وخصوصا الشباب منهم، الإدمان على المسكرات أو المخدرات أو القمار أو الدخول في علاقات خارج إطار الزواج أو التسرب من التعليم بسبب هذه السلوكيات الخطرة، وخصوصا إذا إنشغل الآباء عنهم بالعمل لساعات طويلة لتغطية نفقات المعيشة في البلد الجديد.

ومن الظواهر السلبية تكتل المهاجرين واللاجئين من البلد الواحد حسب القومية أو الديانة أو الطائفة، فتراهم يسكنون في مدن معينة ويتجنبون التعامل والإختلاط مع أبناء وطنهم الأم الذين ينتمون إلى خلفيات أخرى، بل إن هذا الإنغلاق قد يمتد إلى الإنتماءات الحزبية في البلد الأم، مع الأسف. ويؤثر هذا سلبياً على العلاقات بين أبنائهم وإلى إمكانية إرتباط هؤلاء الأبناء بالزواج، مع أنهم من بلد واحد. وقد يتعرض البعض من القادمين الجدد إلى التمييز العنصري من قبل سكان بلدهم الجديد، لكن هذه الظواهر محدودة لأن هذه الدول يحكمها القانون الذي يساوي بين المواطنين بغض النظر عن الجنس أو اللون أو الديانة، وغيرها من الصفات.

الإيجابيات: وأمام هذه السلبيات فإن هناك إيجابيات لا يمكن إنكارها عند الإنتقال إلى البلد الجديد، منها ما هو معروف عن العراقيين وخصوصا المهنيين منهم من إنضباط في العمل، وإسنادهم لأخوانهم من القادمين الجدد إلى البلاد. كما يعرف عن العراقيين حبهم للدراسة والحصول على الشهادات العليا ولذلك فإنهم يحرصون على تميز أبنائهم علمياً وحصولهم على شهادات علمية تؤهلهم لدخول سوق العمل من أوسع الأبواب. وهذا ما يؤهلهم

للإستقرار في البلد الجديد كأعضاء منتجين ومحترمين في مجتمعاتهم. وغالباً ما يوفر البلد الجديد فرصاً للعيش في بيئة آمنة ومستقرة، بما في ذلك الخدمات الإجتماعية والصحية وفرص الترفيه والرياضة والتنوع الثقافي.

إن ما يفرضه خيار الهجرة والإغتراب عن الوطن الأم بما فيه من تغيير قد يكون كاملاً في نمط الحياة والتقاليد الإجتماعية والدينية وظروف العمل والعلاقات داخل العائلة وخارجها والقوانين والأنظمة والخدمات البلدية والصحية والتعليمية، بالإضافة الى اللغة الجديدة والمناخ المختلف عن مناخ البلد الأم وإختلاف بعض الأطعمة وحتى طبيعة الملابس، هو مصدر للإرتباك عند المهاجر، والذي يحتاج في بدايته إلى الدعم من جهات كثيرة، حكومية وإجتماعية وعائلية ليتمكن من الإندماج في مجتمعه الجديد في أقصر فترة ممكنة.

الخاتمة: لقد حاولت قدر المستطاع أن أتجنب تكرار ما كتبه السيدات والسادة الأفاضل في الفصول العشرة الأولى من الكتاب، في هذا الفصل الختامي، وأرجو أن أكون قد وفقت في ذلك.

يعرف جيداً كل من أجبرته الظروف على الرحيل من بلده الأم ساعياً إلى الإستقرار في وطن جديد كم هي صعبة هذه التجربة وكم من التضحيات والتنازلات قد تحتم عليه أن يقدمها لذلك يحرص أغلب المهاجرين على أن تكون هذه تجربة ناجحة في نهاية المطاف.. ومن الله وحده التوفيق والسداد..

العراقيون من الوطن الى المهجر

تصاوير الفصل الحادي عشر

صورة رقم 1: سيدات من أرياف العراق يجمعن الماء من النهر مباشرة لعدم توفر المياه الصالحة للشرب في المنازل الريفية

صورة رقم 2: "التنور – الفرن البدائي" لصناعة الخبز منزلياً في الريف العراقي

صورة رقم 3: مدارس في ريف العراق

صورة رقم 4: إنقلاب 8 شباط 1963 في العراق

صورة رقم 5: الجنود العراقيون في الخنادق أثناء الحرب العراقية الإيراني

صورة رقم 6 : الغزو العراقي للكويت

صورة رقم 7: عملية عاصفة الصحراء لتحرير الكويت 1991

صورة رقم 8: قمع الإنتفاضة الشعبانية في العراق 1991

صورة رقم 9: الحرب الطائفية في العراق في 2005 – 2008

مصادر الفصل الحادي عشر

(1) جذور قصة "التبعية" وتوظيفها السياسي.. التبعية المصطلح البعثي المقزز- محمد البدر https://tanawue.com/28020--.html

(2) تقرير برنامج الأمم المتحدة للمستوطنات البشرية - القضايا الحضرية - العراق https://unhabitat.org/ar/alqdaya-alhdryt-alraq

(3) العراقيون بين وصف فيصل الأول وعلي الوردي - أكرم عبد الرزاق المشهداني

(4) الأحزاب السياسية في العراق.. السرية والعلنية – عرض / إبراهيم غرايبة - 3/10/2004

(5) مرور 57 عاماً.. انقلاب 8 شباط 1963: صفحة دموية من تاريخ بعث العراق - صلاح عبد الرزاق https://www.todaynewsiq.net/9266--57-8-1963-.html

(6) معاهدة سيفر – الويكبيديا العربية https://ar.wikipedia.org/wiki/%D9%85%D8%B9%D8%A7%D9%87%D8%AF%D8%A9_%D8%B3%D9%8A%D9%81%D8%B1

(7) إتفاقية سايكس – بيكو – الويكبيديا العربية

(8) العراق بين معاهدتي 1930- 1948 : (دراسة تأريخية).. جودة جلال كامل

(9) معاهدة لوزان - الويكبيديا العربية https://ar.wikipedia.org/wiki/%D9%85%D8%B9%D8%A7%D9%87%D8%AF%D8%A9_%D9%84%D9%88%D8%B2%D8%A7%D9%86

(10) أنظر المصدر رقم (4)

(11) آثار الحصار على العراق - **إعداد: أمين شحاته**

(12) ذكرى غزو العراق للكويت: حكاية "عاصفة الصحراء" التي هبت على الشرق الأوسط فغيرته إلى الأبد - وليد بدران

(13) الانتفاضة الشعبانية عام 1991 - هادي حسن عليوي https://alahadnews.net/archives/367797

(14) تعرف على أبرز الانقلابات في تاريخ العراق - تمام أبو الخير https://www.noonpost.com/29643/

	الفهرست
5	المحتويات الرئيسية للكتاب
7	ملخص السيرة العلمية للمؤلف (حكمت جميل)
8	أهداء
9	شكر وتقدير
10	تمهيد
13	الباب الاول
13	لماذا اغترب المواطن العراقي عن الوطن؟ بقلم حكمت جميل
13	المقدمة
14	لماذا اغترب المواطن العراقي عن الوطن؟
17	واقع العراقيين في الوطن واسباب هجرتهم
31	صور الفصل الاول
33	مراجع الفصل الاول
34	السيرة الذاتية العلمية والادبية للمهندسة زينب خالد الفيلي
35	الفصل الثاني:
35	الكرد الفيليون بين المطرقة والسندان بقلم المهندسة زينب خالد الفيلي
35	الملخص
39	المقدمة
41	أهمية الجغرافيا الكردية
44	لمحة عن نضال الكرد الفيليين
47	قضية الكرد الفيليين خلال التاريخ السياسي المعاصر للدولة العراقية
51	تداعيات عمليات تهجير الكرد الفيليين
57	تصاوير الفصل الثاني
62	السيرة الذاتية للسيد خليل ابراهيم الحلي
63	الفصل الثالث
63	المندائيين في العراق والمهجر بقلم خليل ابراهيم الحلي - شاعر وصحفي
63	نبذة تاريخية عن الصابئة المندائيين
66	هجرة الصابئة المندائيين
71	أهم الإيجابيات التي أفادت المندائيين في هجرتهم إلى الخارج
72	التحديات التي تواجه المجتمعات المندائية في بلد المهجر
73	قائمة المندائيين المقتولين
74	تصاوير الفصل الثالث
76	مراجع الفصل الثالث
77	تمهيد: المسيحيون والآشوريون في الوطن - العراق وإغترابهم
78	سيرة حياة الدكتور عوديشو ملكو كوركيس آشيثا
79	الفصل الرابع

المقالة الاولى الآشوريون قبل وأثناء نكبة سميل بقلم الدكتور عوديشو ملكو آشيثا	79	
أ- أوضاع الآشوريين الهكاريين قبل نكبة سميل	83	
ب- الوضع الآشوري أثناء نكبة سميل.	90	
بعد النكبة	94	
المقالة الثانية: عشرون عاما من تلاشي الآمال الآشورية في العراق ما بعد 2003 / بقلم: الدكتور عوديشو ملكو آشيثا	96	
تصاوير الفصل الرابع – الجزء الأول	102	
الجزء الثاني: الآشوريون والمسيحيون في الوطن – العراق - واغترابهم مقالات كتبت عن الموضوع – (1-7)	104	
مسيحيو العراق عبر التاريخ	104	
أعداد المسيحيين في العراق	106	
أعداد ضحايا العنف من المسيحيين في العراق	108	
أسباب هجرة المسيحيين من العراق	108	
حادث حريق قضاء الحمدانية / نينوى	113	
تصاوير الفصل الرابع الجزء الثاني	116	
مراجع الفصل الرابع – الجزء الثاني	121	
السيرة العلمية للسيد أصغر عبد الرزاق حسن الموسوي	122	
الفصل الخامس	123	
الجزء الاول: القومية الشبكية في الوطن بقلم القاضي أصغر عبد الرزاق الموسوي	123	
نبذة تاريخية	123	
وضع الشبك بين عام 2006 - 2014	131	
دخول داعش الموصل في حزيران 2014	135	
تصاوير الفصل الخامس الجزء الأول	137	
السيرة الذاتية والعلمية للسيد عقيل مسلم محمد كاته (البو صافو)	142	
الجزء الثاني: القومية الشبكية في المهجر بقلم عقيل مسلم محمد كاته (البو صافو)	143	
قصة حياة عراقي شبكي في المهجر / كارديف – ويلز – بريطانيا	143	
مشاكل الشبك في المهجر / كارديف – ويلز – بريطانيا	145	
تصاوير الفصل الخامس	148	
الفصل السادس	151	
القوميات والطوائف: في الوطن والمهجر بقلم حكمت جميل	151	
مقدمة	151	
الجزء الاول: القومية الايزيدية	153	
مراجع الفصل السادس - الجزء الاول	164	
تصاوير الجزء الأول	165	
الجزء الثاني: لقومية التركمانية في الوطن وإغترابه	167	

170	مراجع الفصل السادس – الجزء الثاني
171	تصاوير الفصل السادس – الجزء الثاني
173	**الجزء الثالث:** الطائفة الكاكائية في الوطن وإغترابهم
175	مراجع الفصل السادس – الجزء الثالث
176	تصاوير الفصل السادس – الجزء الثالث
177	**الجزء الرابع:** لطائفة اليهودية في الوطن - العراق وإغترابهم
180	مراجع الفصل السادس – الجزء الرابع
181	صور الفصل السادس – الجزء الرابع
182	**الجزء الخامس:** الطائفة البهائية في الوطن - العراق وإغترابهم
183	مراجع الفصل السادس – الجزء الخامس
184	صور الفصل السادس – الجزء الخامس
185	**الجزء السادس:** الطائفة الزرادشتية في الوطن وأغترابهم
188	تصاوير الفصل السادس – الجزء السادس
189	مراجع الفصل السادس – الجزء السادس
190	محتويات الباب الثاني
191	**الباب الثاني**
191	**الفصل السابع:** العراقيون المغتربون في أمريكا بقلم حكمت جميل
192	المغترب العراقي (لاجئ أو مهاجر)
200	(أ)- السلبيات المشتركة
204	(ب)- الإيجابيات
206	مذكرة المنظمات العراقية في ميشيغين الى القنصل العراقي
208	أعداد المغتربين
209	تصاوير الفصل السابع
212	السيرة الذاتية للمهندس طارق بركات الرومي
213	**الفصل الثامن**
213	العراقيون والهجرة إلى أستراليا: بقلم المهندس طارق بركات الرومي
213	ما هو الهدف من الهجرة؟
215	المعوقات
216	الإيجابيات
218	التحديات التي تواجه اللاجئ أو المهاجر العراقي
226	قصص حقيقية لأشخاص إستقروا أو يحاولون الإستقرار في أستراليا
237	تصاوير الفصل الثامن
242	السيرة الذاتية والعلمية للمهندس الاستشاري عماد عبد الكريم العبادي
243	**الفصل التاسع**
243	هجرة العراقيين إلى إنكلترا بقلم. م. الإستشاري عماد عبد الكريم العبادي
244	الوجود العراقي في بريطانيا
246	أعداد العراقيين في بريطانيا

247	دور الجالية العراقية في بريطانيا	
251	أهم منجزات هذه المنظمة	
254	الخلاصة	
263	تصاوير الفصل التاسع	
268	السيرة الذاتية والعلمية للدكتور فلاح محمد حافظ	
269	**الفصل العاشر**	
269	العراقيون في المهجر – كندا بقلم الدكتور فلاح حافظ	**الجزء الأول:**
270	عناصر إجتذاب كندا للمهاجرين	
272	العراقيون في كندا	
276	المظاهر الإيجابية في الجالية العراقية	
280	هل تعوض الهجرة ما خسره المهاجرون في بلدانهم	
282	تصاوير الفصل العاشر – الجزء الاول	
284	السيرة الذاتية والعلمية للدكتورة المهندسة مها جميل الريس	
285	رحلة المهاجر إلى بلد الإغتراب كندا بقلم الدكتورة مها الريس	**الجزء الثاني:**
286	الهجرة الى كندا	
287	برامج الهجرة إلى كندا	
290	تاريخ هجرة العراقيين إلى كندا	
293	بعض الممارسات السلبية التي قد يتعرض لها المهاجرون العراقيون	
296	تصاوير الفصل العاشر- الجزء الثاني	
300	السيرة العلمية للدكتور ندى جواد الورد	
301	**الفصل الحادي عشر**	
301	أسباب هجرة العراقيين بقلم الدكتورة ندى جواد الورد	
302	هجرة العراقيين منذ تأسيس المملكة العراقية (1921 م)	
306	أسباب هجرة العراقيين	
313	المجموعات الأثنية	
315	المجموعات الدينية	
319	مجموعات أخرى حاملو التبعية الإيرانية	
321	السلبيات	
322	الإيجابيات	
324	تصاوير الفصل الحادي عشر	
328	مراجع الفضل الحادي عشر	

• سيكون هذا الكتاب في متناول الباحثين والمتخصصين في أنحاء العالم كافة، وعلى الخصوص مراكز الابحاث العلمية والتوثيقية في بريطانيا. كان التميز والانجاز ثمرة الاتفاقات الموقعة بين دار لندن للطباعة والنشر والمؤسسات الثقافية والتعليمية في اقتناء منشورات ما يصدر عنها، مما يتيح للمؤلف والكتاب اثراء المكتبات والاستفادة منه عالمياً، ويكون محفوظاً لقرون عدة.

ـ المكتبة البريطانية في لندن	The British Library
ـ المكتبة الوطنية في ويلز	The National Library of Wales
ـ المكتبة الوطنية في اسكوتلندا	National Library of Scotland
ـ مكتبة جامعة اوكسفورد	University of Oxford, Bodleian Libraries
ـ مكتبة جامعة كامبردج	Cambridge University Library
ـ مكتبة جامعة ترينيتي في دبلن	Trinity College Dublin

UK Branch (Europe & Rest of the World):

282 Harrow Road, Paddington, London W2 5ES,
United Kingdom. **Tel:** 00447709555334

UAE Branch (Gulf):

Sharjah Publishing City (SPC) Free Zone, Sharjah,
United Arab Emirates
Email: sharjah@londonbook.uk

Iraq Branch (Middle East):

Al-Mutanabbi Street, Al-Warraqoon Arcade,
Baghdad, Iraq **Tel:** 009647865147533
Email: baghdad@londonbook.uk

جمهورية العراق ـ بغداد ـ شارع المتنبي ـ قيصرية الوراقين

الكتاب متوفر على المواقع الألكترونية

www.londonbook.uk
www.amazon.co.uk (covers 14 countries)
www.waterstones.com
www.ebay.co.uk